HOMENS EM ANÁLISE

CONSELHO EDITORIAL

André Luiz V. da Costa e Silva

Cecilia Consolo

Dijon De Moraes

Jarbas Vargas Nascimento

Luís Augusto Barbosa Cortez

Marco Aurélio Cremasco

Rogerio Lerner

Blucher

HOMENS EM ANÁLISE

Travessias da virilidade

Vinícius Lima

Homens em análise: travessias da virilidade
© 2024 Vinícius Lima
Editora Edgard Blücher Ltda.

Publisher Edgard Blücher
Editores Eduardo Blücher e Jonatas Eliakim
Coordenação editorial Andressa Lira
Produção editorial Lidiane Pedroso Gonçalves
Preparação de texto Vânia Cavalcanti
Diagramação Negrito Produção Editorial
Revisão de texto Ana Lúcia dos Santos
Capa Laércio Flenic
Imagem da capa Rob McKeever, Courtesy Gagosian

Blucher

Rua Pedroso Alvarenga, 1245, 4º andar
04531-934 – São Paulo – SP – Brasil
Tel.: 55 11 3078-5366
contato@blucher.com.br
www.blucher.com.br

Segundo o Novo Acordo Ortográfico, conforme
6. ed. do *Vocabulário Ortográfico da Língua
Portuguesa*, Academia Brasileira de Letras,
julho de 2021.
É proibida a reprodução total ou parcial por
quaisquer meios sem autorização escrita da
editora.

Todos os direitos reservados pela Editora Edgard
Blücher Ltda.

Dados Internacionais de Catalogação na Publicação (CIP)
Angélica Ilacqua CRB-8/7057

Lima, Vinícius

Homens em análise : travessias da virilidade /
Vinícius Lima. – São Paulo : Blucher, 2024.

416 p. : il.

Bibliografia

ISBN 978-85-212-2159-3

1. Psicanálise 2. Homens 3. Masculinidade
I. Título.

23-4853 CDD 150.195

Índice para catálogo sistemático:
1. Psicanálise

*O menino quer se acreditar um macho
ou um portador de falo,
quando só o é pela metade.*

Jacques Lacan

*Mas admitimos, de boa vontade,
que a maioria dos homens também está
muito aquém do ideal masculino.*

Sigmund Freud

Agradecimentos

Este livro é o desdobramento de um percurso de pesquisa sobre psicanálise e masculinidades – e, em particular, sobre as travessias da virilidade – que busca revisitar, indo além, o que apresentei como dissertação de mestrado ao Programa de Pós-Graduação em Psicologia da Universidade Federal de Minas Gerais (UFMG). Tratou-se aqui de colher, em novos esforços de escrita, os efeitos produzidos *a posteriori* por essa trajetória, que se fazem presentes no livro que você agora tem em mãos.

Seria impossível ter realizado este trabalho sem a presença e a parceria de tantas pessoas que estiveram comigo ao longo dos últimos anos. Por esse motivo, deixo aqui meus agradecimentos:

À Helô, pela partilha carinhosa da vida, pelo amor que me convida a avançar e se faz presente em tantos passos dessa caminhada.

Aos meus pais, Antonio e Margaret, pela criação amorosa, pela qual me transmitiram o suporte, o apoio e o carinho necessários para que eu pudesse levar as minhas empreitadas adiante.

À Silvinha e ao Lúcio, que se tornaram verdadeiros companheiros de percurso nessa jornada.

Ao Gilson Iannini, orientador e amigo, pela parceria gentil e pela aposta na minha produção, em sua postura aberta e jovial, mas não menos atenta e rigorosa, diante das minhas inquietações analíticas. Que ainda tenhamos muitos frutos a colher disso!

Ao Jésus Santiago, pela coragem de transmitir e sustentar o que recolheu de sua própria análise, uma transmissão-sustentação que foi fundamental para mim, não apenas no meu percurso analítico, mas também em muitas das construções desenvolvidas neste livro.

Ao Marcus André, pelo aceite do convite para conversar comigo neste trabalho, bem como pela inspiração constante em sua posição ética e política como psicanalista, por sua leveza e abertura ao contemporâneo.

Aos professores da UFMG que marcaram minha formação: ao Gui Massara, pelos anos de parceria de trabalho que se tornaram também uma boa amizade; à Ângela Vorcaro, que me introduziu à leitura de Lacan e apostou, com seu nome próprio, no meu desejo de pesquisa em psicanálise; à Andréa Guerra, pelo carinho e pela gentileza que lhe são tão característicos e que acompanham nossas conversas; à Márcia Rosa, pelos generosos convites com os quais me convoca a poder ocupar um lugar na psicanálise; ao Antônio Teixeira, pela potência de sua transmissão do discurso analítico, que muito reverbera em meu percurso; e ao Fábio Belo, pelas boas trocas e pela cuidadosa acolhida em seu grupo de pesquisa.

À Inácia, pela delicadeza da sua escuta, no espaço aberto mais além do objeto olhar.

Ao Sérgio de Mattos, pelos lampejos.

Ao Sérgio de Campos, pela alegre partilha da supervisão e pela aposta viva na juventude.

Às amizades que me foram trazidas pela psicanálise, que são muitas, de forma que eu não poderia nomear cada uma delas; mas menciono aqui aquelas que puderam acompanhar um pouco mais de perto, mesmo que em momentos diversos, o processo de construção do mestrado que deu origem a este livro: Hugo Bento, Matheus Abade, Mateus Mourão, Luísa Costa, Aruã Siman, Júlia Damas, Ana Luísa Sanders, João Campos, Ana Paula Menezes, Flávia Coutinho, Drielly Lopes, Maíra Moreira, Flávia Bonfim, Kaio Fidélis, Carla Capanema, Marcela Normand, Rafaela Coelho e Virgínia Carvalho.

Às pessoas que comigo partilharam vivamente os minicursos e as disciplinas ministradas na UFMG durante os anos de mestrado. Às amigas e aos amigos da Traço: Clínica e Transmissão em Psicanálise. Aos colegas do grupo de orientação, cujas leituras e contribuições foram essenciais para o aprimoramento deste trabalho. Aos queridos Matheus Barreto, Vinicius Fernandes, Rodrigo Rodrigues, Gustavo Lovisi, Pedro Gomes, Raphael Lima e Henrique Tonucci, por uma amizade que perdura. Ao CNPq, cujo suporte financeiro se mostrou decisivo para a realização da pesquisa, contemporânea aos árduos anos de pandemia.

Agradeço, ainda, ao artista Glenn Brown e sua equipe, por permitirem que sua tela fornecesse um belo enquadre para a capa deste livro.

Conteúdo

Heterotopias heterossexuais da clínica psicanalítica
da masculinidade   15

Marcus André Vieira

Introdução: Homens e masculinidades na psicanálise   23

De onde falamos   29

Homens em análise   34

Butler com Lacan: o falo cômico e suas consequências para a
virilidade   40

Travessias da virilidade   48

1. Virilidade cômica: a ostentação fálica do ter e seus avessos   63

   Falo e pênis: a cômica (não) relação entre significante e órgão   71

   Para além do trágico: o cômico na releitura lacaniana do falo   80

   O falo como significante da falta e a comédia da heterossexualidade   95

   A virilidade cômica como negação da castração: um "macho"
   angustiado   104

12 CONTEÚDO

Virilidade e degradação do objeto: a significação do falo na vida
amorosa dos homens 112

O lugar da raça na comédia do falo 129

O amor se endereça à castração: dificuldades masculinas com
o mais-além da lógica fálica 142

2. Fazer o luto de ser o falo 151

O paciente de Ella Sharpe: ser o falo para proteger o Outro da
castração 158

O paciente impotente de Lacan: ser o falo para não correr o
risco de tê-lo 177

A desidentificação ao falo na direção de tratamento dos homens
na neurose obsessiva 198

3. O casamento com o falo 211

O falocentrismo danificado pelo objeto *a* 214

A detumescência do falo 229

O inferno da ereção e a angústia do pequeno Hans 243

O fantasma da detumescência no Homem dos Ratos 252

4. Atravessar o fantasma, autorizar-se do feminino 261

A travessia da fantasia à luz da lógica da sexuação 264

Gênero, diferença sexual e sexuação: masculinidade e
feminilidade como modos de gozo 272

Sexuação, raça e racismo 291

A comédia do gozo fálico 302

Travessia da fantasia, travessias da virilidade 318

Bernardino Horne: o pintinho esmagado que abre para o feminino 340

Jésus Santiago: a plasticidade do feminino para além da rigidez
fálica 349

HOMENS EM ANÁLISE: TRAVESSIAS DA VIRILIDADE   13

5. Epílogo: Masculinidades além do falo   365

   Virilidades *sinthomáticas*: das travessias da virilidade às
   virilidades atravessadas pelo feminino   373

   Coda: o não-todo nos homens   376

Posfácio   383

   Gilson Iannini

Referências   391

Heterotopias heterossexuais da clínica psicanalítica da masculinidade

Marcus André Vieira

Quando se trata do debate sobre a masculinidade, a psicanálise costuma ficar na defensiva. Acusados de heteronormatividade, pelo destaque dado ao falo e ao pai na teoria freudiana, nós, psicanalistas, afirmamos: "Não é bem assim". Verdade. Afinal, Freud descreveu o modo de subjetivação padrão em seu tempo, o da *normasculina* – segundo o neologismo cunhado por J. Lacan –, mas não conferiu, em nenhum momento, valor positivo a esse modo. No entanto, a subjetividade que corresponde à norma, heterossexual, posta no centro da cena de sua teoria, não deixa de incomodar.

Este livro responde a essa inquietação sem se perder, porém, no jogo do ataque *vs* defesa, e isso graças a uma manobra essencial. Seu autor assume a causa da psicanálise, em nada cis-heteronormativa, mas, em vez de colocar a subjetividade masculina em debate, toma-a como objeto de estudo, examina-a no detalhe, no microscópio clínico da própria psicanálise.

Vinícius não deixa de discutir o quanto o masculino se apresenta no registro da opressão e da submissão, mas essencialmente

16 HETEROTOPIAS HETEROSSEXUAIS DA CLÍNICA...

o investiga. Assume, assim, que se trata de uma posição *em* análise, e não a posição *do* analista ou *da* psicanálise. Nesse movimento, refaz o gesto original de Freud, para quem as variações em torno do masculino eram abordadas, em um plano bem concreto, a partir do que se descrevia à época como neurose obsessiva. A tradição freudiana associou essa entidade clínica e suas dores aos tormentos vividos por aqueles conformados como machos – fossem eles tomados como casos patológicos, os neuróticos da época, ou não. Lacan segue o mesmo modo de abordagem, mas rompe explicitamente a relação entre esse modo de ser e a anatomia. Desloca a ênfase: se aos nascidos com pênis atribui-se o poder, é esta atribuição que importa, e não o órgão. É o *falo*, nome freudiano das insígnias culturais dessa atribuição e desse poder, que conta, e não o pênis. Outros órgãos, inclusive, em tese, poderiam desempenhar essa função.

A formalização lacaniana, ao distinguir falo e pênis com rigor, delimita o masculino como um modo de viver e gozar, de estar na partilha dos sexos, longe de qualquer determinação biológica. Haveria os que têm acesso direto ao gozo, por supostamente serem os detentores do falo, e aqueles que acessam o prazer necessariamente passando pelo corpo de outro. Para uns a natureza, cultural, de uma ação direta e individual; para outros, a de uma ação necessariamente relacional e coletiva. De um lado, os homens; do outro, as mulheres. Essa partilha fálica dos sexos se distingue, então, do *falocentrismo*, nome de uma forma social, muito infelizmente comum, de vincular falo e pênis em uma suposição de naturalidade discriminatória e opressora.

Tudo, porém, pode ser tomado a contrapelo. Essencialmente antifalocêntrica, a operação lacaniana engendrou, em alguns casos, efeitos contrários a suas premissas. Muitos, apoiados em Lacan, tomaram o modo de partilha fálica como o dos seres humanos em geral, necessariamente especificados entre os polos homem-mulher.

Alguns psicanalistas passaram a considerar o teatro binário dos sexos como o *standard* subjetivo, em uma perigosa universalização, ainda mais excludente por prescindir da anatomia.

O caminho de Vinícius é outro. Apenas por tomar o masculino como objeto clínico, já nos leva a assumir que podem haver formas de ordenar o desejo que não a fálica. Tomamos, então, posição no debate entre universalismo patriarcal, fálico, e a multiplicidade trans, eventualmente não fálica. Ao mesmo tempo, podemos avançar com as questões próprias à posição cis-heteronormativa. O que faz uma análise com o modo de vida masculino? Qual destino ela lhe dá?

Para começar, Vinícius opta pelo termo *virilidade* como forma específica de estruturação da subjetividade, apenas uma dentre as possíveis no campo das masculinidades. Dito de outra maneira, existem masculinidades, mas só uma será coordenada pela estruturação da fantasia viril. Torna-se possível, então, uma descrição fina de suas coordenadas.

Contemplar, assim, a posição masculina do ponto de vista do analista permite-nos observar o modo como essa posição se erige a partir de uma exclusão. O masculino se funda em uma maneira específica de descartar determinadas experiências de vida, de vibração corporal, que chamamos com Lacan *gozo*, em um sentido mais amplo, não apenas sexual. Esses gozos excluídos são exatamente aqueles que à época de Freud eram considerados próprios das mulheres, por serem exatamente os de um registro exterior aos prazeres codificados pela *normasculina*.

Deve ser essa exclusão necessariamente violenta? O percurso de Vinícius destaca como se trata, para o homem, sobretudo de uma incapacidade de processar a vida quando vem em excesso, tanto em seus parceiros quanto neles mesmos. Esse excesso será interdito e mantido fora de cena de modos mais ou menos intensos,

18 HETEROTOPIAS HETEROSSEXUAIS DA CLÍNICA...

de acordo com a moralidade vigente. Acompanhamos os detalhes e as idiotias dessa exclusão na própria constituição da virilidade. O macho só alcança experimentar gozos bem concretos ao alcance da mão. No campo da sexualidade, esses gozos concretos são os que costumamos chamar *prazer*, e seu paradigma é o *orgasmo*, entidade com começo, meio e fim bem marcados. Este será, então, sempre fálico, quer seja vivido em um corpo anatomicamente feminino, quer masculino, a partir do pênis ou do clitóris, por exemplo.

O paradoxo do viril torna-se claro. Os gozos fálicos são corroídos pela impressão, no instante mesmo em que se realizam, de que há algo que ainda não chegou, um gozo a mais, sempre no outro. É o que formaliza Lacan em suas fórmulas da *sexuação*. Esse gozo que haveria-se-houvesse é o *Outro gozo*, que não está excluído, apenas inacessível; por isso, chama-o, além de feminino, *opaco*, ou ainda, suplementar. Ele não tem começo nem fim bem definido, como o gozo fálico, por isso é dito ilimitado, sem rima nem razão, sem remédio.

Esse gozo não é eliminado, só permanece como porta continuamente fechada. No entanto, é exatamente essa porta que pode ser abertura. Na travessia do viril-obsessivo em análise, que este livro apresenta, torna-se evidente que, desde o princípio, essa abertura já estava lá, apenas o homem, ocupado com suas proezas, não podia vê-la. Dito em uma fórmula: a análise do macho segue necessariamente em direção ao feminino. Só assim ela pode empreender uma reconfiguração subjetiva no plano do que realmente conta, o corpo e o gozo.

Vinícius opta, então, por só nos apresentar este Outro gozo juntamente com a abertura de seus protagonistas a ele, ao final do percurso analítico, na conclusão do livro. Antes, percorreremos as trapalhadas do masculino com esta vida que não se deixa capturar pelos prazeres ao alcance da mão.

Sim, a paixão pelo gozo fálico pode ser cômica, como o *ridículo* do macho acreditando em seus ídolos e suas estátuas de pés de barro. É como o aborda Lacan em um primeiro momento. Infelizmente, o patético do falo nem sempre vem para o centro da cena; ao contrário, ele costuma ser ofuscado pela violência de sua posição.

Essa violência estrutural reside no necessário *rebaixamento* do objeto para que o prazer masculino se dê. Como o homem se estrutura na crença de uma autonomia soberana, a possibilidade de perder-se de si é angústia, pânico. Ora, quem não pressente que a entrega é parte constitutiva da vida amorosa e que, portanto, o homem necessariamente se engana? Nem todos são capazes de correr o risco de se perder de si mesmo sem sucumbir, de jogar com a loucura de uma entrega sem limites e com ela construir pontes. O prazer fálico está em cercar e controlar o acesso ao vulcão, nunca em lançar-se nele. É esse paradoxo do gozo macho que se resolve, ao menos em parte, pelo rebaixamento do objeto.

Novamente, em vez de contentar-se com a dicotomia, Vinícius, ao abordar o rebaixamento do objeto amoroso na psicologia do amor a partir do conceito lacaniano de *objeto a*, refrata a função do parceiro em facetas insuspeitadas. A degradação do parceiro empreendida pelo macho consiste em fazer dele sempre um pedaço de corpo, nunca um verdadeiro semelhante, o que pode ir ao feminicídio em muitas culturas, como a nossa por exemplo. Ao mesmo tempo, porém, exatamente por fazer do parceiro um resto, não humano, promove-o a algo transcendental. É essa ambiguidade do resto, dito por Lacan *causa de desejo*, sem a qual nada acontece. Não é à toa que Lélia Gonzalez será convocada em diversos pontos do livro. Ninguém revelou melhor essa dupla função do resto em nossa sociedade, destituído de tudo, mas, por isso mesmo, causa de tudo, pondo o mundo em movimento.

A proposição subversiva e genial de Lélia Gonzalez, a de *fazer o lixo falar* em nossa sociedade, pode ser estendida ao feminino. Fazer do feminino fala resume o percurso proposto para o masculino em análise. Para isso, porém, é preciso um consentimento com o Outro gozo, que é aproximado na teoria freudiana com o termo *castração*.

É inevitável o tema da castração quando alguns seres falantes creem poder evitá-la por supostamente terem o falo. Possível? Na retomada da teoria lacaniana da castração que Vinícius empreende, demonstra-se como ela, longe de ser perda, é a presença de uma negatividade estruturante, falta que faz desejar. O macho quer mantê-la e não afastá-la – supremo paradoxo –, pois nada saberia ser sem ela. A solução será manter-se permanente em luta para vencer a castração e eliminar o resto, mantendo-se, ao mesmo tempo, cuidadosamente longe da possibilidade de uma vitória. Muito barulho por nada é, aqui, desde Shakespeare, o lema.

A análise evita esse paradoxo ao caminhar em direção ao gozo Outro, que sempre esteve ali, apenas desde sempre excluído. Para encontrá-lo, é preciso, para o homem, como situa Vinícius com Lacan, *autorizar-se*. O termo reinterpreta a ideia de uma desconstrução do masculino, apologia de nossos dias que costuma desembocar apenas em um pastiche de delicadeza, ridicularizado com razão pela cultura com o termo *esquerdomacho*. A autorização de uma análise não é essa desidentificação progressiva ideal, que só culminaria em uma negatividade geral insípida, mas sim um *dizer-se* no inominável do feminino, sempre reconfiguração radical de si.

O feminino deixa, assim, de ser um não-ser, mas o livro só o apresentará ao final, por onde o leitor pode começar caso busque uma receita para sua desconstrução. Busca vã, posto que o homem só tem chance de autorizar-se do feminino quando tiver rido de suas trapalhadas fálicas, sofrido com suas soberanias másculas e sentido no corpo o ritmo, não de sua parte mulher, como canta Gil, mas da vida, concreta e irrepresentável, que habita as áreas obscuras de seu próprio corpo.

A entrada em cena do tema da decolonialidade vem ampliar o alcance dessa virada clínica em um plano explicitamente político. Introduz-se um diálogo entre Lacan e a cultura que talvez apenas em terras como as nossas seja possível. Trata-se de resgatar o ser de um gozo negativado sem necessariamente incluí-lo na lógica que o exclui. Melhor mudar de lógica. Em vez do binômio homem-mulher ou sua superação, melhor dar lugar aos variados modos do gozo fálico assim como às múltiplas possibilidades do Outro gozo.

Ao acompanharmos o trajeto do macho em análise, sentimos a necessidade de uma modulação do masculino na própria lógica lacaniana. Ela formaliza a tensão entre um universal forte, paterno, masculino e o múltiplo do gozo feminino. É preciso interrogar de que modo essa formalização da sexuação se abriria a condições, como a do final de uma análise, em que se incluiria a possibilidade de uma dialética mais fluida, entre universais fracos, de um lado, e multiplicidades vivas, capazes de se organizar socialmente, de outro. Não seriam essas mesmas condições as exigidas em nosso tempo, dado o abalo no edifício colonial, patriarcal?

Vê-se como a psicanálise do macho que este livro propõe vai longe. Mostra como a unificação do campo do gozo pela masculinidade fálica, em seu teatro dos sexos, repartidos exclusivamente nos polos homem e mulher, não pode se sustentar em um tempo em que a reprodução da espécie não exige mais necessariamente a conjunção de corpos anatomicamente distintos. De modo análogo, delinear alternativas à repartição do campo dos viventes em uma dialética de senhor e escravo se torna urgência política em um país em que é cotidiano o genocídio de jovens negros.

Neste contexto, acompanhar a possibilidade, para o macho, de uma travessia de sua virilidade é alentador. *Travessia*, aqui, não é ir a lugar algum, muito mais poder ser atravessado. Machos em análise, vamos da travessia ao *atravessamento*, por experiências de margem, vivência de não-lugares, *heterotopias* no sentido que lhes dá Foucault, aquelas da vida que vivemos enquanto o metrô não chega a seu destino. É a vida das ínfimas grandezas laterais. É a vida da surpresa de heterotopias do prazer no seio do heterossexual, vida da clínica psicanalítica, em que até um *heterotop* pode, com um pouco de sorte, autorizar-se àquela errância perturbada sem a qual só poderia perder-se.

Introdução: Homens e masculinidades na psicanálise

De uns anos para cá, já deixou de ser novidade constatar que haveria relativamente poucas produções sobre masculinidade na psicanálise, contrabalançadas por uma proliferação de trabalhos sobre o feminino, que seria resultado da naturalização de uma perspectiva masculina (ou masculinista) implícita em nosso campo (Ambra, 2015; Bonfim, 2022). Não foi à toa que Paul B. Preciado, filósofo trans espanhol, nos fez uma importante provocação ao intervir na jornada de 2019 da Escola da Causa Freudiana, em Paris, organizada em torno da temática "Mulheres na psicanálise": lá, ele afirmou que, ao contrário de continuar a exotizar esse "tipo peculiar de animais" que chamamos de "mulheres", "como se ainda estivéssemos em 1917", teríamos de fazer, hoje, um congresso sobre "homens heterossexuais brancos e burgueses na psicanálise" (Preciado, 2020, pp. 19-20, tradução nossa). Além do convite de abertura ao novo, em termos políticos, que testemunhamos no discurso de Preciado,[1] sua fala também nos interessa porque, com

---

1 No livro *Eu sou o monstro que vos fala*, Preciado (2020) interroga a posição de enunciação política dos psicanalistas europeus, apontando o que entende ser

24   INTRODUÇÃO

um giro em nosso olhar, é possível encontrar, na literatura psicanalítica, uma série de contribuições sobre os homens e as masculinidades – que, até então, talvez não tenham sido suficientemente negritadas enquanto tais.

Pensamos aqui nas contribuições ao tema que podem ser extraídas das obras de Freud e Lacan, com as quais trabalharemos mais diretamente neste livro, como também nos diversos outros autores e autoras na história da psicanálise que, à sua maneira, se debruçaram sobre essa temática: Karen Horney; Rudolph Loewenstein; Robert Stoller; Ralph Greenson; Silvia Bleichmar; Jacques André; Michael Diamond; Irene Fast; Gerald Fogel; Ken Corbett; Monique Schneider entre tantos outros. Mais do que isso, gostaríamos de destacar ainda o rico e crescente campo de pesquisadores(as) que têm se dedicado a estudar psicanálise e masculinidades no Brasil, a exemplo de Pedro Ambra (2013; 2015), Flávia Bonfim (2021; 2022), Luciano Oliveira (2020), Edgley Lima (2021a), Melissa Scaramussa (2022), Hugo Bento (2018; 2022), Maria Virgínia Grassi (2002; 2006), Susana Muszkat (2006; 2011), Ronaldo Sampaio (2010), Walter de Oliveira-Cruz (2014), André Oliveira (2017), Felippe Lattanzio (2011; 2021) e Fernando Mascarello (2020; 2022) – nomes que são apenas alguns entre tantos analistas que têm se embrenhado nessa temática nos últimos anos. Esse ponto chama a atenção para o fato de que, ao contrário do que nos habituamos a dizer, há, hoje, diversas contribuições da psicanálise ao tema das masculinidades, sendo apenas preciso que

---

a cumplicidade destes com os dispositivos de poder heteropatriarcal-colonial. Essa cumplicidade teria consequências patologizantes para os dissidentes de gênero e de sexualidade, isto é, para os corpos que, assim como o filósofo, desafiam o estatuto naturalizado da diferença sexual, entendida em termos de "homens" e "mulheres" cisgênero e heterossexuais. A esse respeito, ver Lima (2022b).

saibamos localizá-las, nomeá-las como tais e delas extrair suas consequências.

Incluindo-se nesse cenário, *Homens em análise: travessias da virilidade* propõe uma abordagem teórico-clínica dos homens e das masculinidades na psicanálise freudiana e na lacaniana, fazendo um recorte em torno da virilidade enquanto um modo particular de um ser falante buscar se fazer "homem" – um arranjo cujas coordenadas subjetivas podem ser não apenas traçadas teoricamente como também eventualmente atravessadas em um percurso de análise. Trata-se, portanto, de um livro sobre aquilo que acontece numa experiência analítica, sem perder de vista suas ressonâncias sociais e políticas. Interessa-nos aqui colocar em movimento as construções de Freud e Lacan quanto ao campo da masculinidade a partir de seu encontro com os casos clínicos que podem fazê-las avançar, desde os homens analisantes escutados por Freud – o pequeno Hans, o Homem dos Ratos, o Homem dos Lobos –, passando por casos da literatura lacaniana – o paciente de Ella Sharpe, o paciente impotente de Lacan, os relatos de passe de Jésus Santiago e de Bernardino Horne, entre outros –, numa discussão cujo pano de fundo é o debate contemporâneo em torno de gênero, raça, sexualidade e geopolítica.

Para começar, apresentemos brevemente as chaves de leitura que guiarão nosso uso das obras de Freud e Lacan e que nos servirão para orientar/tensionar nossa escuta dos homens em análise. Sob nossa perspectiva, os achados freudianos quanto à subjetivação dos homens podem ser organizados em torno de pelo menos três elementos principais: i) a ameaça de castração (o fato de se verem constantemente ameaçados de perder o "falo" que supõem ter – e ameaçados, ainda, por significarem a perda do falo como uma castração); ii) a divisão do objeto na vida amorosa (uma divisão entre a degradação do objeto sexual e a idealização do objeto de amor, a partir da qual já não podem reunir amor e desejo em uma

26 INTRODUÇÃO

mesma parceria); e iii) a recusa da feminilidade (uma definição de "ser homem" baseada na negação do feminino e de tudo aquilo que se conecte com ele: passividade, feminilidade, homossexualidade, analidade etc.).

Em Lacan, também encontramos várias pistas para pensar masculinidade, as quais condensaremos aqui em torno de quatro vertentes: i) a posição (cômica) de "ter o falo" na ordem simbólica, pela via da ostentação fálica da posse, que permanece a todo instante ameaçada de ver desvelado o vazio que ela busca ocultar; ii) o caráter detumescente do pênis, esse pedacinho de carne que fica oculto sob as ilusões de potência daqueles que são simbolicamente portadores do falo; iii) o "macho" como criação de discurso, assombrado pela posição de objeto que tanto busca recusar e que ainda o organiza de forma inconsciente em sua fantasia; e iv) a lógica do "todo fálico" na sexuação masculina, que reduz o parceiro ao objeto de sua fantasia e orienta-se por uma tensão entre o universal da castração e a exceção mítica que o institui. Ao longo deste livro, utilizaremos essas articulações freudianas e lacanianas buscando recolher, com elas e a partir delas, alguns dos efeitos que uma experiência analítica pode produzir na configuração subjetiva dos homens que se dispõem a atravessar essa experiência.

Como se pode ver, as definições de masculinidade que acabamos de reunir podem ecoar certo caráter universalizante. Ao contrário de tomá-las como uma tentativa ingênua de descrever um ilusório funcionamento único de toda masculinidade possível – estratégia que teria como base uma cegueira para a multiplicidade de configurações subjetivas existentes nesse terreno –, essas construções freudianas e lacanianas podem ser lidas como a formulação paradigmática da maneira normativa de se construir masculinidade na cultura ocidental. Isso significa que esse arranjo tem impactos tanto na subjetivação dos seres falantes que buscam se submeter a essa organização – daqueles que querem se fazer homens conforme a norma – como na subjetivação dos seres falantes que a ela escapam ou que dela caem como resto, como sobra, seja pela inadequação ao ideal, seja pelas particularidades de sua constituição subjetiva que não se organizam exatamente dessa maneira.

A esse respeito, quando bem utilizada, a psicanálise é inclusive conhecida por sustentar a dimensão ética e política do singular, haja vista que, em cada um de nós, há algo de refratário à norma: no limite, ninguém é capaz de se adequar inteiramente às exigências de unificação subjetiva advindas do ideal – nem mesmo os homens, a despeito de sua paixão pela mestria fálica e pela ilusão de identidade muitas vezes fornecida pela posição do "macho". Este livro se orienta, assim, pelo caráter imprevisível e decisivo do um a um, que descompleta, a cada vez, as determinações de uma universalidade qualquer em razão do caráter único das marcas deixadas pelo encontro de um sujeito com o seu Outro, na medida em que é com isso que operamos em uma análise.

Mas não só de singularidade vive o ser falante, e temos também de levar em conta os efeitos da incidência da lógica do universal nas formas as mais diversas de subjetivação. Afinal, o universal nunca é apenas a descrição neutra e objetiva de como as coisas são; ele é, também, muitas vezes, a prescrição do modo como as coisas *têm de ser*, produzindo consequências específicas em situações nas quais o rumo foge do esperado. Trata-se aí da dimensão segregativa do universal, que não apenas constata ou descreve uma generalidade qualquer, mas também implica ou produz uma exclusão violenta em seu próprio gesto de fundação (Teixeira, 2015). Ao afirmarmos, por exemplo, que "todo homem é macho", o que fazemos também, ao mesmo tempo, é promover uma injunção velada (nem sempre tão velada assim) que impõe: "nada de homem que não seja macho!". Ou seja, a universalidade da frase "todo homem é macho" vale apenas na medida em que segregamos ou

28 INTRODUÇÃO

exterminamos a possibilidade de outros modos de "ser homem" que não se orientem pelo ideal de "ser macho".

Nessa direção, os trabalhos de Pedro Ambra, na esteira da obra de Lacan, têm evidenciado a afinidade entre masculinidade e universalidade do ponto de vista de seu funcionamento lógico, condensando essa perspectiva na formulação de que "*Homem é aquele que tem que ser*" (Ambra, 2021, p. 15, grifos do original). Uma das sutilezas de seu raciocínio é evidenciar que esse funcionamento universalizante não incide somente sobre a configuração tradicional do "macho", pois ele pode aparecer também em algumas das (legítimas) tentativas contemporâneas de "desconstrução" de padrões de masculinidade baseados no machismo, no racismo, na homotransfobia etc. Isto é, até mesmo os ideais de "ser um homem desconstruído" (por flertarem, às vezes, com um imperativo de que "todo homem *deve ser* desconstruído") podem se orientar por essa mesma lógica do universal, o que assume, aliás, uma dimensão bastante superegoica, ainda que não detenha uma força histórica e material equivalente à do imperativo mais tradicional ligado ao "ser macho".

Nesse sentido, somos forçosamente conduzidos a pensar masculinidades nesse entrecruzamento entre as dinâmicas do universal, seus atravessamentos particulares em uma existência e as subversões a esses arranjos que se podem produzir no singular. Delineiam-se, a partir daqui, uma ética e uma política da clínica psicanalítica, que nunca poderia ser apenas uma clínica do individual na medida em que lida com um sujeito radicalmente atravessado pelo Outro e pelas suas possibilidades de circulação no laço social. Essa ética e essa política, a nosso ver, têm como consequência nossa abertura – necessária e contingente – ao diálogo com perspectivas contemporâneas que constroem saberes outros, muitas vezes na vizinhança da própria psicanálise, e que nos ajudam a tecer um saber plural em torno do campo das masculinidades. Construamos, então, o lugar de onde falamos nesta escrita.

De onde falamos

Gostaríamos de situar aqui algumas das coordenadas de nossa posição de leitura dentro da psicanálise, bem como alguns de seus efeitos em nossa escolha temática pelos homens e as masculinidades neste livro. Em primeiro lugar, essa escolha se articula com nossa trajetória de pesquisa em psicanálise, por uma dimensão transferencial ligada às questões de gênero e de sexualidade que atravessaram nosso percurso analítico e que se transmutaram em produção acadêmica ao longo dos últimos anos. A fonte pulsional dessas investigações deriva-se de nossas questões subjetivas extraídas da análise pessoal, bem como dos desafios políticos de nosso tempo, mas também das questões trazidas cotidianamente por nossos analisantes, que nos convocam a uma tentativa de formalização daquilo que a experiência analítica pôde produzir nesses casos.

Esse esforço, todavia, exigiu implicar nele nosso próprio lugar de sujeito, na medida em que seu ponto de partida pode ser considerado a divisão que nos assolava entre, por um lado, uma aposta na psicanálise – enquanto um campo com importantes contribuições para lidar com gênero e sexualidade mais além dos roteiros normativos da cultura – e, por outro lado, uma inquietação em nós produzida por diversos psicanalistas, e aí incluindo eventualmente até mesmo Freud, Lacan e Miller, que, em alguns momentos de seu fazer teórico-clínico, reiteravam uma série de normas sociais ligadas à cis-heteronormatividade, normas que, muitas vezes, atravessam esse campo do saber assim como qualquer outro. O encontro com a obra da filósofa norte-americana Judith Butler ajudou a formalizar algo desse incômodo, pois essa autora, ao mesmo

30 INTRODUÇÃO

tempo que está convencida do valor da teoria psicanalítica para as questões de gênero e de sexualidade, também coloca interrogações importantes quanto a eventuais (des)usos normativos da psicanálise nesse terreno.

Assim, aos poucos fomos nos acercando das contribuições da filósofa – bem como de diversas outras autoras e autores que com ela compartilham os estudos de gênero, os estudos *queer* e os estudos sobre masculinidades, assim como o transfeminismo, o feminismo negro e o pensamento decolonial – que apontavam a presença, na teoria e na prática analíticas, de uma série de pressupostos normativos que atravessariam sua construção, a exemplo de uma cis-heterossexualidade presumida e compulsória para pensar o sujeito, frequentemente encarnada em patologizações, exotizações ou dificuldades de escuta das experiências de dissidentes de gênero e de sexualidade. Partindo daí, fomos levados a considerar o inevitável cruzamento entre marcadores de raça, classe, gênero e sexualidade para ler e escutar as formas de subjetivação, a partir da história e da geopolítica próprias a cada uma.

Essas questões foram para nós o ponto de causa para uma série de produções, inicialmente, na interface entre psicanálise, Butler e os estudos *queer*. Ao longo do percurso, nosso interesse acabou por se concentrar na temática do falo e das masculinidades, o que, por sua vez, teve também como efeito nossa aproximação mais direta às questões de raça e de colonialidade. É nesse sentido que as referências clássicas da psicanálise (Freud, Lacan, Miller) se encontram aqui em conexão com referências contemporâneas que se tornaram incontornáveis, a exemplo de Judith Butler, Paul B. Preciado, Jack Halberstam, Frantz Fanon, Grada Kilomba, Lélia Gonzalez, Rita Segato, Deivison Faustino, Isildinha Nogueira, Neusa Santos Souza, entre tantas outras. Tal cenário levou à elaboração de uma dissertação de mestrado que, agora, materializa-se neste

HOMENS EM ANÁLISE: TRAVESSIAS DA VIRILIDADE   31

livro, dedicado aos homens em análise e às travessias da virilidade na psicanálise lacaniana.

Sustentamos, então, uma escolha decidida pela psicanálise enquanto dispositivo que permite um tratamento das questões ligadas ao inconsciente e ao campo do gozo – uma escolha que passa tanto pelos efeitos da análise pessoal quanto por aquilo que recolhemos da escuta de nossos analisantes. Nesse sentido, além de Freud e Lacan, as contribuições de Jacques-Alain Miller atravessarão este livro por uma aposta transferencial na riqueza de seu trabalho clínico e na sua capacidade de formalizar o que se passa numa experiência analítica, a despeito dos pontos de discordância que assumimos em relação a algumas de suas posições nos debates sobre gênero e sexualidade. Fazemos essa escolha até mesmo a fim de evidenciar que suas próprias construções podem nos servir para pensar uma psicanálise mais aberta aos saberes e às subjetividades que a interpelam já há algum tempo, mas vêm à tona no contemporâneo.

Nesse caso, assumindo uma posição de leitura que recusa tanto a defesa apaixonada como a demonização de um autor, recorremos aqui a uma passagem em que Miller responde, no ano de 1988, às inquietações de seu público quanto a um trecho do Seminário 5 em que Lacan parece patologizar a experiência da homossexualidade, dizendo que os homossexuais "não são curados, a despeito de serem absolutamente curáveis" (Lacan, 1957-58/1999, p. 214):

Não tenham medo em não concordarem com Lacan! Se essa expressão dita por Lacan uma vez nos anos cinquenta não lhe agrada, diga claramente que esses termos não lhe parecem adequados, pelo que você mesmo aprendeu com Lacan nos anos posteriores. (Miller, 1988/2010, p. 30)

32 INTRODUÇÃO

De nossa perspectiva, e em virtude da direção ética e política que encontramos em diversos momentos da leitura milleriana de Lacan – localizada, por exemplo, em um texto como "A salvação pelos dejetos", em que o autor insiste na subversão analítica do discurso do mestre em favor do reconhecimento do caráter abjeto do gozo em cada um de nós –, parece-nos interessante sustentar aqui uma posição metodológica (e, por que não, transferencial?) que poderíamos nomear como "Miller contra Miller", inspirados na metodologia que o próprio Miller utilizou para apresentar a obra lacaniana, por ele referida, em diversos pontos de seu percurso, como "Lacan contra Lacan".

Diante desse cenário, a melhor maneira de formular respostas (ou outras perguntas) às questões colocadas à psicanálise pelos saberes contemporâneos sobre gênero, raça e sexualidade talvez não seja buscando salvar Freud, Lacan ou mesmo Miller de suas críticas, mas, antes, mostrando de que modo as ferramentas teórico--clínicas por eles construídas podem nos ser úteis ainda hoje para cernir aquilo que, da subjetividade, escapa à norma ou a desmonta, numa abordagem que nos permita operar de maneiras não normativas e não prescritivas com as formas de subjetivação as mais diversas – ainda que não tenhamos jamais uma garantia de estarmos definitivamente a salvo da reiteração de algum tipo de norma em nosso fazer teórico-clínico. A nosso ver, é nesse sentido que os trabalhos de Butler, Preciado e tantos outros (ou de tantos Outros, esses que nos são tão infamiliares) nos convidam a fazer aparecer a radicalidade ético-política da psicanálise, e é por esse motivo – diante da impossibilidade de aqui englobar todos os eixos dessa complexa discussão – que tomaremos essas interpelações à psicanálise lacaniana como ponto de partida e motor de trabalho para interrogar quais destinos uma experiência de análise pode oferecer ao falo e quais são suas consequências para a virilidade, particularmente na trajetória analítica dos homens.

Assim, este livro parte também de uma espécie de lacuna bibliográfica que localizamos dentro da psicanálise brasileira, aqui recortada em sua orientação lacaniana, na medida em que não encontramos, em nosso percurso, trabalhos que sustentassem uma investigação em profundidade quanto aos homens em análise, assumindo efetivamente os homens como recorte e adotando a clínica psicanalítica – ou melhor, a psicanálise em intensão – como eixo central de estudo.[2] Nosso ponto de interesse se concentrou, então, na especificidade das transmutações que uma experiência de análise oferece a um homem, particularmente quando essa experiência é levada, por assim dizer, a seu termo.

E é esse argumento que nos conduz a mais um ponto de nossa escolha temática, na medida em que nos pareceu relevante, diante do nosso contexto histórico e geopolítico, investigar esses sujeitos que se encontram no coração da norma e, longe de reificá-los, perguntar quais modificações uma análise pode introduzir em sua relação com o falo e com a virilidade. Aqui, vale enfatizar: numa análise, não há saída fixa ou predeterminada; cada um que se dispõe a essa experiência se arranja como pode, o que leva a uma impossibilidade de generalização de seus efeitos. Mas há pontos de orientação na direção do tratamento pautados pela perspectiva

---

2 Fora do cenário brasileiro, por sua vez, podemos encontrar ótimos trabalhos de analistas lacanianos produzidos na Argentina e na França que também se avizinham da temática. Aquele que se aproxima mais diretamente do que buscamos realizar aqui é o livro de Ernesto Sinatra (2010), que propõe um rico estudo sobre os homens, tomando a neurose obsessiva como sintoma da masculinidade. Além dele, travamos contato com o belo percurso de Hervé Castanet (2016) sobre homens gays em análise; o elegante trabalho de Juan Pablo Mollo (2021) sobre histerias masculinas; o instigante ensaio de Marcelo Barros (2020) sobre o funcionamento dos homens à luz da lógica do gozo fálico; e o interessante livro de Silvia Fendrik (2012) sobre a sexualidade masculina a partir das figuras paradigmáticas da masculinidade: Hamlet, Don Juan, Casanova e Fausto.

que assumimos quanto ao final de análise: as duas perspectivas que recortamos neste trabalho, como explicitaremos ao longo do percurso, foram a desidentificação ao falo e a travessia da fantasia. É por esse motivo que a impossibilidade de generalização não impede a transmissão daquilo que se passa num caso único: nossa aposta é de que a transmissão do singular tem efeitos de orientação quanto à prática analítica. Longe de ser uma objeção à psicanálise, o singular é, pelo contrário, a nossa orientação.

Nossa direção de trabalho foi, portanto, a de buscar recolher o modo como os diversos sujeitos que dão corpo a este livro puderam se haver, cada um em seu percurso de análise, com a desidentificação ao falo e/ou com a travessia da fantasia tendo consequências sobre sua forma de experimentar sua posição como homens e abrindo-os a um mais além da virilidade. Assim, no avesso das abordagens que postulam um "declínio do viril" ou uma "crise da masculinidade" como eixos centrais de leitura da subjetivação dos homens no contemporâneo, propusemos aqui pensar em "travessias da virilidade" como uma forma de sublinhar a singularidade dos modos de construção – bem como de desconstrução – dessa estrutura (viril) que, longe de haver desaparecido, ainda parece estar longe de dar seu último suspiro.

Homens em análise

Exploremos, então, a expressão que dá corpo ao nosso título: *Homens em análise*. O que está em jogo quando alguém se diz um "homem"? Em psicanálise, "homem" é um significante, ou seja, um elemento de linguagem que vem marcado por uma negatividade, uma vez que o significante não está colado naquilo que ele virá significar: diante da pergunta "o que é ser um homem?", a resposta só poderá ser dada no singular, haja vista que, como um significante, esse termo não tem nenhuma definição ou significado *a priori*. O que sabemos é que cada sujeito construirá para esse significante sua própria significação, a partir do modo como o "ser homem" e a "masculinidade" lhe foram apresentados pelo seu Outro. Nessa direção, "homem" não designa necessariamente um sujeito que nasce com pênis, que tem barba ou que se apresenta de forma viril (que já seriam formas imaginárias de se dar sentido a esse significante). Antes, trata-se de dar lugar ao uso que um ser falante pode fazer desse significante ("homem") como representante de sua posição como sujeito diante do Outro no discurso – seja por ter recebido esse significante do Outro, seja por reivindicá-lo para si, exercendo uma função de orientação para seu lugar no laço social. O título *Homens em análise* remete, então, aos sujeitos que se fazem representar no laço social a partir do significante "homem" e que se dispõem a entrar em trabalho de análise, a atravessar uma experiência analítica.

No entanto, na cultura ocidental, esse significante também ocupa um lugar bastante específico. Tradicionalmente, um "homem" é tomado como exemplo particular de um modelo universal de homem previamente estabelecido: portador de pênis, viril em sua expressão de gênero, interessado por mulheres – em suma, alinhado às expectativas do que é ser um homem nessa cultura. Um homem particular deveria, assim, refletir as propriedades universais d'O homem, ou desse Homem com H maiúsculo, de forma que o indivíduo estaria perfeitamente integrado à classe a que pertence. Vale observar que é essa a operação discursiva de constituição do masculino que encontramos na tradição ocidental, situando os homens (em especial, os homens europeus, cisgêneros, brancos, heterossexuais, viris, cristãos, de classe média alta e sem deficiência) no lugar de uma universalidade abstrata e descorporificada, pela invisibilização dos privilégios que lhes permitem assumir uma posição de neutralidade no discurso, sem se perceberem como marcados por um corpo e um lugar de fala (cf. Butler, 1990/2015; Ribeiro, 2019; Haraway, 1988/1995).

A partir dos anos 1990, por sua vez, com a aparição dos estudos sobre masculinidades, possibilitados pelo pensamento feminista e pelos estudos de gênero, tem se tornado cada vez mais evidente o fato de que não há um modelo universal d'*O homem* (Bonfim, 2021; 2022). Antes, o que há são múltiplas masculinidades, atravessadas corporalmente pelos marcadores sociais da diferença (gênero, sexualidade, raça, classe, regionalidade, deficiência, idade, religião etc.), suas hierarquias e seus diferenciais de poder (Connell, 1995/2005; Kimmel, 1998; Caetano & Silva, 2018; Restier & Souza, 2019). A ilusão de que os homens seriam "todos iguais" – e, portanto, igualmente não marcados por uma construção sócio-histórica de gênero – já seria uma operação performativa do discurso que busca ocultar as instabilidades e as tensões internas que caracterizam as disputas por hegemonia no campo das masculinidades (cf. Lima, 2022c).

Nessa perspectiva, digamos, sociológica, ser um "homem" – uma construção social que parte da atribuição de uma série de expectativas sobre o vir a ser de um sujeito em função da presença corporal de um pênis no momento de seu nascimento – é ser marcado por atravessamentos particulares de categorias interseccionais (a exemplo de gênero, sexualidade, raça, classe, entre tantas outras) que operam na distribuição diferencial de lugares para os homens e as masculinidades na cultura. Isso significa que não é a mesma coisa ser lido como um homem cisgênero ou um homem transgênero, um homem branco ou um homem negro, um homem heterossexual ou um homem gay em razão dos diferentes efeitos subjetivos que serão gerados pela posição que se ocupará no laço social, pelo modo como cada um será tomado pelo Outro em suas possibilidades de circulação pela cultura.

Na psicanálise, sabemos que esses predicados não são suficientes (e, aliás, que bom que não o são) para estabilizar de maneira definitiva o ser de um sujeito, que, longe de se congelar em uma identidade, é, pelo contrário, marcado pela falta-a-ser, pela impossibilidade de esgotar seu ser em uma identificação ou em uma determinação significante dada pelo Outro. Nessa perspectiva, um homem gay, por exemplo, não é igual a outros homens gays – e tampouco é igual a si mesmo, se levamos em conta a dimensão lacaniana do sujeito dividido [$], sem essência ou substância, atravessado pelo inconsciente e pela estrutura da linguagem. Ao mesmo tempo, no entanto, é preciso reconhecer que o corpo de um ser falante circula no laço social, e esse fato produz particularidades na existência de cada um, em função do modo como seu corpo será lido na cultura. Na escuta, cabe-nos, então, levar em conta a incidência dos marcadores sociais da diferença nos processos de subjetivação, que condicionam muitas vezes os possíveis e os impossíveis no trajeto de cada um, ainda que sem determiná-los completamente.

Mas até mesmo o destino subjetivo desses marcadores dependerá também do modo como eles foram apresentados ao sujeito pelo seu Outro e do modo com que esse sujeito responderá a isso. Está em jogo a maneira como cada sujeito inclui – ou tenta excluir – as consequências desse lugar em sua historização, a qual pressupõe a interpretação que o ser falante fez de sua posição diante do Outro e a resposta que deu a isso, na família e na cultura. Por esse motivo, com a psicanálise, sustentamos mais uma direção que não exclui a perspectiva sociológica, mas que, servindo-se dela, pode suplementá-la, acrescentando outras camadas à pergunta sobre o que é ser um homem. Aqui, *um* homem não pode se reduzir a um exemplar perfeito de um suposto universal dado e preexistente d'O homem, tampouco se esgotar pela descrição dos atravessamentos

38 INTRODUÇÃO

interseccionais que distribuem as particularidades da classe dos homens entre os diferentes modelos de masculinidade.

Em uma experiência de análise, recolhemos o modo singular como um ser falante se vê afetado pela opacidade do seu inconsciente, bem como pelo seu programa de gozo, o que não se dá sem o lugar que seu corpo assume no laço social. Entra em cena, aqui, a dimensão da singularidade, isto é, do modo como *um* sujeito se constituiu em resposta ao *seu* Outro, à versão do Outro que encontrou em sua trajetória. Enfatizamos, nesse ponto, a importância de sustentarmos uma concepção de singularidade não despolitizante, ou seja, que busque localizar aquilo que há de mais particular em um sujeito levando em conta também os atravessamentos desse mesmo sujeito pelo coletivo que o (con)forma, aí sublinhando a contingência dos destinos que cada um dará a isso.

Nesse sentido, o que singulariza a psicanálise é o fato de entrar "no detalhe da vida de um sujeito", visando ao ponto em que seu corpo foi marcado pelo significante, produzindo efeitos de um gozo opaco, fora de sentido, em relação ao qual os estereótipos das normas sociais não têm muito a dizer (Leguil, 2016, p. 29). Como consequência, ser *um* homem – isto é, ser designado e/ou fazer-se reconhecer como *um* homem no laço social – não é jamais algo inteiramente capturado pelas normas que determinam essa posição, mas faz parte de uma negociação contingente entre seu lugar na cultura (com os marcadores identitários que o organizam), seu modo de ali se servir do significante "homem" e a versão de Outro à qual esse sujeito responde, inconscientemente, com sua montagem fantasmática própria.

Se levamos em conta essa singularidade radical que buscamos encontrar no caso a caso, então a formalização teórica em psicanálise só pode se dar de maneira incompleta, ou seja, conservando o ponto de furo na teoria que abre para o ineditismo de cada caso, sem almejar uma descrição exaustiva dos sujeitos que se reuniriam sob a classe dos homens ou das masculinidades – tarefa que seria impossível por estrutura. Nesse ponto, o que nos orienta é a transmissão pela via do paradigma, que parte da ideia de que um caso singular nos transmite algo sobre a estrutura à qual está referido, mesmo sem se constituir como exemplar perfeito de uma classe qualquer (Teixeira, 2019, p. 87). Assim, uma transmissão pelo paradigma é, a cada vez, furada, incompleta, não exaustiva, convidando a dar lugar ao que há de singular em cada caso, a aprender com aquilo que cada caso nos ensina de próprio.[3]

É nesse sentido que, para estudarmos os *Homens em análise*, nos serviremos de formulações teóricas e casos clínicos encontrados na literatura psicanalítica avisados da impossibilidade de abarcar a totalidade (se é que ela existe) de configurações subjetivas que compõem as masculinidades. Trata-se de considerar que essas formulações não necessariamente descrevem, de maneira suficiente, as configurações subjetivas presentes em masculinidades marcadas, por exemplo, pela negritude ou pelas dissidências de gênero e de sexualidade, assim como elas tampouco se aplicam a *todos* os homens brancos, cisgêneros, heterossexuais etc., uma vez que a contingência implicada na singularidade do caso implode a necessária generalização teórica (Vorcaro, 2010).

Mesmo que a geopolítica dos casos aqui discutidos seja predominantemente eurocentrada – ponto para cujo descentramento ainda é preciso avançar –, acreditamos que sua análise não deixa

---

3 Ao contrário de se aplicar prontamente como um modelo para outros casos, "o recurso ao exemplo nos auxilia a pensar a condução clínica como uma prática guiada pela consideração de elementos que se apresentam concretamente na história e no saber construído pelo próprio paciente" (Teixeira, 2019, p. 88), funcionando como um "chamado para fazer algo diferentemente igual, no sentido em que uma situação clínica pode ser tomada como paradigmática para se pensar o que cada caso comporta de absolutamente inédito" (p. 88).

40 INTRODUÇÃO

de nos fornecer alguns pontos de referência quanto às subjetivações masculinas por desvelarem o detalhe de seu funcionamento (particularmente, da identificação fálica e da lógica da fantasia) e, ainda, por nos servirem para levantarmos perguntas quanto a outras lógicas de subjetivação que podem não seguir esse mesmo funcionamento. De toda forma, nesse mesmo ponto se condensam, a um só tempo, a limitação e o valor desse trabalho – dito de outro modo, o seu recorte –, na medida em que se dedica, mais centralmente, a investigar as travessias da virilidade na experiência analítica. Passemos, então, à construção desse recorte, assim como do ponto de partida que nos levou a escrever este livro.

Butler com Lacan: o falo cômico e suas consequências para a virilidade

Embora a obra de Butler e os estudos *queer* não sejam exatamente o centro desta pesquisa, eles ainda fornecem o contexto de sua produção, bem como seus eixos de interlocução. Afinal, foi a leitura de *Problemas de gênero* que chamou a nossa atenção para o caráter cômico do falo, isto é, para o fato de que, em Lacan, como lido pela filósofa, a tentativa de identificar-se completamente aos ideais de "homem" ou de "mulher" – representados pelas posições respectivas de "ter" ou de "ser" o falo na ordem simbólica – inevitavelmente fracassará por causa da complexidade do inconsciente e das instabilidades produzidas pelo sexual, que desafiam nossas pretensões de identidade. O que nos interessou aqui foi o fato, sublinhado por Butler (1990/2015), de que essa tentativa de realização da identidade, particularmente da virilidade, não apenas fracassa, mas fracassa de forma específica, isto é, cômica.

Isso significa que nós rimos diante do contraste entre o esforço empreendido por um sujeito para driblar a castração – por exemplo, ao buscar se afirmar como "homem" pela ostentação viril de sua potência ou de sua posse fálica – e o modo como a vida constantemente o ultrapassa, mostrando que aquilo que ele tem para oferecer ao Outro (e que ele gostaria de fazer valer como falo) não é suficiente diante do encontro com o real e suas contingências: uma hora ou outra, o mar virá destruir o castelo de quem joga com areia. Trata-se aí da incidência simbólica da castração, que determina que cada um de nós tem de se haver com suas próprias limitações, isto é, com a margem que nos separa de uma realização completa do nosso desejo e ainda com a ausência de uma identificação estável ou definitiva com um significante que possa nos assegurar uma posição confortável nos campos da linguagem e do sexual.

Para fornecer uma imagem do que está em jogo, pensemos aqui numa cena da *sitcom* estadunidense *Friends* (Crane & Kauffman, 1994), que foi ao ar de 1994 a 2004. Por meio da vida de três homens e três mulheres brancos, cisgêneros e heterossexuais de classe média, habitantes de Nova York, a série retrata os impasses de cada um deles nos campos do amor e da sexualidade, por vezes interrogando, por vezes reforçando diversos estereótipos sexuais, raciais e de gênero, entre outros. Recortamos aqui uma cena que nos parece exemplar quanto à construção de uma virilidade cômica nos homens.

No quinto episódio da sexta temporada, um dos personagens – conhecido por sua reputação como péssimo ator, frequentemente sem dinheiro e, ao mesmo tempo, como alguém sedutor e mulherengo – encontra, numa cafeteria, as chaves de um Porsche parado logo em frente ao estabelecimento. Ele considera entregar as chaves para o gerente do café (até que o dono as procurasse), mas decide se aproximar do carro e percebe o modo como algumas mulheres passam a se interessar por ele em virtude da posse fálica que supõem lhe corresponder. No decorrer do episódio, a chave é

42 INTRODUÇÃO

restituída ao verdadeiro dono e o personagem fica desprovido de sua posse fugaz. Para sustentar sua impostura, ele adota a manobra de empilhar várias caixas de papelão no formato de um carro esportivo, recobrindo-as com um pano a fim de operarem como um Porsche velado, e passa a vestir uma série de apetrechos que exibem a marca do veículo: um boné, uma camiseta, uma jaqueta, uma calça, uma pochete.

Curiosamente, o momento em que ele passa a ostentar da maneira mais caricata sua vinculação aos semblantes da potência fálica, expressos pelo excesso de insígnias em suas vestes ligadas à marca Porsche, é justamente aquele em que ele já não tem o carro, mas sustenta o semblante de sua posse. Ele tenta, então, novamente seduzir as mulheres que passam diante de sua cena, quando, subitamente, sua farsa é desvelada: um garoto jogando futebol americano na rua corre para buscar uma bola lançada no ar e, nesse movimento, cai sobre o suposto Porsche do personagem, desmontando seu arranjo e evidenciando que ali não havia nada além de um conjunto de caixas de papelão, destituídas de qualquer valor fálico sob o olhar do Outro. Diante disso, as mulheres que estavam em vias de se aproximar dele se decepcionam e vão embora, deixando-o aflito com a revelação de sua impostura.

Nesse arranjo, que pode operar como certo paradigma de uma virilidade cômica, vemos que, a despeito de sua identificação com o significante "homem" no laço social, o sujeito sabe que não tem o falo (isto é, sabe que é castrado simbolicamente), mas faz parecer que o tem e permanece escravo de sua ostentação viril, tentando se servir de um semblante fálico – que, no fundo, não lhe pertence – para seduzir o Outro. O aspecto cômico desse arranjo é escancarado no momento em que esse vazio (o vazio da própria castração, que opera de maneira estrutural para os seres falantes) é trazido à tona, desvelando a estrutura de semblante do falo [(-φ)]. Ali, onde se esperava uma eminência, o cetro do poder ou o significante último do desejo [Φ], não encontramos nada – ou melhor, encontramos uma coisinha de nada, de valor irrisório, que contrasta com o elemento grandioso que se esperava encontrar por trás do véu (Rubião, 2014; Zupančič, 2008).

O efeito de riso seria produzido, então, pelo encontro com um excedente pulsional que opera como um resíduo do que não se deixa apreender pela cadeia significante, um lembrete desse sopro de vida que desfaz as nossas ilusões de mestria e por isso nos faz rir de nossas tentativas de contornar inteiramente o real. Nesse cenário, o falo comparece tanto como o elemento que busca enquadrar a vida dentro das normas do simbólico (um indutor da perda de gozo) quanto como um índice dessa "escapada" da vida frente às nossas tentativas de produzir barreiras (significantes) diante de suas contingências – uma testemunha de que o gozo escapa ao seu regramento pelo significante (Rubião, 2014, pp. 104-105). Na perspectiva lacaniana dos anos 1950, o cômico estalaria nos momentos em que o falo aparece em cena como objeto parcial, evidenciando a discordância – ou seja, a impossibilidade da coincidência – entre o falo simbólico (operador da falta, significante velado do poder) e o falo imaginário (objeto ilusório do poder, desvelado em sua impostura) (Lacan, 1957-58/1999). O cômico nos permite, assim, evidenciar que a norma fálica não é capaz de regular completamente um sujeito, pois este permanece afetado por alguma coisa do real – no limite, a estranheza do próprio gozo – que não se encaixa em seus ideais.

Em *Problemas de gênero*, no entanto, Butler (1990/2015) lê esse arranjo apontando que a constatação lacaniana do fracasso na realização de uma identidade resultaria numa "idealização religiosa" desse mesmo fracasso, como se a ordem simbólica funcionasse como uma espécie de destino trágico para o qual não haveria saída: o simbólico é o destino! Em sua leitura, o caráter cômico do falo em Lacan teria um pano de fundo rígido e inflexível consequente à

44 INTRODUÇÃO

força supostamente imutável do simbólico. Ali, não seria possível produzir subversões críticas da comédia dos sexos, que passa a ser uma eterna reprodução do arranjo normativo de gênero: os homens permaneceriam escravizados à obrigação de repetir a ilusão de "ter o falo", mesmo sempre falhando em alcançá-lo, e as mulheres, à obrigação de fazer a mascarada feminina, de "ser o falo" para um Outro, portador de um desejo cis-heterossexual.

Diante dessa tensão, e percebendo que o horizonte da leitura de Butler quanto à comédia do falo não somente interroga a *teoria* psicanalítica (por meio da qual poderíamos propor respostas diversas para suas indagações), mas também ressoa na ética e na política da psicanálise enquanto *prática*, passamos a sustentar uma pergunta que só poderia ser respondida pela via da clínica: o que podemos esperar de uma experiência de análise levada a seu termo, no que diz respeito aos destinos do falo na economia subjetiva? E, mais especificamente em nosso recorte, o que uma análise pode produzir na posição de um homem diante da própria virilidade?

A aposta que nos orienta neste livro é a de que, ao contrário de permanecer numa idealização religiosa da comédia normativa do falo e de seus fracassos cômicos, uma análise pode oferecer outros destinos[4] para a relação de um homem com o falo e com a virilidade que não apenas uma submissão à norma cis-heterossexual

---

4 Ao pensarmos os destinos do falo e da virilidade numa análise, procuramos fazer um uso do termo "destino" que ressalte os encaminhamentos singulares e imprevisíveis que serão dados por cada analisante às questões que o atravessam – um uso que difere do caráter trágico e incontornável do destino em seu sentido grego. O que está em jogo aqui é um destino sem *télos*, sem uma finalidade ou uma teleologia, ao modo do uso freudiano do termo no texto "As pulsões e seus destinos" – isto é, destinos contingentes, marcados pela inexistência de uma norma *a priori* que indique à pulsão caminhos naturais ou adequados para sua vinculação a um objeto, o que ressoa, no contexto do fim de análise, nas invenções que um sujeito pode fazer fora do roteiro predeterminado por seu programa de gozo.

e ao engodo viril.[5] Nesse ponto, é a própria abordagem lacaniana do cômico[6] que nos dá a direção, uma vez que opera como índice de uma queda dos ideais que organizavam o sujeito, ao evidenciar que nem tudo da vida pode ser recoberto pelo falo. Nessa via, o cômico já não opera como um elemento religioso de conformação às normas sociais, e sim como uma bússola ética que nos convida a zombar da pretensão das normas em produzir sujeitos inteiramente adaptados aos ideais de coerência e unidade da cis-heterossexualidade ou da própria virilidade, destituindo algo de sua força e de sua seriedade trágicas por meio do consentimento com a estranheza do gozo que atravessa cada um de nós à sua maneira, esburacando nossos semblantes identitários.

Dessa forma, ao contrário de tomar o falo um elemento rígido ou imutável nas subjetivações masculinas, sustentamos que uma psicanálise visa a introduzir novos destinos que permitam a um sujeito se desembaraçar dos impasses engendrados pelo engodo viril ou, ainda, pelo falocentrismo da cultura, que busca equacionar falo, pênis e poder. Diante dessa equação, o cômico evidencia precisamente a discordância ou a descontinuidade entre esses três elementos ao desvelar a impostura de quem quer se fazer inteiramente "macho" ou falar em nome da lei. Se quisermos extrair do cômico uma direção ética, talvez ele nos permita situar um psicanalista do lado do resto, do objeto *a*, e não do lado dos ideais, de modo que, se tomada em sua radicalidade, a operação analítica não se coloca a serviço da ordem social (ou da

---

5 "Engodo viril" é uma expressão formulada por Jésus Santiago (2014) em um de seus testemunhos de passe como forma de transmitir o ganho de saber que ele extraiu de seu percurso: trata-se do fato de que a virilidade é um engodo, no sentido de que, enquanto se constitui como um modo de gozo com o qual o "macho" se casa, ela encobre a configuração sintomática que a possibilita.

6 Para uma investigação detalhada das consequências do cômico para a ética da psicanálise, ver Rubião (2014).

46 INTRODUÇÃO

cis-heteronormatividade), tampouco a serviço de um Outro consistente que normatiza ou regula. Antes, ao possibilitar o acesso a um Outro barrado, uma análise visa ao reconhecimento desse estranho resíduo que nos constitui e que atesta a falha das normas em regular completamente a subjetividade, apontando para a abertura de um mais além do falo no campo da singularidade do gozo.

Nessa perspectiva, desmontando a virilidade como engodo, o cômico pode operar como uma bússola ética que nos convocará a pensar as modificações que uma análise introduz na relação de um homem com o falo, uma vez que se trata, com o cômico, de uma tentativa de Lacan de dar novos encaminhamentos aos impasses do trágico freudiano (Miller, 1991/1997): enquanto os limites da análise com Freud (1937/2017) permaneceram dentro dos confins do falo, pela aparente impossibilidade de um homem consentir com a castração, a análise lacaniana nos convida a irmos um pouco mais longe, como veremos neste percurso.

Nesse cenário, nós nos serviremos aqui não somente do estudo de casos clínicos de homens já publicados na literatura analítica, como também de alguns testemunhos de passe[7] realizados na Escola Brasileira de Psicanálise. O interesse desse dispositivo (do passe) é que ele se propõe a apresentar uma transformação da tragédia em comédia (Miller, 1991/1997, p. 426): a experiência do passe só tem sentido se a tragédia for deixada com o passado e for possível construir "alguma pequena comédia" a ser contada

---

7 O passe é um dispositivo fundado por Lacan que visa a transmitir a experiência daqueles que levaram suas análises até o seu termo. A despeito dos vários atravessamentos institucionais que tensionam ou interrogam seu funcionamento, acreditamos que esse dispositivo cumpre uma função decisiva de transmissão dos efeitos de um percurso analítico, na medida em que "o valor ético dos relatos de passe reside nos efeitos de orientação que eles produzem sobre as análises em curso" (Leguil, 2010, par. 4). A esse respeito, ver Kuperwajs (2019).

HOMENS EM ANÁLISE: TRAVESSIAS DA VIRILIDADE 47

quando se abrem as cortinas (Miller, 1990/2022, p. 145, tradução nossa). Assim, sustentamos que, em consonância com a própria estrutura do passe, o cômico evidencia que a virilidade não passa de semblante, isto é, alguma coisa que se exibe a fim de ocultar que, ali, por trás, não há nada. Diante disso, se o lugar do analista reveza com o cômico (Lacan, 1974/2003), essas formulações nos ajudam a constatar que uma análise tem como efeito o desvelamento da estrutura de semblante da virilidade, permitindo a um homem – se ele assim o desejar – não precisar permanecer a serviço do engodo viril.

Gostaríamos de enfatizar, no entanto, que o cômico não anula o trágico, mas, tendo-o como seu próprio pano de fundo, permite fazer alguma coisa com ele ou para além dele, sem se entregar ao gozo infinito do *páthos* trágico. O que ocorre com este último é, pelo contrário, um esvaziamento, isto é, esvaziamos o sofrimento trágico de sua carga de gozo, que consome o sujeito em suas formas de repetição. Numa análise, trata-se, com o cômico, de inventar novos destinos para aquilo que se apresenta como trágico em uma trajetória, permitindo bem-dizer o desejo e sustentar os pontos de singularidade do próprio gozo, naquilo que cada um porta de estranho à norma ou de alheio ao Outro. Nessa perspectiva, ao evidenciar que a norma (ou o lugar do Outro) jamais funciona plenamente em suas expectativas de unificação e conformação da subjetividade, parece-nos que o cômico tem consequências éticas para a psicanálise que se imprimem sobre a direção do tratamento, as quais buscaremos desdobrar ao longo deste livro a partir da desidentificação do falo e da travessia da fantasia na experiência de análise dos homens, em particular na neurose obsessiva, produzindo uma espécie de desmontagem do engodo viril. Passemos, assim, à segunda parte de nosso título: *Travessias da virilidade*.

48 INTRODUÇÃO

Travessias da virilidade

Ainda que a noção de virilidade seja multiforme e historicamente variável, assumindo diferentes significações de acordo com cada cultura, suas relações de poder e formas de subjetivação, tomaremos aqui uma perspectiva estrutural, a partir de uma direção aberta por Miller (2011), que nos permite situar a virilidade na psicanálise como, antes de tudo, uma aspiração. Não tanto algo que se tem, mas algo que se busca: aspira-se à virilidade, seja por não se sentir homem o suficiente, seja por temer a feminilidade, seja por buscar na negação da própria castração uma garantia para sua masculinidade.

Mesmo que a virilidade na psicanálise não seja propriedade dos homens (uma vez que, longe de estar restrita a eles, constitui uma aspiração do próprio ser falante na neurose), o recorte deste livro será orientado pelas particularidades que marcam sua forma de subjetivação, em especial a partir da figura do "macho". Ao longo do ensino de Lacan, é comum encontrarmos o uso dessa alcunha – o "macho" – para definir a posição masculina como orientada pela virilidade, referindo-se, de maneira geral, à forma de subjetivação dos homens portadores de pênis que elevam esse órgão a um lugar de exceção em relação ao conjunto do corpo, como organizador central de seu erotismo e frequentemente acompanhado da degradação de seus objetos sexuais, bem como da tentativa de ocultação de qualquer tipo de fratura que possa evidenciar suas limitações.

Assim, talvez seja justamente quando encarnada na figura do "macho" – modo de nomear os homens que dão corpo a uma masculinidade enfatizada, frequentemente (mas nem sempre) atrelada à branquitude, à cisgeneridade e à heterossexualidade – que a virilidade assume, por excelência, o seu estatuto cômico, o qual nos interessa desdobrar neste livro. Fazemos aqui esse recorte uma vez que a masculinidade (bem como a virilidade) não é exclusividade dos homens, podendo haver, portanto, aquilo que o filósofo Jack Halberstam (1998/2018) nomeia como uma "masculinidade sem homens", presente, por exemplo, na figura da *butch* ou da sapatão, em *drag kings* ou em pessoas não bináries transmasculines. Inclusive, desde Freud (1925/2018), sabemos que cada indivíduo é atravessado por masculinidade e por feminilidade em proporções diversas, sem que se possa considerar masculino ou feminino como propriedade de um gênero específico. Com Lacan (1972-73/2008), por sua vez, podemos também articular masculinidade (e virilidade) a uma posição de gozo – o "todo fálico" –, que pode ser assumida por um ser falante na sexuação, sejam quais forem sua configuração anatômica ou sua identificação de gênero.

Dessa forma, tomaremos aqui a virilidade como um modo particular de dar corpo à masculinidade, já que nem toda masculinidade é viril – embora a virilidade esteja estruturalmente articulada à masculinidade, seja qual for o corpo que lhe dê suporte. Entendida desde a Grécia antiga como uma virtude que um indivíduo poderia buscar alcançar, a virilidade seria a forma mais perfeita, mais elevada de masculinidade, estando tradicionalmente ligada a um ideal de força física, coragem, vigor, dominação social e sexual, bem como a uma expressão limitada de sentimentos e afetos (Bonfim, 2020; Corbin, Courtine & Vigarello, 2013). No entanto, nem tudo que é legível como virilidade em sentido sociológico[8] coincide

---

8 Nesse ponto, vale lembrar também a importante noção – cunhada pela socióloga australiana Raewyn Connell (1995/2005) – de "masculinidade hegemônica", no sentido da forma considerada mais honrada de ser um homem, que assume certa ascendência em comparação com outras masculinidades que serão por ela subordinadas ou marginalizadas. A virilidade muitas vezes responderá historicamente pela masculinidade hegemônica, mas nem sempre coincidirá com ela; para um desdobramento psicanalítico dessa noção, ver Lima (2022c).

50 INTRODUÇÃO

com o que é virilidade em sua leitura psicanalítica: aqui, a virilidade não se restringe a (embora não deixe de ser atravessada por) códigos sociais de reconhecimento, formas de comportamento ou normas de conduta; ela é, também e mais especialmente, uma questão lógica, ligada a um modo de organização e distribuição do gozo no corpo e no laço social – a lógica do todo e sua exceção.

Mesmo que possa ser idealizada como uma virtude na cultura greco-romana ou que tenha se tornado um ideal para a modernidade ocidental, a virilidade na psicanálise é, ainda, enfatizada em seu aspecto cômico, pois sempre podemos entrever a falta fálica nas frestas da ostentação viril; esta tenta negar ou ocultar algo – a castração – que a todo instante transparece, evidenciando o fracasso da empreitada da virilidade em se fazer um corpo íntegro e sem furos, isto é, dotado de falo e não marcado pela falta, tampouco pela alteridade. Assim, enquanto a masculinidade se organiza, desde Freud (1925/2018), a partir do reconhecimento da castração como uma ameaça no horizonte (contra a qual seria preciso se precaver), a virilidade poderia ser lida como um giro sutil que ali inscreve uma negação: "eu (não) estou ameaçado pela castração".

Diante da ameaça de castração, que opera como elemento pivô na assunção da masculinidade por inscrever um limite ao gozo, a virilidade é a tentativa de responder a essa ameaça pela via do desafio ao limite, permitindo que a definamos (a virilidade) como um modo de gozo que se organiza em torno da negação da castração. Aqui, podemos pensar nos inúmeros exemplos de exibição viril em sujeitos que, negando suas limitações corporais (a possibilidade de morrer ou de falhar) e assumindo condutas de risco como forma de provação fálica, desafiam a suposta ameaça do Outro de lhe tomar suas posses, zombar de sua castração ou barrar seu gozo.[9]

---

9 O personagem Thomas Shelby, da série *Peaky Blinders* (Knight, 2013), talvez seja um paradigma contemporâneo oferecido pela cultura quanto a essa

Nesse caso, se a masculinidade é configurada por uma relação íntima com o limite dado pela medida fálica, produzindo sujeitos zelosos de suas posses por se verem ameaçados pela castração, a virilidade implica sustentar o ideal de transposição ou de ultrapassamento de um limite, expresso pela demonstração de bravura, coragem, força física ou intelectual, proezas etc., indicando a assunção do risco – muitas vezes, mortífero – de desafiar o limite fálico, mas permanecendo a ele inteiramente referido, pois o limite condiciona sua transgressão. Assim, diante da castração como operação simbólica de limitação ao gozo, que franqueia ao sujeito apenas um gozo castrado, limitado pelo significante e repleto de interdições, a virilidade aspiraria a um gozo em exceção à castração, um gozo que não seria limitado pela castração – aos moldes do pai tirânico e gozador de *Totem e tabu* (cf. Capítulo 4).

Numa primeira volta, poderíamos, então, definir a estrutura da virilidade por dois elementos: a negação da castração; e a recusa da feminilidade – elementos que, embora distintos, podem se atravessar. Afinal, é ao equacionar feminino e castração – ao se pressupor que "ser (como) uma mulher" ou "gozar como uma mulher" é ser castrado, é perder o falo – que a posição do "macho" se estabelece sobre uma recusa da feminilidade, como entendida a

---

virilidade marcada pela negação da castração – aqui, porém, enfatizada em seu eixo trágico, mais do que cômico. Shelby é um homem britânico, branco, cisgênero e heterossexual, reconhecido ex-combatente de guerra, que, no entanto, luta para se inserir na sociedade inglesa do século XX, portando uma ascendência cigana, que significa, naquele contexto, uma herança de segregação e subalternidade. Diante disso, seus recursos para buscar ascensão social em meio ao capitalismo passam, em grande medida, pela criação e sustentação de negócios ilegais, fazendo uso da violência e da força, em uma posição que desconfia de todos e busca resolver suas questões sozinho e em silêncio. Um retrato preciso dessa postura de desafio ao Outro se encontra na seguinte frase, por ele proferida em resposta a um interlocutor que o alertava para os obstáculos que teria adiante: *I have no limitations* ("Eu não tenho limitações").

52 INTRODUÇÃO

partir da lógica fálica e da fantasia masculina. Trata-se do fato de que a ameaça de castração é experimentada pelo neurótico como uma "ameaça de feminização" (Butler, 1990/2015, p. 110; Butler, 1993/2019, p. 178): "os homens observam essa figura da castração [o feminino] e temem qualquer identificação ali. Tornar-se como ela, tornar-se ela: esse é o medo da castração" (Butler, 1993/2019, p. 178). Não à toa, o imperativo "seja homem!", na nossa cultura, é frequentemente acompanhado por outras injunções que definem essa posição pela negação da feminilidade e da homossexualidade: "não seja uma mulher(zinha)!" e "não seja uma bicha!".[10]

Nessa ótica, ser um homem envolveria não ser uma mulher, não desejar outros homens e tampouco se aproximar de qualquer coisa que remeta à feminilidade – que passa a significar, para um homem capturado nessa lógica, a própria castração, da qual ele tem horror em função de seu apego fantasmático ao falo. Como postula Freud (1937/2017), trata-se aí da equação masculina entre feminilidade e castração articulada à "aversão contra a sua postura passiva ou feminina em relação a outro homem" (p. 358). Estar ameaçado de castração implicaria, portanto, estar ameaçado de se tornar uma mulher ou, ainda, de ser *tomado como* uma mulher

---

10 Fazemos essa construção a partir da incidência da leitura de Butler (1990/2015; 1993/2019) sobre a obra de Freud, ao propor a noção de "melancolia de gênero", isto é, a hipótese de que nossas identificações de gênero se assentam, em parte, sobre a perda preventiva de escolhas de objeto homossexuais que são cristalizadas melancolicamente no Eu sob a forma de uma identificação. Nessa perspectiva, um homem torna-se o homem que ele nunca pôde amar, bem como se entende como homem pelo fato de não ser uma mulher, na medida em que ser mulher seria desejar (e ser desejado por) outros homens. Assim, a masculinidade normativa poderia se estabelecer por essa dupla recusa da homossexualidade e da feminilidade, que se tornam inclusive atreladas por essa operação: a própria homossexualidade masculina passa a ser lida como índice de feminilidade – comportando, dessa forma, o risco de feminização que precisa ser recusado a qualquer custo pelo sujeito para se sustentar como homem.

– possibilidade que seria preciso recusar terminantemente para assumir um lugar no conjunto dos homens.

Observemos, aqui, que essa construção do feminino a ser recusado tem dois polos curiosamente conectados: ora ele vem representado como falta, como negação do masculino ou ausência do falo (pela perda das credenciais masculinas e seu subsequente rebaixamento a um feminino degradado), ora como um excesso, como um "gozar demais", gozar "como uma mulher" (por exemplo, ao ser penetrado por outro homem e/ou ao se permitir viver uma experiência de gozo que não se prende aos limites rígidos da masculinidade como posição ativa, contida e viril). Isto é, a partir de uma lente fálica, o feminino é lido ora como uma posição deficitária, ora como um gozo "a mais", que desmonta um corpo viril e precisa ser negado para se permanecer dentro da medida que seria propriamente masculina. Essa seria a maneira do "macho" de justificar para si sua recusa à possibilidade de viver um Outro gozo além do falo, um gozo não-todo fálico, que chamamos em psicanálise de "gozo feminino".

Aqui, caberia sinalizar que esse Outro gozo não significa necessariamente um gozo a mais no sentido moralizante do "excessivo"; essa é apenas sua apreensão sob a perspectiva masculina do controle fálico (Barros, 2011, pp. 90-95), que projeta no feminino esse excesso desmedido e catastrófico a fim de se defender daquilo que escapa ao roteiro da fantasia viril.[11] Mas, mesmo assim, em contraponto à "pobreza" e à limitação que muitas vezes marcam o

---

11 Podemos pensar na própria figuração da posição de ser penetrado por outro homem – modo heteronormativo de ler a homossexualidade masculina – enquanto roupagem desse "gozo excessivo" a ser recusado pela virilidade: nesse ponto, o teórico *queer* estadunidense Leo Bersani (1995) aponta que a homofobia pode ser a expressão de uma "fantasia mais ou menos oculta de homens participando, principalmente por meio de sexo anal, daquilo que é presumido ser o fenômeno aterrorizante da sexualidade feminina" (p. 11, tradução nossa).

54   INTRODUÇÃO

gozo fálico (Salamone, 2016, p. 44) em sua expectativa de ter tudo "sob controle" e de assegurar que todo o gozo passe apenas pelo falo, o gozo não-todo é uma experiência "vivificante" (Guimarães, 2016, p. 16), que efetivamente descompleta o semblante de totalidade – a pretensão de ser inquebrantável – do corpo viril, ao se apresentar de forma opaca em pontos do corpo que não são passíveis de mapeamento integral pela via fálica.

No entanto, para poder dizer "sim" a uma experiência dessa ordem, parece ser preciso também haver consentido com algo da castração, a qual os homens frequentemente negam a todo custo. Nessa direção, a virilidade poderia ser definida como uma forma de se armar um corpo pautada pela tentativa de negação da própria castração [($-\varphi$)], uma negação do menos-phi ou da falta fálica que afeta todo ser falante. Por esse mesmo motivo, a virilidade é, por excelência, cômica, pois, mesmo que sua empreitada busque ocultar a castração, esta sempre reaparece, relembrando o sujeito dos fracassos do engodo viril, da identificação com o ideal de ter o falo. Nesse cenário, a virilidade se desenha como a posição precária que um sujeito pode encontrar para desconhecer a própria falta fálica – posição cuja contrapartida é a angústia de castração, já que a suposição ilusória da posse é a todo instante ameaçada de ser perdida –, mas também para não se haver com algo do feminino que, no entanto, igualmente o atravessa.

E é justamente por recusar qualquer possibilidade de trânsito no feminino que a virilidade precisa, ainda, armar-se contra o risco de ser objeto de gozo do Outro: o sujeito se eriça quando supõe que outro homem quer feminizá-lo, apassivá-lo, rebaixá-lo (Miller, 2011). Daí advêm todas as formas de defesa contra o gozo do Outro, em que o viril se apresenta em expressões como "defender a honra", "não deixar o Outro me diminuir", "não deixar o Outro 'montar' em mim" ou "zombar de mim", "é preciso estar sempre pronto, sempre preparado" etc. Essas expressões dão testemunho de um apego à virilidade como índice de uma superioridade defensiva diante do Outro, uma superioridade que, por se ver a todo instante ameaçada (de que o Outro lhe "pegue por trás" ou lhe tome suas posses), precisaria recorrer à agressividade e à violência para se impor: "o Outro não gozará do meu corpo!". O resultado é o que podemos localizar como um embrutecimento fálico, sendo esse selo o que marca os sujeitos que se querem impermeáveis ao feminino ou a qualquer coisa que os desloque de sua posição de suposta mestria.

Vale observar que esse arranjo é muito frequentemente suplementado, entre os homens, pela manobra de tomar o Outro como um objeto degradado da sua fantasia [*a*], como forma de buscar assegurar sua posição de sujeito por meio de um rebaixamento do Outro. Diante disso, podemos desdobrar a formulação de Miller (2011) de que a virilidade é uma fantasia ou, ainda, de que a virilidade tem uma estrutura de fantasia – entendendo aqui a fantasia como o modo particular de conjunção e disjunção, de encontro e desencontro, entre um sujeito barrado e um objeto paradoxal que mobiliza seu desejo, sua angústia e seu gozo [$ ◊ *a*]. Trata-se aí da expectativa de se reivindicar como sujeito por meio da estratégia de se distinguir da posição de objeto – com a qual, no entanto, cada ser falante veio ao mundo para um Outro e a qual compõe o núcleo da fantasia fundamental: "cada um de nós é determinado primeiro como objeto *a*" (Lacan, 1969-70/1992, p. 170).

Nessa perspectiva, encontramos a virilidade – tomada aqui como uma entre várias formas possíveis de dar corpo à posição masculina na tábua da sexuação, já que estas (a virilidade e a posição masculina) não se confundem – marcada pelo acoplamento entre falo [Φ] e fantasia [$ → *a*], de modo que ser sujeito, nessa ótica, equivaleria a se diferenciar do lugar de objeto (que é assim relançado ao campo do Outro, do feminino), bem como a sustentar o semblante da posse do falo [Φ]. Dizer que a virilidade tem

56 INTRODUÇÃO

uma estrutura de fantasia é implicar, então, que essa posição envolve negar a sua falta fálica [(-φ)], comum a todo ser falante, mas também buscar reduzir o Outro a um objeto de seu gozo – e com isso tentar desconhecer o seu próprio lugar como objeto diante do Outro na fantasia fundamental. O resultado desse arranjo, que envolve tamponar o menos-phi com o objeto a, é a estruturação da virilidade assentada sobre a ilusão da posse do falo [Φ].

Nesse sentido, dois são os ângulos pelos quais podemos entrever a proposição de que a virilidade tem uma estrutura de fantasia. O primeiro deles diz respeito à fantasia como aquilo que, ao fornecer um enquadre ao campo do desejo, oferece também a segurança da identificação como "homem" a partir de um modo de gozo que toma uma parte do corpo do Outro como objeto pulsional: o traço fantasmático que se busca no Outro (a localização de um traço específico que se repete nas escolhas amorosas, tornando desejável um tipo de objeto particular) permite definir o seu "ser" como homem – a sua virilidade – a partir do objeto que se deseja e do modo como se goza. Trata-se aí da tentativa de extrair do objeto a segurança de sua masculinidade, a exemplo do que procurava Riobaldo, em *Grande sertão: veredas*, com o desejo pelas mulheres: "Ponho minha fiança: homem muito homem que fui, e homem por mulheres!" (Rosa, 2001, p. 162).

Aqui se apresenta a conjunção entre falo e fantasia, tão decisiva para a constituição da virilidade. Pois é o modo como um homem toma uma parte do corpo do Outro como objeto de seu gozo, dentro de um roteiro fantasmático próprio [$\$ \rightarrow a$], que o faz se sentir assegurado em sua posição no gozo fálico [Φ] – isto é, assegurado como "homem" em seu ser. Quando, no entanto, alguma coisa vai mal nesse campo, a exemplo do encontro com a impotência ou com as contingências da ereção (que nem sempre está lá quando se espera – ou que pode estar lá justo quando não se espera), essa conjunção falo-fantasia se desorganiza e é o próprio "ser homem" que é colocado em questão – sendo essa desorganização o que ocasiona, inclusive, algumas procuras por análise. Nesse mesmo sentido, cabe lembrar a angústia do personagem Riobaldo, que o conduz a fazer uma ampla narrativa de sua vida, mobilizada pelo não saber o que fazer diante do encontro com a causa de seu desejo num corpo de jagunço – o objeto olhar presentificado por Diadorim, assim como sua delicadeza –, desestabilizando sua maneira de se entender como homem (heterossexual) (cf. Lima, 2018a).

Dessa forma, o primeiro ângulo da virilidade como fantasia se compõe pela tomada do Outro como objeto, pelo apego a seu roteiro de gozo como sujeito. Por sua vez, o segundo ângulo se organiza pela fixação pulsional ao modo próprio pelo qual o sujeito se apreende ele mesmo como objeto diante do gozo do Outro. Estão em jogo aqui as múltiplas formas que podem ser assumidas pelo objeto *a*, enquanto objeto oral, objeto anal, objeto olhar, objeto voz, objeto nada, entre tantas outras roupagens que podem se configurar no um a um, mas que serão, cada uma à sua maneira, índice do modo de ligação do sujeito ao seu Outro, índice do modo como um sujeito interpretou seu lugar como objeto diante do gozo do Outro. A posição de objeto é o polo mais fundamental na estrutura da fantasia, na medida em que cada ser falante vem ao mundo primeiro como objeto para um Outro; mas, no caso dos homens, esse lugar é muito frequentemente recalcado com maior intensidade em decorrência da leitura masculina da empreitada de se tornar sujeito como um ter de se diferenciar radicalmente desse lugar (de objeto), reduzido a uma posição feminizante, degradada ou rebaixada [*a*], que sinalizaria, ainda, a própria castração [(-φ)]. As possibilidades de trânsito por essa posição são, dessa forma, negadas e destituídas pelo "macho" e atribuídas ao campo do feminino – o campo do Outro absoluto na dialética falocêntrica.

Assim, na estrutura da virilidade, a interpretação fálica dos corpos – articulada ao registro da fantasia masculina – reduz o

58   INTRODUÇÃO

feminino a uma posição feminizada de objeto [a] que o "macho" constrói e recusa, buscando se situar como sujeito [$] a partir da desautorização dessa posição. Nessa interpretação, que faz equivalerem feminilidade e castração, o feminino se definiria como uma posição de objeto inferiorizada e degradante [a], referida a uma menos-valia, desprovida de valor fálico [(-φ)]: ser (tomado como) uma mulher é ser castrado; logo, é uma imagem do horror para quem se quer "macho". Mas é preciso ainda levar em conta o avesso dessa interpretação, isto é, aquilo que ela inclui e oculta como seu "outro lado" (também reconhecido e negado pelo "macho"): afinal, a perspectiva da fantasia masculina, segundo a qual a posição feminina seria caracterizada por um déficit ou uma falta fálica, encobre aquilo que do feminino se apresenta por uma positividade, a saber, pela lógica do não-todo, que testemunha os encontros contingentes com um gozo suplementar situado mais além do engodo viril.

Mesmo que, em um nível manifesto, a recusa da feminilidade nos homens se articule à diferença de valoração que eles atribuem ao masculino (como fálico) e ao feminino (como castrado), essa diferença na verdade implica um problema mais fundamental, que é o recuo desses seres falantes diante da experiência do gozo feminino enquanto um gozo que não se restringe pelos limites da castração. Na lógica da sexuação, a castração – como operação de limitação e localização do gozo – passa a ser uma prerrogativa do "macho", enquanto o feminino acontece em outro registro. Nessa lógica, é o próprio viril que se apega aos limites dados pela castração, seja para lhes obedecer, seja para transgredi-los, ao passo que o gozo feminino se configura como um gozo do corpo "para além do falo" (Lacan, 1972-73/2008, p. 80), um gozo que toma o corpo em êxtase ou arrebatamento, escapando ao seu regramento pelo limite fálico.

Nesse ponto, o roteiro da fantasia, no modo de gozo viril, é o que vem erigir precisamente uma tela diante do feminino (Dafunchio,

2013), ao recortar uma parte do corpo do Outro como objeto fantasmático e permitir que, daí em diante, um ser falante possa gozar apenas da própria fantasia, mesmo diante de outro corpo, produzindo um fechamento para a alteridade como tal. A fantasia se transforma, então, em uma máquina de virilizar os seres falantes (Alberti, 2016). No entanto, essa máquina apresenta uma configuração paradoxal, já que o objeto que se foi para o Outro atravessa a maneira como alguém se constitui como sujeito, seja ao aderir a esse lugar, seja ao buscar dele se diferenciar; como consequência, a virilização vem, a cada vez, acompanhada por uma feminização, por "esse efeito feminizante que é o *a*" (Lacan, 1969-70/1992, p. 170). Por esse motivo, a fantasia nem sempre é sinônimo de um sujeito viril do ponto de vista "sociológico", pois ela também pode ter efeitos que aferram[12] um sujeito a uma posição de objeto diante do Outro, posição que é, no limite, o polo mais fundamental da fantasia, diante do qual a virilidade cômica busca se defender e diferenciar-se – com maior ou menor sucesso em cada caso.

Dessa forma, o que a estrutura da fantasia nos revela é, antes, a "ironia" da virilidade: mesmo ali onde acredita ser "macho", defendendo virilmente sua posse do falo, "o sujeito masculino é feminizado em seu fantasma", ele já é marcado de alguma forma, no

---

12 Nesse sentido, ainda que falemos sobre a travessia da fantasia e seu efeito de abertura ao feminino para além do engodo viril, cabe salientar que, em diversas experiências de análise, também está em jogo a possibilidade de atravessar a fantasia para acessar algo da própria virilidade, como em casos de sujeitos muito inibidos, assolados pela posição de objeto que ocupam diante do Outro. No entanto, esse acesso não se confunde com a alienação aos imperativos imaginários de uma virilidade normativa ou idealizada, mas se orienta, antes, pelo consentimento com o funcionamento esburacado do desejo e com a singularidade do seu modo de gozo. Essa direção da experiência analítica pode inclusive ser usada como outra chave de leitura para os casos que discutimos no Capítulo 2 sob a bússola da desidentificação fálica, assim como para o percurso de Bernardino Horne, que veremos no Capítulo 4.

60 INTRODUÇÃO

inconsciente, pela posição de objeto diante do Outro, de modo que "é no seu fantasma que o sujeito pensa ser o maquinista – viril – quando na verdade não passa de uma marionete" (Mattos, 1997, p. 73). Marionete, pois, mesmo recusando, no nível do Eu, a possibilidade de circular pela posição de objeto a fim de se afirmar como sujeito; este, todavia, repete sem saber o roteiro que o conecta à sua roupagem do *a* na fantasia. É a repetição neurótica que, portanto, devolverá aos homens sua proximidade com a posição de objeto, que, mesmo recalcada, continua a determinar sua instituição fálica como sujeito e suas empreitadas no campo do desejo.

Para poder reconhecer "o que o constitui, ou seja, a causa de seu desejo" (Lacan, 1969-70/1992, p. 170), é preciso acessar o ponto que marcou a interpretação de sua posição como objeto diante do Outro, o núcleo da fantasia fundamental. O acesso a essa dimensão produz um duplo efeito, que Lacan (1967/2003) nomeou como queda do objeto e destituição subjetiva: desmonta-se o arranjo que tornava possível a instituição fálica do sujeito em busca do objeto sob as formas da repetição neurótica. Com o atravessamento da fantasia, a aposta é a de que o sujeito "se desprende disso, se desliga, pode orientar-se a respeito do objeto que esse fantasma oculta" (Miller, 1990/2022, p. 143, tradução nossa), reabrindo suas condições de amor e permitindo a um ser falante se virar com o desejo e o gozo fora (ou mais além) do circuito da fantasia:

> *depois da distinção do sujeito em relação ao a, a experiência da fantasia fundamental se torna a pulsão. O que se torna então aquele que passou pela experiência dessa relação, opaca na origem, à pulsão? Como, um sujeito que atravessou a fantasia radical, pode viver a pulsão? Isto é o mais-além da análise. (Lacan, 1964/1988, p. 268)*

Assim, se a virilidade tem uma estrutura de fantasia, então a travessia da fantasia num percurso de análise deve ter efeitos sobre a experiência da virilidade. Partindo daí, formulamos a nossa pergunta: quais destinos uma análise pode oferecer à relação de um homem ao falo e à virilidade? Tendo essa questão no horizonte, este livro buscará desdobrar dois desses destinos situados a partir da desidentificação ao falo e da travessia da fantasia, que correspondem a duas concepções de final de análise formuladas por Lacan ao longo de sua obra, eleitas aqui devido aos seus efeitos sobre o funcionamento da masculinidade. Nesse sentido, trata-se de investigar quais modificações essas operações (a desidentificação fálica e a travessia da fantasia) produzem sobre a relação de um homem ao falo – e quais são suas consequências para o engodo viril e para a experiência da masculinidade. Vejamos, então, o que esse caminho nos reserva.

1. Virilidade cômica: a ostentação fálica do ter e seus avessos

Quais são as consequências da comédia do falo para a configuração subjetiva da masculinidade? É como uma resposta antecipada a essa pergunta que propomos aqui o sintagma "virilidade cômica", com o qual acreditamos transmitir o que localizamos como uma posição reiterada de Lacan, ao longo de seu ensino, quanto à questão do que é um homem. No Seminário 16, o psicanalista aborda diretamente essa questão tomando o homem não como sinônimo de humanidade, mas como o *"vir"*, o "sexo masculino": "Ele é ativo, diz-nos Freud. De fato, tem motivo para isso. Precisa até dar um golpe para não desaparecer no buraco. Enfim, graças à análise, agora ele sabe que, no final das contas, é castrado" (Lacan, 1968-69/2008, p. 382). E não por um acidente histórico qualquer, isto é, não se trata de dizer que apenas hoje, nesse mundo contemporâneo em que o viril teria supostamente desaparecido, ele o seja: "como ele finalmente o sabe, sempre foi castrado". A castração masculina seria, então, um fato de estrutura. Assim, no ponto em que poderíamos esperar uma definição lisonjeira do que é um homem, Lacan nos responde: um homem, no final das contas, é... castrado.

O que está implícito nessa resposta é o giro promovido pela releitura lacaniana sobre a noção de "castração" em Freud: ao ser tomada como uma função simbólica, que chancela a impossibilidade de um sujeito realizar plenamente suas aspirações no campo do desejo, a castração passa a definir mais centralmente a subjetivação dos homens, deslocando-a de sua conhecida apreensão a partir da ausência de pênis no corpo das mulheres: "Todos sabem que a castração está aí no horizonte e, evidentemente, jamais se produz em lugar algum. O que se efetua está em relação com o fato de que desse órgão, desse significante, o homenzinho é um suporte sobretudo lastimável, e que ele parece, antes de mais nada, sobretudo privado dele" (Lacan, 1959-60/2008, p. 361). A castração, no campo do masculino, demarca a discordância entre a expectativa dos homens de serem portadores do falo (simbólico) e o fato de se reconhecerem castrados, isto é, desprovidos daquilo que constituiria, de fato, o termo último que garantiria uma posição estável e segura no plano do desejo.

Da passagem acima, ressaltamos os termos não quaisquer com os quais Lacan joga: o "homenzinho" – no diminutivo – é, quanto ao significante fálico, um suporte "lastimável", indicando que há uma distância (cômica) entre o que se espera do falo (ou dos homens enquanto seus portadores simbólicos) e o órgão que eles carregam entre as pernas (ou aquilo que esses homens são capazes de realizar do ponto de vista dos ideais da masculinidade normativa). Mesmo que Lacan não tenha ele mesmo articulado explicitamente a noção de "virilidade" à sua abordagem do cômico, sustentamos que esse ponto é o que atravessa e define tacitamente sua concepção de masculinidade construída a partir da comédia do falo – donde a nossa proposição de uma virilidade cômica, que aqui buscaremos desdobrar.

Por mais diversos que possam ter sido os (des)usos da psicanálise em termos de uma naturalização – ou de uma não interrogação

HOMENS EM ANÁLISE: TRAVESSIAS DA VIRILIDADE   65

– da masculinidade normativa, podemos encontrar, atravessando toda a obra lacaniana, uma série de marcações de posição que de alguma forma depreciam comicamente a masculinidade ou as figuras masculinistas do poder. Ao contrário de uma idealização religiosa da lei, a posição de Lacan como psicanalista[1] nos parece operar uma dessacralização do campo do masculino, ao abordar o falo a partir do cômico e ao se referir à própria "lei paterna", em diversos pontos de seu ensino, com um tom de zombaria,[2] gesto que nos permite entrever uma posição de distância crítica – e não de cumplicidade – em relação ao arranjo normativo que ele descreve.

---

1 O que não significa que o homem Lacan não se beneficie dos dividendos patriarcais, isto é, de seu lugar enquanto homem cisgênero, heterossexual, branco, europeu, de origem católica, e tampouco que Lacan fosse algo como um protofeminista. Longe de querer salvar ou idealizar o mestre colonial, trata-se aqui de recolher de sua obra elementos que possam nos interessar, hoje, em nosso contexto, para pensarmos a radicalidade ético-política da posição de um psicanalista na clínica e na cultura, particularmente no tocante ao problema das masculinidades.

2 Encontramos uma depreciação cômica do Nome-do-Pai em diversos momentos do ensino de Lacan, ao referir-se à lei paterna como "os princípios de papai", sendo que "desde há algum tempo, papai não tem mais princípio" (Lacan, 1961-62/2003, p. 245); ou ainda ao tratar da "comédia edipiana", da qual o psicanalista diz que podemos "começar a nos divertir – *Foi papai quem fez isso tudo*" (Lacan, 1962-63/2005, p. 220, grifos do original), num gesto que deprecia a lei paterna por meio de uma derrisão da sacralidade do Pai. Por sua vez, a anedota mítica da castração, segundo a qual o pai seria o agente castrador que ameaça o sujeito com a punição de cortar fora seu falo, não passaria de uma "história para boi dormir" (Lacan, 1967/2006, p. 51), a ponto de, mais tarde, Lacan afirmar uma posição ético-política fundamental: "Sobretudo, nada de pai educador; antes, que ele esteja aposentado de todos os magistérios" (Lacan, 1974-75, lição de 21 de janeiro de 1975, tradução nossa). É por esse mesmo motivo que ele chega a reformular o que seria a própria direção de uma análise: "a psicanálise, ao ser bem-sucedida, prova que podemos prescindir do Nome-do-Pai. Podemos sobretudo prescindir com a condição de nos servirmos dele" (Lacan, 1975-76/2007, p. 132). A esse respeito, ver o trabalho de Miller (1991/1997) sobre o desejo de Lacan.

66 VIRILIDADE CÔMICA

Para a pensadora feminista estadunidense Jane Gallop (1982, p. 36), Lacan estaria mais para um autor "falo-excêntrico" (*"phallo--eccentric"*) do que para um ingênuo reprodutor de normas sociais, pois, em seu estilo mesmo, ele faz troça da norma fálica que veio formalizar, não se deixando iludir pelo lugar da autoridade ou da tradição.

Ao denunciar a impostura cômica de quem se pretende o verdadeiro representante da Lei, apontando para a castração das figuras de poder que historicamente se vinculam aos semblantes da masculinidade, a obra de Lacan indica que não devemos nos deter diante das insígnias fálicas que conferem um privilégio simbólico aos seus portadores. Pelo contrário, o cômico comparece aí como uma forma de denunciar o engodo da virilidade, uma vez que escancara o fato de que o mestre é "um babaca" (Lacan, 1968-69/2008, p. 371); ou que o personagem do pai, no fundo, "é um idiota", "um pobre-diabo", "um velho caquético" (Lacan, 1959-60/2008, p. 361); ou, ainda, que a figura do rei, esse "velho cretino" (p. 357), é marcada pela *"cegueira"* (Lacan, 1957/1998, p. 42, grifos do original) e pela "imbecilidade" (p. 42). O que está em jogo é algo que Lacan nomearia como uma discordância entre simbólico e real, em sua discussão sobre a distância entre o Nome-do-Pai e o personagem paterno no caso do Homem dos Ratos:

A assunção da função do pai pressupõe uma relação simbólica simples, em que o simbólico recobriria plenamente o real. Seria preciso que o pai não fosse somente o nome-do-pai, mas representasse em toda a sua plenitude o valor simbólico cristalizado na sua função. Ora, é claro que esse recobrimento do simbólico e do real é absolutamente inapreensível. Ao menos numa estrutura social como a nossa, o pai é sempre, por algum lado, um pai discordante com relação à sua função, um

pai carente, um pai humilhado, como diria o sr. Clau-
del. Há sempre uma discordância extremamente nítida
entre o que é percebido pelo sujeito no plano do real e
a função simbólica. (Lacan, 1952/2008, p. 39-40, grifos
do original)

O que gostaríamos de sugerir aqui é que essa mesma discordância pode ser encontrada – ainda que não seja diretamente tematizada – na abordagem lacaniana da (não) relação entre falo e pênis, se quisermos reconhecer que um pênis nunca está à altura de sua função discursiva como o grande falo que ali se pode supor.[3] Não por acaso, podemos situar uma série de afirmações jocosas de Lacan com relação a esse órgão, por ele referido como "algo de miserável" (Lacan, 1956-57/1995, p. 232), "uma porcaria, algo de repugnante" (p. 315), um "trapinho" (Lacan, 1962-63/2005, p. 288), um "pedacinho de pau" (Lacan, 1975-76/2007, p. 16), assinalando "o caráter reduzido, infame, ridiculamente insuficiente do órgão em questão" (Lacan, 1956-57/1995, p. 315). Esse ponto tem consequências importantes para a masculinidade, uma vez que essa discordância falo-pênis é, ao mesmo tempo, o segredo íntimo do "macho" e um fato conhecido de todos, tornando cômico seu funcionamento normativo.[4]

---

3 Da mesma maneira que, ao discutir o lugar do Rei em "A carta roubada", Lacan (1957/1998) afirma: "Não é natural para o homem suportar sozinho o peso do mais elevado dos significantes. E o lugar que ele vem a ocupar, ao se revestir deste, pode ser igualmente apropriado para se tornar o símbolo da mais enorme imbecilidade" (p. 42).

4 Esse é também o arranjo da peça *O Balcão*, de Jean Genet, discutida por Lacan (1957-58/1999, p. 279): ali, todos sabiam que o chefe de polícia usava peruca (sabiam de sua castração), mas o chefe, esse veículo da lei, não sabia que todos sabiam. Por sua vez, quando um civil, na peça, busca encarnar plenamente o lugar da lei, ele sofre a punição de ser castrado literalmente, reinstaurando a distância entre a autoridade simbólica e seus representantes concretos ali onde

68 VIRILIDADE CÔMICA

Assim, poderíamos reescrever a passagem de Lacan acima afirmando que, para que a assunção da função do falo na virilidade alcançasse um pleno recobrimento do real pelo simbólico, seria preciso que o pênis não fosse somente o *falo*, mas representasse em toda a sua plenitude o valor simbólico cristalizado na sua função – um recobrimento da ordem do impossível. Por isso, há sempre uma discordância entre o que encontramos no plano do real e a função simbólica do falo – ponto que dá margem aos efeitos cômicos gerados pela sua aparição como objeto parcial (como objeto ilusório do poder, a exemplo do próprio pênis), uma vez que essa aparição evidencia a discordância entre o falo como significante velado do poder (sua função simbólica) e a pequenez de suas dimensões humanas (de um pênis concreto). Nesse sentido, a psicanálise nos convida a tomar os homens no avesso de sua virilidade, na medida em que a experiência analítica nos dá acesso à sua divisão subjetiva, isto é, ao ponto em que o ideal de "ter o falo" que caracteriza o engodo viril já não é suficiente para responder pela posição de um sujeito.

Nossa aposta é que tal maneira de falar do pênis e das figuras masculinistas do poder, como encontramos ao longo da obra de Lacan, não é algo fortuito, mas sim uma marcação de posição que, se bem lida, pode se conectar com o cerne mesmo da ética da psicanálise, na medida em que esta exige de um analista colocar-se a serviço da causa do desejo mais além da norma paterna (Lima, 2019a). Assim, ao nos convidar a interrogar as normas sociais a partir da experiência analítica, é a própria posição de Lacan (1958-59/2016, p. 516) que nos conduz a extrair do cômico uma orientação ética para nossa clínica e nossa política. Afinal, se consentirmos com o fato de que o Outro é castrado [S(Ⱥ)] – e, por

---

a castração (simbólica) – ou a discordância entre simbólico e real – parecia estar prestes a ser elidida.

HOMENS EM ANÁLISE: TRAVESSIAS DA VIRILIDADE 69

isso, suas determinações normativas são incompletas –, o cômico enquanto bússola ética nos convida a explorar o terreno que se abre no mais além das normas simbólicas, uma vez que nos dispomos a extrair consequências da impossibilidade de o simbólico determinar completamente o sujeito ou contornar inteiramente o real.

Nesse sentido, a questão passa por investigar em que direção caminha uma análise orientada pelo cômico tomado enquanto índice da castração do Outro, e não tanto enquanto índice de resignação frente a um Outro não barrado ou consistente. Nessa perspectiva, gostaríamos de argumentar que, ao permitir constatar a incompletude do Outro, o cômico em Lacan deflagra a possibilidade de ir além dessas determinações simbólicas (ao contrário de reificá-las, como sugere Butler) por meio de uma dessacralização da norma fálica, no avesso de sua idealização religiosa. Zombar da seriedade trágica das normas seria, então, um modo de indicar que o simbólico não é o destino, abrindo uma via para que um sujeito opere com seu desejo e seu gozo mais além dos ideais de gênero e de sexualidade, bem como para que um homem não precise permanecer – se assim o desejar – a serviço do engodo viril.

É nesse sentido que podemos encontrar também marcações de posição de Lacan no tocante ao próprio engodo da virilidade: "Na medida em que é viril, um homem é sempre mais ou menos sua própria metáfora.[5] É isso, aliás, que coloca sobre o termo virilidade a sombra de ridículo que, enfim, convém destacar" (Lacan,

---

5 No contexto do retorno a Freud, amparado pela linguística estrutural, Lacan se serve da noção de metáfora enquanto uma operação de substituição entre significantes, na qual um significante vem no lugar de outro, produzindo um efeito de sentido. Na passagem em questão, o psicanalista sugere que, ali, onde não há uma significação *a priori* que defina a masculinidade, "ser viril" substitui-se ao "ser homem", dando sentido a este e fornecendo a ilusão de que esse buraco (a ausência de uma significação estável e definitiva para a "masculinidade") teria sido tamponado. O ridículo aludido por Lacan se deve ao fato de

70 VIRILIDADE CÔMICA

1957-58/1999, p. 201). Trata-se aí do fato de que, para ser reconhecido como viril, o sujeito precisa receber do Outro um título que certifique a legitimidade de sua posição como homem, de modo que esta não lhe é dada, mas apenas prometida e jamais plenamente assegurada. A virilidade só se apresenta ao sujeito a partir de sua crença em uma promissória paterna ("um dia, no futuro, você será um homem como seu pai e terá uma mulher como sua mãe"), a qual se revela, no entanto, como uma promessa furada, uma vez que o Outro, em sua incompletude [S(Ⱥ)], não é capaz de garantir a um sujeito sua masculinidade, tornando-a frágil e precária por estrutura (Rosa, 2008; Lima, 2020).

Nessa esteira, a despeito dos privilégios simbólicos concretamente ligados ao falo e seus portadores, isto é, a despeito dos semblantes da virilidade e da estrutura social patriarcal e falocêntrica que os protege, o segredo dos homens é que eles também são castrados: como todos os seres falantes, os homens são também afetados pela castração simbólica, isto é, são divididos, limitados em seu gozo e submetidos ao jugo da linguagem. Dessa forma, ainda que, na cultura ocidental, os homens estejam muito frequentemente ligados a posições de poder e autoridade, que lhes franqueiam a ilusão de uma identidade estável e coerente, "não há virilidade que a castração não consagre" (Lacan, 1958/1998c, p. 742).

O tensionamento em jogo é, então, o de que os homens são castrados simbolicamente, mas são convocados a funcionar discursivamente como se não o estivessem (Gómez, 2007). Por isso, ao sustentarem o semblante da posse fálica enquanto sabemos que, no fundo, ninguém tem o falo, os homens são lançados na virilidade cômica que encontramos na comédia dos sexos, como discutiremos adiante. Para chegar lá, cabe-nos antes reconstruir alguns

---

que o buraco permanece lá, a despeito das tentativas de fechamento fálico da virilidade.

elementos da releitura lacaniana do falo como um significante, salientando a dimensão cômica que resulta de sua (não) relação com o pênis.

Falo e pênis: a cômica (não) relação entre significante e órgão

No ano da morte de Lacan, Jane Gallop (1981) publica um ensaio intitulado "Falo/pênis: a mesma diferença" (*"Phallus/Penis: Same Difference"*), que começa com um chiste jocosamente nomeado como "As novas roupas do Imperador" (em referência ao famoso conto de Hans Christian Andersen), envolvendo um diálogo fictício entre Anna Freud e seu pai:

> *Anna Freud atingia a maturidade e começava a mostrar interesse no trabalho de seu pai, e assim Freud lhe deu alguns de seus escritos para ler. Mais ou menos um mês mais tarde perguntou a ela se tinha alguma pergunta sobre o que tinha lido. "Só uma", respondeu ela, "o que é um falo?" Como homem de ciência, Freud desabotoou a braguilha e mostrou a ela. "Oh", exclamou Anna, esclarecida, "é como um pênis, só que menor!"*
> *— Uma piada. (Gallop, 1981/2001, p. 277)*

Esse chiste retira sua força da destituição operada sobre a mestria do pai-Freud, no que se refere à sua pretensa posse fálica e à sua presumida detenção de um saber sobre o sexo. Enquanto o mestre Sigmund se acredita dotado de um falo diante da jovem Anna (um falo que se desdobra entre o pênis e o próprio saber), a resposta da filha zomba daquilo que o pai tem para lhe apresentar, revelando estar muito à frente, no terreno da sexualidade, em

72 VIRILIDADE CÔMICA

comparação com a pretensão de saber arrogada por Freud. Com seu gesto, Anna denuncia a impostura masculina, apontando a castração do pai/mestre e a diferença falo-pênis, isto é, o fato de que há uma discordância estrutural entre o significante fálico e o órgão masculino, que nunca está à altura da função para a qual é convocado discursivamente.

Ainda que os psicanalistas sejam frequentemente ágeis em diferenciar o falo do pênis, negando os resquícios do segundo no primeiro, essa separação, como coloca Gallop (1981/2001), jamais pode ser feita de maneira definitiva. Em nosso percurso, como no da autora, a afirmação de que "o falo não é o pênis" serviu muito mais para afastar a complexidade do debate do que para fazê-lo avançar. Afinal, se o falo não é o pênis, por que chamá-lo por esse nome? O que nos parece interessante na intervenção da autora é seu convite para interrogarmos a relação falo-pênis sustentando a impossibilidade de sua completa separação, pois perguntar se é possível separar inteiramente falo e pênis é perguntar se seria possível separar também psicanálise e política (Gallop, 1981/2001, p. 281).

Ressaltamos aqui o subtítulo do ensaio de Gallop (1981), "*same difference*", expressão inglesa que significa que algo que pareceria oferecer uma alternativa ou uma diferença, no fundo, "dá na mesma", "é a mesma coisa" – o que assinala sua posição no debate falo-pênis. Longe de essa impossibilidade de separação completa depor contra o uso do conceito, a "masculinidade do significante fálico serve como um emblema da confusão entre o falo e o macho que é inerente à linguagem, em nossa ordem simbólica" (Gallop, 1985, p. 140, tradução nossa) – uma confusão que pode nos ajudar a pensar o próprio funcionamento das masculinidades em nossa cultura. A autora propõe, então, aprofundar essa confusão que o termo promove, a fim de "situar o pensamento num corpo desejante", enraizar essa discussão na sua corporeidade histórica, pois

HOMENS EM ANÁLISE: TRAVESSIAS DA VIRILIDADE   73

essas confusões marcam os lugares onde o pensamento (simbólico) está historicamente[6] amarrado ao corpo (Gallop, 1981/2001, p. 287).

Acompanhando a proposta de Gallop, consideramos que o falo não é capaz de ser inteiramente desvinculado do pênis – pois ele não o é nem mesmo na obra lacaniana –, ao mesmo tempo que esses dois termos (falo e pênis) também jamais coincidem plenamente, isto é, um nunca recobre o outro de modo completo: o pênis sempre deixa a desejar diante daquilo que esperamos do falo, ao passo que o falo em sua dimensão simbólica não vai sem sua articulação com uma suposição neurótica construída em torno do órgão dito masculino. Nesse sentido, o efeito cômico no chiste relatado por Gallop parece evidenciar essa (não) relação entre falo e pênis, na medida em que assinala tanto o ponto em que falo e pênis se conectam ("é como um pênis", isto é, o falo tem alguma coisa a ver com o pênis) quanto o ponto em que se desconectam ("só que menor", ou seja, o pênis não é igual ao falo).

É essa discordância entre significante e órgão que produz o efeito de riso: se o falo é cômico, é porque temos, afinal, uma expectativa em torno do pênis enquanto representante do poder (masculino) – em torno do pênis enquanto coincidente com o falo (o grande Φ, significante velado do poder). E, no entanto, quando esse falo é desvelado como menos-phi $[(-\varphi)]$, na medida em que o pênis é ele mesmo faltoso (a exemplo do chiste de Gallop), então é

---

6 A respeito da polêmica articulação entre história e estrutura, que, por nosso recorte, não discutiremos aqui, deixaremos como indicação para outras pesquisas a seguinte passagem de Lacan: "Vocês estão cientes da grande besteira que inventaram para nós recentemente. Há a estrutura e há a história. As pessoas que foram colocadas no pote da estrutura – eu estou lá, não fui eu que me coloquei, colocaram-me e pronto – supostamente cuspiram na história. Isso é um absurdo. Não há evidentemente estrutura sem referência à história" (Lacan, 1968/2006, p. 78).

74 VIRILIDADE CÔMICA

toda a estrutura de semblante da virilidade que cai junto com ele.
Ali, onde se esperava uma eminência, o cetro do poder ou o significante último do desejo [Φ], não encontramos nada – ou melhor, encontramos uma coisinha de nada, de valor irrisório, que contrasta com o elemento grandioso que se esperava encontrar por trás do véu (Rubião, 2014; Zupančič, 2008).

Se, em diversos momentos de sua obra, Lacan indica que "o essencial do mecanismo do cômico [...] é sempre no fundo referência ao falo" (Lacan, 1960-61/2010, p. 123), então a masculinidade se torna um terreno fértil para pensarmos as formas de apresentação do cômico. Ao mesmo tempo, inversamente, o cômico pode ser um elemento-chave para investigarmos o funcionamento da própria masculinidade. Nesse cenário, o argumento que gostaríamos de propor, buscando extrair consequências desse ponto frequentemente mencionado – mas não tanto aprofundado – por Lacan, é de que a "referência ao falo" presente no cômico é uma referência ao falo naquilo que ele, prometendo a completude, revela-se conectado à castração, haja vista que se trata, no cômico, "da relação da ação com o desejo, e de seu fracasso fundamental em alcançá-lo" (Lacan, 1959-60/2008, p. 367). Esse fracasso é, justamente, a colocação em evidência do fato de que nem tudo da vida pode ser recoberto pelo falo, de que a nossa apreensão fálica (o controle, o domínio das coisas) está sempre prestes a escapar diante das contingências da vida, que não se deixa reduzir à ordem do simbólico ou às nossas expectativas imaginárias:

> *A dimensão cômica é criada pela presença, em seu centro, de um significante escondido, mas que, na antiga comédia, lá está em pessoa – o falo. Pouco importa que ele nos seja escamoteado em seguida, é preciso simplesmente lembrar que o que nos satisfaz na comédia, nos faz rir, nos faz apreciá-la em sua dimensão humana,*

não excetuando o inconsciente, não é tanto o triunfo da vida quanto sua escapada, o fato de a vida escorregar, furtar-se, fugir, escapar a tudo o que lhe é oposto como barreira, e precisamente as mais essenciais, as que são constituídas pela instância do significante. O falo nada mais é do que um significante, o significante dessa escapada. A vida passa, assim mesmo triunfa, aconteça o que acontecer. (Lacan, 1959-60/2008, p. 367)

Assim, podemos argumentar que o cômico gira em torno do aparecimento da castração – em função daquilo na vida que escapa à apreensão fálica – no ponto mesmo onde se esperava a aparição do falo enquanto significante velado do poder (cf. Lacan, 1957-58/1999, pp. 273-279; Lacan, 1959-60/2008). Afinal, toda tentativa de reduzir o falo a um objeto parcial "nos leva de volta à comédia" (Lacan, 1957-58/1999, p. 165). Nessa perspectiva, o ponto nodal do cômico, indicado, mas não desdobrado pelo raciocínio lacaniano, reside no fato de que esse "aparecimento" do falo em cena vem sempre marcado por uma discordância ali onde se buscaria fazer coincidir falo simbólico e falo imaginário, ou seja, o falo imaginário como objeto parcial, objeto ilusório do poder, e o falo simbólico enquanto significante do poder, que só pode operar velado, de modo a preservar uma distância entre a função simbólica em cuja autoridade se acredita e o personagem que a veicula – sendo essa distância, precisamente, a castração simbólica. Nesse ponto, o que quer que se apresente concretamente em nome do falo – ou, por exemplo, de uma verdadeira masculinidade – só pode se colocar por meio de "alguma impostura" (Lacan, 1962-63/2005, p. 210), pois o falo sempre escapa entre os dedos, já que a vida constantemente nos ultrapassa.

Então, se dizemos que, em certo sentido, o falo não é o pênis, é porque o falo é um significante, o que o distingue por definição

76 VIRILIDADE CÔMICA

dos objetos do mundo, já que pertence ao mundo das palavras, e não mais exatamente ao mundo das coisas. Já não se trata mais do pênis considerado objetivamente, mas do valor que ele assumirá nas trocas simbólicas; e, mais especificamente, do lugar que será atribuído a quem carrega (ou não) as credenciais simbólicas de sua posse. Diversos elementos de linguagem – um distintivo, o dinheiro, a beleza, uma dada estilização corporal – podem, a partir daí, assumir um valor fálico ou eventualmente perdê-lo, sendo nesse circuito de trocas que se desenrola a comédia do falo, condensando, nesse mesmo significante, desejo, falta e poder. Nesse sentido, a lógica fálica, ainda hoje operante na nossa cultura, está longe de haver desaparecido, mesmo que tenha sido desnaturalizada e evidenciada pela crítica feminista ao longo do século XX e no início do XXI.

No entanto, se continuamos a falar em "falo" ou em "lógica fálica", não podemos deixar de lado sua herança, não apenas terminológica, como também histórica e corporal, que compõe uma estrutura simbólica específica cuja tradição remonta ao poder masculino estruturante da cultura ocidental, em que o falo é o significante organizador de um campo de identificações, de escolhas de objeto e de formas de distribuição de valor entre os objetos (e sujeitos) do mundo. Em toda essa estrutura simbólica que produz a realidade das trocas sociais, os homens (cis) são historicamente detentores dos lugares de poder, e a insígnia central que o determina é a presença do pênis enquanto elemento corporal que franquearia aos homens o acesso à posição simbólica de "ter o falo". Todavia, essa estrutura só pode funcionar se nela acreditarmos sem interrogar o que é que a organiza: pois, quando investigamos o suposto fundamento corporal para toda essa engrenagem simbólica, esbarramos no caráter risível do órgão peniano como tal.

É por isso que o falo "só pode desempenhar seu papel enquanto velado" (Lacan, 1958/1998b, p. 699), visto que seu desvelamento o expõe enquanto um pedacinho de carne que, por si só, não tem nenhum valor em especial: seu valor de exceção só existe na medida em que este lhe é atribuído no circuito das trocas simbólicas, determinando o falo como significante ordenador da cultura e da posição de privilégio ocupada pela masculinidade nesse campo social. É assim que o pênis, esse pedaço de corpo repleto de limitações humanas, torna-se velado – ocultado, colocado em segundo plano – pelo valor simbólico atribuído ao falo, que se arroga o lugar de fundamento da masculinidade e do poder (masculino). Nesse cenário, a (re)aparição do órgão opera como um resíduo cômico da discordância entre falo e pênis, desvelando a impostura masculina que buscaria equivaler falo, pênis e poder (Vieira, 2019): "É o órgão que evoca o que é cômico. É preciso que este objeto exista em alguma parte para que o cômico estale. Em Aristófanes, estava sobre a cena. Hoje, é mais pudico, mas está aí" (Lacan, 1962/s.d., p. 430).

Uma das formas contemporâneas, não tão pudicas assim, de apresentação do cômico pela aparição do pênis pode ser encontrada no quadro *A origem da guerra*, da artista francesa Orlan, datado de 2013. Invertendo o clássico quadro *A origem do mundo*, do pintor realista Gustave Courbet, de 1866, Orlan sugere, não sem uma boa dose de ironia, que as disputas imemoriais pelo poder são originadas por (aquilo que se supõe implicado n)esse tosco pedaço de carne que é o pênis, ali representado em um corpo em repouso, "desarmado" ou "desprotegido", em posição de passividade, produzindo uma espécie de derrisão da masculinidade cisgênero tradicional, que acredita fazer o mundo girar em torno de seus genitais. Seu quadro coloca em evidência que o falo não é o pênis e que, no entanto, ambos estão estruturalmente ligados – fato com o qual joga a dimensão do cômico.

Dessa forma, o cômico demarca a irredutibilidade do falo ao pênis e assinala o velamento do órgão como condição de operacionalidade do falo como significante do poder e do desejo. Tudo se passa como se o riso diante da aparição do órgão indicasse algo como: "Então é em torno desse órgão risível que gira finalmente a nossa ordem simbólica? É esse tosco pedaço de carne que supostamente torna alguém um 'homem'?". É nesse mesmo sentido que Lacan retoma o tema, no Seminário 22, afirmando que o falo "é a essência do cômico. Tão logo falem de algo que tenha relação com o falo, é cômico. O falo [...] é um cômico como todos os cômicos, é um cômico triste" (Lacan, 1974-75, lição de 11 de março de 1975). Trata-se aí do fato de que, por essa perspectiva, "o cômico é fundamentalmente triste, na medida em que nos revela a verdade patética do que vem a ser o falo na impotência do semblante, quando se perde a sustentação da crença que o erigia como valor" (Teixeira, 2018, p. 70).

E é por isso que é somente velado que o significante fálico pode funcionar enquanto operador simbólico da tradição ocidental, uma vez que, se aparece na cena o órgão do qual ele toma seu nome, seu efeito cômico aponta para a castração, fazendo cair a crença no falo como distribuidor do poder e do desejo na cultura. Nessa direção, o desmascaramento cômico se articula à comédia do falo ao indicar uma "'fragilidade universal'":

> *levantamos um véu e nos deparamos com algo irrisório, que entra em contraste com a expectativa anterior, tornando-a, temporariamente, nula, ineficaz, inoperante. [...] O falo é o próprio véu, atrás do qual não se encontra grande coisa (Rubião, 2014, p. 78).*

Segundo Vieira (2018), é por esse motivo que Lacan tomará o falo, no final dos anos 1950, a partir de uma releitura do cômico freudiano. Mas vale observar que, quando nos debruçamos sobre a abordagem do cômico em Freud (1905/2017), não encontramos de menina, principalmente nos primeiros anos de vida, já que, na infância, os corpos não são ainda marcados nem mesmo pelos caracteres sexuais ditos "secundários", como os seios ou a barba. Em certo sentido, não há nada mais parecido com um corpo de menina do que um corpo de menino, exceto por uma pequena diferença, essa mínima diferença anatômica – "ter ou não ter um pênis de um centímetro e meio no momento do nascimento" (Preciado, 2008/2018, p. 77) – que fundamenta o falocentrismo da cultura e, nela, o lugar decisivo que é atribuído ao significante fálico enquanto chave de repartição binária dos corpos.

Dessa forma, nas ficções do menino freudiano, encontraríamos a crença de que todos os seres animados têm um pênis, isto é, a suposição de que todos esses seres teriam um corpo como o dele próprio, sob a rubrica do "primado universal do falo". Isso significa que não existe no inconsciente uma inscrição natural de que haveria corpos com pênis e corpos com vaginas, tampouco a inscrição de que haveria corpos com anatomias que não cabem nesse binário normativo. Diante do encontro com a diferença encarnada para ele pelo genital feminino, o menino se sente, então, ameaçado de perder seu pequeno pênis após constatar a possibilidade da ausência de falo em um corpo humano (Freud, 1925/2018). Quando percebe que a menina não é dotada de um órgão como o dele, sua resposta inicial é ver seu próprio pênis, no qual ele supõe um falo, como passível de ser perdido. O menino cai, assim, sob o peso do complexo de castração, uma vez ameaçado de perder aquilo que acredita ser o membro mais valioso de seu corpo.

A título de exemplo, quando o Homem dos Lobos passa um tempo de sua infância observando as meninas, longe de garantir-se com um "Elas são elas e eu sou eu", essa abordagem é, para ele, "correlativa do risco de ser feminizado" (Miller, 1987-88/2019, p. 194, tradução nossa), de modo que o sujeito viverá, doravante, sob a sombra dessa ameaça. Ainda que essa construção possa parecer

Vale observar que muitas vezes é parte da operação de uma análise *produzir* essa separação, esse descolamento entre falo e pênis, permitindo a um sujeito aceder ao fato de que, enquanto o pênis é um órgão imaginário, condensador de gozo, o falo diz respeito à posição subjetiva que cada um assume com seu corpo em relação aos modos de satisfação pulsional: entre o ter e o ser o falo no campo das identificações, mas também entre o gozo fálico e o gozo não-todo fálico no campo das posições sexuadas, que não dependem da presença ou da ausência do pênis para se estabelecerem – embora frequentemente se articulem a ele em nossa cultura.

É por meio dessa perspectiva que podemos hoje retornar às teorias sexuais infantis descritas por Freud (1925/2018) como recolhidas de sua experiência clínica. Guiados pela incidência da leitura lacaniana, podemos considerar que o pano de fundo para a construção das teorias sexuais da criança é o fato de esta não dispor de uma programação simbólica ou biológica *a priori* que lhe diga o que é ter um corpo, que ligue naturalmente um sexo a outro ou que inscreva a diferença sexual no inconsciente. No lugar desse vazio, cada criança introduz suas teorias sexuais infantis, das quais Freud (1925/2018) recolhe duas versões paradigmáticas. Essas duas versões – a ameaça de castração no menino e a inveja do pênis na menina – serão por nós consideradas como duas ficções, dois modos de engano da criança freudiana relativos à incidência simbólica da castração e suas ressonâncias no imaginário corporal.

Ao abordar essa constelação psíquica de elementos heterogêneos e conflitantes que constituem a sexualidade infantil, Freud (1925/2018) destaca o papel da distinção anatômica a partir do pressuposto de que o genital masculino entra num regime de visibilidade próprio às teorias sexuais infantis. Afinal, além dos atributos de gênero que recobrem os corpos, a presença ou ausência do genital masculino é uma das principais qualidades visíveis que permitem distinguir um corpo dito de menino de um corpo dito

Não por acaso, Lacan inicia seu escrito de 1958 recapitulando a querela dos anos 1920 que envolveu, entre outros, Ernest Jones, Karen Horney e Hélène Deutsch, os quais recusavam, cada um à sua maneira, algum aspecto da teoria freudiana do falo em função da dimensão masculinista a ela atribuída (Costa & Bonfim, 2014). Contrapondo-se à esperança desses autores, bem como de alguns pós-freudianos, como Michael Balint, de deixar de lado o falo e o complexo de castração em favor do ideal de um amor genital e heterossexual, Lacan resgata o falo como um ponto antidesenvolvimentista no coração da subjetividade. Para além do engodo imaginário correlativo ao órgão masculino, o que está em jogo no falo é o que o psicanalista abordaria, mais tarde, como a demarcação de um "impasse sexual", que secreta as ficções – a exemplo de ter ou não ter o órgão – que virão racionalizar o impossível – a falha na sexualidade – de onde esse impasse provém (Lacan, 1974/2003).

Assim, tomando o falo como significante de uma falta, estabeleçamos, portanto, que o falocentrismo, enquanto dispositivo cultural que visa a equacionar falo, pênis e poder, só pode ser o nome de uma fraude, uma falácia ou um engodo que organiza de modo mais ou menos geral nossas partilhas sexuadas no Ocidente. O próprio Lacan, em sua obra mais tardia, afirmaria que o falo é um semblante (Lacan, 1971/2009), isto é, uma aparência, um parecer, que vela um nada; ou ainda um logro, uma isca que fisga o sujeito (Lacan, 1972/2003), introduzindo-o nesse erro comum do discurso, que consiste em (con)fundir falo e pênis (Lacan, 1971-72/2011), o que não significa que tal articulação seja uma prescrição da psicanálise, mas sim que a encontramos no cotidiano de nossa prática: "me parece, realmente, grotesco imaginar, esse falo, no órgão macho! Entretanto, é exatamente assim que, no fato que revela a experiência analítica, ele é imaginado" (Lacan, 1973-74/2016, p. 255). Assim enunciada, a articulação entre falo e pênis não passa de uma operação grotesca do neurótico.

HOMENS EM ANÁLISE: TRAVESSIAS DA VIRILIDADE   81

da posição passiva nos homens e, por outro, o *Penisneid* nas mulheres (Freud, 1937/2017).

Diante do trágico rochedo da castração em que teriam encalhado os neuróticos de Freud, Lacan (1957-58/1999) propõe retornar ao problema do falo a partir do cômico, em busca de um modo de ir além do rochedo freudiano. Não à toa, o Seminário 5, em que se formaliza o lugar do falo como significante na metáfora paterna, é inaugurado com uma ampla discussão em torno do chiste (*Witz*), do cômico e do riso. Ao conceber a ameaça de castração e a nostalgia da falta-a-ter – componentes da trágica historinha freudiana, que discutiremos adiante – como duas formas cômicas ligadas ao engodo do falo, o psicanalista francês sugere, em seu escrito "A significação do falo", que o verdadeiro trágico nessa história não é ter ou não ter o pênis, mas sim o impasse estrutural da sexualidade a partir do encontro faltoso com o sexo: ao afirmar que haveria um "desconserto não contingente, porém essencial" na sexualidade humana, a assunção do sexo se torna assombrada por uma "antinomia interna" (Lacan, 1958/1998b, p. 692), de modo que não há harmonia possível no terreno da sexualidade.

Na teoria lacaniana, o falo, índice da divisão (*Spaltung*) do sujeito diante da castração do Outro, é responsável por um funcionamento do desejo caracterizado como "desviante, errático, excentrado" (Lacan, 1958/1998b, p. 697). Sua inscrição na subjetividade produzirá, assim, uma falta-a-ser, no sentido de que o sujeito, doravante dividido, já "não pode visar a ser inteiro" (p. 699), pois esse mesmo falo que viria suprir seu ser, dando-lhe uma posição estável na linguagem e na relação ao Outro, está antes em perpétuo deslocamento, escapando entre os dedos. Nesse ponto, o falo é um significante que demarca os giros excêntricos do desejo, numa posição que o distancia de sua redução ao pênis, assim como de uma concepção desenvolvimentista do sujeito rumo a uma sexualidade adulta e genital.

cômico atesta a discordância entre pênis e falo, ao mesmo tempo que evidencia sua articulação – pois é no pênis que se procura o falo, e, no entanto, ele não está lá; por trás do véu, há apenas um órgão risível. Exploremos, então, as incidências dessa não relação na releitura lacaniana do problema das teorias sexuais infantis (o primado do falo, a ameaça de castração e a inveja do pênis) em Freud.

Para além do trágico: o cômico na releitura lacaniana do falo

A psicanálise freudiana ficou conhecida por destacar o estatuto trágico do corpo, a partir da afirmação de que "a anatomia é o destino" (Freud, 1924/2018, p. 252). Ainda que seja preciso considerar que essa afirmação constitui, já em Freud, a paródia de uma frase de Napoleão Bonaparte, segundo a qual "a política é o destino",[7] as consequências psíquicas da distinção anatômica, para o fundador da psicanálise, parecem se inscrever de maneira bastante duradoura no psiquismo, a partir desse acidente de percurso constituído pelo encontro com a diferença encarnada no corpo do outro. Tal diferença daria o material para a construção das teorias sexuais infantis – o menino ameaçado pela castração e a menina invejosa da posse do falo –, as quais se refletiriam no apego fálico que demarca os limites da análise freudiana: por um lado, a recusa

---

7 Ao retomar essa afirmação de Napoleão, que indicava que "a política ocupa para o homem moderno o lugar que a tragédia ocupava para o homem antigo" (Iannini & Tavares, 2018, p. 256), a colocação de Freud nos permitiria evidenciar a articulação entre a dimensão trágica e a dimensão política implicada na consideração do corpo e da anatomia, sugerida, mas não desdobrada na paródia freudiana. Não à toa, "o trágico retorna no político, assim como o político retorna no sexual".

sequer uma palavra sobre o falo! É o ensino lacaniano que reintroduzirá o problema do falo em uma lógica – a lógica fálica – que organiza o funcionamento do cômico, permitindo até mesmo reler os exemplos freudianos (do cômico), como o desmascaramento, a partir dessa lógica.

Na esteira de seus estudos sobre a Antiguidade Clássica, em que o falo desempenhava um papel fundamental na comédia grega (cf. Zupančič, 2008), Lacan proporá sua formalização do falo como significante, marcado pela negatividade de seu funcionamento simbólico, articulando-o aos efeitos cômicos produzidos pela reaparição do pênis como objeto parcial, produzindo uma (não) relação entre significante e órgão: "o cômico não se dá sem o saber da não-relação que está na jogada, na jogada do sexo" (Lacan, 1974/2003, p. 513). Dessa forma, sustentamos que o efeito cômico diante da aparição do órgão dito fálico opera como testemunha ou resíduo da ligação inaugural entre falo e pênis na cultura; mas, se o cômico joga com essa aparente relação entre dois termos, é justamente para exibir a sua não relação (Zupančič, 2008, p. 214), de modo que um termo parece se sobrepor a outro, mas, na verdade, ultrapassa-o. Diante disso, propomos nomear essa (não) relação entre falo e pênis como uma discordância indexada, ou mesmo como uma indexação disjuntiva, para enfatizar o fato de que esses termos se recobrem em alguns pontos, mas não em outros; ora são intercambiáveis; ora, não.

Nessa direção, um importante paradoxo se apresenta: por um lado, o cômico indica que o falo não é o pênis, uma vez que, ao expor o ridículo do órgão, ele atesta que o falo simbólico, significante da falta e indexador de negatividade, não permite sua redução ao órgão dito masculino; mas, por outro lado, o cômico também é testemunha de que o falo tem ligação com o pênis enquanto ponto de ancoragem no corpo a partir do qual o falo é extraído como um significante-chave da nossa ordem simbólica. Nessa perspectiva, o uma extravagância das crianças, ela não deixa de encontrar importantes ressonâncias ao longo da vida de um sujeito. Afinal, a partir do momento em que o menino freudiano se dá conta de que existem meninas, isto é, seres que não têm falo, a sua posição masculina já não está assegurada; ele passará a se ver como alguém ameaçado, a todo o tempo, de poder não ser um homem – o que reverbera nas tantas (e tão cômicas) tentativas dos homens de darem provas ao Outro de sua masculinidade, jamais garantida de modo definitivo. É nesse sentido que o falo não é só o órgão, pois ele assume também uma significação: a perda do pênis passa a ser significada como o risco de tornar-se uma mulher ou uma "bicha", ou seja, de assumir o *status* do feminino como marca de certa inferioridade ou, no limite, como índice da própria castração. Esboça-se aqui a oposição entre masculinidade-atividade-posse do pênis e feminilidade-passividade-castração, que mobiliza a recusa da feminilidade nos homens orientados pela lógica fálica.

Nas ficções da menina, por sua vez, ao comparar seu clitóris com o que imagina ser o grande falo dos meninos, ela se vê em desvantagem e, por isso, torna-se invejosa da posse fálica dos rapazes. Ela levantaria a hipótese de que teve um falo e perdeu-o, ou então que a mãe, por ser igualmente desprovida de falo, não lhe teria dado um órgão como o masculino (Freud, 1925/2018). Uma parte importante da polêmica quanto à sexualidade feminina na obra de Freud se concentra, então, neste ponto: a menininha ficaria eternamente vinculada a uma aspiração por um pênis como aquele que ela vê no corpo dos meninos. Cumpre observar, aqui, o lugar enganoso da visão nessas teorias sexuais da criança freudiana. De forma alguma se trata aí de uma apreensão puramente objetiva dos genitais humanos. Antes, o que está em jogo é o que a criança supõe fazer parte daquilo que ela enxerga no corpo do outro: a própria visão é parasitada pela fantasia infantil. Dessa maneira, é o menino que se vê ameaçado, após imaginar que o corpo

86 VIRILIDADE CÔMICA

feminino seria uma imagem da castração; e é a menina que se supõe em falta, após imaginar que o corpo masculino seria dotado de uma plenitude perdida ou inalcançável para ela.

A inveja do pênis: a psicanálise descompletada pelo feminismo

Ainda que façamos essa observação, Freud foi justamente criticado pelo pensamento feminista por não ter se debruçado o suficiente sobre a articulação dessa construção psicológica da menina com as dinâmicas sociais que podem ter contribuído para produzi-la. Em 1933, quando sustentou a impossibilidade de definir psicologicamente a feminilidade, sendo a "preferência por metas passivas" uma definição que ele considera limitada, o psicanalista chega a mencionar, de forma assumidamente incipiente, seu reconhecimento da influência das normas sociais nesse terreno: "Devemos, contudo, atentar para que a influência das normas sociais não seja subestimada, normas que, de forma semelhante, forçam a mulher para situações passivas. Tudo isso ainda está muito obscuro" (Freud, 1933/2018, pp. 317-318). Mas, quanto à inveja do pênis, suas palavras de relativização foram mais discretas. Ele apontou a possibilidade de que esse arranjo não fosse universal, mas jamais interrogou sua consistência: Freud argumentava tratar-se da aspiração ao órgão sob sua forma literal (obter um pênis, desejar o pênis de um parceiro), eventualmente deslocada para suas formas simbólicas (tornar-se mãe, ter um filho), mas não mais que isso.

Além de esse ponto ter produzido discordâncias dentro da psicanálise desde a época de sua enunciação, ele ultrapassou em muito a barreira do campo e alcançou a cultura, sendo alvo de interesse, por exemplo, de Simone de Beauvoir (1949/2019), que pondera que a ideia da menina castrada envolve não somente uma comparação, mas também uma *valorização*: haveria uma valorização prévia da virilidade nesse arranjo, algo que Freud toma como um dado quando seria preciso explicá-la – e que a autora busca evidenciar enquanto uma construção histórica assentada sobre toda uma situação social prévia. A inveja do pênis viria, assim, como símbolo dos privilégios (de poder) de que gozam os meninos. Beauvoir (1949/2019, p. 71) ainda interroga se a inveja seria o resultado necessário da visão do pênis: "Essa excrescência, esse frágil caule de carne" não poderia gerar, também, "indiferença e até repugnância"?

Cabe constatar, porém, que Freud não inventa o arranjo que ele descreve. Pelo contrário, seu empreendimento foi o de transcrever, com os recursos que detinha, e sem deixar de ser um homem de seu tempo, as ficções infantis nas quais as crianças se enredavam e que permaneciam fixadas em seu inconsciente. E mesmo Freud (1937/2017) parecia encarar a análise como um processo de tentar desfazer as fixações infantis ligadas à ameaça de castração nos homens e à inveja do pênis nas mulheres – ponto no qual afirma ter falhado (e que não o impediu de ser misógino em outros pontos de sua obra). Depois disso, tanto a obra de Lacan quanto os trabalhos de uma série de importantes autoras ligadas ao feminismo (a exemplo de Karen Horney, Simone de Beauvoir, Gayle Rubin, Luce Irigaray e Judith Butler) permitiram evidenciar o quanto essas ficções da criança não eram meras construções psicológicas individuais, mas respondiam a toda uma ordenação social e simbólica que dá uma importância central ao falo nos processos de subjetivação e distribui seu estatuto de maneira diferencial entre meninos e meninas (em consonância com a própria perspectiva freudiana de que a psicologia individual é sempre, também, psicologia social).

Diante desse cenário, podemos conceber a ameaça da perda e a nostalgia ou a inveja do pênis como duas formas diferentes de dar corpo a um engodo, dois modos diferentes de se deixar fisgar por um engano ligado ao órgão fálico, que dá uma roupagem

88   VIRILIDADE CÔMICA

imaginária à função simbólica da castração (cf. Lacan, 1960-61/2010, pp. 293, 303-304). Mas, ao contrário de situar os homens como confortáveis detentores do poder, enquanto apenas as mulheres estariam desfavorecidas, na teoria freudiana, ambos os desfechos – masculino e feminino – são infelizes. Ambos têm a ver com o que cada um supõe, à sua maneira, que interessa ao Outro, isto é, com aquilo que cada um imagina como desejável: de um lado, o falo que eu (suponho que) tenho e que o Outro quer me roubar; do outro lado, o falo que eu (suponho que) não tenho e ansiaria por ter. Com a ameaça e a nostalgia, trata-se, então, de duas versões paradigmáticas da teorização infantil da criança em torno do pênis como órgão fálico que orienta o desejo e significantiza o gozo, duas historinhas míticas que racionalizam a marcação do sexo pela castração, escrita pelo (-φ).

Vale observar que o próprio Freud estava atento à relatividade do arranjo em questão: "não quero afirmar que essa tipicidade seja a única possível" (Freud, 1924/2018, p. 254; cf. Freud, 1925/2018, p. 271). Nesse sentido, o psicanalista não visava a reforçar esse arranjo; pelo contrário, a criança freudiana parece operar não tanto como um modelo para toda subjetivação, mas como um paradigma do impasse sexual. Ou seja, não se trata de sustentar que toda criança necessariamente passa pela criação dessas mesmas ficções; o ponto a reter, em uma releitura lacaniana, é que a sexualidade humana é estruturalmente desprogramada, de modo que o encontro faltoso com o sexo – particularmente pela falha em sua dimensão genital – inscreve um ponto de furo com o qual cada ser falante terá de se haver.

Lacan, por sua vez, ao retomar o problema do *Penisneid*, enquanto propunha seu retorno a Freud, sustentava um projeto de desnaturalização do falo e da diferença sexual que, até certo ponto, poderia ser colocado em diálogo com as tarefas do pensamento feminista. Nesse contexto, ele afirmará: "É na medida em que a mulher se acha numa ordem simbólica de perspectiva androcêntrica que o pênis adquire este valor" (Lacan, 1954-55/2010, p. 368).

Dito de outro modo, é somente pelo fato de a ordem simbólica atribuir previamente um valor específico ao pênis que ele pode ser um objeto de aspiração, não tanto por suas propriedades objetivas, mas por aquilo que ele vem a significar nesse contexto: as credenciais de quem pode assumir o lugar de sujeito – e não de objeto – no circuito das trocas sociais (cf. Lacan, 1956-57/1995, p. 96; Lacan, 1957-58/1999, pp. 296-297).

Foi esse, inclusive, o ponto que interessou à antropóloga estadunidense Gayle Rubin (1975/2017), que, fazendo um entrelaçamento entre os trabalhos de Freud, Lacan e Lévi-Strauss, buscou entender a reprodução do "sistema sexo/gênero" a partir da noção lacaniana de falo. Essa noção permitiria situar as diferenças de valor atribuídas a meninos e meninas a partir da leitura simbólica de seus genitais pela cultura, que as/os convoca a ocuparem lugares específicos e diferenciados nas trocas sociais a partir do eixo falo--castração. Ela afirmará que a diferença entre pênis e falo é também a diferença entre "órgão" e "informação" (p. 41), no sentido de que o falo corresponde a "um conjunto de significações atribuídas ao pênis", entre elas, a "dominação dos homens sobre as mulheres" (pp. 42-43) e a "encarnação do status masculino" (p. 43) – de modo que a inveja do pênis seria um "reconhecimento" desse arranjo, tornando-se "bastante significativa do desconforto das mulheres em uma cultura fálica" (p. 44). Nesse sentido, a castração não é uma "'falta' real" (de pênis), e sim "uma significação conferida aos genitais de uma mulher" (p. 42, tradução adaptada), conectada com a reprodução dos arranjos de sexo e gênero de nossa cultura.

Rubin (1975/2017) não deixou de fazer uma série de críticas ao campo analítico, pontuando que não teríamos levado longe o suficiente as consequências políticas do que recolhíamos a partir da clínica – promovendo uma rejeição dos próprios *insights* ligados a

90 VIRILIDADE CÔMICA

essa desnaturalização da diferença sexual. Mesmo assim, a antropóloga sustenta, nesse momento, sua aposta no valor subversivo da psicanálise diante desse arranjo. Trata-se aí de uma decisão de leitura, no sentido de uma leitura que decide sublinhar, dentro da teoria psicanalítica, as chaves que ela oferece para decifrar e transformar a lógica de funcionamento da tradição ocidental, ali onde se poderia reduzi-la às acusações de reproduzir suas normas. Essa foi também a decisão de leitura da psicanalista inglesa Juliet Mitchell, que, com sua filiação feminista e marxista, reabilitou o interesse da psicanálise para o feminismo dos anos 1970 (cf. Gallop, 1981/2001) ao propor uma releitura do panorama freudiano da diferença sexual à luz da teoria lacaniana. Na contracapa de seu livro, originalmente lançado em 1974, encontramos o seguinte argumento atribuído à autora:

> *uma rejeição da psicanálise como burguesa e patriarcal é fatal para o feminismo. Como quer que ela tenha sido usada, a psicanálise não é uma recomendação para uma sociedade patriarcal, mas sim uma análise de uma. Se estamos interessadas em entender e desafiar a opressão das mulheres, não podemos nos dar ao luxo de negligenciar a psicanálise. (Mitchell, 1974/2000, tradução nossa, grifos do original)*

O trabalho de Mitchell (1974/2000) opera, entre outras coisas, uma releitura dos textos de Freud sobre a feminilidade à luz da interface que a psicanálise lacaniana estabeleceu com a antropologia estrutural de Lévi-Strauss, que lhe permite cernir o modo como as estruturas simbólicas do parentesco e das trocas sociais concorrem para a construção da diferença sexual como a conhecemos. Sua aposta na psicanálise diz respeito à sua capacidade de descrever – e não prescrever – a inscrição no inconsciente da opressão das mulheres pelo patriarcado. Como consequência, a autora sugere que a narrativa de Freud sobre as mulheres parece pessimista não tanto por um "índice de seu espírito reacionário", mas, sim, pela própria "condição das mulheres" na cultura, que é exposta em sua crueza na obra freudiana – a qual tende a ser desconfortável para o Eu, precisamente por ser em parte o desvelamento de um conteúdo inconsciente recalcado (Mitchell, 1974/2000, p. 362, tradução nossa). O que extraímos de sua leitura é a ideia de que, justamente pelo fato de ser um resíduo patriarcal, o falo nos dá uma chave para operar *sobre* essa lógica, possibilitando subvertê-la, como também reiterá-la.

A despeito dos pontos de divergência (teórica e política) que podem existir entre vários aspectos do pensamento de Beauvoir, Rubin e Mitchell, se quisermos desdobrar um ponto de confluência que se deduz de suas contribuições, poderíamos, hoje, reler o falo não apenas como um significante da falta, do poder e do desejo, mas também como um distribuidor de valor e articulador de hierarquias sociais. Nesse sentido, a ideia de "significação fálica" pode se conectar também com essa distribuição de valor – mais-valia, menos-valia – que recai não apenas sobre objetos do mundo, mas também sobre seus sujeitos (que podem ser eventualmente reduzidos a objetos, isto é, objetificados – como também exploraremos mais adiante a partir das questões de raça e do racismo). Não à toa os termos utilizados por Freud (1925/2018) para descrever o processo pelo qual a menina cai vítima da inveja do pênis serem marcados por uma espécie de desvalor: "reconhecimento da castração", "ferida narcísica", "sentimento de inferioridade" (p. 265). Nessa perspectiva, poderíamos tomar a própria inveja do pênis como efeito (ou como sintoma) da menos-valia $[(-\varphi)]$ que se atribui às mulheres sob a vigência da lógica fálica em nossa tradição ocidental.

92 VIRILIDADE CÔMICA

O ensino lacaniano havia proposto pelo menos duas outras maneiras de reler a condição das mulheres na cultura ocidental que não pela via da inveja do pênis: a primeira, nos anos 1950, pela via da estrutura simbólica androcêntrica e falocentrada, que determinava que as mulheres assumissem uma posição de objeto nas trocas sociais; e a segunda, nos anos 1970, pela proposição da inexistência d'*A* mulher (ponto que discutiremos brevemente no Capítulo 4). A essas duas maneiras, propomos, então, acrescentar uma terceira, que se serve de uma releitura do falo enquanto distribuidor de valor (mais, menos; tem, não tem; fálico, castrado) e, como consequência, articulador de hierarquias sociais (em cima, embaixo; superior, inferior), releitura que nos possibilita desnaturalizá-las. Nossa hipótese é que a discussão freudiana da inveja do pênis encobre-desvela a questão do valor-desvalor (mais-valia/menos-valia) na economia das trocas simbólicas, assim como na economia do desejo e dos modos de gozo: a nosso ver, no pano de fundo da inveja do pênis, encontramos a menos-valia designada ao feminino, ou seja, o problema da inveja do pênis recalca e, ao mesmo tempo, põe em evidência o problema da menos-valia.

O percurso de Lacan também permitiria relativizar a lógica fálica de leitura dos corpos que os distribuía entre a posse masculina e a falta feminina, gesto evidenciado na afirmação de que "não falta nada na mulher" (Lacan, 1962-63/2005, p. 200),[8] bem como em sua formulação do não-todo, que convida a pensar o feminino

---

8 Essa afirmação de Lacan vem como amarração de um percurso iniciado no Seminário 4, em que distinguiu entre a castração, a frustração e a privação enquanto três modos da falta de objeto, o que lhe serviu para contestar a ideia naturalizante de que uma mulher seria castrada ou faltosa. Ao argumentar que a castração é uma operação simbólica, a ausência de pênis no corpo das mulheres já não pode ser lida como castração; antes, numa ordem simbólica que toma o parâmetro fálico como medida de apreensão dos corpos, ela pode ser lida como privada de pênis, pois no real não falta nada, apenas no simbólico: "a ideia de privação não é de modo algum concebível no plano real. Uma

HOMENS EM ANÁLISE: TRAVESSIAS DA VIRILIDADE 93

como uma positividade, um gozo "suplementar" ao falo (Lacan, 1972-73/2008, p. 79, grifos do original), e não como um déficit em relação ao masculino. Mas essa construção do não-todo também não vai sem tensionamentos, como encontramos nos trabalhos de Luce Irigaray (1977/2017), Monique David-Ménard (1998) e Márcia Arán (2011), que, cada uma à sua maneira, acusam o psicanalista de reificar a centralidade do falo e permanecer pensando o feminino a partir da lógica fálica, preservando as mulheres no lugar do Outro sexo. Nessa perspectiva, mesmo a teoria da sexuação ainda seria erigida sob uma ótica masculina.[9] Assim, a despeito dos avanços lacanianos, é o pensamento feminista que nos convoca a ir mais longe nesse campo, pois Lacan apenas lançou as sementes para uma desnaturalização da ordem fálica, ainda havendo mais consequências a se colher daí – ponto no qual também serão bem-vindas, mais adiante, as interlocuções com as questões *queer* e os problemas de raça e colonização.

O fato é que o debate entre feminismos e psicanálise, iniciado há um século, continua em efervescência, interrogando o que Freud e Lacan disseram das mulheres e do feminino a partir da perspectiva do falo e da diferença sexual – e ampliando-se na direção da interrogação de outros marcadores da subjetivação, como raça, classe, sexualidades dissidentes, transidentidades, geopolítica etc. Diante da imensidão desse debate, para o qual aqui só poderemos acenar, o ponto que gostaríamos de destacar neste livro é o fato de que, sob um olhar contemporâneo, podemos extrair do ensino de Lacan uma radical interrogação da masculinidade

---

privação só pode ser efetivamente concebida para um ser que articula alguma coisa no plano simbólico" (Lacan, 1956-57/1995, p. 100).

9 Vale notar que as contribuições de Irigaray, David-Ménard e Arán dependem de uma decisão de leitura que identifica os lados da sexuação ao binário tradicional de gênero, restringindo o todo fálico aos homens e soldando as mulheres ao não-todo – posição que tensionaremos no Capítulo 4 deste livro.

94 VIRILIDADE CÔMICA

normativa, bem menos sublinhada na história da psicanálise do que o tema do feminino, mas atravessando igualmente a obra do psicanalista francês. Nosso argumento é de que a abordagem lacaniana do falo pela via do cômico, que desemboca na formulação do (-φ) como verdade do falo, nos permite operar um desvelamento da castração masculina, retirando o véu que ainda pairava sobre a masculinidade. O que se constata aí é que a virilidade não passa de semblante, pois a falta fálica também concerne aos homens, ponto com o qual um ser falante terá de se haver num percurso de análise.

Nesse sentido, ao não permanecer no engodo relativo ao pênis, a obra de Lacan permite ir além do trágico freudiano, que se manteve ligado em grande medida à dimensão imaginária da distinção anatômica entre os sexos. Diante disso, Lacan retoma o primado trágico do falo em Freud tanto lhe reconhecendo sua dimensão simbólica como um significante quanto resgatando os aspectos cômicos do órgão, assim relativizando – embora não anulando – a importância da anatomia na subjetivação. Ao fazê-lo, ele restitui o verdadeiro trágico na sexualidade humana, a saber, seu ponto de impasse, de fracasso estrutural, mediante o qual o cômico se coloca como saída ética possível numa experiência de análise. Mas, ainda que insistamos na impossibilidade de uma completa separação entre falo e pênis, se quisermos localizar uma série de desdobramentos subjetivos do falo na análise dos homens, precisamos levar em conta aquilo que do falo excede sua relação com o pênis entendido enquanto órgão positivamente instalado no corpo dos homens cis. É o que veremos com a comédia das identificações de gênero e com a problemática freudiana do falo da mãe, relida por Lacan como uma questão da identificação do sujeito com o significante daquilo que falta ao Outro – ponto que será fundamental no decorrer do Capítulo 2, relativo à operação de desidentificação fálica no percurso de uma análise.

O falo como significante da falta e a comédia da heterossexualidade

No procedimento de enfraquecer a articulação do falo com a positividade e a concretude imaginária do pênis, mas sem negar seus pontos de contato com essa dimensão anatômica, Lacan valorizará o caráter decisivo da descoberta da castração materna pela criança freudiana, extraída do texto de 1927 sobre o "Fetichismo". Se, nos textos de 1923 a 1925 ("A organização genital infantil", de 1923, "O declínio do complexo de Édipo", de 1924, e "Algumas consequências psíquicas da distinção anatômica entre os sexos", de 1925), Freud se preocupava, do lado do menino, com as consequências psíquicas da visão da vulva, que faz objeção à teoria sexual infantil do primado universal do falo nos humanos, em 1927, por sua vez, o fundador da psicanálise indicará que o que está em questão é, mais especialmente, o "falo da mulher (da mãe)" (Freud, 1927/2017, p. 316).

O gesto de leitura de Lacan é o de levar a sério o parêntese freudiano, buscando extrair consequências desse detalhe do texto de Freud. A partir daí, é "na falta do pênis da mãe" que se revela para Lacan (1965/1998) "a natureza do falo" (p. 892), na medida em que o falo não é símbolo do pênis, mas, antes, do lugar em que ele falta (Lacan, 1966/1998). Dessa maneira, com o falo, não se trata de um pênis qualquer; o que está inicialmente em questão é a ausência do pênis materno, em cuja existência a criança havia acreditado. Assim, trata-se aqui da fé, da crença infantil em "um pênis que não existe", operação que, por si só, convoca a distingui-lo do mero órgão biológico (Miller, 1989/2010, p. 45, tradução nossa).

Pelo contrário, o falo se articula ao valor psíquico que o órgão assume, ao valor narcísico pelo qual ele fisga o sujeito (Miller, 1989/2010, p. 61) diante da descoberta da castração do Outro (da

96 VIRILIDADE CÔMICA

mãe), pois é em função dessa descoberta que o menino se verá como ameaçado de castração (ao menos na ficção neurótica).

Após a descoberta da castração materna, o pênis tido como ameaçado será, então, marcado com um menos (-), negativizado, para se tornar um objeto simbólico, uma "ausência funcionando como tal" (Lacan, 1956-57/1995, p. 154). Nessa concepção, o falo não é nada além "desse ponto de falta que ele indica no sujeito" (Lacan, 1965/1998, p. 892), na medida em que o próprio menino, supostamente dotado do órgão fálico, será doravante castrado simbolicamente, a partir da subjetivação do pênis como faltoso ou suscetível de vir a faltar [(-φ)]. O falo vem, assim, menos coroar a posse do órgão do que chancelar sua assunção como um significante da falta: o pênis, como um órgão ameaçado de castração, nunca está exatamente à altura do que se espera do falo.

Paralelamente, a abordagem do falo como significante da falta, drenado de toda eminência imaginária, também nos permitirá reconhecer sua função simbólica enquanto operador lógico da posição do sujeito diante do desejo. Enquanto, na definição lacaniana, o signo é aquilo que representa alguma coisa para alguém (de modo que o falo, por exemplo, ao operar como signo, representaria a virilidade para os homens ou o poder patriarcal para as mulheres), o significante é aquilo que representa um sujeito para outro significante (Lacan, 1965/1998). No caso do significante fálico, o falo se torna o representante da posição do sujeito diante do desejo (o seu e, mais fundamentalmente, o do Outro), a partir da forma como cada um responderá ao modo como foi desejado (ou não desejado) pelo Outro que o antecedeu.

E é nesse ponto que se dá o giro próprio à releitura lacaniana do falo, na medida em que conecta a problemática freudiana da ausência de pênis da mãe à dimensão simbólica da falta no Outro: a partir do momento em que o sujeito percebe que o Outro é castrado (em vocabulário freudiano, que a mãe não tem pênis), ele pode identificar-se ao significante daquilo que falta ao Outro, a fim de tentar suprir essa falta. Tendo como base a questão "o que sou para o Outro?", o sujeito pode identificar-se à imagem fálica que localiza no desejo do Outro: "Se o desejo da mãe é o falo, a criança quer ser o falo para satisfazê-lo" (Lacan, 1958/1998b, p. 700, grifo do original). Se o Outro é um Outro a quem falta algo, o sujeito busca ser esse algo que falta ao Outro, de modo a suturar sua falta, constituindo aquilo que chamamos de identificação fálica (uma identificação ao falo imaginário que completaria o Outro). O falo se torna aqui "o mais fundamental dos símbolos relativos à identificação do sujeito" (Lacan, 1958-59/2016, p. 169).

Esse giro complexifica o entendimento do falo na psicanálise, trazendo ao primeiro plano uma dimensão do significante fálico no campo das identificações que vai além do órgão pênis como tal, ponto que também atravessará as configurações subjetivas da masculinidade, especialmente a partir da relação do sujeito com o Outro materno. Dessa forma, somos convocados a investigar os modos como a anatomia é subjetivada a partir da lógica fálica de uma maneira que inclui, mas também excede o pênis como órgão corporal – chave que nos permite situar logicamente de que forma um sujeito se posiciona em suas identificações e em suas escolhas de objeto na vida amorosa, como veremos nas próximas Seções. Nessa perspectiva, quando tratamos do falo como um significante, o que está em jogo é o modo como cada um agenciará sua posição sexuada, levando em conta a incidência do Outro em seu percurso, mas sem se restringir às designações que lhe foram feitas a partir de sua anatomia.

Assim, se o falo como um significante constitui, no registro simbólico, o indicador de uma falta, ele também se articula à co-média dos sexos no registro imaginário, sendo a posição do sujeito nesse terreno agenciada por essa dupla articulação (entre simbó-lico e imaginário). Indo além da mera coincidência com o pênis, o falo com Lacan se torna um significante do desejo, isto é, um semblante (um parecer que vela um nada) responsável por orientar as máscaras que presidirão ao funcionamento do desejo. Distribuindo-se entre as identificações e as escolhas de objeto na lógica da vida amorosa, o significante fálico é o que permite a um sujeito posicionar-se como quem *tem* e/ou *não tem* o elemento que supõe interessar ao Outro, como quem busca *ser* esse elemento valioso para o Outro, como quem repete seu fracasso em *ter* ou em *ser* esse elemento ideal, como alguém que busca um Outro que *seja*, que *tenha* e/ou que *não tenha* esse elemento precioso, entre outras tantas combinações possíveis que se organizam das mais diversas maneiras, em torno de um ponto de impasse fundamental na sexualidade designado pelo próprio falo e colocado a seu modo para cada ser falante.

Nesse sentido, a comédia dos sexos tem a ver com o fato de que o falo como significante da falta, no registro simbólico, demarca um ponto de negatividade radical em nossa relação ao desejo – ou seja, ninguém é ou tem o falo último que nos completaria ou completaria o Outro, nenhum objeto empírico (positivo) é suficiente para saturar o campo do desejo –, mas, ao mesmo tempo, o falo é também o que libera, no registro imaginário, as suplências cômicas diante dessa negatividade. Isso significa que a lógica inaugurada pelo falo orienta o funcionamento das máscaras que envelopam esse ponto de falta e contornam-no com um brilho fálico, a exemplo da promessa de ser o falo na mascarada feminina ou de tê-lo na ostentação viril, que, a despeito de seus fracassos cômicos, é um recurso que nos permite circular no laço social e ainda jogar com o Outro na vida amorosa – dentro e fora da cis-heterossexualidade.

Lacan (1958/1998b) apresenta as saídas normativas para homens e mulheres diante da castração simbólica a partir da identificação (cômica) de cada um aos "tipos ideais do seu sexo" – que Butler (1993/2019) apontará como referidos aos ideais normativos

HOMENS EM ANÁLISE: TRAVESSIAS DA VIRILIDADE   99

do gênero. Na comédia cis-heterossexual, os homens acreditam resolver o perigo da castração ao se identificarem com aquele que supostamente tem as insígnias do falo, "que tem toda a aparência de haver escapado ao perigo, ou seja, o pai" (Lacan, 1957-58/1999, p. 363). Como resultado, um homem só é viril por uma "série infinita de procurações" advindas da tradição, mas que nunca se realizam efetivamente no sujeito (por isso a sombra de ridículo e a dimensão cômica que Lacan atribui à virilidade). Por esse motivo, a ostentação viril gera um efeito feminizante na medida em que essa ostentação se revela uma máscara, que busca proteger seu pequeno ter e, no limite, ocultar a ausência do falo no corpo do "macho", meramente dotado de um pênis (Lacan, 1958/1998b).

Lacan aqui articula o efeito feminizante à ostentação viril, uma vez que essa ostentação revela a própria virilidade como máscara no momento mesmo em que acabava de definir a feminilidade como mascarada, tomada enquanto um fazer com os semblantes a fim de produzir um véu fálico sobre a castração. Desdobrando esse ponto, poderíamos propor a partir daqui uma generalização da função da mascarada na comédia dos sexos, distribuída entre a mascarada feminina e a mascarada viril (cf. Lacan, 1964/2008, p. 189), o que permitiria, também, "uma radicalização da dimensão 'cômica' da ontologia sexual" sugerida por Butler (1990/2015, p. 90). De toda forma, na comédia da virilidade, trata-se de parecer *ter* o significante fálico:

> *Os homens se tornam homens pela aproximação do "ter do falo", o que implica dizer que são obrigados a aproximar-se de uma "posição" que é, em si mesma, o resultado de uma sinédoque na qual a "parte" representa a masculinidade e, como corolário, uma idealização dessa sinédoque como o símbolo de governo da ordem simbólica. (Butler, 1993/2019, p. 236, grifos do original)*

100 VIRILIDADE CÔMICA

Vale ainda observar a maneira como Lacan (1966-67/2008) nomearia, mais tarde, esse arranjo masculino como *"ficção viril"* ou *"ficção macho"* [*"fiction mâle"*], o qual se expressaria assim: *"a gente é aquilo que tem"* [*"on est c'qui y a"*] (p. 319, grifos do original). Na esteira de suas depreciações cômicas da masculinidade normativa, o psicanalista acrescenta: "Não há nada de mais satisfatório que um tipo que jamais enxergou além da ponta do nariz assim lhes expresse a fórmula provocante: *'ter ou não...'*, *'a gente é aquilo que tem'*, aquilo que tem, vocês sabem...". Ele ainda desdobra essa fórmula, evidenciando que a expectativa masculina de ser aquilo que tem – isto é, o falo – é suplementada por sua contraparte: "E depois *'a gente tem aquilo que é'*. As duas coisas se ligam. *'Aquilo que é'* é o objeto de desejo, é a mulher". Trata-se de um arranjo em que os homens buscariam assumir a posição de ter o falo, entendido aqui em sua equivocidade entre o próprio pênis, a posição masculina e a posse de uma mulher. Na sequência, Lacan ainda zomba desse arranjo: "Essa ficção, simplória, devo dizer, está seriamente em via de revisão. Desde algum tempo se percebeu que isso é um pouquinho mais complicado".

Afinal, entra em jogo aí uma equivocidade que faz com que, mesmo que os homens não sejam o falo e tampouco o tenham, sua posição produza um engodo pela presença do pênis no corpo, com o resultado de que *"ele não é sem tê-lo [Il n'est pas sans l'avoir]"* (Lacan, 1958-59/2016, p. 235). Além de um homem não ser o falo da mãe, ele tampouco o tem (o "macho" é castrado!), mas sua posição produz um equívoco entre o não tê-lo e o não deixar de tê-lo (pelo engodo do pênis), sinalizando que o "macho" é marcado por uma "impostura" (Lacan, 1962-63/2005, p. 210). Para se colocar na posição do "macho", um homem precisa dissimular sua própria castração, como as normas do discurso o convocam a fazer por meio da assunção dos semblantes da potência fálica. A posição do "macho" depende, assim, do consentimento do sujeito com bancar a impostura viril, fazendo um semblante do "ter" ali onde a castração, no entanto, não deixa de afetá-lo. A partir da incidência da linguagem, todos os homens são castrados, mas são também convocados a atuar como se não o fossem (Gómez, 2007, p. 84). Mas o ponto que talvez seja menos evidente nessa construção, já que tendemos a ler rapidamente a partição entre "ter" e "ser" de forma binária (o "ser" para as mulheres e o "ter" para os homens), é a ideia de que os homens também buscam permanecer na posição de ser o falo – sendo esta a sua posição originária na relação com o desejo do Outro, de modo que a busca por essa permanência torna ainda mais cômica a virilidade. Pois o que complica essa aspiração a ser *e* ter o falo na "ficção macho" é o fato de que "*a gente não é aquilo que a gente tem*", que "é pelo fato de que o homem tem o órgão fálico, que ele não o é" (Lacan, 1966-67/2008, p. 319, grifos do original). Como resultado, os homens estariam condenados a fazerem o luto da posição de ser o falo que completa o Outro e a se conformarem com a instabilidade do "ter", restando aprisionados em uma trabalhosa nostalgia fálica todos aqueles que não consentem com tal luto – em uma tentativa permanente e laboriosa de ocupar o lugar de quem sustentará o Outro como completo, ali onde sua incompletude é estrutural e inevitável. O Capítulo 2 deste livro girará em torno dos impasses dessa (des)identificação à posição de ser o falo.

De outro lado, o ideal da mascarada feminina convoca cada mulher a parecer *ser* o significante fálico, uma vez que "ela é sem tê-lo" – o que, sublinha Lacan (1958-59/2016), já é diferente de afirmar meramente que ela não teria o falo. Outra forma de dizê-lo seria: "a gente é aquilo que não tem", no sentido de que "é precisamente na condição de que ela *não tem* o falo que a mulher pode dele tomar o valor" (Lacan, 1966-67/2008, p. 319, grifos do original). Enquanto o "não tenho" implicaria uma subjetivação marcada, a princípio, pela "inferioridade", pela diferença de valor atribuída discursivamente aos genitais ditos masculinos e femininos, essa subjetivação encontraria uma saída pela via de "ser em vez de não ter" (Miller, 1991-92/2002, p. 154, tradução nossa) – um "parecer ser" que conferiria valor fálico ao corpo dito feminino. Privada da possibilidade de se deixar enganar, como os homens o fazem, pela presença do pênis como elemento que lhes daria um lugar na ordem simbólica, cada mulher precisaria falicizar seu corpo numa mascarada para "se exibir e se propor como objeto do desejo", situando-se como falo desejado, significante do desejo do Outro (Lacan, 1957-58/1999, p. 363).

O resultado desse arranjo na cis-heterossexualidade é o que Lacan (1958/1998b) chamou de comédia dos sexos: um homem faz parecer que tem o que não tem e uma mulher faz parecer que é o que não é.[10] Ambas as soluções, que se configuram como saídas normativas (e, por isso, cômicas) para o sujeito diante da castração, buscam remediar o irremediável, ou seja, a ausência de uma posição segura no encontro com o sexo, o que confere ao falo seu estatuto derrisório. Nessa comédia, um é nostálgico de algo que não existe, e o outro se supõe ameaçado de perder algo que no fundo não tem. A esse respeito, podemos nos lembrar da passagem de Lacan (1957-58/1999) segundo a qual o falo, "o infeliz [o homem] o tem, e é justamente saber que sua mãe não o tem que o traumatiza" (p. 363, comentário nosso). E mesmo naquilo que Lacan

---

10 No entanto, esse arranjo dos semblantes entre o ser e o ter na comédia heterossexual só oculta o fato de que ninguém é ou tem o falo – e que na verdade tanto os homens quanto as mulheres estão às voltas justamente com isso, na medida em que, na histeria, sempre há uma Outra mulher que não o próprio sujeito (a verdadeira mulher não é o sujeito, mas uma Outra), e, na neurose obsessiva, o seu falo nunca é o falo absoluto; há sempre outro que teria um maior ou mais verdadeiro – fato que permite a um sujeito permanecer aderido à posição de falo materno, que não suporta consentir com a castração do Outro, como veremos mais adiante no Capítulo 2.

(1957-58/1999, p. 340) considera o desfecho "mais feliz", o homem permanece "infeliz" – porque se vê ameaçado em seu "gozo de proprietário" (Miller, 1992/2010, p. 11).

É por isso que Butler (1993/1996, p. 114) considerará a heterossexualidade como um modo "bastante engraçado" de estar no mundo, devido à "tenuidade" de sua composição, que exige a repetição performativa de seus rituais para se estabilizar como norma, de modo a transformar um "ser polimorfo ou, no mínimo, bissexual" – a criança freudiana – em alguém exclusivamente orientado – ou assim se supõe – para uma atividade genital com o sexo oposto. E, no entanto, Butler (1993/1996, p. 114, tradução nossa) nos lembra também que não apenas a heterossexualidade, mas "toda posição sexuada é fundamentalmente cômica", ou seja, que essa dimensão cômica dos fracassos no gênero e na sexualidade não se restringe à comédia cis-heterossexual. Uma vez que a circulação do falo no terreno das identificações e das escolhas de objeto excede sua disposição normativa, podendo atravessar também subjetivações dissidentes de gênero e sexualidade à sua maneira, o que está em jogo nesse funcionamento do falo é o fato de que um sujeito está sempre se aproximando (e falhando em se aproximar) dos ideais ou das identificações que o governam (Butler, 1993/2019), ligados a ser um determinado tipo de homem ou de mulher, enquadrar-se em determinado estilo de masculinidade ou de feminilidade – o que afeta também formas de subjetivação marcadas pelas homossexualidades, pelas transidentidades etc.

Nesse ponto, cabe enfatizar que, ainda que a singularidade valorizada pela psicanálise faça cair os roteiros normativos da cultura, nosso hábito de nos referirmos à comédia dos sexos tendo como ponto de partida as formas de subjetivação hegemônicas (a exemplo de homens ou mulheres que se alinham aos semblantes da branquitude, da cisgeneridade e da heterossexualidade) acaba por nos distanciar da urgência de darmos lugar a outras formas

104 VIRILIDADE CÔMICA

de subjetivação, marcadas, por exemplo, por subalternizações de gênero, raça e sexualidade, que poderiam deslocar nossa perspectiva e nos ensinar sobre outros modos de acesso ao falo, à ordem simbólica e à diferença sexual (ou sobre modos de operar com o corpo que não se organizem sob essa lógica). É a esse movimento que Butler (1993/2019) nos convida, quando toma a bicha feminizada e a sapatão falicizada como paradigmas da homossexualidade abjeta para interrogar o simbólico lacaniano (cf. Lima, 2021), e é em direção a esse ponto que caminharemos ao considerarmos também a incidência da raça nos processos de subjetivação nas Seções por vir.

A virilidade cômica como negação da castração: um "macho" angustiado

Ao falar em uma comédia dos sexos, Lacan (1958/1998b) salienta o engodo inerente ao funcionamento do falo, pois ele só pode operar como uma promessa velada, que nunca se cumpre efetivamente. Na leitura lacaniana, a significação do falo se torna, então, a própria significação da comédia, uma vez que a tentativa de ancoragem do sujeito a um Ideal (seja ele de ter ou de ser o falo) sempre culmina em uma queda da significação fálica, queda que presentifica a dimensão cômica inerente a seu jogo (Rabinovich, 2005). Por isso, frequentemente encontramos um efeito de derrisão provocado pelas tentativas de exibição ou ostentação fálica nos humanos: "Uma mulher muito sedutora ou um homem muito sedutor sempre têm um ponto de ridículo" (Rabinovich, 2005, p. 59).

O desvelamento desse ponto de ridículo, ali mesmo onde se jogava com a promessa velada do falo (a exemplo dos semblantes de ser ou ter na comédia dos sexos), faz com que se revele a significação oculta do falo como menos-phi [(-φ)]. Tal desvelamento

HOMENS EM ANÁLISE: TRAVESSIAS DA VIRILIDADE 105

produz efeitos cômicos como resultado do extravasamento de um excedente pulsional [a] concernente ao gasto psíquico que foi economizado pela diferença entre a expectativa de uma ação e a sua realização discordante, pelo modo como a vida constantemente ultrapassa nossas tentativas de apresentar um domínio fálico no campo do desejo. Dessa forma, o cômico nos apresenta a significação do falo como menos-phi [(-φ)], isto é, como um órgão reduzido a seu estatuto derrisório, desmascarando as pretensões de mestria de seu portador. A comédia joga, assim, com o desferimento de um golpe sobre a estrutura de semblante do falo, desvelando-o como um menos-phi no ponto em que ele buscava se erigir como um falo positivado, na tentativa de fazer coincidir φ (falo imaginário) e Φ (falo simbólico). A partir do momento em que o falo imaginário [φ] aparece marcado com o menos da castração [(-φ)], a energia ou o *quantum* pulsional [a] que estava investido no falo como significante velado do poder [Φ] é liberado e retorna sob a forma do riso.

Mas vale observar que o cômico só acontece quando há uma distância de fundo entre o personagem que atravessa uma situação derrisória e o espectador dessa cena (sendo que o espectador pode ser o próprio sujeito, desde que esteja desidentificado do drama que vivencia), franqueando ao segundo a possibilidade de rir do primeiro como forma de expressar uma espécie de alívio psíquico diante da sua isenção da cena que ali se desenrola (enquanto pode ser por ela concernido de maneira inconsciente). Por sua vez, se há identificação do sujeito ao drama que se passa na cena, se o sujeito participa internamente das questões ali em jogo, temos o efeito trágico que resulta dessa identificação ao *páthos* do herói. A estratégia da comédia é, então, a de substituir a paixão infinita do trágico por um objeto trivial, uma "coisinha de nada", que lhe confere seu aspecto cômico (Zupančič, 2008, pp. 209-210, tradução nossa).

106   VIRILIDADE CÔMICA

Dessa maneira, no que concerne ao falo, entre o trágico e o cômico, basta uma questão de perspectiva: se o efeito cômico diante do órgão (ou diante da aparição da castração) se articula à distância assumida pelo sujeito em relação à cena de derrisão (isto é, se a derrisão cômica acomete a outro que não o sujeito, e é por esse motivo que ele pode rir dessa cena), interrogaremos também, nos Capítulos 3 e 4, os efeitos que se produzem sobre o sujeito mediante a aparição do menos-phi [(-φ)] em seu próprio corpo – efeitos que acreditamos poder articular à angústia de castração como relida pela obra de Lacan, mas também ao seu atravessamento em um processo de análise, que, quem sabe, permitiria a um sujeito ir além do engodo viril que o faz tomar seu pênis pelo falo e por isso se ver como ameaçado de castração. Para chegar lá, desdobraremos nesta Seção os modos de subjetivação do falo – de atribuição de valor fálico à presença ou à ausência do pênis – a partir de sua articulação ao corpo na tradição discursiva ocidental.

Afinal, ao contrário de supormos que o falo não teria nenhuma conexão com o pênis, sabemos que a função fálica concerne, primeiro, a um órgão, uma parte do corpo, cuja significação para o sujeito não é dada de antemão, isto é, ela deve passar por um processo de subjetivação (Miller, 1991-92/2002, pp. 151-153). A partir da interpretação da anatomia de uma criança como sendo dotada ou não dotada de um pênis – maneira tradicional de repartir os corpos no Ocidente por meio da distribuição binária do órgão dito masculino e sua ausência –, trata-se de perguntar de que maneira se subjetiva a presença ou a ausência dessa parte do corpo como recortada pelo discurso do Outro. Assim, com o falo, o que está em jogo é a pergunta sobre qual valor, qual significação é dada à presença e/ou à ausência do pênis no corpo de um sujeito, isto é, como se subjetiva a existência ou a inexistência do pênis.

Na tradição discursiva ocidental, o pênis é um elemento corporal que assume um lugar destacado, funcionando por sua marcação como um "mais" ou um "menos" – o que não impede que um sujeito acentue outra parte do corpo, a exemplo dos seios (Miller, 1991-92/2002, p. 145). Pode ocorrer que um sujeito considere, ao contrário da média, do discurso comum, que são os homens que estão privados (dos seios, para seguir o exemplo). Se a maioria das pessoas – isto é, se a força do discurso – tomasse as coisas dessa maneira, certamente a subjetivação do sexo – e do gênero – seria diferente do que é hoje. Em nossa organização social, a falta de seios certamente não possui o mesmo grau de incidência que a falta de pênis, mas esse exemplo nos permite, ainda assim, constatar a contingência da eleição do falo como elemento distribuidor dos corpos em nossa cultura, bem como enfatizar a abertura para significações diversas – e, por vezes, bastante singulares – do que contará como valor fálico no percurso de um sujeito, operação que nem sempre segue as normas do discurso.

É nesse sentido que Jane Gallop (1982) nos convida a considerar que não é possível responder à pergunta sobre a razão para o privilégio do falo de maneira conciliadora, isto é, a eleição do falo como elemento ordenador da subjetividade não encontra nenhum porquê capaz de apaziguar a interrogação sobre sua centralidade – não apenas na psicanálise, como também na cultura. Segundo a autora, não somos capazes de apresentar nenhum motivo suficientemente convincente para ter sido o falo, e não qualquer outra parte do corpo, o elemento escolhido para operar como significante do desejo, e isso é um reflexo da própria arbitrariedade de sua incidência – com a qual, no entanto, cada um terá de se haver em seu percurso, pois apenas a denúncia de tal arbitrariedade, como mostra Gallop, não nos dispensa de seus efeitos na subjetividade. Como coloca Lacan, "é possível, talvez, que se consiga prescindir completamente do falo na interpretação de uma análise, mas ainda não chegamos a isso" (Lacan, 1957-58/1999, p. 505).

108 VIRILIDADE CÔMICA

Seja como for, o que Freud recolhe da experiência analítica a partir das investigações sexuais infantis é que a subjetivação do falo se dá, inicialmente, a partir de um ter ou não ter: "A subjetivação do pênis significa que ele assume uma significação, e este fato faz dele o falo" (Miller, 1991-92/2002, p. 153, tradução nossa). É nessa medida que substituímos o nome do órgão pelo falo, que já não nomeia apenas o órgão, mas destaca também seu valor como significante, a propósito do qual sempre podemos perguntar qual significação ele engendra. Ainda hoje, encontramos em nossa cultura um "tenho" particular, especial, que recai sobre o pênis. Esse "tenho", característico da subjetivação masculina do órgão, inscreve-se por meio de uma pretensa superioridade em comparação com o "não tenho" (Miller, 1991-92/2002, p. 154). É uma superioridade de proprietário, que, por estar permanentemente ameaçado de ser desprovido de seus bens, tem sempre algo de medroso.

Afinal, a ficção do "tenho", que dá ao proprietário "um sentimento de superioridade", "é um bem que implica também o medo de ser roubado" (Miller, 1992/2010, p. 10). Ao se comparar, o proprietário começa por constatar que há aquelas que "têm menos que ele", que "não têm nada", mas também existe aquele "que tem mais", o "proprietário supremo a quem chamamos pai", o que faz do sujeito um proprietário "humilde e zeloso" (Miller, 1991-92/2002, p. 154, tradução nossa). Trata-se, aí, de um modo de subjetivação do falo marcado por uma "superioridade ameaçada": a posse é assombrada pelo risco de ser perdida. A angústia de castração comparece, portanto, como contrapartida dos privilégios simbólicos que a presença do órgão fálico confere a um homem no laço social, pela sensação de estar ameaçado de perder o seu pequeno ter – o qual, no entanto, não é lá grande coisa.

Podemos, assim, conceber a dimensão cômica da virilidade nos homens como sendo frequentemente construída em torno da ocultação de sua castração, da negação de sua falta fálica – que se torna, de uma perspectiva masculina, atribuída ao feminino. Se o pano de fundo trágico da relação do sujeito ao sexo assinala que a castração ou a falta fálica $[(-\varphi)]$ afeta qualquer um que se inscreva na linguagem, a virilidade, por sua vez, parece se construir em torno da negação da castração, ostentando um semblante de quem desafia a ameaça de castração que, no entanto, assola-o. A virilidade seria, assim, uma tentativa de negar ou ocultar a presença do menos-phi por meio da sustentação de um semblante da potência que desconheceria a castração. Contudo, o cômico indica que essa tentativa sempre apresenta suas falhas, pois eventualmente o sujeito deixará aparecer, nas brechas de sua ostentação fálica, o menos-phi da castração, tornando risíveis as pretensões de mestria da virilidade. A negação da castração se torna, então, cômica porque lemos, nessa negação, a própria afirmação da castração, ou mesmo sua revelação.

Alguns antecedentes dessa perspectiva podem se achar no livro *Male subjectivity at the margins*, de Kaja Silverman (1992), historiadora da arte e teórica *queer* estadunidense, a qual, apoiando-se em Freud e Lacan, sustenta que a masculinidade normativa – aqui referida por nós como virilidade – seria constituída pela negação da castração masculina.[11] Ela argumenta que a cultura ocidental

---

11 "Nossa ficção dominante convoca o sujeito masculino a ver a si mesmo, e o sujeito feminino a reconhecê-lo e desejá-lo, somente por meio da mediação de imagens de uma masculinidade intacta. Ela incita tanto o sujeito masculino quanto o feminino a negar todo saber sobre a castração masculina, pela crença na comensurabilidade entre pênis e falo, pai real e simbólico" (Silverman, 1992, p. 42, tradução nossa). Silverman ainda apresenta uma interessante hipótese: para a autora, essa ficção dominante estaria hoje em crise, uma vez que se evidencia, depois dos anos 1940, a incomensurabilidade (ou a discordância) entre falo e pênis, assim como entre pai simbólico e pai real – ponto que poderia ser colocado em diálogo com a discussão lacaniana acerca do "declínio do viril", atestado pelo fato de que essa ficção simplória do "macho" estaria, como diz Lacan (1966-67/2008), em revisão. Em um trabalho anterior que se

seria organizada por uma ficção dominante que, para ser operativa, depende de uma crença na "comensurabilidade entre pênis e falo" (p. 42, tradução nossa), que produz a ilusão de uma "masculinidade intacta", na medida em que a "subjetividade masculina clássica repousa sobre a negação da castração" (p. 44, tradução nossa). Butler (1993/2019, p. 147) também se aproxima dessa perspectiva ao afirmar que é a "negação transvalorativa" das limitações do pênis ("de sua condição substituível, de sua dependência, de seu tamanho diminuto, de seu controle limitado, de sua parcialidade") que faz dele o falo. Diante disso, nossa contribuição a esse debate é integrá-lo à noção de uma virilidade cômica e inserir esta no horizonte de um percurso de análise.

Se o cômico se apresenta pelo desvelamento da estrutura de semblante do falo, revelando o $(-\varphi)$ no avesso da ostentação fálica, então a virilidade se torna cômica porque, mesmo buscando negar a castração, ela sempre acaba por deixar aparecer, em algum ponto, a falta fálica que a fundamenta. Mas o enredo da virilidade, no qual transparece o $(-\varphi)$, só é cômico para quem lhe assiste com distância; para um homem identificado com esse drama, a ameaça de castração é vivida em sua dimensão trágica, pela recusa do menos-phi que orienta a construção de sua masculinidade. Nossa aposta é que uma análise levada a seu fim possa justamente introduzir essa distância entre um homem e sua virilidade, o que se opera, paradoxalmente, pela assunção de sua falta fálica $[(-\varphi)]$ como aquilo que lhe é mais íntimo (ou êxtimo). Nesse processo, a angústia de castração se dissolve em um consentimento com o menos-phi, o

---

conecta ao de Silverman, exploramos a hipótese de que as estruturas normativas da cis-heterossexualidade operam no sentido de ocultar a castração dos homens, ao sustentarem arranjos de gênero e de sexualidade pautados por um ideal de virilidade que nunca se realiza plenamente em um sujeito (Lima, 2020a).

que pode, inclusive, franquear uma ultrapassagem da recusa da feminilidade no "macho", como veremos no Capítulo 4.

Assim, diante das ressonâncias trágicas do furo estrutural que se apresenta na sexualidade, as saídas fálicas que encontramos – a exemplo das identificações de gênero na comédia dos sexos – sempre guardarão um aspecto cômico, que consiste na encenação de formas possíveis de driblar os impasses do real, ao buscar sustentar uma mestria sobre quem se é, o que se deseja ou do que se é capaz. Se essas saídas fálicas são motivo de riso, é porque, no fundo, elas falham em contornar os impasses da sexualidade, pois os semblantes fálicos permitem evitar, em princípio, o encontro com o furo no real, mas não impedem esse furo de insistir e retornar aqui e ali, apontando para os limites dessa evitação. É em virtude disso que a angústia de castração se apresenta nos homens por meio da suposição neurótica de que sua posse fálica estaria ameaçada de ser castrada pelo Outro, suposição em função da qual seria preciso desafiar essa ameaça por meio da ostentação dos semblantes da virilidade.

Nesse ponto, também poderíamos reformular a discussão contemporânea em torno do "silêncio dos homens" – expressão que dá nome a um famoso documentário brasileiro sobre masculinidades (*Papo de Homem*, 2019) – no contexto da virilidade cômica, na medida em que a negação da própria castração é o que está em jogo, muitas vezes, na dificuldade de falar de si mesmo a partir de sua divisão, de se responsabilizar por sua posição de sujeito e de reconhecer seu atravessamento pelo desamparo. No documentário, assim como em rodas de conversa sobre masculinidades, esse obstáculo é o que comumente se traduz, em um vocabulário psicologizante, pela dificuldade em aproximar-se das "emoções" ou dos "sentimentos", uma vez que a subjetivação do campo dos afetos nos desloca, inevitavelmente, da aspiração à mestria ou à impassibilidade fálica. Nesse sentido, o silêncio dos homens é um silêncio

112 VIRILIDADE CÔMICA

sobre a castração, da qual nada querem saber. Vejamos, agora, algumas de suas consequências na vida amorosa.

Virilidade e degradação do objeto: a significação do falo na vida amorosa dos homens

Quando pensamos na vida amorosa dos homens, talvez nenhum traço defina a virilidade de maneira mais imediata do que a degradação do objeto sexual. Comumente, essa degradação coexiste, nos homens, com a divisão de seu objeto em dois: um para amar, outro para desejar. Esse arranjo não passou despercebido a Freud (1912/2018, p. 142), que, na segunda de suas três *Contribuições para a psicologia da vida amorosa*, intitulada "Sobre a mais geral degradação da vida amorosa", discute a divisão dos homens que, ali, onde amam, não podem desejar e, ali, onde desejam, não podem amar – divisão que pode assumir formas as mais diversas. Como sugere o próprio título do texto freudiano, essa tendência a dividir o objeto em dois, um para amar, outro para desejar, não é exclusiva dos homens cis-heterossexuais, podendo ser localizada também em diversos outros arranjos de gênero e sexualidade; não à toa, Freud diz que essa é a "mais geral" degradação da vida amorosa. Uma pessoa, qualquer que seja sua identificação de gênero, pode, por exemplo, dirigir a corrente afetiva a mulheres e a corrente sensual para homens. Outra pessoa pode eleger parceiros do mesmo gênero, mas preservar a partilha entre aqueles para os quais dirige a corrente afetiva, outros a quem dirige a vertente do gozo erótico, entre tantas outras combinações possíveis.

No entanto, em nossa investigação, tomaremos como paradigma a clássica distribuição das mulheres feita pelos homens cis-heterossexuais entre a figura da "santa" (isto é, mulheres supostamente puras, idealizadas, amadas segundo o modelo da mãe, mais conformes aos ideais da família etc.) e a figura da "puta" (no alemão freudiano, a "*Dirne*"), forma de nomear uma mulher de sexualidade mais liberada, uma mulher degradada, com quem os elementos abjetos e subversivos do desejo sexual podem aparecer. O termo alemão "*Dirne*", por sua vez, em linguagem corriqueira, poderia ser traduzido como "prostituta", mas tem uma ampla gama de sentidos que excedem a versão mais literal de uma mulher que cobra por seu trabalho sexual. Ele é utilizado, também, por exemplo, para referir-se às mulheres que, no contexto europeu do século XIX, exerciam uma sexualidade mais livre, em contraponto ao ideal da mulher burguesa casada e mãe, fato que produzia, ao mesmo tempo, uma atração e uma condenação de sua posição na sociedade (Iannini & Tavares, 2018).

Nesse ponto, caberia observar a ainda frequente atribuição, no Brasil do século XXI, do adjetivo "puta" – entre outros termos com essa conotação, como "vadia", "cachorra", "vagabunda", "piranha" etc. – a mulheres que exercem, mesmo hoje, algo dessa sexualidade mais liberada, que não se deixa regrar inteiramente pelas normas sociais que buscam constrangê-las aos ideais do casamento, da monogamia e da submissão ao universo masculino. É nesse sentido que encontramos, por exemplo, a Marcha das Vadias como forma de reapropriação crítica desse tipo de designação, fazendo um deslocamento do contexto original de enunciação dessa injúria em direção a uma subjetivação possível do termo como forma de afirmação subversiva de sua posição, interrogando as normas sociais que determinam o que contará ou não como uma mulher conforme aos padrões masculinos (cf. Moreira, 2019). Vale salientar, de passagem, que tal fato interroga também os roteiros sociais que autorizam os homens a degradarem as mulheres que não encarnam o ideal materno, convocando-os a construírem outras formas de se haverem com os impasses de sua sexualidade.

Freud (1912/2018), por sua vez, retraçará essa divisão do objeto na vida amorosa dos homens ao problema da ligação incestuosa do menino com a mãe na experiência edípica, dentro da matriz heterossexual. O psicanalista parte da existência de duas correntes na vida amorosa, a saber: a corrente terna e a corrente sensual, que estariam ambas, a princípio, ligadas à figura materna na experiência infantil. O bebê freudiano amaria sua mãe tanto no sentido da ternura quanto no da sensualidade, e a barreira do incesto viria interditar a livre aparição da sensualidade diante da mãe, autorizando aí somente a dimensão da ternura. Tal interdição introduziria uma linha de fratura entre essas correntes na vida amorosa do menino, de modo que a ternura ficaria ligada ao campo idealizado e respeitado do materno, ao passo que a sensualidade, que contém os elementos mais degradados e abjetos do sexual, estaria reservada para mulheres que não remetam à mãe. Na leitura freudiana, o fenômeno da impotência psíquica nos homens se daria, então, quando estes se vissem diante de um objeto sexual portador de um traço que os remetesse à mãe idealizada e proibida, fato que produz a impotência como forma de recuar frente à transgressão iminente da barreira do incesto.

Esta seria, portanto, a função da degradação do objeto sexual na vida amorosa dos homens: na medida em que a barreira do incesto proíbe a expressão da sensualidade dirigida à mãe, no momento em que o sujeito se aproxima de um objeto amoroso, que, na perspectiva do Édipo, seria inclusive escolhido como substituto da própria mãe, ele precisa degradar esse objeto para se certificar de que não está diante do objeto materno idealizado. A degradação viria, assim, afastar a possibilidade de que esse objeto se pareça demais com a mãe idealizada. Na leitura de Freud, esse seria um recurso precário dos homens para combaterem o risco da impotência psíquica, consequência de sua obediência à interdição do incesto que convive com restos de investimento pulsional não abandonados na mãe e na irmã. Acentuamos, nesse ponto, a dimensão cômica presente nesse arranjo, não diretamente enfatizada por Freud, mas evidenciada pela precariedade dessa estratégia que frequentemente falha, reconduzindo um homem à impotência psíquica da qual buscava se proteger.[12]

Partindo desse arranjo freudiano da virilidade na vida amorosa dos homens, gostaríamos aqui de indicar uma primeira[13] releitura lacaniana dessa problemática a partir da lógica fálica da vida amorosa. Enquanto Freud abordou a degradação da vida amorosa por meio de uma decifração edípica (em que a degradação do objeto tem a ver com uma submissão amorosa à mãe idealizada, de modo que o respeito à proibição do incesto produz a divisão do objeto amoroso), Lacan retornará pontualmente a esse tema em "A significação do falo" por meio da lógica da castração, sem referência ao Édipo. Nesse sentido, o escrito lacaniano de 1958 suplementa

---

12 Salientamos que essa está longe de ser a única configuração da impotência masculina na psicanálise freudiana. A esse respeito, remetemos ao trabalho de Henderson (2017), que mapeia quatro vias de leitura para esse tema na obra de Freud: a fixação incestuosa na mãe, a inibição pela ameaça de castração, o horror ao feminino e, por último, a atitude masoquista na fantasia. Com Lacan, por sua vez, também poderíamos situar diferentes perspectivas para abordar esse problema, seja pelo apego à posição de ser o falo da mãe, que impede o sujeito de sustentar a posição do ter; seja por estar mal posicionado quanto à causa de seu desejo; seja por se ver diante da suposição, tipicamente masculina, de que uma mulher tem acesso a um gozo excessivo diante do qual um homem pode se inibir.

13 Como veremos no Capítulo 4, a partir dos relatos de passe de Jésus Santiago, seria possível realizar uma segunda releitura lacaniana da degradação do objeto amoroso a partir da lógica da fantasia, na qual a função da degradação do objeto sexual, ao contrário de afastar um traço materno, busca certificar que o próprio sujeito esteja distanciado da possibilidade de ocupar essa posição de objeto. Posição que, no entanto, ele já ocupou diante de um Outro em sua ereção de vivente e que permanece marcada em sua fantasia fundamental, matriz que dá a chave para as repetições de sua vida amorosa.

116 VIRILIDADE CÔMICA

as três *Contribuições para a psicologia da vida amorosa*, de Freud[14] (Miller, 1989/2010b). Essa posição sugere que o falo na psicanálise é, para além de um vetor da dominação social, um significante que organiza a vida amorosa dos seres falantes – e que teria efeitos diferentes a cada vez para os seres subjetivados como homens e como mulheres. Recortamos aqui o parágrafo do escrito lacaniano em que o psicanalista aborda a significação do falo na vida amorosa dos homens:

> *Se de fato sucede ao homem satisfazer sua demanda de amor na relação com a mulher, na medida em que o significante do falo realmente a constitui como dando no amor aquilo que ela não tem, inversamente seu próprio desejo do falo faz surgir seu significante, em sua divergência remanescente, dirigido a "uma outra mulher", que pode significar esse falo de diversas maneiras, quer como virgem, quer como prostituta. (Lacan, 1958/1998b, p. 702)*

Segundo Miller (1994-95/2005, p. 141), Lacan teria produzido, nesse momento de seu ensino, uma "retranscrição" da libido freudiana por meio da noção de falo: a significação do falo transpõe a teoria freudiana do que é o investimento libidinal em um objeto. Para Lacan, o objeto investido na vida amorosa se torna aquele que assumiu a significação do falo para um sujeito. Dito de outro modo, o falo enquanto significante do desejo é o que, para cada sujeito, investirá um determinado objeto – a exemplo do valor de falo que um filho pode (ou não) assumir para uma mãe. Cumpre

---

14 Trata-se de um conjunto de três textos: "Sobre um tipo particular de escolha de objeto nos homens" (1910), "Sobre a mais geral degradação da vida amorosa" (1912) e "O tabu da virgindade" (1918).

constatar aqui que a proposta de leitura de Miller (1994-95/2005) avança em relação ao escrito lacaniano: enquanto, no texto de 1958, Lacan se debruça particularmente sobre o lugar do falo no campo das identificações ("de que modo eu me situo, como me posiciono, qual é meu lugar em relação ao Outro?"), pensando-as em termos de ter ou ser na ostentação viril ou na mascarada feminina, a construção milleriana, por sua vez, enfatiza o lugar do falo nas escolhas de objeto ("de que modo eu escolho meus parceiros? Qual valor eu dou aos meus objetos?").

Ao fazê-lo, Miller (1989/2010b) nos lembra que, desde Freud, a significação é tomada como a atribuição de um valor: damos maior ou menor valor aos nossos objetos amorosos, a exemplo da superestimação e do rebaixamento. Nesse sentido, trata-se de um valor sexual: a *Sexualwert* leva a uma *Bedeutung*, isto é, a uma significação fálica conferida a um objeto. Vale observar que o termo alemão "*Bedeutung*" tem não somente a acepção semântica de significação ou de referente, mas também de importância ou relevância ("qual a importância ou a relevância que um objeto adquire para mim?", como dizemos, aliás, em português, "isso significa muito para mim", por exemplo). Essa perspectiva nos abrirá para uma dupla significação do falo na vida amorosa: ao atribuirmos o valor de falo a um objeto, podemos determiná-lo como um "*phi* positivo" (φ) ou como um "menos-*phi*" ($-\varphi$), manobra que permitirá compreender o texto de Lacan como uma (quarta) contribuição à psicologia da vida amorosa inaugurada por Freud, ao reler a lógica da vida amorosa à luz do falo como um significante.

Para Miller (1989/2010b), o que justifica considerar "A significação do falo" como essa quarta contribuição é precisamente o fato de Lacan retomar, nas últimas páginas de seu escrito, a vida amorosa dos seres humanos em termos de convergência e divergência pulsional, à maneira do raciocínio freudiano. Retomando a leitura lacaniana a partir de um esquema que toma como base a comédia

118 VIRILIDADE CÔMICA

cis-heterossexual (e veremos adiante de que modo a lógica desse esquema pode exceder os arranjos da heterossexualidade), Miller (1994-95/2005) observará que a posição masculina diante do falo produz o efeito de um "desdobramento" do objeto amoroso em dois, enquanto a posição feminina faz, de um mesmo objeto, uma "clivagem".[15]

Desdobramento do objeto: entre a "santa" e a "puta"

O desdobramento que caracteriza a vida amorosa dos homens constituiria a formalização lógica da segunda contribuição freudiana. Está em jogo o modo de gozo masculino a partir da separação entre amor e desejo, que usualmente se apresenta pela divisão entre duas mulheres (M^1 e M^2). O objeto amoroso se desdobra em dois, como no esquema freudiano: a M^1, como a "santa", é a mulher idealizada e respeitada como a mãe, é a parceira a quem se endereça o amor (ou de quem acata demandas amorosas), mas é também aquela diante de quem o sujeito experimenta algo da castração $[(-\varphi)]$. É nesse sentido que, quanto mais apegados ao engodo viril, a exemplo da figura do solteirão, mais os homens tomam o compromisso amoroso – expresso em relacionamentos duradouros, namoros, casamentos – como uma perda de gozo, uma

---

15 Faremos aqui uma reapresentação do trabalho de Miller (1994-95/2005) nele incluindo algumas contribuições que podem ser extraídas da perspectiva mais tardia formulada por Lacan com sua lógica da sexuação, ao articularmos o gozo todo fálico – dito masculino – com o desdobramento do objeto e o gozo não-todo fálico – dito feminino – com a clivagem do objeto. Nessa direção, o gozo fálico se organizaria por uma disjunção entre amor e desejo, enquanto o não-todo pode se apresentar por uma conjunção entre esses mesmos elementos (amor e desejo) em seu modo de gozo. A lógica da sexuação será trabalhada mais tarde, no Capítulo 4. Ver Lima (2021) para uma articulação entre a lógica da sexuação e o campo social a partir de crimes de homofobia.

perda fálica, por terem de abrir mão, supostamente, de sua liberdade na vida amorosa para cederem às demandas externas de um ideal monogâmico.[16]

Figura 1.1. *A lógica do desdobramento na vida amorosa.*
Fonte: Adaptada de Miller (1994-95/2005, p. 141).

Por sua vez, a M^2, como a "puta", é comumente materializada pela figura de outra mulher que encarne o resgate dessa liberdade perdida, ao se apresentar, no olhar desse homem, de forma mais permeável ao desejo, restituindo algo da sua virilidade ao resgatar a significação fálica positiva (φ), mas precisando ser depreciada pelo sujeito como modo de assegurar que não está com a mãe (idealizada e proibida como objeto de desejo). A raiz lógica da infidelidade masculina estaria precisamente nessa disjunção, nesse desdobramento do objeto amoroso, do homem situado entre duas mulheres, que, para Lacan, é testemunha da frequente dificuldade dos homens em suportar algo da castração, que é condição para consentir com a experiência do amor.

---

16 Uma vez que o compromisso amoroso é abordado pelo solteirão com a significação da castração, isto é, tomado como uma negativação de seu gozo ou de sua potência fálica, é curioso observar de que modo a virilidade na nossa cultura é também marcada pela tentativa de negação da castração ou da falta fálica [$(-\varphi)$]. Fazer-se "mulherengo", relançar sempre outra mulher numa série de conquistas pode ser uma das formas privilegiadas de expressão da virilidade como tentativa de negação do menos-phi.

120 VIRILIDADE CÔMICA

Na obra freudiana, por sua vez, esse cenário da divisão masculina se deveria ao respeito dos homens à proibição do incesto, que faria com que não se pudesse desejar a mãe, mantendo-a no lugar do amor idealizado, separada da dimensão "suja" e abjeta, por assim dizer, do erotismo. Para se assegurarem de que estão respeitando a barreira do incesto, os homens recorreriam à degradação de seu objeto sexual a fim de preservarem, intacto e à distância, o amor materno idealizado (Freud, 1912/2018). Nessa lógica, "todas são putas, exceto minha mãe" (Brousse, 2019, p. 109).

Nesse ponto, vale ressaltar a importância de levarmos em conta as peculiaridades do que a antropóloga argentina Rita Segato (2013/2021) chamou de "Édipo negro" no contexto brasileiro, marcado, desde o período colonial até os dias de hoje, pela delegação dos cuidados dos bebês de famílias brancas a amas de leite ou babás negras, dimensão frequentemente elidida das discussões clássicas quanto ao Édipo na psicanálise.[17] Desdobrando a contribuição de Segato, podemos nos perguntar em que medida o desejo – proibido quando dirigido à mãe idealizada – poderia se ligar às cuidadoras negras e com elas se expressar mais livremente, vinculando o esquema da degradação do objeto sexual às hierarquias sociais que autorizam a tomada de mulheres negras – representantes aqui da diferença em relação à mãe branca – como objeto degradado.

Na vida amorosa dos homens brancos, essa problemática pode se expressar pela distinção racista, herdada do período colonial,

---

17 Gonzalez (1980/2020) também discute a presença da "mãe preta" na cultura brasileira, referindo-se às cuidadoras negras que ficam encarregadas do exercício da função materna nas famílias brancas, mas enfatizando a dimensão do cuidado particularizado e da transmissão da língua materna efetuada pela mãe preta mais do que a dimensão da sensualidade dessa figura, que é abordada por Segato (2013/2021).

mas ainda hoje atuante, entre as "brancas para casar" e as "mulatas para fornicar",[18] distinção que, aliás, compõe um ditado racista do Brasil colonial documentado por Gilberto Freyre nos anos 1930: "Branca para casar, mulata para fornicar, negra para trabalhar" (cf. Pacheco, 2008). Como indica Bonfim (2021, p. 210): "o detalhe da cor da pele se destaca para alguns homens brancos como causa de desejo, como um traço isolado, cristalizado na fantasia de que as mulheres negras são hipersexualizadas e servem para atender aos desejos sexuais dos homens". A esse respeito, encontramos na obra da filósofa brasileira Lélia Gonzalez (1980/2020, p. 86) uma história breve, mas "muito reveladora", que atesta essa forma de divisão racializada do objeto. Trata-se de uma história sobre homens brancos jovens que, tendo tido iniciação e prática sexuais "com as crioulas", sofriam de impotência psíquica no momento da cópula com a esposa branca. Nessa forma de divisão, a mulher branca vem como substituta do objeto materno idealizado, que só pode ser alvo de amor, mas não de desejo (pelo respeito à proibição do incesto), ao passo que as mulheres negras podem ser desejadas, pois marcadas pelo rebaixamento que permite a entrada do sexual:

> *Quando chegava na hora do casamento com a pura, frágil e inocente virgem branca, na hora da tal noite de núpcias, a rapaziada simplesmente brochava. Já imaginaram o vexame? E onde é que estava o remédio providencial que permitia a consumação das bodas? Bastava o nubente cheirar uma roupa de crioula que*

---

18 Essa distinção compõe um ditado racista do Brasil colonial documentado por Gilberto Freyre: "Branca para casar, mulata para fornicar, negra para trabalhar". Em sua tese de doutorado em ciências sociais, Pacheco (2008) parte desse mesmo ditado para discutir algumas de suas ressonâncias contemporâneas para a solidão amorosa e afetiva de mulheres negras em Salvador.

122 VIRILIDADE CÔMICA

> *tivesse sido usada para "logo apresentar os documentos". (Gonzalez, 1980/2020, p. 86)*

Por sua vez, dentro da obra freudiana, é interessante constatar, no caso do Homem dos Lobos, que a degradação do objeto na sua vida amorosa se estabelece a partir da imagem que o pequeno Sergei Pankejeff extrai da observação de Gruscha, sua ama, em posição ajoelhada, esfregando o chão, com as nádegas em projeção (Freud, 1917/2022, pp. 730-731). Degradação marcada, portanto, pela posição corporal por ela ocupada nessa cena (que replica a posição da mãe na cena primária), mas também atravessada, certamente, por sua posição social como ama de uma família russa abastada.[19]

Acreditamos que esse debate possa servir como matriz para pensarmos o investimento libidinal que atravessa certas hierarquias sociais, em que sujeitos em situação de privilégio (por exemplo, homens que se ancoram aos semblantes da branquitude, da cisgeneridade e/ou da heterossexualidade) se autorizam a tomar pessoas em posições subalternizadas como objetos de desejo sexual, sem reconhecê-las como dignas de amor, restringindo-as à dimensão abjeta da sexualidade que estaria fora do registro dos ideais, obedecendo à divisão que Freud recolhe entre a relação idealizada com a mãe e a dimensão rebaixada do erotismo que não poderia aparecer diante dela.

Todavia, essa conexão é sutil, pois preserva a cada vez certa margem de imprevisibilidade: nem sempre aquilo que é socialmente

---

19 Para uma interessante discussão sobre as babás na psicanálise, recomendamos o trabalho da antropóloga Mariza Corrêa (2007), que observa que, no Brasil (e nos trabalhos sobre as babás no contexto brasileiro), discute-se o fato de que "as babás/criadas eram, às vezes, objeto do desejo dos patrões – mas nunca se menciona a possibilidade de sedução de crianças" (p. 79).

investido de valor fálico será investido da mesma forma pelo sujeito. Quem nos ensina isso é o Homem dos Ratos, com sua divisão amorosa entre a mulher rica – por quem não se interessa, mesmo portando as credenciais fálicas da riqueza estimadas pela mãe – e a mulher pobre – que, mesmo destituída (e, talvez, justamente por estar destituída) dessas credenciais, torna-se objeto de desejo para Ernst (Freud, 1909/2022).

Indo além do Édipo freudiano ao logicizar esse cenário da vida amorosa, a obra de Lacan nos permite conceber que a divisão do objeto amoroso na posição masculina é, para além da relação edípica com a mãe, uma tentativa de resgatar, numa Outra mulher, a significação positiva do falo $[(\varphi)]$ que lhe parece ser negativizada na primeira mulher $[(-\varphi)]$. Assim, do lado da mulher do amor (M^1), a exemplo de uma esposa ou uma namorada, aloja-se o menos-phi enquanto castração: no corpo dessa primeira mulher, o sujeito não encontra "a imagem do pênis" (Miller, 1994-95/2005, p. 140); pelo contrário, ele "encontra $(-\varphi)$ no corpo da mulher" que ama (p. 234).[20] Essa alocação do $(-\varphi)$ na parceira do amor tem a ver, por um lado, com aquilo que os homens frequentemente supõem estar implicado num relacionamento, a saber, uma perda de gozo (a perda da condição viril do "solteirão"). Por outro lado, podemos articular o menos-phi à dimensão do amor, que pressupõe suportar algo da falta e da castração $[(-\varphi)]$; diante disso, o temor de um relacionamento e de suas obrigações ou restrições se torna a roupagem que racionaliza a dificuldade dos homens diante do amor (para além dos semblantes culturais da monogamia).

É diante dessa experiência do $(-\varphi)$, da qual os homens cotidianamente buscam fugir, que se dá o recurso à outra mulher, a

---

20 Mais adiante, no Capítulo 3, veremos como o menos-phi não se articula necessariamente a uma falta no corpo feminino, mas, mais especialmente, à detumescência do pênis, negativizado no ato da cópula.

124 VIRILIDADE CÔMICA

mulher do desejo, que lhes permite restaurar o gozo que sua parceria amorosa (localizada num compromisso ou no casamento) supostamente lhe rouba. Essa outra mulher, M^2, possibilitaria "restabelecer o φ positivo, significação positiva do falo", uma mulher que, "como tal, valerá como imagem do pênis" (Miller, 1994-95/2005, p. 140), isto é, que lhe dará ora a ilusão de recuperar sua virilidade perdida (pelo encontro com diversas mulheres por meio da infidelidade), ora o acesso a uma dimensão do desejo que se supõe proibida no arranjo idealizado do casamento monogâmico cis-heterossexual. É nessa direção que encontramos o cenário paradigmático do homem cisgênero e heterossexual casado – cuja parceria com a esposa se dá sob o modelo do amor materno idealizado – que se envereda em relações secretas[21] com dissidentes de gênero e sexualidade: pessoas trans ou travestis, homens gays etc. – as quais podem encarnar, eventualmente de maneira mais literal, a busca pela imagem do falo no corpo do outro [(φ)].

Ainda que essa lógica do desdobramento do objeto seja muito comum em homens, Freud (1912/2018) nos lembra que a degradação é a tendência "mais universal" da vida amorosa, sem se restringir necessariamente a um gênero específico. Relendo esse arranjo com Lacan, isso significa que essa posição de gozo também pode ser ocupada pelos mais diversos seres falantes, quaisquer que sejam suas identificações de gênero e de sexualidade: homens ou mulheres, cis ou trans, heterossexuais, homossexuais, bissexuais, pansexuais, agêneres ou não bináries etc. Nesse sentido, por exemplo, um homem gay pode dividir o objeto dirigindo a corrente afetiva para homens mais velhos e a corrente sensual para homens da mesma idade; uma pessoa bissexual pode dividir o campo de

---

21 A esse respeito, ver o excelente trabalho de María Mercedes Gómez (2007) sobre as dinâmicas de subordinação e violência nas relações secretas entre homens cis-heterossexuais e dissidentes de gênero e de sexualidade.

escolhas dirigindo a corrente afetiva a pessoas do gênero oposto e a sexual para pessoas do mesmo gênero; pois o que está em jogo aqui é, mais fundamentalmente, uma modalidade lógica de gozo pela separação entre o amor e o desejo, de modo que essas duas dimensões não possam se misturar num mesmo objeto. Diante da divisão, longe de postular a monogamia como ideal, o que uma análise propõe é, a nosso ver, desbloquear a possibilidade da convergência entre amor e desejo em um mesmo objeto, no caso de a divisão colocar um enigma ou angustiar quem nos procura. O que um sujeito fará com isso só o percurso da análise dirá!

Clivagem do objeto: a convergência entre amor e desejo

Se Freud (1912/2018) abordou a divergência presente na vida amorosa dos homens, Lacan (1958/1998b) acrescenta a esse arranjo a dimensão de convergência entre amor e desejo, muito frequente na vida amorosa das mulheres (embora, como veremos, essa convergência também não seja exclusiva ou necessariamente articulada a elas). Vale observar ainda que essa dimensão não está presente em Freud. O psicanalista francês a apresenta em "A significação do falo" afirmando que, assim como na infidelidade que decorre logicamente da estruturação masculina da vida amorosa, "veremos que o mesmo desdobramento é encontrado na mulher, exceto pelo fato de que o Outro do Amor como tal, isto é, enquanto privado daquilo que ele dá, é mal discernido no recuo onde vem substituir o ser do mesmo homem cujos atributos ela tanto estima" (Lacan, 1958/1998b, p. 702). Miller formaliza esse arranjo da seguinte maneira:

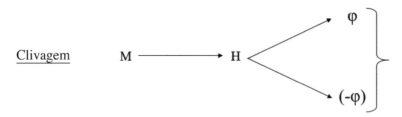

Figura 1.2. *A lógica da clivagem na vida amorosa.*
Fonte: Adaptada de Miller (1994-95/2005, p. 140).

Enquanto, do lado masculino, temos o desdobramento do objeto em dois, produzindo uma "tendência centrífuga" na vida amorosa (Lacan, 1958/1998b, p. 702), do lado feminino, por sua vez, encontramos a clivagem interna de um mesmo objeto (Miller, 1994-95/2005). Nos dois modos de relação ao falo, há, então, uma falha, um obstáculo à harmonia sexual. Trata-se do fato de que, no esquema cis-heterossexual, uma mulher pode localizar o significante do seu desejo de forma fetichizada no corpo de um homem [(φ)] – isto é, "a significação do falo como positiva, uma vez que encontra, nele, a imagem do pênis" (Miller, 1994-95/2005, p. 139). No entanto, ela também encontra ali "a significação do falo como negativizada, relacionando-se com a impotência dele, com o que, nele, é gozo castrado" (p. 140), a saber, (-φ) – que também pode encarnar a dimensão do pênis fora do estado glorioso da ereção.

Comumente nas mulheres heterossexuais, mas não apenas nelas e, inclusive, nem sempre nelas, encontramos uma experiência de gozo a partir da convergência entre amor e desejo em um mesmo objeto. No entanto, esse objeto é clivado internamente: a "infidelidade feminina" muitas vezes se apresenta com relação a um mesmo parceiro: ela encontra "o significante do desejo e do amor no mesmo homem que, no fundo, encontra-se enganado – pobre homem! – por ele próprio" (Miller, 1994-95/2005, p. 235). Enquanto seu desejo pode se dirigir ao parceiro que tem (o falo), seu amor se endereça ao ponto em que esse mesmo parceiro "não tem" (o amor se endereça à castração no parceiro): "de modo mais secreto, a mulher, que aparentemente encontra o significante fetiche no corpo do homem, visa-lhe, de fato, no ponto (-φ), ou seja, o pênis não-falo, não no estado glorioso de ereção, é um significante também precioso, uma vez que significa o amor" (Miller, 1994-95/2005, p. 234).

Nessa perspectiva, no arranjo cis-heterossexual, uma parte da angústia masculina quanto ao sexo se deve a esse curioso fato de que, na lógica feminina da clivagem, o homem é enganado por ele mesmo e supõe que a parceira ama outro, justamente porque quer desconhecer que ele mesmo não é apenas o pretenso detentor do falo, mas também o amante castrado (isto é, a parceira ama e deseja diferentes elementos em um mesmo homem). Nesse sentido, o amor pressupõe se haver com um ponto da castração, mais além da significação positiva, fetichizada, do falo: se o desejo procura φ, o amor é aquilo que se endereça ao (-φ) (Miller, 1994-95/2005, p. 233). Trata-se, então, do fato de que o encontro com (-φ), com esse ponto não glorioso do falo, é algo que convoca o sujeito para além da dimensão fetichista do gozo, abrindo para a dimensão do amor – o que comumente angustia aqueles que se aferram à dimensão positivada do falo, até mesmo porque o amor nos convoca ao encontro com uma falta no Outro [S(Ⱥ)].

Nesse sentido, "há afinidades entre o amor e a castração. Por isso, ali, é preciso empurrar um pouquinho os homens, que não estão de imediato dispostos à castração. [...] talvez não seja tão cômodo para o homem encarnar o Outro do amor, aquele que está privado" (Miller, 1993-94/2011, p. 241, tradução nossa). Pois, enquanto o Outro do desejo sustenta a posse de atributos viris, o Outro do amor precisa estar privado, precisa suportar a posição do não ter – o que, mais tarde na obra de Lacan, escreve-se pelo matema S(Ⱥ), o significante do Outro barrado, que inscreve

128 VIRILIDADE CÔMICA

precisamente o ponto em que o Outro não tem e que é situado do lado dito feminino da lógica da sexuação.

Dessa forma, para amar, qualquer que seja o gênero daquele que se propõe a essa experiência, é preciso certo consentimento com a dimensão da castração – a sua própria, assim como a do Outro. Na lógica do desdobramento do objeto, para além da relação edípica com a mãe, trata-se do relançamento da busca do desejo em outro objeto que não aquele que já se acessou e com o qual se presenciou uma queda do véu fálico que orientava a promessa do desejo: aquela mulher (ou aquele homem, ou aquela pessoa) não é e nem tem o falo que se procurava. Numa parceria amorosa, diferentemente, é preciso suportar essa verdade da queda do falo, razão pela qual dizemos que, para amar, cumpre consentir com algo da castração. Nessa direção, talvez haja algo da lógica da clivagem do objeto que se impõe para qualquer ser falante que consinta com se aventurar numa experiência amorosa.

Cumpre aqui frisar que essa lógica, formalizada a partir do arranjo cis-heterossexual, não é nem exclusivamente nem necessariamente articulada a esse arranjo. Tanto o desdobramento quanto a clivagem do objeto podem ser encontrados nos mais diversos sujeitos, de forma que o que está em jogo é o estilo como cada um opera logicamente em seu modo de gozo com o amor e o desejo, que pode se apresentar seja pela convergência, seja pela divergência entre eles, quaisquer que sejam as identificações e as escolhas de objeto de um sujeito.

Acreditamos que essa perspectiva permite, inclusive, superar alguns dos impasses normativos situados por Butler (1990/2015) na abordagem lacaniana das homossexualidades em "A significação do falo", que acaba por construir uma versão engessada da homossexualidade masculina e outra da homossexualidade feminina. Na leitura de Lacan (1958/1998a, p. 702), a homossexualidade masculina seria caracterizada pela "marca fálica que constitui o desejo", aproximando-a da dimensão do desdobramento do objeto (sob a égide do gozo fálico), enquanto a homossexualidade feminina estaria marcada pela "vertente da demanda de amor", mais afim à clivagem do objeto. Mesmo que esse arranjo possa ser encontrado na experiência clínica, sua universalidade é certamente contestável.

Ainda que possamos tomar essas versões da homossexualidade em Lacan por sua dimensão paradigmática, buscando dre-ná-las de um valor normativo e sem pretensões de universalização, seria preciso, primeiro, fazer uma crítica dos usos prescritivos desse tipo de modelo na história da psicanálise, ao constituírem figuras universalizantes que engendravam formas *a priori* de (não) escuta das homossexualidades (Ayouch, 2015). Desse modo, trata-se aqui de dar margem para os arranjos singulares mediante os quais se instalarão as identificações e escolhas de objeto para cada um, fora de toda norma preestabelecida para a assunção de uma posição sexuada. O livro do psicanalista Hervé Castanet (2016) é, nesse sentido, um trabalho exemplar, por apresentar de forma cuidadosa o percurso singular de seis "homoanalisantes", levando a sério a impossibilidade de generalização das homossexualidades, sem buscar nenhum tipo de "etiologia", "psicogênese" ou "tipologia" da homossexualidade masculina, dando margem a que cada sujeito possa elaborar o modo como experimenta sua relação com o amor, o desejo e o gozo.

O lugar da raça na comédia do falo

Nesse ponto, gostaríamos de explorar a incidência da dimensão da raça na comédia da vida amorosa, começando por algumas contribuições trazidas pelo psiquiatra martinicano Frantz Fanon

130 VIRILIDADE CÔMICA

(1952/2008) e pelo escritor e ativista estadunidense Eldridge Cleaver (1968/1971), uma das lideranças iniciais dos Panteras Negras, postas aqui em conexão com a teoria lacaniana do falo. Ainda que os homens negros possam se encontrar às voltas com a divisão do objeto assim como os homens brancos, Fanon descreve uma manobra específica de alguns homens negros que se casam com parceiras brancas (e vice-versa: de algumas mulheres negras que se casam com homens brancos) na esperança de alcançarem, por meio do casamento, a brancura que idealizam no parceiro, o que pretensamente lhes daria o reconhecimento de sua humanidade (e de sua distinção em relação às demais pessoas negras) pelo mundo branco. Ele assim se expressa, não sem uma boa dose de um "cômico triste":

> *Da parte mais negra de minha alma, através da zona de meias-tintas, me vem este desejo repentino de ser branco.*
>
> *Não quero ser reconhecido como negro, e sim como branco.*
>
> *Ora [...] quem pode proporcioná-lo, senão a branca? Amando-me ela me prova que sou digno de um amor branco. Sou amado como um branco.*
>
> *Sou um branco.*
>
> *Seu amor abre-me o ilustre corredor que conduz à plenitude... (Fanon, 1952/2008, p. 69, grifos do original)*

Trata-se aí da brancura como insígnia fálica [(φ)] que permitiria a inscrição de um suposto valor sobre a subjetividade negra, marcada por uma menos-valia [$(-\varphi)$] como efeito subjetivo do racismo. Fanon (1952/2008) zomba dessa manobra de buscar a brancura como significação fálica positiva que seria fornecida por um parceiro branco, assinalando seus aspectos (tragi)cômicos e apontando o impossível que a subjaz: mesmo ao se casar com uma pessoa branca, uma pessoa negra ainda falhará em alcançar plenamente a brancura que almeja, pois permanecerá sujeita, em diversos momentos, à condição de subordinação e de inexistência que marca a negritude em um mundo branco, no universo colonial racista.

É a isso também que Cleaver (1968/1971) faz referência, ao localizar, em uma escrita que mistura ficção e experiência de vida, a divisão de objeto operando de forma racializada na vida sexual dos homens negros. No trecho a seguir, trata-se de um diálogo entre três "Eunucos Negros" – modo de se referir à emasculação produzida pelas dinâmicas raciais sobre os jovens homens negros – e um "Lázaro", homem negro mais velho, que atravessou as agruras da vida. Em certo ponto da conversa, um dos Eunucos afirma:

> *quando vou para a cama com uma puta crioula, fecho os olhos e me concentro, e logo começo a acreditar que estou trepando com uma daquelas louras curvilíneas. Conto-lhe a verdade, esta é a única maneira de "traçar" uma negra, fechando os olhos e pensando que ela é Jezebel. Se olhar para baixo e a vir debaixo de mim, ou se minha mão tocar em seu cabelo crespo, isto seria o fim, estaria tudo acabado. O melhor seria eu me levantar e cair fora, porque não terminaria mais nada, mesmo se ficasse a noite inteira montado nela. O homem negro que disser que não trepa com a sua Jezebel é um mentiroso deslavado. (Cleaver, 1968/1971, p. 151)*

O Eunuco se arrisca a generalizar a divisão do objeto na vida amorosa dos homens negros sob a forma "mulher branca – mulher negra", dando um matiz racializado à fantasia masculina de estar fazendo sexo com outra mulher que não a que tem diante de si.

132 VIRILIDADE CÔMICA

Chama a atenção, nesse arranjo, a depreciação radical produzida sobre as mulheres negras [(-φ)] e a idealização fantasística da mulher branca [(φ)], como também transparece na fala de outro dos Eunucos:

> *Existe uma suavidade envolvendo a mulher branca, algo delicado e suave no seu interior. Mas uma puta negra me parece feita de aço, dura e resistente como pedra, sem a suavidade e docilidade da mulher branca. Não há nada mais maravilhoso do que os cabelos de uma branca sendo soprados pelo vento. A mulher branca é mais do que uma mulher para mim... É como uma deusa, um símbolo. (Cleaver, 1968/1971, p. 149)*

Enquanto uma mulher branca é reconhecida como mulher, a mulher negra é adjetivada como "puta", marcada ainda por um embrutecimento corporal que não deixa de ser consequência do lugar a ela designado tantas vezes na divisão sexual e racial do trabalho (Gonzalez, 1980/2020). Pouco antes da fala desse Eunuco, o Lázaro havia feito uma construção sobre a mulher branca como símbolo da liberdade para os homens negros, o que acaba por se articular, também, a uma erotização do proibido que não deixou de atravessar o percurso fantasmático do próprio Eldridge: ali, onde os homens brancos instituem uma proibição de que os homens negros gozem do corpo das mulheres brancas, essa proibição alcançará o ápice de sua erotização (cf. Cleaver, 1968/1971, pp. 10-13). Vejamos a fala do Lázaro:

> *o homem branco fez da mulher negra o símbolo da escravidão e da mulher branca o símbolo da liberdade. Todas as vezes que abraço uma mulher negra estou abraçando a escravidão, e quando envolvo em meus*

braços uma mulher branca, bem, estou apertando a liberdade. O homem branco proibiu-me de possuir a mulher branca sob a pena de morte. Literalmente, se tocar a mulher branca, vou pagar com a vida. Os homens morrem pela liberdade, mas os homens negros morrem pela mulher branca, que é o símbolo da liberdade. (Cleaver, 1968/1971, p. 150)

Trata-se aqui de uma referência do Lázaro aos rituais violentos praticados pela supremacia branca nos Estados Unidos, que realizava linchamentos dos homens negros que penetrassem uma mulher branca. Sob a lógica colonial, os homens brancos violam o corpo das mulheres negras, assim como se arrogam a posse das mulheres brancas; já aos homens negros restaria interditada a possibilidade de acesso ao corpo das mulheres brancas, que seriam de propriedade exclusiva dos homens brancos. O resultado disso é a estruturação do racismo como uma forma de emasculação (cf. Faustino, 2014; Cleaver, 1968/1971), isto é, como uma negação da masculinidade dos homens negros [(-φ)], desprovidos da possibilidade de explorarem o campo do gozo fálico sob o risco de seu próprio extermínio. Nesse ponto, apenas os homens brancos permaneceriam com o legítimo exercício das formas positivas de significação do falo [(φ)], que se torna acoplado à branquitude, enquanto os homens negros seriam homens castrados, como expressa Cleaver (1968/1971): "Eu, o Eunuco negro, despojado de minhas Bolas" (p. 194), que o enuncia a partir do "abismo estéril da masculinidade negada", de "quatro centenas de anos sem as minhas Bolas" (p. 191). Trata-se aí da emasculação vivida enquanto uma posição simbólica de não ter o falo (castração), mesmo dispondo de um pênis no corpo – um pênis que não é investido falicamente da mesma forma que nos homens brancos.

134 VIRILIDADE CÔMICA

Nesse ponto, podemos reescrever a dialética fálica formulada por Lacan à luz dos modos diferenciais de acesso ao falo, que se dão não apenas entre homens e mulheres, mas também entre pessoas brancas e não brancas, a fim de pensar uma comédia racializada dos sexos. É o caso de constatar que a narrativa lacaniana da dialética entre ser e ter o falo, que se formula a partir da perspectiva (não reconhecida como tal) da branquitude, deveria ser matizada, no contexto brasileiro, a partir do bloqueio de experiências de reconhecimento e das dinâmicas específicas de identificação, desejo e gozo produzidas pelos processos de racialização em nossa cultura. Nessa direção, o trabalho da psicanalista Isildinha Baptista Nogueira (1998/2021) sobre a significação do corpo negro como falta da brancura poderia igualmente se conectar à teoria lacaniana do falo, do ponto de vista da lógica fálica como distribuidora de valor e articuladora de hierarquias sociais:

> *"Ser branco", tanto quanto "ser negro" para além da tonalidade que reveste o corpo dos seres humanos, representam "valores", significados. Para além do branco, está a brancura, e tudo quanto essa condição de branco "simbolicamente" representa para o negro. (p. 149)*

A esse respeito, a produção da psicanalista Neusa Santos Souza (1983/2021) também é exemplar no que diz respeito à sua discussão sobre os efeitos do ideal de embranquecimento – o assujeitamento a um "ideal do ego branco" – na população negra em ascensão social, seus alcances e suas limitações diante da manutenção de uma sociedade racista e classista, como ainda é a brasileira, marcada pela hegemonia da brancura no campo dos ideais. Com o Ideal de Eu branco, trata-se de uma dupla injunção caracterizada pela impossibilidade de sua realização: incorporar a brancura e eliminar de si qualquer rastro da negrura. Esse imperativo revela-se impossível em suas duas vias: tanto não é possível apagar os traços da negritude como também não é possível operar uma assimilação completa ao universo da branquitude. Na busca pela valoração fálica advinda do mundo branco, esse circuito produz efeitos superegoicos bastante mortíferos, ligados a sentimentos de "culpa e inferioridade, insegurança e angústia" (p. 73), "autodesvalorização, timidez, retraimento e ansiedade fóbica" em decorrência da distância percebida entre o Eu e o Ideal branco. Lucas Veiga (2021, p. 26) ainda acrescenta aí os fenômenos de "auto-ódio" e "sensação de menos-valia" – que podemos articular a uma significação de valor inscrita como (-φ), sem recobrimento por um véu fálico.

Essa perspectiva nos permite realçar também algumas particularidades da devastação na vida amorosa das mulheres negras – que se percebem desejadas, mas indignas de amor por parte do mundo branco. Veremos, agora, como a relação dessas mulheres com parceiros brancos vem comumente marcada pela sua depreciação como objeto sexual de forma racializada: o lugar dos homens brancos nesse arranjo é caracterizado pelo gesto de descartar ou rebaixar as parceiras como objeto dejeto, esvaziado de valor – como encontraremos na história de Luísa e no passe de María Cristina Giraldo.

Luísa, mulher negra entrevistada por Neusa Santos Souza (1983/2021), encontra no desejo do Outro familiar a negação de sua cor de pele, materializada na fala da avó materna, segundo a qual "Tem que casar com um branco pra limpar o útero" (p. 80), e nas condutas da mãe, que "mandava botar pregador de roupa no nariz pra ficar menos chato" (p. 81). Sua tentativa de se diferenciar das marcas da negritude se davam pela identificação com a figura da "negra-branca", uma negra de exceção, que acreditava ter alguma integração ao mundo branco pela via dos estudos – ser a melhor da classe; cursar medicina – e pela via da sexualidade, campo em que se interessava especialmente pelos homens brancos.

136 VIRILIDADE CÔMICA

Seu primeiro namorado, David, era "branco, filho de tcheco com alemã. Era louro de olhos azuis" (p. 85). Nunca a assumiu como sua namorada diante de outras pessoas, apenas quando sozinhos ou perto de pessoas íntimas. Luísa afirma: "Eu nunca achei que era nada racial. Achava que era porque eu era muito feia. Aceitei o jogo dele me minimizar. [...] Eu sofria porque ele não me assumia pra fora. Mas ficava contente porque, no fundo, ele me curtia" (p. 86).

Outro homem de sua vida era Roberto, um homem negro que tinha uma relação pública com uma esposa branca. Luísa observa:

> *Eu fiquei de terceira. Ela era branca, mais madura, já era uma mulher com filho, não aprendeu a ser mulher com o Roberto, como eu. Achava ela mais segura, mais forte... Fiquei achando que estava cumprindo o papel da mulher negra: a amante. Os homens ficavam com as mulheres brancas. (Souza, 1983/2021, p. 88)*

É nesse ponto que ela apresenta o engodo fálico de sua identificação à figura da mulata:

> *Eu me achava mais mulher porque era negra: ser negra tinha pontos contra, mas tinha um veneno, uma coisa que segurava o homem. Eu me achava potencialmente mais mulher que ela. Porque era negra. Era uma coisa fantasiosa, me achava melhor trepando. Eu era negra, era diferente, era alguma coisa melhor. (Souza, 1983/2021, p. 88)*

Como resume Neusa, "Ser mulata é ser a mulher veneno, a melhor de cama, a mais sensual" (pp. 92-93). Reencontramos aí o "circuito de desvalorização e pseudovalorização" (p. 93), localizado pelo par "valor (pseudovalor) versus desvalor".

Esse arranjo nos permite pensar em uma mascarada racializada, isto é, não é a mesma coisa fazer semblante de ser o falo enquanto mulher negra e enquanto mulher branca, pois essa posição também será atravessada pelos modos de distribuição do valor fálico que o sujeito encontrará nos circuitos do amor, do desejo e do gozo, como operantes em seu laço social. Valeria ressaltar, inclusive, que um dos traços da Sra. K. destacados e admirados por Dora, um dos traços que faziam dela "*A* mulher" para Dora, era "seu 'corpo encantadoramente branco'" (Freud, 1905/2022, p. 94) – de forma que a cor da pele também pode ser um dos pontos que produzem uma (des)valorização fálica do corpo [φ ou (-φ)] na economia do desejo.

No caso de Luísa, o "veneno" da mulata era a forma com a qual tentava capturar o desejo do Outro, uma forma de compensação fálica [(φ)] para o que vivenciava como menos-valia [(-φ)] devido à cor de sua pele; mas essa ficção do veneno ligado à negritude acabou se revelando um semblante que oculta um vazio: quando transou com um homem negro, Vitor, "o mais bonito da turma, inteligente, difícil para as mulheres", sua experiência foi "frustrante" (Souza, 1983/2021, p. 90). "Ele não era esse homem que eu esperava. Não era também o potente – fantasia da mulher branca e da mulher negra também, até minha também". Diante da ausência de ereção do parceiro, Luísa vivencia uma queda: "se eu sou esse veneno que eu queria ser, teria que ser porque eu sou Luísa, independente [sic] de ser negra". Na entrevista, Neusa intervém nesse ponto com a pergunta: "E a coisa do veneno por ser negra, como é que fica, Luísa?". E Luísa responde: "Não sei... Talvez o medo de transar com crioulo seja por medo de ver que essa coisa não existe".

Não parece ser indiferente o momento de conclusão da narrativa por parte de Neusa: há aí um corte que põe em evidência o vazio que permanecia oculto sob o engodo fálico da identificação com a mulher veneno. Do ponto de vista do percurso de uma

138 VIRILIDADE CÔMICA

análise, poderíamos até mesmo pensar numa operação de travessia das fantasias coloniais ligadas à raça (que não correspondem necessariamente à fantasia fundamental), que, nessa entrevista com Luísa, talvez tenha se operado pelo encontro com o vazio sob o véu fálico do "veneno". Nesse ponto, no ano de 1983, Neusa propunha uma saída pela via da "construção de um outro ideal do ego", que configurasse ao sujeito negro "um rosto próprio, que encarne seus valores e interesses, que tenha como referência e perspectiva a história. Um ideal construído por meio da militância política, lugar privilegiado de construção transformadora da história" (Souza, 1983/2021, p. 77).

Mais recentemente, Cristiane Ribeiro (2020) e Lucas Veiga (2021) dialogaram com a proposta da autora, buscando fazê-la avançar nessa dialética entre o sujeito, a militância e a cultura. Para Ribeiro (2020), a função de tratamento ofertada pela militância não pode ser descartada, mesmo que ela não possa garantir uma saída subjetiva como a que entrevemos ao fim de uma análise; igualmente, o processo analítico também tem seu lugar e, mesmo que não traga garantias de uma transformação coletiva, tampouco pode ser descartado (p. 96). Para Veiga (2021), a clínica com pessoas negras nos confronta com dois impossíveis: o impossível do fim imediato do racismo e o impossível de uma subjetividade ser inteiramente determinada pela raça e pelo racismo. É daí que ele propõe extrair linhas de fuga que operem também nesse litoral entre sujeito, cultura e militância, por meio dessa camada da subjetividade que é "impossível de ser subjugada, camada esta que constitui e ultrapassa a todos nós" (p. 34).

Do ponto de vista do que uma análise levada a seu término pode oferecer, podemos encontrar uma saída singular para essa incidência racializada do falo no testemunho de passe de María Cristina Giraldo (2022), psicanalista colombiana que nos transmite os efeitos subjetivos da inscrição, no desejo da mãe, da imagem de

HOMENS EM ANÁLISE: TRAVESSIAS DA VIRILIDADE 139

um bebê-falo branco – o Bebê Johnson's – em contraste com a cor de sua pele, negra: "Para o olhar da mãe, nascer mulher e da minha cor equivalia a portar a mancha invisível que a avó buscaria no bumbum de cada recém-nascido, a que anunciava o escuro da pele e, com ela, ser a mancha no ideal materno" (Giraldo, 2022, p. 375). Giraldo (2022) localiza uma referência falicizada na imagem do Bebê Johnson's para o olhar materno, operando, por um lado, enquanto imagem do ideal e, por outro, enquanto significante daquilo que falta ao Outro (a brancura), tornando-se, por isso, índice do desejável. Diante do descompasso entre o corpo, negro, e a imagem fálica, branca, que encontra no desejo do Outro, o sujeito se devasta em função de seu desvalor decorrente da posição de gozo da mãe:

> *Ser objeto de gozo do olhar desencantado da mãe, a insuportável claridade sem nenhum véu do seu desejo levava a constatar, a cada vez, que não fazia paridade alguma com o Bebê Johnson's – a imagem do filho ideal no pôster que olhava durante as suas gestações: um menino de olhos azuis e bochechas rosadas. (Giraldo, 2022, p. 375)*

Uma vez que não encarnava para a mãe o ideal que a orientava, de um corpo branco à imagem do Bebê Johnson's, a filha passa a ser, em seu lugar, o objeto de um gozo que se transmite para o próprio sujeito, atualizado na repetição: "o corpo mortificado foi ofertado em sacrifício ao amor materno" (Giraldo, 2022, pp. 375-376). Um amor cuja satisfação, por ser medida com a régua do ideal branco, seria da ordem do impossível, produzindo efeitos reais de gozo, tanto do lado da mãe como do lado do sujeito. Mais tarde em sua vida, ela ainda elegeria como parceiro um "homem-devastação que cumpria com o ideal do Bebê Johnson's" (p. 376).

140 VIRILIDADE CÔMICA

Como em seu aprisionamento na relação mortífera com a mãe, assim também se deu a parceria sintomática com esse homem: "O inominável do significante real da injúria foi dito por ele para desqualificar-me como mulher e, no momento em que se rompeu o véu fantasmático à mortificação de uma relação direta com o gozo do Outro materno, adveio a devastação" (pp. 375-376).

Diante disso, o percurso da análise de Giraldo (2022) permitiu-lhe fazer o luto da imagem fálica que completaria o Outro (um luto de sua identificação imaginária ao falo) – além de estabelecer uma parceria amorosa com outro homem que não mais encarnava o parceiro-devastação, dando lugar à experiência do amor. Nesse percurso, foi possível também instituir uma barra sobre as exigências de gozo instauradas pela dimensão superegoica do Outro materno, o que permitiu uma relação mais esvaziada e mais vivificante com o próprio campo do desejo: "O ser de insulto – negra – operou como tampão à falta-a-ser e fez com que demorasse muito tempo, embrulhada no sofrimento fantasmático pelo rechaço, em dar-me conta de quão afortunado podia ser não estar em compasso com o ideal materno" (p. 375). Embora sempre restem marcas das incidências da raça em sua subjetivação, Giraldo nos ensina que se pode fazer algo com elas, uma vez que, "ainda que não se trate de atravessá-las, a experiência de análise muda a relação com elas e com o gozo que itera" (p. 374).

Nesse ponto, a escritora, psicóloga, teórica e artista interdisciplinar portuguesa Grada Kilomba (2019) propõe algumas linhas de travessia das fantasias coloniais que continuam a marcar a subjetividade de pessoas negras, na medida em que o racismo cotidiano atualiza a relação entre pessoas brancas e pessoas negras como corpo colonizador e corpo colonizado. Como forma de descolonização subjetiva, Kilomba menciona: i) despedir-se do lugar de Outridade demarcado pela dinâmica colonial, por meio da definição de novos limites, por parte das pessoas negras, em relação às demandas dos brancos – ou seja, despedir-se da "fantasia de ter de se explicar ao mundo branco" (p. 230); ii) atravessar a "fantasia de se querer ser compreendida/o pelo consenso *branco*" (p. 231, grifos do original), no sentido de que nem sempre é possível modificar o "consenso *branco*", mas é possível mudar sua relação com ele, sem precisar a ele se submeter; e iii) despedir-se "dessa fantasia de perfeição" (p. 235), no sentido de que, se o sujeito negro se esforçar o suficiente para se explicar (se tiver sempre a resposta perfeita), será finalmente aceito pelo mundo branco e escapará do racismo cotidiano.[22]

Observemos aqui que essas três fantasias podem ser lidas sob a chave de um ideal de completude entre o sujeito (negro) e o Outro (branco), estando o sujeito negro, em todas elas, na posição de se adequar ao desejo do branco, numa esperança de reparação da imagem fálica que preservaria o Outro (branco) como completo. Assim, podemos pensar essas três linhas traçadas por Kilomba a partir de um processo de luto dessa identificação ao falo (branco), o que permite uma exposição da falta no Outro (uma desidentificação em relação àquilo que manteria oculta a falta no Outro). Ou seja, trata-se de não mais precisar preservar o Outro branco como completo, não mais precisar ser o falo-objeto do Outro branco; deixando aparecer sua inconsistência em vez de encobri-la, explicitando e desativando o gozo racista do Outro, sem precisar manter o seu corpo a serviço desse arranjo. No limite, está em jogo o poder tornar-se sujeito de forma separada do Outro, no sentido de recusar o lugar de Outridade que mantém os corpos negros em posição de subserviência ao mundo branco.

---

22 Do lado da branquitude, Kilomba (2019, p. 43), retomando Paul Gilroy, propõe desdobrar cinco mecanismos de defesa pelos quais o sujeito branco passa para ser capaz de ouvir as questões concernentes ao racismo e de aí reconhecer a implicação de sua própria branquitude: negação, culpa, vergonha, reconhecimento e reparação.

142 VIRILIDADE CÔMICA

À luz da história de Luísa e do passe de Giraldo, em diálogo com as construções de Kilomba, sugerimos aqui que as contribuições de Neusa e de Isildinha, assim como as de Cleaver e de Fanon, poderiam ser colocadas em conexão com a teoria lacaniana do falo, na medida em que o acesso ao falo, enquanto significante do desejo e enquanto significação de valor, é oferecido às pessoas negras quase exclusivamente sob formas violentas, adequando-as aos ideais do mundo branco e/ou fazendo-as incorporarem os estereótipos da negritude produzidos pelos brancos (a exemplo da hipersexualização e da hipervirilização). Mais adiante, na Seção "O falo negro: o pênis sem o falo, o falo sem o pênis", retomaremos a ambivalência no modo como o mundo branco lê os homens negros, oscilando entre as expectativas de uma hipervirilidade e os processos de emasculação/feminização simbólica e real de seus corpos. Vejamos agora o que o mito de Eros e Psiquê nos ensina acerca do cômico na aparição do falo como (-φ), de forma a nos aproximarmos das sutilezas de como a virilidade muitas vezes se assenta sobre uma identificação fálica que vem marcada por um acento feminizante: uma identificação ao falo que completa o Outro materno, que permanece a serviço da mãe.

O amor se endereça à castração: dificuldades masculinas com o mais-além da lógica fálica

No Seminário 8, Lacan (1960-61/2010) se serve do mito de Eros e Psiquê para apresentar sua releitura do complexo de castração, por meio da concepção do funcionamento do falo como máscara e como véu (prefigurando sua definição mais tardia como semblante), após ter se encontrado com um quadro do pintor maneirista Jacopo Zucchi que retrata um momento fulgurante dessa narrativa. No mito, o belo Eros, deus do amor, vinha sendo um "amante noturno" de Psiquê, e entre eles havia, como condição para seu laço, uma interdição segundo a qual a jovem nunca poderia ver o rosto do esposo. No entanto, cedendo às provocações de suas irmãs invejosas, que diziam que Eros podia se tratar de um monstro perigoso, Psiquê decide tentar vê-lo à noite, enquanto ele dormia, levando uma lâmpada para enxergá-lo e uma cimitarra (um tipo de sabre oriental) para o caso de se deparar com algum perigo. No entanto, uma gota de óleo da lâmpada que ela carregava cai sobre o corpo do amante, despertando-o de seu sono e fazendo com que ele partisse imediatamente.

Figura 1.3. Psiche sorprende Amore.
Fonte: Wikimedia Commons. Recuperado de: <https://commons. wikimedia.org/wiki/File:Jacopo_Zucchi_-_Amor_and_Psyche.jpg>

O que captura o olhar de Lacan (1960-61/2010) é o recorte que Zucchi fez desse instante, configurando como centro visual

144 VIRILIDADE CÔMICA

do quadro um buquê de flores, por trás do qual brilhava uma luz intensa que incidia sobre as coxas alongadas e o ventre de Eros. Para o psicanalista, o que esse buquê designa da forma mais precisa é "o órgão que deve anatomicamente se dissimular por trás desta massa de flores, a saber, muito precisamente, o falo de Eros" (p. 277). Nesse ponto, o psicanalista se esquiva de uma leitura do quadro como representando a ameaça de castração, o que poderia ser sugerido pelo trinchante de Psiquê, apto a cortar o almejado pênis de Eros, que, com seu arco e flecha depostos sobre a mesa, está desarmado, "completamente indefeso" (Peneda, 2010, p. 186). Esse gesto lacaniano destitui, assim, a fantasmagoria masculina da mulher castradora, que ansiaria por tomar para si esse tão invejado pênis.

Antes, o que Lacan (1960-61/2010) assinala é que as flores colocadas diante do sexo de Eros estão marcadas por uma tal abundância apenas "para que não se possa ver que, por detrás, não há nada. Não há lugar, literalmente, para o menor sexo. Aquilo que Psiquê está ali a ponto de cortar já desapareceu diante dela" (p. 286). Essa cena indica que, ao pensar o falo como significante, o órgão, para ser simbolizado, já é cortado e abolido pela própria linguagem. Haveria, então, uma "elisão", graças à qual o falo não é mais que um "signo da ausência" (p. 287). O psicanalista drena a eminência que se atribui ao órgão fálico, de modo que, ali, não há o que castrar: o pênis parece já apresentar, em si mesmo, a própria castração. Como consequência, o buquê de flores no primeiro plano serviria para recobrir "menos o falo ameaçado de Eros – aqui, surpreso e descoberto por iniciativa da questão da Psiquê, *Dele o que foi feito?* – que o ponto preciso de uma presença ausente, de uma ausência presentificada" (p. 294), a saber, o "falo como faltoso" (p. 289).

Assim, a questão de Psiquê parece evocar justamente a fonte do cômico: onde está o falo? – o qual escapole das mãos ali onde se acredita ser capaz de capturá-lo. E, ao contrário de encontrar uma

HOMENS EM ANÁLISE: TRAVESSIAS DA VIRILIDADE 145

eminência no falo de Eros, Psiquê descobre, para sua surpresa, que seu parceiro no amor é um "ser castrado" (Peneda, 2010, p. 188). Por mais que sua intenção consciente fosse ver o rosto do amante – pois era isso que lhe estava interditado –, ela todavia produz um desmascaramento involuntário do falo daquele que seria o deus do amor. E é justamente por ser surpreendida diante do que viu no sexo do parceiro indefeso que ela cometeria o deslize de deixar as gotas quentes caírem sobre o corpo do amante. Chama a atenção este detalhe: que o deslize de Psiquê se dá no momento preciso do encontro com o (-φ) da castração – com o falo como trapinho, como veremos no Capítulo 3 – ali onde, em algum nível, ela esperava encontrar, quem sabe, o significante velado do seu desejo.

Nesse ponto bastante ilustrativo do funcionamento do cômico, o falo oculto de Eros [Φ] revela-se um trapinho [(-φ)], de forma que o investimento pulsional [a] que estava ali armazenado se solta e produz o deslize de Psiquê, um movimento excedente que vem no lugar da descarga pelo riso. Desse modo, o momento capturado pelo quadro evidencia que o falo não é o pênis – e que o pênis, comparado ao falo, só pode evocar o riso e a surpresa diante de sua derrisão. Afinal, como afirma David-Ménard (1998), "uma mulher, precisamente porque ela não é sem conhecer o gozo fálico, não pode não saber que o pênis de um homem que a faz gozar não é o falo" (p. 116) – e é por esse motivo que, enquanto o desejo pode se dirigir ao falo fetichizado no corpo de um parceiro, o amor, por sua vez, só se endereça à castração.

Diante da queimadura causada pelo deslize de Psiquê, Eros, como era de seu costume, ainda retornaria imediatamente para a casa de sua mãe, Afrodite, da qual ele teimava em não se desligar e em cujo quarto ele foi se deitar, gemendo pelas dores de sua ferida (Peneda, 2010, p. 188). Esse gesto não nos indica o lugar estrutural de falo materno do qual o sujeito não quer abrir mão? Dessa forma, testemunhamos no mito um encontro cômico com o

146 VIRILIDADE CÔMICA

menos-phi, com o falo como trapinho, ponto de derrisão para os ideais da virilidade – vivido por Eros como insuportável –, assim como verificamos a identificação fálica que, ao preservar o lugar de falo da mãe, protege-o dos riscos de se haver com a castração e com a ausência de garantias no campo do amor.

Pois, como sabemos, a partir da lógica da clivagem, mesmo que o desejo de uma mulher (ou de alguém que assuma uma posição diante do falo que convencionamos chamar de "feminina") possa eventualmente se dirigir ao falo fetichizado no corpo de um homem (ou de um Outro qualquer que encarne um semblante de falo), seu amor, todavia, só se endereça à castração, ao ponto em que o Outro não tem: "o amor da mulher, não seu desejo, volta-se para um ser que está para além do encontro do desejo – a saber, o homem enquanto privado do falo, o homem que, precisamente, por sua natureza de ser completo, de ser falante, é castrado" (Lacan, 1958-59/2016, p. 147). É aí que reside uma frequente dificuldade masculina com relação às parcerias amorosas: de modo geral, os homens supõem ser possível reduzir todo o campo do gozo ao desejo de falo, ao passo que o amor implica acessar algo além dessa pretensa solução universal. O amor exige um mais além da posse fálica, que pressupõe consentir com algo da castração, e é nesse ponto que o "macho" se embaraça, uma vez que acreditaria suprir as exigências da sua parceria apenas pela vertente do engodo viril.

Por desconhecer essa dimensão não-toda fálica do amor, ele comumente opta pela solução de Don Juan, com a impostura viril que lhe é própria. E, nesse ponto, vale sublinhar que o desdobramento do objeto nem sempre configura um ponto de incômodo para os homens, já que muitos deles podem aí encontrar um modo de se situarem ao longo de toda a sua vida, até mesmo porque esse arranjo, certamente a serviço da neurose, encontra um forte respaldo na dimensão masculinista da cultura ocidental, que exalta a figura do "macho" e fornece ferramentas discursivas pelas quais os homens podem manter a figura da mãe – e, por vezes, da esposa, em substituição a ela – num lugar idealizado, enquanto sustentam paralelamente modalidades de relação com outras mulheres ou outras personagens de seu erotismo, que, da sua perspectiva, não caberiam em sua parceria amorosa.

Outros homens, por sua vez, se angustiarão diante desse funcionamento, fazendo dele um sintoma, seja pelo encontro com a impotência psíquica, seja pela sua incapacidade de se abrir à dimensão do amor. Quais seriam as saídas oferecidas pela psicanálise diante desse arranjo? Para Freud (1912/2018, p. 145), o ponto-chave do tratamento residiria em romper o respeito à mãe (à barreira do incesto) e "estar apaziguado com a ideia [*Vorstellung*] do incesto com a mãe ou irmã", permitindo uma convergência entre amor e desejo que suspenderia – ou ao menos relativizaria – a estratégia da divergência entre ternura e sensualidade. Isso significa tornar possível que, numa relação amorosa, possa entrar também o elemento mais rebaixado do erotismo ou a dimensão abjeta do sexual, desfazendo a ficção de que uma parceria precisaria ser orientada inteiramente pelo campo dos ideais (Mandil, 2017).

Com a perspectiva lacaniana dos anos 1950, podemos localizar um giro de leitura quanto ao problema da degradação por meio de uma ênfase na relação idealizada que o sujeito mantém com o Outro materno, de modo que o desdobramento do objeto sexual – por exemplo, no solteirão – articula-se, de maneira mais ou menos discreta, a uma submissão amorosa à mãe, ou seja, ao modelo de amor construído em torno da mãe como personagem que figura o Outro para um sujeito e cuja falta esse sujeito se dedica a tamponar por sua identificação ao falo materno. Esse arranjo nos fornece outro ângulo da virilidade cômica, pois, ao mesmo tempo que um sujeito pode se supor viril ao degradar as mulheres como objeto sexual, ele, todavia, preserva, frequentemente, sua submissão amorosa à mãe ou ao modelo de amor materno e idealizado – algo que

148 VIRILIDADE CÔMICA

muitas vezes se expressa, em nossa cultura, pela frase "Amor é só de mãe", que demarca um apego ou uma devoção absolutos à figura materna por parte dos homens (cf. Carneiro, 2017, p. 42). É isso que encontramos, também, numa passagem do trabalho realizado pela psicanalista Susana Muszkat com homens de baixa renda, envolvidos em situações de violência com suas esposas ou filhos/as, de quem ela recolhe o fato de as mães serem as figuras de maior proximidade em sua vida:

> *A elas, eles pedem sugestões e conselhos, e delas recebem orientações sobre como proceder nas questões relativas à vida pessoal e afetiva. [...] Elas são, muitas vezes, as responsáveis por levantarem suspeitas quanto à idoneidade de caráter das noras, criticando o modo como estas dirigem suas casas ou [...] impedindo que ocupem um lugar de preferência afetiva junto aos maridos (seus filhos). (Muszkat, 2011, p. 191)*

Assim, o suposto refúgio viril encontrado pelo "macho" ao desejar sempre outra mulher se evidencia um engodo cômico, na medida em que o próprio sujeito pode permanecer inconscientemente submetido ao Outro, cuja falta busca completar por meio de sua identificação fálica, como discutiremos no Capítulo 2 – convocando as mulheres a serem "amantes maternais de seu significante-zinho de bolso" (Cixous, 1975/2022, p. 73). E é nesse ponto que uma psicanálise pode operar, ao permitir a um homem se desidentificar do lugar de falo materno, consentindo com a castração do Outro – operação que Lacan nomeou, no ano de 1958, como desidentificação fálica (Lacan, 1958/1998a; Miller, 1994-95/2005, p. 235). Dessa forma, ao convocar um sujeito a se haver com seu modo de relação ao Outro, a experiência analítica reabre suas condições de articulação entre amor, desejo e gozo, sendo esse o ponto que orientará nosso próximo Capítulo, desdobrando algumas consequências clínicas de abordar o falo como um significante da posição do sujeito diante do desejo do Outro.

Nesse sentido, a empreitada lacaniana visa a produzir uma desinflação do falo imaginário a partir de sua dimensão simbólica, que não se traduz em uma assunção simples ou direta da posição fálica de ter, na medida em que a degradação do objeto que marca a virilidade de tantos homens pode coexistir comicamente com a submissão ao modelo de amor materno. Nesse caso, o que encontramos muito frequentemente na análise dos homens, em especial na clínica da neurose obsessiva, são os embaraços produzidos pelo apego à posição de ser o falo que completa o Outro, para não se haver com a ausência de garantias em assumir a dimensão esburacada do desejo.

Dessa maneira, o que estaria em jogo numa experiência de análise seria a possibilidade de reconhecer a instauração de uma barra no campo do Outro, ali mesmo onde o sujeito sustenta uma relação com um Outro idealizado, um Outro que ele procura manter pleno, consistente, à maneira do Outro materno, o qual respeita e ao qual se submete em uma identificação à imagem fálica que completaria o desejo do Outro. No entanto, nesse arranjo de submissão às demandas do Outro, é o desejo do sujeito que permanece esmagado, de forma que uma experiência de análise possibilitaria a um analisante se reposicionar diante dessa separação radical entre amor e desejo em seu modo de gozo. Um fator decisivo nesse percurso se escreve pelo encontro com a barra que marca o lugar do Outro em sua incompletude e em sua inconsistência [S($\cancel{A}$)], a partir da descoberta de que não se é o falo que completaria esse Outro [(-φ)]. Tal giro abre caminho para que um sujeito possa se haver com a ausência de garantias em assumir a dimensão esburacada do desejo, para além do roteiro que foi tecido pela ficção do Outro à qual se submeteu. É o que exploraremos ao longo do Capítulo 2.

2. Fazer o luto de ser o falo

Neste Capítulo, buscaremos discutir alguns dos destinos dados ao falo na direção de tratamento dos homens, em particular nos casos de neurose obsessiva, tendo como horizonte a perspectiva de final de análise desenvolvida por Lacan em 1958, nomeada como "desidentificação fálica" – a qual tem sido menos discutida hoje do que concepções mais tardias na obra lacaniana, como a travessia da fantasia nos anos 1960 ou a identificação ao *sinthoma*, nos anos 1970. Na perspectiva de final de análise dos anos 1950, a contribuição de um processo analítico, a partir de Lacan, seria permitir a um homem se desidentificar do lugar de falo materno, consentindo com a castração do Outro:

> *esse falo o qual recebê-lo e dá-lo são igualmente impossíveis para o neurótico, quer ele saiba que o Outro não o tem ou que o tem, pois, em ambos os casos, seu desejo está alhures – em sê-lo –, e porque é preciso que o homem, macho ou fêmea, aceite tê-lo e não tê-lo, a partir da descoberta de que não o é. (Lacan, 1958/1998a, p. 649)*

152　FAZER O LUTO DE SER O FALO

Resgatando essa dimensão clínica de 1958, que oferece uma série de contribuições para situarmos os destinos do falo numa experiência de análise, percorreremos aqui alguns casos clínicos de homens encontrados na literatura lacaniana, contingentemente situados no tipo clínico da neurose obsessiva, mas que, por esse motivo, vão nos permitir recortar alguns elementos estruturais de sua relação com o falo, bem como das modificações que uma análise pode aí introduzir. É certo que esses elementos não compõem a totalidade das formas de subjetivação masculinas, mas apenas algumas coordenadas estruturais mínimas quanto ao lugar do falo na neurose obsessiva. Longe de operarem como modelos universalizantes, essas coordenadas poderão nos servir para pensarmos, no caso a caso, suas variações singulares e atravessamentos interseccionais (de raça, classe, gênero, sexualidade, entre outros marcadores sociais da diferença) que virão modular sob diversas formas seus modos de incidência – mas que não nos impedem de aqui formular um saber, assumidamente fraturado, sobre os destinos do falo na psicanálise a partir da clínica lacaniana.

Assim, enquanto o falo na cultura tende a ser empregado muito frequentemente como um signo do poder masculino, na clínica psicanalítica, por sua vez, temos acesso à dimensão do falo como significante da falta, descolado da pretensa eminência imaginária do pênis. Nos casos que discutiremos a seguir, procuraremos apresentar de que modo a assunção do falo como significante da falta opera na direção de um tratamento analítico, por meio de sua diferenciação clínica com relação ao imaginário do órgão – ainda que, como trabalhamos no Capítulo 1, essas duas dimensões não deixem de estar articuladas.

Partiremos, portanto, de alguns casos clínicos discutidos por Lacan nos anos 1950, nos quais o psicanalista busca ir além dos efeitos imaginários do falo ao reconfigurá-lo como um significante da posição do sujeito diante do desejo do Outro. Nesse

HOMENS EM ANÁLISE: TRAVESSIAS DA VIRILIDADE 153

ponto, ainda que os homens sejam simbolicamente convocados no laço social a ocuparem a posição subjetiva de "ter o falo" (Butler, 1990/2015), veremos, no entanto, que essa injunção não se traduz necessariamente em uma assunção simples ou direta dessa posição. A esse respeito, a contribuição da clínica psicanalítica reside na constatação de que, no fundo, o sujeito é dividido em relação aos ideais que o governam – mesmo que ele possa, eventualmente, tentar ocultar essa divisão, muitas vezes ao preço do exercício da violência (Lima, 2020) –, de modo que um sujeito jamais assume inteiramente ou de maneira unívoca o lugar que lhe é designado pelas normas sociais.

No caso da identificação fálica, o que está em jogo é a releitura lacaniana do problema do falo a partir da noção de desejo do Outro, ou seja, o fato de que, em sua ereção de vivente, um sujeito sofre os efeitos de ter sido desejado – ou não desejado – pelo Outro que o antecedeu, jogando com o anseio de ser aquilo que, no fundo, não é: o falo que completa o desejo do Outro, frequentemente o Outro materno. Assim, o lugar de falo[1] que um homem

---

1 Gostaríamos de assinalar, apenas de passagem, um possível desdobramento dessa discussão do "lugar de falo" para uma série de dificuldades que encontramos nas pessoas brancas – em especial, homens – diante da noção de "lugar de fala" (Ribeiro, 2019; Bentes, 2020). Vivida muitas vezes como uma espécie de perda narcísica sob a égide da lógica fálica, como se se tratasse de "quem tem" *versus* "quem não tem", o lugar de fala indica, antes, a importância de localizarmos o lugar específico desde onde falamos no laço social, quebrando a ilusão de neutralidade e universalidade que tradicionalmente marca a posição discursiva dos homens brancos, intelectuais, de classe média alta. Ou seja, longe de se distribuir entre "ter" ou "não ter", todos nós temos um lugar de fala, isto é, todos falamos a partir de um lugar, corporificado pelas dimensões de raça, classe, gênero, sexualidade, religião, localidade, entre diversos outros marcadores sociais da diferença, o que de alguma maneira expõe e limita nossa perspectiva, por fornecer, muitas vezes, o enquadramento daquilo que conseguimos ou não enxergar a partir do modo como as relações de privilégio ou de subalternização visibilizam ou invisibilizam o nosso lugar e o do

pode ocupar diante de um Outro – querer ser desejado pelo Outro, querer preservar um lugar especial diante do Outro –, muitas vezes, o acompanha ao longo da vida, lugar erigido muito antes de o sujeito ser convocado a ocupar um lugar de "macho" no laço social, mas podendo coexistir com a identificação com as insígnias da virilidade na cultura ligadas ao "ter". Esse arranjo eventualmente produz efeitos cômicos na vida amorosa, já que, ao ser convocado a responder como sujeito desejante, um homem pode recorrer ao lugar de falo que permanece submetido a um Outro idealizado ali onde poderia bancar seu próprio desejo, preferindo atender à demanda para se abster dos riscos de sustentar uma posição desejante separada do Outro.

Enfatizamos aqui que a desidentificação fálica não incide apenas sobre sujeitos que puderam encontrar lugar no desejo do Outro em sua história; a identificação à imagem fálica pode ser, também, um esforço para compensar a própria precariedade ou as próprias falhas na inscrição do desejo do Outro para um sujeito. Afinal, a imagem fálica é marcada, muitas vezes, pela vizinhança com a perfeição ou com o ideal, o que pode ser uma tentativa – nem sempre

---

outro no laço social. A produção de conhecimento, nesse sentido, nunca é desvinculada do lugar de onde falamos. Curiosamente, nos últimos anos, muitos intelectuais brancos têm enfrentado uma dificuldade particular em suportar a relativização da sua posição pela nomeação de seu lugar de privilégio, de alguém que é limitado em sua formulação de saber, por se situar, como qualquer pessoa, a partir de um ponto específico no laço social – mas, nesse caso, a partir dos privilégios da branquitude, da classe média alta, da masculinidade cisgênero etc. Não à toa, a resistência em consentir com a perda narcísica implicada pelo reconhecimento do seu lugar de fala pode ressoar no lugar de falo como identificação ao que falta ao Outro, isto é, como a ocupação de um lugar especial diante do Outro, do qual o sujeito não quer fazer seu luto – assim como a posição de privilégio dos homens brancos no discurso. Nessa esteira, a própria angústia de castração pode ser pensada como o "medo da perda de um lugar privilegiado no desejo do Outro e no laço social" (Bispo, Peixoto & Scaramussa, 2021, p. 166).

bem-sucedida – de velar o lugar de objeto dejeto, rebotalho do desejo do Outro. Por sua vez, o apego à perfeição não deixa de ser um dos nomes da virilidade (cf. Corbin, Courtine & Vigarello, 2013), que a aproxima à expectativa de uma completude (no caso, a expectativa de ser o falo para completar o Outro), motivo pelo qual poderíamos resgatar a "ficção viril" mencionada por Lacan (1966-67/2008), aqui relida enquanto a aspiração a ser aquilo que se tem – isto é, a aspiração a ser o falo ao mesmo tempo que se o tem.[2]

Trata-se aí da divisão do sujeito entre o campo do ter e o campo do ser, buscando fazer do "ser" uma garantia para o "ter"; e/ou, inversamente, buscando fazer do "ter" um meio para assegurar o "ser". Em nossa experiência clínica, encontramos esse arranjo sob várias roupagens: ser "o melhor", ser "o príncipe encantado", ser "o perfeitinho", ser "diferente dos homens da família" – como forma de, ao manter o Outro completo, preservar a sua imagem fálica. Nesse sentido, poderíamos pensar aqui a identificação fálica na virilidade como uma tentativa de preservação fálica do ser *e* do ter, no sentido de não querer perder nada no que toca ao narcisismo fálico, de não suportar a falta no Outro, que marca a posição do neurótico. Vale notar que todos esses fragmentos supramencionados foram recolhidos de homens em análise que sustentavam tal posição em sua relação com as mulheres na vida amorosa.

---

2 Um exemplo desse arranjo da virilidade cômica que não quer perder o lugar de falo materno é encarnado pelo personagem Shane Patton, da primeira temporada da série *The White Lotus* (White, 2021). Shane é um homem branco, cisgênero, heterossexual e rico, que ostenta orgulhosamente sua riqueza e seu corpo como posses fálicas e que, recém-casado, sai em lua de mel com a esposa no Havaí. Mas quando sua mãe chega para visitá-los (em plena lua de mel), ele não resiste a se deixar bajular por ela, explicitando sua adesão ao lugar de falo na parceria mãe-filho – ponto que, evidentemente, incomoda a esposa por ter de disputar a atenção do marido com a sogra.

156 FAZER O LUTO DE SER O FALO

Assim, nos homens, nem sempre parece haver uma disjunção radical entre ter e ser, como sugerido em alguns momentos da obra lacaniana; muitas vezes, eles buscam "ter" o falo para poder "sê-lo" para o Outro – a exemplo de casos em que um sujeito ganha seu dinheiro para poder se dedicar a sustentar a mãe, a esposa, o relacionamento, a família –, ou mesmo buscam se apoiar no ideal de "ser" (por exemplo, ser especial para o Outro) para poderem bordejar o "ter" (para embarcarem em uma relação mais íntima). Aliás, foi essa complexidade que a psicanalista Elaine Carneiro (2017) recolheu em seu trabalho com adolescentes autores de ato infracional, em que o envolvimento com a criminalidade na adolescência, mesmo visando ao "ter", inscrevia-se como uma forma de construir o lugar de "herói da mãe" (de ser o falo para o Outro materno), no caminho para se fazer homem, ali onde as figuras paternas eram descreditadas. No entanto, esses adolescentes acabavam por permanecer, de alguma forma, na posição de objeto da mãe: seja enquanto falo que completa o Outro, seja enquanto objeto do gozo materno.

E esses arranjos ainda são diferentes daquele de ser o falo para não tê-lo, que discutiremos neste Capítulo com o paciente de Ella Sharpe e o paciente impotente de Lacan. Nesses casos, a desidentificação em relação ao falo também permite um acesso contingente a algo da virilidade, no sentido de poder ocupar a posição de ter, mas fora do horizonte normativo do ideal, arrancando o sujeito da passividade ou da mortificação do próprio desejo, ali onde o sujeito se via impotente em sustentar uma posição desejante. É em função da identificação fálica que testemunhamos, muitas vezes, o embaraço dos homens para poderem terminar um relacionamento ou sair da casa dos pais, uma vez que isso poderia "decepcionar" (isto é, descompletar) o Outro; essa ruptura poderia fazê-los perder o lugar de falo para o Outro e, para não correrem o risco de verem sua posição idealizada diante do Outro desmoronar, para não se haverem com um Outro barrado, permanecem no lugar de quem supõe que pode manter o Outro completo.

Nesse sentido, cultivar a imagem fálica envolve, de alguma maneira, a posição de ser objeto para o Outro – para seu olhar, seu amor, seu reconhecimento –, de forma que, ao longo deste percurso, será preciso manter no horizonte a identificação fálica em uma relação de conjunção-disjunção à fantasia: ambas são formas de ocupar a posição de objeto para o Outro e que, em alguns casos, podem se aproximar, mas em outros se diferenciam de forma explícita. Do ponto de vista estrutural, a posição de objeto na fantasia e a posição de objeto na identificação fálica são distintas: na fantasia, frequentemente encontramos a marca do objeto resto, dejeto ou rebotalho, que conduz a um traço masoquista na vida pulsional; já na identificação com o falo, encontramos um revestimento do próprio corpo com um brilho fálico que faz o sujeito se sentir desejado ou reconhecido pelo Outro. No entanto, o esforço para ser o falo também pode levar um sujeito a flertar com o mortífero, a exemplo da posição masoquista de "servidão" ou de sacrifício diante das parcerias amorosas.

É nesse sentido que a noção de falo na psicanálise nos permite cernir algumas das complicações, complexidades e atravessamentos nas subjetivações masculinas que excedem o roteiro normativo pautado pelo ideal fálico de ter, herdado da equação falocêntrica da cultura, que busca igualar falo, pênis e poder. Numa análise, diferentemente, trata-se de nos servirmos do falo não apenas como um operador ligado ao campo do poder, isto é, como um signo imaginário do poder masculino, que alguém meramente detém ou não detém, mas também como um operador teórico-clínico bastante útil para pensarmos a posição de um sujeito diante do desejo, a partir do falo tomado como um significante.

158 FAZER O LUTO DE SER O FALO

Por meio dos casos clínicos em questão, acompanharemos aqui a empreitada lacaniana dos anos 1950, que visa a produzir uma desinflação do falo imaginário na psicanálise pela consideração da primazia de sua dimensão simbólica. Nessa perspectiva, indo além dos arranjos prescritos pelas normas sociais, o que encontramos muito frequentemente na análise dos homens – em especial na clínica da neurose obsessiva – são os embaraços produzidos pelo apego inconsciente à posição de ser o falo que completaria o Outro, que protege um sujeito de se haver com a ausência de garantias em assumir a dimensão esburacada do próprio desejo – posição cujas consequências investigaremos concretamente na direção do tratamento.

O paciente de Ella Sharpe: ser o falo para proteger o Outro da castração

Começaremos nosso trajeto por um caso atendido pela psicanalista inglesa Ella Sharpe (1937) e discutido extensamente por Lacan durante o Seminário 6, a partir do qual buscaremos extrair a posição do sujeito neurótico que permanece comprometido com um apego ao lugar de ser o falo que completa o Outro a fim de proteger esse Outro da castração. Se a pretensão inicial de Lacan (1958-59/2016) em sua exposição era "articular o que é o desejo do sonho na análise" (p. 160) e, depois, articular "a relação do desejo com a fantasia" (p. 208), ao longo do percurso ele se vê levado a abordar a função do falo como significante a partir do caso: "para nós, trata-se, nada menos, do que de determinar, nesta oportunidade, aquilo sem o que não se poderia dar à função do falo sua verdadeira posição, a saber, seu caráter de significante" (p. 232).

O paciente em questão, nomeado por Sharpe como Robert, é um senhor de certa idade, casado, advogado, que apresenta fobias severas relacionadas ao trabalho. O que particulariza seu caso é o fato de que sua fobia implica que ele teve de parar de trabalhar, não pelo medo do fracasso, mas por ser bem-sucedido em excesso (Sharpe, 1937, p. 127). O sujeito, diz-nos Lacan (1958-59/2016, p. 164), estava diante da possibilidade imediata do realce de suas capacidades. Na interpretação da psicanalista (Sharpe, 1937), a fobia (esse medo de se sair bem demais) estaria articulada a um medo de retaliação decorrente de uma fantasia inconsciente de onipotência agressiva por parte do paciente (cf. Lacan, 1958-59/2016, p. 171).

Ao longo de seu texto, a analista levanta duas hipóteses principais quanto a essa fobia: por um lado, esta teria a ver com um medo de retaliação pelo desejo de morte dirigido ao pai (Sharpe, 1937, p. 127), o que Lacan (1958-59/2016, p. 164) rapidamente tende a descartar; por outro lado, a fobia seria consequência de uma fantasia agressiva de masturbação, que suscitaria de volta a agressividade do órgão sexual feminino, do qual o sujeito deve se proteger por temer uma retaliação (Sharpe, 1937, p. 144). Donde a fantasmagoria da vagina dentada que emergiria da "coleção de imagens analíticas" de que Sharpe dispõe por sua filiação kleiniana (Lacan, 1958-59/2016, p. 212).

Como sintetiza Rubião (2019), na interpretação da psicanalista inglesa, é "por ter sido um menino agressivo – que, com seu choro ou pela enurese, interrompera a atividade sexual do par parental – que ele deve temer a retaliação dessa vagina devoradora que remonta ao órgão sexual feminino" (par. 11). E é justamente sobre esse ponto que incidirá a crítica lacaniana, ao afirmar que nada, no caso, permite supor essa intenção agressiva do paciente na origem de um temor de castração ou retaliação (Lacan, 1958-59/2016, p. 164). Nesse sentido, o erro de Sharpe consiste no salto que ela produz ao interpretar a partir de "ideias *a priori*, preconcebidas", relacionadas ao pênis como órgão agressivo e fundamento dos anseios de onipotência e das fantasias de masturbação do paciente (Lacan, 1958-59/2016, p. 172).

Essa coleção de elementos imaginários reunidos pela analista partiria desse pressuposto de base segundo o qual o pênis do sujeito seria um órgão "perfurante e que morde" (Lacan, 1958-59/2016, p. 213), "*a biting and boring thing*" (Sharpe, 1937, p. 146), o que produziria como consequência o risco de retaliação por parte do Outro. A análise de Sharpe torna-se centrada, então, no plano da rivalidade imaginária, do conflito de poder (Lacan, 1958-59/2016, p. 173), em que o sujeito se vê supostamente dotado de uma arma fálica, mas se detém diante de seu uso pelo medo da retaliação por parte de um Outro que o ameaça. Frente a essa inflação do eixo imaginário, Lacan proporá um duplo gesto. Por um lado, trata-se de interrogar o estatuto dado ao pênis na leitura do caso, a fim de tornar menos evidente o que entendemos como falo ao descolá-lo do órgão. Por outro lado, trata-se de investigar o que essa ênfase na potência do falo imaginário acaba por ocultar, a saber, o fato de que o Outro é castrado [S(Ⱥ)] – fato que o sujeito neurótico busca recusar a todo custo, permanecendo na posição inconsciente de ser o falo que completa o Outro para protegê-lo da castração.

Da evidência do falo imaginário à pergunta pelo falo simbólico

O primeiro aspecto, de interrogação do estatuto dado ao pênis, parte de uma passagem do sonho do paciente sobre a qual Lacan se detém. Como não se trata aqui de uma elucidação exaustiva dos elementos do sonho, faremos apenas um breve recorte daquilo que está em jogo para podermos nos debruçar sobre a questão que nos interessa, relativa à passagem do falo do registro imaginário – como ele era entendido pela psicanálise da época, a exemplo da

HOMENS EM ANÁLISE: TRAVESSIAS DA VIRILIDADE 161

teoria kleiniana e do foco no falo como objeto parcial – em direção ao registro simbólico, que considera o falo um significante que indica a posição do sujeito diante do desejo. No sonho, Robert relata estar fazendo uma viagem com sua esposa ao redor do mundo, quando encontra uma mulher numa estrada. Essa mulher, na frente de sua esposa, queria ter uma relação sexual com ele; e, nesse sentido, tal mulher toma a iniciativa e coloca-se sobre ele, com a intenção de nela introduzir o pênis do paciente, gesto com o qual este não consentia.

Após o primeiro relato do sonho, Robert ainda acrescenta um detalhe quanto a essa mesma cena: a mulher fazia esforços "*to get my penis*" (Sharpe, 1937, p. 133), e Lacan (1958-59/2016) afirmará que essa expressão nos permite dizer que é do falo que se trata aí. Em inglês, *to get* é "obter", "ganhar", "apanhar", "pegar", "conseguir"; em suma, algo que se obtém. Ainda que essa formulação pareça remeter à fantasia de uma mulher castradora, que viria devorar o pênis do sujeito (fantasia que ganha um importante lugar na teoria kleiniana), o que está em jogo não é tão simples assim e pode, inclusive, pertencer a outro registro, a saber, à dimensão simbólica do falo, que não se restringe à ameaça de castração imaginária (Lacan, 1958-59/2016, p. 218).

É nessa direção que Lacan faz a seguinte pergunta: "Quando se trata de obter o pênis, sob a forma que for, real ou imaginária, a primeira pergunta a fazer é: onde está esse pênis?" (Lacan, 1958-59/2016, p. 218). Com essa questão, Lacan busca tornar menos evidente o problema do falo em psicanálise, desinflando a consistência imaginária do órgão. Pois, ainda que pareça "evidente que ele [o pênis] está presente", é preciso olhar bem para o texto para perceber que, ali, "absolutamente nada o indica". A imputação da parceira – que aponta o falo no corpo de Robert – não basta "para nos satisfazer no tocante à pergunta: onde ele está?". A proposta de Lacan é não nos deixarmos fiar por nossa "necessidade de

162 FAZER O LUTO DE SER O FALO

completar a cena", isto é, não acreditarmos que o falo coincide com o pênis que a mulher sinaliza (Lacan, 1958-59/2016, p. 219).

Observemos aqui a operação fundamental de Lacan: o falo passa de uma evidência imaginária (do pênis que a mulher indica) a uma pergunta simbólica, sem resposta evidente (onde está o falo?). Aqui, inclusive, reencontramos a dimensão da comédia, pois, para o psicanalista, a pergunta "Onde está o falo?" é sempre "a principal fonte do cômico", já que ele nunca está onde o imaginamos (Lacan, 1958-59/2016, p. 251). Afinal, toda tentativa de redução do significante ao órgão só pode esbarrar no risível. Dessa forma, o falo em Lacan é destituído da condição de ser um indicador da potência viril. Nessa mesma direção, o gesto da parceira no sonho, expresso pelo sujeito como um esforço *"to get my penis"*, é

quase um gesto de verificação. Trata-se de certificar-se de que o que está ali, diante dele, é algo absolutamente importante para o sujeito, algo que tem certamente toda relação com o falo, mas esse gesto demonstra também que o falo não está ali, que é algo que escapole, que se furta, não simplesmente pela vontade do sujeito, mas devido a algum acidente estrutural. (Lacan, 1958-59/2016, p. 220)

Assim, Lacan (1958-59/2016) propõe sustentar o falo como pergunta, como algo que "nunca está lá onde se espera [...], lá onde se poderia *to get*, apanhá-lo, pegá-lo" (p. 220). Ao contrário de uma concretude imaginária, evidenciada pela positividade do órgão no corpo (que estaria ao alcance da mão), o falo se torna uma questão que nos deixa às voltas com um enigma simbólico, não mais aderido ao pênis e à ameaça de sua castração imaginária, mas, sim, à posição do sujeito diante do desejo do Outro (p. 223). O psicanalista ainda afirmará que Sharpe não está enganada ao tentar farejar por todo o caso os traços de onipotência. No entanto, para Lacan (1958-59/2016), ela fracassa ao deixar de perceber que essa onipotência não está do lado do sujeito (a quem ela atribui o anseio de potência pela mera presença do pênis como um órgão supostamente perfurante e agressivo, refletido nas fantasias de masturbação). Antes, a onipotência residiria do lado do Outro: é o Outro quem detém, da perspectiva do sujeito, a onipotência, diante da qual a criança se angustia ou se percebe desamparada.

Da onipotência fálica à castração do Outro

Esse ponto nos remete ao segundo aspecto da intervenção lacaniana, que critica a ênfase dada por Sharpe à potência do órgão masculino. Pois, juntamente às fobias relacionadas ao trabalho, esse paciente também apresenta outras dificuldades, a exemplo do jogo de tênis, em que ele sabe o que precisa fazer para vencer, mas tem dificuldades em colocá-lo em ato. Para Sharpe, na leitura de Lacan (1958-59/2016), o sofrimento do paciente se deveria a uma dificuldade "para manifestar sua potência ou, mais exatamente, seu poder" (p. 171). Assim, a condução da psicanalista inglesa, segundo Rubião (2019), "toma o falo como um instrumento agressivo de poder, cujo uso masturbatório e, portanto, onipotente, engendraria um temor da castração por meio da vingança do órgão sexual feminino devorador" (par. 22). Ao tomar a vagina como esse órgão retaliador, essa condução se coloca a serviço da neurose do paciente, pois lhe permite desconhecer a castração do Outro e, por isso, permanecer dormindo em sua posição de identificação ao falo e de objeto na fantasia, preservando a consistência do Outro.

Em termos da direção do tratamento, a consequência da perspectiva tomada por Sharpe é que a análise parece servir "para inflar a potência fálica, encorajar a postura agressiva de enfrentamento

164 FAZER O LUTO DE SER O FALO

do outro: vencido o medo, pode-se finalmente ter acesso a um bom uso da virilidade" (Rubião, 2019, par. 22). Para Lacan (1958-59/2016, p. 248), ao contrário, a direção não pode ser essa, pois não se trata "de incitar o sujeito a fazer uso do falo como se fosse uma arma"; mas é isso que Sharpe faz: "ela o incita a fazer uso do falo como se fosse uma arma. Ela diz: 'Esse pênis é algo que sempre foi excessivamente perigoso, não tenha medo, é disso mesmo que se trata, ele é *boring and biting*'". A postura da psicanalista é, então, a de buscar restituir ao sujeito a virilidade que corresponderia ao imaginário do órgão, ao permitir-lhe expressar essa potência da qual ele se protegeria (por medo da punição pelo Outro).

Segundo a leitura de Rubião (2019), essa interpretação de Ella Sharpe é uma interpretação que faz dormir, na medida em que permite ocultar a falha constitutiva do Outro, ao preservá-lo como um Outro retaliador. Diferentemente da tradição freudiana que considera a fonte da neurose como centrada no temor da castração *pelo* Outro, Lacan nos convida aqui a considerarmos que o drama do neurótico é, pelo contrário, não querer consentir com a castração *do* Outro [S(Ⱥ)]. A questão neurótica, depois de Lacan, não seria mais a do temor da castração, mas uma evitação em se tomar o Outro como castrado (Lacan, 1958-59/2016, p. 251). Dessa forma, a ênfase na ameaça de castração – que supõe a ação e existência de um Outro consistente – parece ocultar o ponto fundamental da neurose, que é não querer que o Outro seja castrado.

Assim, ao reler o caso Robert, Lacan (1958-59/2016, p. 248) sustenta que o que parece estar em jogo nas associações do paciente não é em momento algum o falo tomado como órgão agressivo; antes, trata-se da posição infantil que o sujeito conservou em sua fantasia, na qual ele permanece encapsulado, atado, contido em sua cama ou em seu berço, com o lençol preso por alfinetes (Sharpe, 1937, p. 141). Com essa observação, um giro se produz na forma de conceber o caso, na medida em que não se trata mais da potência peniana do sujeito, eixo imaginário de sua agressividade erótica que teria sido reprimida na infância, mas sim da onipotência que ele atribui ao Outro na fantasia e que ele preserva por suas inibições (cuja matriz se encontra em sua identificação inconsciente ao falo). Se o sujeito não consegue se defender, não é por sua ausência de recursos, mas sim porque com o Outro não se deve mexer, sob o risco de descobrir que ele (o Outro) é castrado (Lacan, 1958-59/2016, p. 247).

Mesmo que a dimensão da fantasia não componha nosso recorte central na leitura do caso, somos aqui conduzidos por nosso próprio objeto a abordar brevemente essa dimensão, até mesmo porque ela se articulará ao problema do falo durante a própria discussão do caso Robert. Tendo formulado sua concepção do final de análise ligado à desidentificação fálica em 1958, Lacan (1958-59/2016) inicia, já no ano seguinte, um trabalho em torno do lugar da fantasia na constituição subjetiva – trabalho que se apresenta, no caso Robert, pela presença simultânea da identificação fálica na neurose obsessiva e das raízes da elaboração lacaniana quanto à fantasia fundamental. Nosso desafio será evidenciar, aqui, de que maneira essas duas dimensões – a identificação fálica e a posição de objeto no fantasma – estarão articuladas.

Afinal, ainda que um sujeito possa assumir, no laço social, insígnias perfeitamente adequadas aos semblantes normativos da masculinidade, ele pode também, ao mesmo tempo, preservar no inconsciente uma posição de objeto diante do Outro no fantasma. Nesse momento do ensino de Lacan (1958-59/2016), o fantasma se define como a resposta que cada um construirá diante da falta encontrada no Outro, configurando uma posição que interpreta e suplanta essa falta ao situar o sujeito como objeto diante desse Outro, buscando fazer existir o seu Outro ou lhe dar consistência. Mais tarde, ao conceber o final de análise em 1967 como a "travessia da fantasia", Lacan (1967/2003) propõe que uma experiência

166 FAZER O LUTO DE SER O FALO

analítica permitiria justamente atravessar[3] essa dimensão fantasmática erguida pelo sujeito, desvelando a castração ou a inconsistência do Outro.

O caso Robert nos ensina, então, quanto à articulação existente entre o lugar do sujeito como objeto na fantasia e seu apego à posição de ser o falo que completa o Outro. O que está em jogo para o paciente é que, com sua inibição, ele se congela na posição de encapsulado, amarrado ao berço, como objeto na fantasia, mas que também o preserva no lugar de falo materno: o sujeito se petrifica em sua identificação ao falo para completar o Outro, protegendo-o de aparecer como castrado. Sua inibição tem, assim, a função de sustentar a fantasia de um Outro potente e idealizado, que lhe permite não se haver com a sua própria posição desejante, a qual poderia escancarar a incompletude do Outro e conduzi-lo a se confrontar com a estranheza da experiência do sexual e do encontro com a alteridade do sexo.

Desse modo, a fantasia de encapsulamento protege o sujeito de se haver com a castração do Outro ao qual ele atribui o falo. É a partir dessa observação que Lacan dará um novo alcance à cena do sonho relacionada ao "to get my penis". Pois, ao contrário do que parece, o falo que o sujeito não quer arriscar não corresponde a seu órgão; antes, na leitura lacaniana, o falo é ali representado por sua

---

3 "Atravessar a fantasia é esvaziar o objeto da consistência imaginária que garantia a ele esse lugar determinante nas formas de gozar próprias a um sujeito. É, portanto, dar lugar ao objeto como causa de desejo, não mais de gozo mórbido. Queda do objeto quer dizer, pois, perda de gozo" (Iannini, 2013, pp. 305-306). Assim, a travessia da fantasia pode ser entendida como a reabertura das condições de amor na vida de um sujeito, a partir da localização – e da queda, pelo desinvestimento libidinal – do modo como um sujeito interpretou seu lugar como objeto diante do Outro. Essa interpretação, que compõe o núcleo da fantasia fundamental, é responsável por fixar o sujeito em uma posição de gozo que configurará a matriz das repetições em sua vida amorosa.

mulher, que ele tenta preservar fora do jogo, como se fosse apenas uma testemunha da cena. Para Lacan (1958-59/2016), o poder reside, então, não no pênis do sujeito, mas na sustentação de um Outro que detém o falo e que "não deve, em hipótese alguma, ser castrado" (p. 247). Para sustentar esse Outro detentor do falo, o sujeito precisa, portanto, permanecer destituído de seu poder – da posição de ter o falo –, preservando o falo idealizado do lado do Outro como modo de não se haver com o S($\bar{A}$).

É por isso que o paciente, antes de entrar para a sessão, passa a dar sua famosa "tossezinha", anunciando sua presença à analista para que esta se recomponha, caso esteja, por exemplo, masturbando-se dentro do consultório (Sharpe, 1937). Assim, o sujeito não quer negar o falo à mãe, quer manter seu falo. Ele não quer saber da possibilidade de que o Outro goze; busca desativar o gozo do Outro, que exibiria esse Outro em sua castração. O sujeito recusa a castração do Outro, não quer perder sua rainha: "ele não quer pôr Ella Sharpe em outra posição que não seja a posição de falo idealizado, posição que ele lhe comunica por meio de uma *tossezinha* antes de entrar na sala" (Lacan, 1958-59/2016, p. 256). Para Lacan, Robert ainda está aquém do momento de consentir em perceber que a mulher é castrada, elemento que, nesse ponto, articula-se à castração do Outro [S($\bar{A}$)].[4]

---

4 Vale observar aqui o modo como Lacan joga com uma alavanca entre o nível imaginário e o nível simbólico da descoberta da castração feminina, diante da qual os homens se defendem. No nível imaginário, situado por Freud, poderíamos pensar na dimensão mais literal de ter ou não ter o pênis, em que o menino tenta recusar a diferença encarnada, para ele, pelo corpo feminino; enquanto no nível simbólico, extraído por Lacan, encontramos a questão de consentir ou não com uma falta no campo do Outro. O raciocínio lacaniano que ora desdobramos produz uma articulação pontual entre a ausência de pênis na mulher e a castração do Outro, elementos estruturalmente diferentes, mas que, de maneira contingente, podem se atravessar, como no caso Robert.

168 FAZER O LUTO DE SER O FALO

Essa afirmação seria diferente de dizer meramente que a mulher não tem o falo; antes, trata-se de que, pelo funcionamento do Outro, ela é sem tê-lo, isto é, ela é o falo, mesmo sem tê-lo: "Ora, para ele, é justamente isso que não pode ser admitido em hipótese alguma. Para ele, ela não deve ser sem tê-lo, e é por isso que ele não quer que ela arrisque" (p. 248). O sujeito se dedica, então, a se fazer de falo para o Outro, visando a completar esse Outro sem deixá-lo aparecer como castrado, isto é, sustentando a ilusão de um Outro dotado de existência e consistência. E, assim, Robert permanece aprisionado à posição de falo materno, bem como ao lugar de objeto na fantasia, que se atualizam tanto na relação com a esposa como na relação transferencial com a analista, duas personagens femininas que figuram, para ele, o Outro e que, por isso, ele sustenta como idealizadas.

Até aqui, situamos dois movimentos de leitura do caso: o primeiro, pela crítica lacaniana da condução de Ella Sharpe, pautada pelo preconceito do falo imaginário como instrumento de potência; o segundo, que desdobra o primeiro, pela passagem do falo imaginário ao falo simbólico, o que permite situar a inibição de Robert como resposta do sujeito diante da castração do Outro, visando a protegê-lo de sua inexistência. Podemos agora situar um terceiro, que desdobra o segundo, pela recusa do paciente em assumir uma posição desejante, na medida em que essa posição pressuporia tanto se haver com a ausência de garantias do desejo como se deparar com a estranheza da experiência do sexual e da alteridade do sexo, diante da qual ele recua. Por esse motivo, o sujeito não quer "perder a sua rainha", que funciona como essa figura feminina fálica de sua fantasia, à qual ele permanece submetido no inconsciente.

No sonho do paciente, há um elemento onírico ligado a uma protuberância da vagina, a partir do qual Robert constrói uma série de associações: começando pela figura de um capuz, passando por uma caverna que visitava com a mãe na infância e também por uma capa de golfe que um amigo queria lhe vender, feito do mesmo material que a capota de um carro. Nessa mesma esteira, ele prossegue sua associação na análise lembrando-se da capota de um carro em que ele esteve na infância, bem como das correias que o prendiam no carrinho de bebê. Finalmente, o paciente acrescenta uma lembrança de ter sido preso ao berço, quando ainda bem pequeno, para não correr o risco de cair (Rubião, 2019).

A reconstrução da lembrança do berço opera, então, como um pivô que permite articular duas dimensões: por um lado, a posição de Robert como esse falo obediente que mantém o Outro pleno; e, por outro lado, sua posição como objeto diante do gozo do Outro, excluído da cena sexual que testemunha. Trata-se aí de seu lugar enquanto amarrado ao berço pelos pais, alegadamente porque ele teria sido uma criança inquieta – seja porque se masturbava, ação que deveria ser contida, seja porque interrompia a atividade sexual do casal, cena da qual ele não deveria participar. Cabe ainda enfatizar o estado de "pane" que caracteriza a relação de Robert com a sexualidade, atestada pelo fato de que ele não suporta se haver com o gozo e com o desejo nem estando "dentro" da cena sexual, nem estando "do lado de fora" dela: se está "dentro", ele busca se fazer desaparecer; se está "fora", precisa desativar o gozo do Outro.

O caminho para essa construção reside na maneira como o paciente associa em torno de sua "tossezinha" na sala de espera da analista. Em análise, Robert diz que esse é um ruído que pode ser feito para anunciar a entrada de um terceiro quando dois amantes estão se beijando – e lembra-se de já tê-lo utilizado ao surpreender seu irmão com uma namorada. Em seguida, as associações o conduzem a uma fantasia: imagina que, ao estar numa cena (sexual) em que não queria ser visto, ele poderia emitir uma espécie

170 FAZER O LUTO DE SER O FALO

de latido, de modo que as pessoas suporiam que ninguém estava ali, apenas um cão. Esse ponto o remete à lembrança de uma cena em que ele efetivamente estava com um cão ao seu lado, que se masturbava em sua perna, sem que Robert o detivesse – ele narra o constrangimento que sentira nesse momento pelo medo de ser ele próprio surpreendido nesse lugar (Rubião, 2019; Lacan, 1958-59/2016; Sharpe, 1937).

Nesse sentido, a tosse evocaria tanto um casal que tem prazer como o latido do cão que Robert emularia para tentar desaparecer de uma cena sexual em que fosse surpreendido pelo olhar do Outro: "O sujeito está em toda parte: tanto fora, como aquele que desativa o gozo do Outro, quanto dentro da cena com o cão, mas fazendo-se novamente desaparecer" (Rubião, 2019, par. 4). Tanto dentro como fora, Robert escapole do encontro com a estranheza do sexual; no fundo, ele está sempre fora, impossibilitado de acessar a dimensão do desejo: "Trata-se, portanto, de alguém que nada quer arriscar quanto ao desejo. As lembranças de estar preso, tanto no carrinho, como no berço, sugerem essa imobilidade". Na construção de seu fantasma, sua posição como objeto se articula a ser testemunha do gozo do Outro para então desativá-lo. Robert interpreta seu lugar diante do Outro como o de permanecer encapsulado, amarrado ao berço como objeto, enquanto o Outro goza – gozo que, no entanto, ele deve desativar.

Mas, se ele precisa ficar amarrado ao berço, é para não perceber que um movimento seu desvelaria o fato de que esse Outro que ele constrói na fantasia não existe, de modo que todo o seu arranjo fantasmático não mais se sustentaria, e o sujeito seria novamente confrontado com a estranheza do sexual. Dessa forma, ser o falo que sustenta um Outro idealizado se torna, então, uma maneira de proteger o sujeito do encontro com o sexual. Partindo daquilo que aprendemos com o caso Robert, a direção do tratamento dos homens na neurose obsessiva teria a ver, portanto, com permitir a um sujeito fazer o luto[5] dessa posição de ser o falo que completa o Outro (desidentificação ao falo), bem como construir e atravessar a posição de objeto assumida no fantasma (travessia da fantasia). Ao se apegar ao lugar de ser o falo para proteger o Outro da castração, o sujeito recua diante da dimensão esburacada e sem garantias do desejo.

Da insuficiência do pênis à enurese como *acting out*

Como vimos, a operação de Lacan quanto ao caso Robert visa essencialmente a dois aspectos: primeiro, desinflar a concretude imaginária do pênis para situar o falo como um significante, isto é, como uma interrogação simbólica desprovida de uma resposta evidente, pois indica a posição do sujeito diante do desejo; segundo, mostrar que a ênfase no falo imaginário enquanto potência agressiva acaba servindo aos propósitos da própria neurose, ao permitir ocultar a castração do Outro. Mas há ainda outros aspectos que cumpre salientar. Em sua interpretação, Sharpe (1937, p. 139) atribui a fantasia de onipotência infantil de Robert ao desejo edipiano de estar à altura de conquistar a mãe, que se realizaria no

---

5 Na psicanálise freudiana, o luto é encarado como uma reação à perda de um objeto amado pelo Eu, uma vez que o teste da realidade teria evidenciado que esse objeto não existe mais, exigindo, portanto, a desvinculação amorosa do Eu em relação a esse objeto. Como consequência, o trabalho do luto envolveria um processo de desinvestimento libidinal do objeto amado, rompendo os vínculos com esse objeto perdido e tornando possível ao Eu investir em novos objetos (Freud, 1915[1917]/2017). No caso do luto de ser o falo, trata-se do processo, franqueado por uma análise, de desinvestimento libidinal da identificação inconsciente do sujeito ao lugar de falo imaginário que completaria o Outro, possibilitando outras circulações da libido mais além de seu congelamento nessa identificação fálica.

172 FAZER O LUTO DE SER O FALO

sonho de forma distorcida, quando o sujeito adentra uma enorme caverna munido da companhia materna. Assim, a potência infantil com a qual o sujeito sonha serviria para a conquista heroica da mãe (Lacan, 1958-59/2016, p. 204).

No entanto, trata-se aí de uma aplicação pronta da teoria edipiana sem nenhum respaldo concreto no caso em questão; para Lacan (1958-59/2016), não se trata de sonhar com a comensurabilidade entre o pênis do sujeito e o falo que bastaria para a conquista edípica do ideal viril. Pelo contrário, o que o psicanalista salientará é a insuficiência do pênis diante dessa empreitada. Enquanto Sharpe procura encaixar o drama do sujeito no drama do Édipo, Lacan relembra que, ao lado do esquema grandioso desse herói edipiano que se mostra à altura da mãe, o próprio Freud teria destacado um momento em que a criança apresenta um "sentimento de inadequação [...] daquilo de que ela dispõe, em comparação com o que exigiria um empreendimento tal como conquistar ou estreitar a mãe" (p. 205).

De forma que, na "relação narcísica do sujeito com seu pênis", este é sempre considerado "mais ou menos insuficiente, pequeno demais", apontando para a discordância do que o sujeito tem diante do que seria exigido pelo ideal viril. Assim, para Lacan (1958-59/2016), o pênis está sempre aquém do ideal edípico (p. 205). Uma inadequação similar se encontra na relação do sujeito ao pai, que o psicanalista chega a indicar, mas acaba não desdobrando em seu Seminário. Ali, ele aponta o "caráter deficiente, manco, da contribuição do pai", de forma que o significante falo, para o sujeito, resta "idêntico a tudo o que aconteceu em sua relação com a mãe" (p. 227), situação a partir da qual localizamos o aprisionamento fantasmático de Robert no lugar de ser o falo materno.

Além disso, Lacan (1958-59/2016) também comenta brevemente a incidência enigmática da última fala do pai, que faleceu

HOMENS EM ANÁLISE: TRAVESSIAS DA VIRILIDADE 173

quando o paciente tinha apenas 3 anos: "*Robert deve tomar o meu lugar.* Que sentido tem essa frase? A morte do pai é temida? O pai moribundo falou, ele disse *tomar meu lugar*, mas qual? Onde estou ou onde morro?" (p. 203). Diante da resposta do sujeito a essa fala, Sharpe (1937) interpreta que, para Robert, crescer era também morrer. Mas outros aspectos do caso apresentados pela própria analista talvez nos permitam ir além dessa primeira interpretação. Afinal, Sharpe (1937) relata que o paciente, no começo da análise, só tinha do pai "a mais ínfima das memórias": "seu pai era muito reverenciado e amado e o paciente só tinha ouvido coisas boas e admiráveis relatadas sobre ele" (p. 126, tradução nossa). Durante os três primeiros anos de análise, suas referências ao pai se reduziam a dizer que este havia morrido ou estava morto.

Nesse ponto, a analista acrescenta que "foi um momento surpreendente quando um dia ele pensou que seu pai também havia vivido, e ainda mais surpreendente quando pensou que ele deve ter ouvido seu pai falar" (Sharpe, 1937, p. 126, tradução nossa). Sharpe observa uma mudança no paciente após essa súbita percepção, pois, até ali, sua transferência era quase "morta", como o pai, com a consequência de que ele (o paciente) não expressava nada que fosse da ordem do afeto. Havia, por parte de Robert, um forte controle corporal, que transparecia pela rigidez dos rituais do paciente em sua análise, a exemplo de sua dicção e fluência impecáveis da fala durante toda a sessão, bem como a invariabilidade de seus cumprimentos, sorrisos, vestimentas, postura etc. (p. 130).

Curiosamente, a analista situa essa contenção corporal do paciente da seguinte maneira: "a vida [*the vital life*] está perdida, a perfeição é uma perfeição morta, como a de seu pai" (Sharpe, 1937, p. 128, tradução nossa). Sharpe parece ter deixado de perceber aqui o alcance assumido por essa mortificação corporal que Robert se impunha. Se o paciente é um sujeito mortificado, com o controle rigoroso de seus músculos, expressões corporais e até

174 FAZER O LUTO DE SER O FALO

mesmo da voz, é porque se trata aí de uma "perfeição morta" a exemplo do pai idealizado (e morto) com o qual o sujeito se identifica. Enquanto Robert sustentava o pai idealizado, sem defeitos ou afetos, como ele recebia da narrativa familiar, ele parecia dar fé da mortificação do corpo e do gozo sob a norma do significante (Miller, 1988/2018).

O paciente nos ensina, aqui, precisamente a função do pai morto no que toca à simbolização fálica, enquanto aquele que leva o gozo consigo para a tumba, drenando de vida o corpo do sujeito. Como afirma Miller (1988/2018), "o sujeito da obsessão tem que se assegurar de que todo o gozo passou ao nível do significante. Isso implica que o gozo de que se trata esteja morto" (p. 142, tradução nossa). Donde o interesse de perceber o efeito desconcertante – surpreendente – do momento em que o paciente considera o pai enquanto vivo e, justamente, falando – isto é, servindo-se da voz como objeto para gozar como vivo. É somente após essa constatação que o paciente começa a se permitir, por exemplo, coçar o nariz ou a orelha durante a sessão, ou mesmo comunicar que teve uma sensação no seu genital em dado momento da análise (Sharpe, 1937, p. 130). Algo que podemos considerar até mesmo um efeito de vivificação, após a entrada em jogo desse pai vivo, ainda que morto na realidade, mas encarnado como sujeito falante.

Dessa forma, enquanto o significante mortifica (operação que se confirma pelo amor do neurótico ao pai morto e idealizado), o objeto *a* vem restituir ao sujeito uma parte da vida perdida pela simbolização fálica (Miller, 1994-95/2005). Podemos inclusive nos perguntar se esse pai que reaparece como vivo na lembrança de Robert não poderia também indicar uma aparição, até certo ponto, dessa outra faceta do S(Ⱥ): se o pai fala, ele é marcado pelo desejo; é marcado, então, pela barra que se coloca sobre o Outro, indicando que este não é pleno, mas desejante, uma vez que também se constitui a partir de uma falta, e não de sua perfeição. A esse respeito, vale lembrar finalmente a interpretação de Sharpe (1937) quanto à posição do paciente diante do bom e gentil mecânico que não consertara seu carro na data combinada, com o qual Robert disse não poder se enfurecer (dadas suas qualidades de bondade e gentileza).

Nesse contexto, a analista propõe ao paciente uma interpretação que aproximava o mecânico ao pai idealizado, um homem de quem ele não poderia ter raiva. A primeira resposta de Robert na análise foi, segundo Sharpe (1937), a de se permitir expressar algo de seu desejo relativo ao seu carro, um anseio de poder contar novamente com o carro, situado mais além da mera necessidade. E, no dia seguinte, o paciente chega com uma confissão: pela primeira vez desde sua infância, "ele havia molhado sua cama durante o sono" (p. 147, tradução nossa). Para Sharpe, essa enurese indicaria que sua interpretação teria tocado numa situação de rivalidade infantil com o pai. O ódio que o paciente não poderia expressar em palavras seria mostrado corporalmente. Mas será apenas a agressividade dirigida ao pai o que está em jogo aqui?

Para Lacan (1958-59/2016), a enurese indicaria o acionamento do pênis como real diante da proximidade do sujeito em relação à atividade sexual dos pais (p. 229). Uma vez amarrado à sua cama, severamente contido por lençóis com alfinetes, Robert só poderia responder a essa excitação corporal pela via da micção compulsiva (p. 209). Mas indo além da leitura lacaniana, cumpre também observar a especificidade da enurese do paciente a partir de sua posição fantasmática como encapsulado. Pois, a nosso ver, esse encapsulamento pode se articular tanto à posição de falo materno (suplementada pela posição de objeto na fantasia) como a identificação ao pai morto, refletida na contenção corporal de Robert.

Na primeira direção, ao permanecer encapsulado como falo materno, o sujeito é destituído da possibilidade de ter (aqui no

176 FAZER O LUTO DE SER O FALO

sentido de controlar) o falo, o que resulta na resposta em ato da enurese, endereçada à analista, que mostra a posição subjetiva de Robert. Com o aprisionamento do sujeito ao lugar de ser o falo, bem como à posição de objeto diante do gozo do Outro na fantasia, ele fica desarmado, sem armas frente ao sexual, incapaz de subjetivar o próprio gozo. Nesse momento, ele testemunha passivamente a atividade de seu órgão sexual, sem poder dela participar como sujeito. Para se ter o falo, seria preciso antes não sê-lo.

Na segunda direção, por sua vez, a enurese testemunha que o encapsulamento, tomado agora enquanto tentativa de mortificação do corpo pelo significante, ou seja, pelas amarras do Outro, não é capaz de regular completamente o gozo, na medida em que há algo que escapa à significantização – isto é, que o Outro é incapaz de determinar inteiramente a posição do sujeito [S(Ⱥ)] ou mesmo de esvaziar por completo o seu gozo [a]. Com sua resposta em ato, Robert mostraria à analista que o que está em questão não é tanto o ódio ao pai, mas a incapacidade de sua palavra – como a da analista – de controlar inteiramente o sujeito.

Em suma, a discussão do caso Robert parece nos mostrar que o falo imaginário como potência não passa de um engodo, um engodo que circula e opera na cultura como signo do poder masculino, mas que, da perspectiva da clínica psicanalítica, é um arranjo que frequentemente se coloca a serviço da própria estrutura da neurose, da qual tratamos em um processo de análise visando a produzir a dissociação entre falo, pênis e poder. Nesse sentido, o famoso sonho dirigido ao paciente impotente de Lacan vem indicar que é justamente ao passar do engodo do falo imaginário à sua dimensão simbólica, indo além da dinâmica entre potência e impotência do órgão, que se torna possível assumir o funcionamento do falo como significante da falta que mobiliza o desejo (dissociado da presença do pênis e do exercício do poder).

O paciente impotente de Lacan: ser o falo para não correr o risco de tê-lo

No ano de 1958, em seu escrito sobre "A direção do tratamento", Lacan nos relataria seu único caso clínico (por ele atendido em consultório) ao qual temos acesso por sua própria lavra. Para Laurent (1995, p. 40), a despeito do que possa parecer à primeira vista um relato parcial e fragmentário, esse é o "relato completo de um caso"; certamente, ao estilo de Lacan. Mesmo que difira bastante das narrativas de caso sessão por sessão, seu estilo nos oferece a articulação essencial do caso a partir de uma única interpretação, ainda que crucial, que acontece no curso dessa análise. Mas ao contrário do que possamos supor, a interpretação não é nem mesmo fornecida pelo analista; ela aparece com o sonho que a mulher do paciente relata ao parceiro, em dado momento de seu percurso analítico.

Esse sonho – e seus efeitos sobre o paciente – nos interessa por colocar em cena a diferença entre o falo imaginário, encarnado no órgão impotente desse sujeito, e o seu funcionamento como significante, que nos conduz mais além dos engodos da onipotência em que Ella Sharpe se deteve, bem como mais além da ilusão de que a posse fálica seria o elemento que comanda o desejo. Seremos conduzidos, portanto, dos impasses de ser o falo que busca completar o Outro aos embaraços de (não ser sem) ter o falo. Para ler esse caso, proporemos tomar como chave de leitura os comentários que Lacan nos fornece na lição do Seminário 6 proferida em 17 de dezembro de 1958, poucos meses após a apresentação do relatório sobre a direção do tratamento que acontecera em julho desse mesmo ano. Nesse ponto do Seminário, o psicanalista nos remete a um caso[6] que teria surgido "muito recentemente" em sua

---

6 Restaria ainda saber se poderia se tratar aqui de diferentes momentos da análise de um mesmo paciente, que encontramos tanto em "A direção do

178 FAZER O LUTO DE SER O FALO

experiência clínica e que nos introduz precisamente na experiência de um impotente para interrogar o que é o desejo (Lacan, 1958-59/2016, p. 115).

"Será que tenho um falo suficientemente grande?"

Lacan (1958-59/2016) afirma que, como muitos impotentes, esse jovem que o procura não era nada impotente. Tinha se relacionado sexualmente com diversas pessoas ao longo da vida, assim como tivera alguns relacionamentos amorosos. Mas agora estava casado e era com a mulher que ele não funcionava mais. Nesse contexto, o próprio termo "impotência" é posto em questão pelo psicanalista, uma vez que, por amar sua mulher, as relações com ela eram-lhe bastante desejáveis; e, no fundo, não é que lhe faltasse o ímpeto. Sua questão se centrava no seguinte: "caso se deixasse levar por ele [pelo ímpeto] uma noite e mais alguma outra noite, seria capaz de sustentar esse ímpeto?" (p. 115). Isto é, será que o desejo não correria o risco de desaparecer eventualmente? A questão do paciente desembocava, então, em uma interrogação quanto ao direito e à legitimidade de seu desejo: "será que esse desejo, que se percebia a todo instante não estar nem um pouco fora das possibilidades de realização, será que esse desejo era legítimo?" (p. 115).

---

tratamento" como na passagem do Seminário 6, pois, ainda que o relatório de Lacan tenha sido proferido em julho de 1958, sua publicação data de 1961, e ele pode ter sido modificado desde a versão apresentada no Colóquio de Royaumont até sua versão final para a revista *La Psychanalyse*. Não podemos garantir que o caso desse paciente já estava presente na intervenção de julho de 1958, mas tampouco que ele tenha sido acrescentado num momento posterior de redação, até o ano de 1961. Na ausência de elementos suficientes para chegarmos a uma posição consistente, optaremos aqui por considerá-los como dois casos distintos. No entanto, os comentários de Lacan quanto ao caso do Seminário 6 nos parecem franquear a possibilidade de uma leitura *a posteriori* do caso discutido no escrito.

É nessa interrogação que Lacan (1958-59/2016) se detém quanto ao relato do caso; mas é também nesse ponto que ele inicia uma discussão fundamental sobre o estatuto do falo na análise dos homens, apontando uma questão que, muitas vezes, "emerge no vivido do sujeito e vem à tona na análise": "Será que ele tem um falo suficientemente grande?". Isto é, será que seu órgão equivale ao falo, ao elemento polarizador do desejo? Na leitura lacaniana, essa questão "pode ter uma função decisiva e [...] revelar uma estrutura, o ponto de onde o sujeito se coloca o problema" (p. 115). Para o psicanalista, então, a pergunta sobre o falo pode revelar algo da própria estrutura, isto é, da posição de onde o sujeito se coloca uma questão que, por suas consequências, pode "arrastá-lo para bem longe do campo de uma execução normal daquilo para o que ele dispõe de todos os elementos" (p. 116).

É ao se permitir uma interrogação quanto ao falo que se tem, quanto ao estatuto do desejo que a ele se vincula, que um homem pode, muitas vezes, produzir uma resposta pela via da impotência, que atesta justamente um recuo do sujeito diante da ausência de garantias – a inexistência de uma autorização, de uma chancela para a legitimidade – do seu desejo. A ausência dessa garantia é o que comumente se apresenta no despertar da puberdade, em que o sujeito se pergunta sobre a autorização para seu uso do falo – que, no entanto, ele não encontra em lugar algum, na medida em que o Outro é barrado, só pode se fiar do seu próprio enunciado de autoridade, sem nenhuma garantia para sua enunciação. Trata-se aí de uma autorização que, tendo sido prometida na infância pelo Nome-do-Pai, acaba por se mostrar uma ilusão no momento da saída do Édipo, em que o sujeito tem de fazer o luto desse ideal da posse do falo. Ainda que, na infância, o ideal paterno lhe ofereça a promissória viril de assumir no futuro a posse do falo – de uma mulher como a mãe –, essa posse não tem garantias, de modo que o sujeito será forçado a se virar com o desejo mais além do Pai

180 FAZER O LUTO DE SER O FALO

[S(Ⱥ)]. Até mesmo na forma dita "normal" do Édipo, como apresenta Lacan no Seminário 6, o significante da falta no Outro [S(Ⱥ)]

> *vê-se encarnado na figura do pai. Dele se espera e se exige a sanção do lugar do Outro, a verdade da verdade, na medida em que ele deve ser o autor da lei. Contudo, ele é sempre apenas aquele que está submetido a ela e que, não mais que qualquer outro, não pode garanti-la, pois também ele tem de estar submetido à barra, o que faz dele, na medida em que é o pai real, um pai castrado. (Lacan, 1958-59/2016, p. 367)*

Não à toa, essa discussão se apresenta na obra lacaniana no contexto da abordagem de *Hamlet*, a tragédia do desejo, que coloca em cena o jovem príncipe Hamlet às voltas com a ausência de garantias para levar a cabo o ato viril de vingança para o qual foi convocado pelo seu pai, que não era ninguém menos que o rei da Dinamarca, morto na flor de seus pecados pelo próprio irmão, Cláudio. Este desposa, então, a rainha, mãe de Hamlet, e o pai retorna diante do filho como um fantasma para revelar as circunstâncias de sua morte e convocá-lo a vingar sua honra – injunção que poderíamos articular, numa releitura contemporânea, a imperativos de virilidade como "Seja homem!", que exigiriam levar a cabo a demanda paterna de vingança.

No entanto, ao longo de toda a peça, o príncipe não age, indicando que a palavra do Outro – mesmo que ele seja o rei da Dinamarca – não é suficiente para garantir ao sujeito a assunção da posição viril que é simbolicamente convocado a ocupar. E talvez seja justamente como consequência desse furo na promessa do Outro que muitos sujeitos buscarão se alienar às normas sociais que tentam instituir os homens como detentores do falo e as mulheres como seus objetos de troca, ao modo das estruturas normativas do parentesco heterossexual (cf. Lima, 2020). Mas se, no fundo, o pai não tem o falo, a despeito de muitas vezes tentar bancar esse semblante, o que resta para o sujeito? Essa é a tônica das interrogações recolhidas por Lacan (1958-59/2016, p. 116): "o desejo está legitimado, sancionado por alguma outra coisa? [...] O sujeito tem ou não tem a arma absoluta?".

Para ambas as perguntas, a resposta lacaniana é negativa. O desejo não encontra nenhuma garantia no Outro – a despeito da ilusão proporcionada por seus arranjos normativos – e o sujeito carece da "arma absoluta", uma vez que seu pênis é discordante em relação ao falo, do qual ele teve de fazer o luto. É justamente por carecer dessa arma – tornando frágil sua masculinidade – que o sujeito buscará refúgio na identificação viril e/ou nas normas da cultura, que, no entanto, não lhe garantem a virilidade, mas antes a fazem cômica. Pois o desejo é sempre alienado "num signo, numa promessa, numa antecipação, em algo que comporte, como tal, uma perda possível" (Lacan, 1958-59/2016, p. 116). Em função dessa possibilidade da perda, o desejo se encontra ligado "à dialética de uma falta". Como consequência, ele precisa assumir o risco de "não se manter no tempo sob sua forma atual e [...] perecer".

O sujeito se torna, assim, assombrado pela possibilidade de murchar; precisa, portanto, suportar o risco da detumescência para se haver com o desejo, bem como suportar a sua dependência do outro para desejar (Lacan, 1958-59/2016, p. 116). Aqui, encontramos uma raiz das elaborações de Lacan quanto à função da detumescência no "macho", que aparece inicialmente em meio ao debate da impotência. Essas elaborações prenunciam o que viria a se desdobrar no Seminário 10, com a releitura da angústia de castração dissociada da ameaça imaginária. Desse modo, no Seminário 6, já se trata de um gesto na direção de localizar o falo mais além da posse viril, como um elemento que injeta a angústia de castração como contrapartida dos privilégios simbólicos que a

182 FAZER O LUTO DE SER O FALO

presença do órgão confere a um homem no laço social. Com esses elementos em mãos, podemos passar ao caso do paciente de Lacan relatado em "A direção do tratamento".

Da impotência do falo imaginário à falta no Outro

O obsessivo de Lacan (1958/1998a) é um homem impotente com sua amante. Logo no início de seu relato, o psicanalista enfatiza que, em sua conduta, não se satisfez em "analisar a agressividade do sujeito" (p. 636) ou em "apenas evitar o confronto imaginário com o paciente" (Laurent, 1995, p. 45), numa referência à técnica que orientava muitos analistas de sua época, gesto que conferia centralidade ao eixo imaginário em suas análises, como vimos em Sharpe (1937). O contraponto com o caso Robert, conduzido pela psicanalista inglesa, vai nos permitir mostrar aqui de que forma a noção de falo simbólico no tratamento se distingue de sua concepção imaginária como órgão potente ou agressivo. A operação de Lacan nesse sentido é de depor o falo como arma imaginária do sujeito, para evidenciar seu funcionamento significante a partir da dimensão simbólica que ele assume.

Num primeiro momento da análise, Lacan (1958/1998a, p. 636) assinala sua condução no sentido de indicar ao paciente o lugar de "torcedor" que ele havia assumido no "jogo da destruição exercida por um de seus pais sobre o desejo do outro". Mas, por se apoiar nesse arranjo, o próprio sujeito se via impotente diante do desejo, isto é, o seu próprio desejo fica paralisado, pois desejar implica o Outro e o obsessivo não sabe desejar sem destruir o Outro, estratégia que acaba por destruir seu próprio desejo (já que o desejo é sempre referido ao desejo do Outro). Assim, esse seria o pano de fundo de diversas condutas do paciente para proteger o Outro – protegê-lo do risco de destruição, em virtude da agressividade própria ao obsessivo. A chave, aqui, é a identificação imaginária do sujeito com o falo, que lhe faz permanecer na posição petrificante de quem protege o Outro da castração.

Ao deparar-se com esse ponto em seu trajeto analítico, duas modalidades de recusa se estabelecem, ambas ligadas a um traço de gozo da impotência. Por um lado, o paciente passa a denunciar Lacan como impotente para curá-lo, após endereçar ao analista um sintoma de impotência sexual recente, que atribui a uma pretensa "menopausa" masculina de sua parte. Por outro lado, o sujeito começa a ser impotente com a amante. Ou seja, enquanto protegia o Outro, sua castração (a do Outro) permanecia oculta; quando, no entanto, essa estratégia se desmonta e o S($\not A$) aparece, o sujeito responde com a impotência sexual, justamente no ponto em que se defronta com o fato de que o Outro é castrado e não garante o seu desejo.

Quando o paciente dirige à análise uma queixa por essa impotência, Lacan considera que há muito tempo o paciente demandava ao analista a ratificação de uma suposta "homossexualidade recalcada", como uma identificação imaginária que desimplicaria o sujeito de sua posição na parceria com sua amante. Depois que Freud descobrira a vertente bissexual da subjetividade em casos como Dora ou o Homem dos Ratos, vinha se tornando comum nas psicanálises da época que os pacientes procurassem um analista para confirmarem em si mesmos essa homossexualidade inconsciente como suposta causa de seu sofrimento (Laurent, 1995). No entanto, se partimos do pressuposto freudiano da predisposição universal à bissexualidade nos seres humanos, não deveria haver surpresa nessa descoberta, de modo que a homossexualidade não é, de forma alguma, o termo último com o qual o sujeito terá de se virar numa análise.

184 FAZER O LUTO DE SER O FALO

O que orienta, então, a posição de Lacan é a perspectiva de não concluir a questão do sujeito com uma identificação imaginária que viria confortar o eu e encerrar o trabalho analítico: "sofro porque sou, no fundo, um homossexual", como se a homossexualidade dissesse a verdade última do desejo. Mas quaisquer que sejam as categorias empregadas por um sujeito para nomear algo de seu gênero ou de sua sexualidade, tanto na cis-heterossexualidade como em suas dissidências, uma psicanálise não se restringe a uma experiência identificatória ligada ao eu, ainda que essa identificação possa, por vezes, ser fundamental para que o paciente se torne capaz de integrar algum elemento antes recalcado de sua sexualidade. Trata-se, assim, de não reduzir o sujeito a uma identidade, mesmo que as identificações possam ter seu lugar na economia psíquica, inclusive pela dimensão política que elas assumem em uma série de casos.

Mas a resposta dada pelo psicanalista na transferência foi justamente a de sustentar a questão do analisante, de modo a "não duplicar sua alienação em determinada imagem de si mesmo" (Laurent, 1995, p. 45), pois a complacência do analista com a demanda acabaria por empurrar o sujeito a uma nova identificação alienante, a exemplo da identificação "com a outra mulher, no caso da histeria, e com o outro homem, no caso da neurose obsessiva" (p. 45). Diante do não consentimento de Lacan (1958/1998a) com sua demanda, o paciente produz um *acting-out*: já que está impotente, ele propõe à sua amante "que ela durma com outro homem, para ver no que dá" (p. 637). O paciente duplica sua demanda ao pedir, desta vez, a cumplicidade da própria amante para com sua suposta homossexualidade (Laurent, 1995, p. 46).

Mas a amante também não será complacente com a demanda do sujeito, diz Lacan (1958/1998a); e, no lugar de aceitar o convite, ela relata, na mesma noite, um sonho que parece em grande medida dirigido ao parceiro, a quem ela o relata na manhã seguinte:

"Ela tem um falo e sente-lhe a forma sob suas roupas, o que não a impede de ter também uma vagina e, acima de tudo, de desejar que esse falo a penetre" (p. 637). Logo após escutar o relato do sonho, o paciente é surpreendido com uma ereção: ele "recupera no ato seus recursos e o demonstra brilhantemente à sua sagaz companheira" (p. 638). Não se trata, então, de analisar o sonho dessa mulher, mas, sim, os efeitos que ele teve sobre o sujeito, os quais valeram efetivamente como uma interpretação analítica. Uma vez que o desejo inconsciente é o desejo do Outro, esse sonho se endereça ao desejo do paciente no para-além de sua demanda – isto é, mais além da demanda de reconhecimento de sua homossexualidade latente.

O que cumpre observar é o valor de demonstração que o sonho apresenta quanto à função de significante do falo no terreno do desejo: pois é precisamente como significante que o falo opera no sonho, de modo a fazer o sujeito recuperar o uso do órgão que ele simboliza, precisamente a partir do descolamento que se produz na análise entre esses dois termos (Lacan, 1958/1998a, p. 638). Ali, onde o sujeito se prendia à ilusão imaginária de que ter o falo é ter o órgão e preocupava-se excessivamente com a ereção de seu pênis, o sonho evidencia que alguém pode ter o pênis, pode não ter o pênis, pode ter o pênis e ter uma vagina, mas não é isso que comanda o desejo. Há algo nessa experiência que se coloca para além da posse fálica, de modo que o falo como significante do desejo toca no ponto de falta do sujeito, e não na sua posse.

Laurent (1995) observa como esse sonho seria habitualmente interpretado, seja no sentido de uma tranquilização do paciente por encontrar um pênis na amante (o que permitiria recusar a castração do Outro), seja no sentido de a mulher se aproximar a uma mãe castradora – que colocaria o pênis do sujeito sob o risco de ser arrancado (como na leitura de Ella Sharpe quanto ao "*to get my penis*" no sonho de Robert). Diferentemente dessas duas vertentes,

186 FAZER O LUTO DE SER O FALO

a interpretação lacaniana visa a evidenciar, primeiramente, que o obstáculo do paciente residia em um apego à posição de falo materno: "de nada serve ter esse falo, já que seu desejo é sê-lo" (Lacan, 1958/1998a, p. 639). Trata-se, assim, de ser o falo para não correr o risco de tê-lo, isto é, na medida em que ter um falo coloca o sujeito sob a ameaça de perdê-lo, uma vez que não há garantia viril do Pai para sua posse. Frente a essa ausência de garantias, o sujeito hesita; e é nesse ponto que intervém o sonho da amante, ao mostrar-lhe precisamente o que ela não tem, ao fazer aparecer o falo "ali onde ele não pode estar".

O principal, no entanto, é o que a amante lhe diz: que, "em seu sonho, ter esse falo não fez com que o desejasse menos. Com o que, é sua própria falta-a-ser que é tocada"[7] (Lacan, 1958/1998a, p. 639). Com o sonho, a mulher indica que o desejo não se articula a ter o falo imaginário; que o desejo, antes, liga-se ao falo simbólico como significante de sua falta-a-ser. Ela expõe ao parceiro que ter um pênis não equivale a deter a arma absoluta – e que o falo simbólico enquanto significante do desejo só opera ali onde o pênis efetivamente falta, ali onde ele não é suficiente ou não basta por si só, dando margem a desejar. Com seu sonho, a parceira faz, de certa forma, um convite para que o sujeito se autorize a avançar diante da ausência de garantias envolvida no encontro com o Outro: qualquer que seja o órgão que se tem entre as pernas, não há segurança para se haver com o desejo, que sempre esbarra na alteridade do sexo.

Mas ainda que nada nos garanta nesse terreno, esse furo não nos impede de desejar; e, nesse ponto, a única saída talvez seja a

---

7 O sonho da amante indica que se pode "desejar o falo mesmo quando se o tem", pois, no fundo, o desejo é desejo de ser o falo; dessa forma, o desejo se liga à falta, e não ao ter, e é por isso que esse sonho toca a falta-a-ser do sujeito (Miller, 1994-95/2005, p. 222).

aposta – a exemplo da aposta em uma parceria amorosa,[8] que pode se situar no mais além das demandas normativas ligadas à heterossexualidade, à homossexualidade etc., que poderiam permitir ao sujeito adormecer sob (ou se angustiar diante das exigências ideais de) uma dada categoria do "ser". Para além de uma conformação da sexualidade às categorias identitárias que buscam atribuir um "ser" ou uma substância ao eu (por meio de uma identificação com o "ser" heterossexual, homossexual, bissexual etc.), a assunção da dimensão esburacada do desejo convoca o sujeito a se haver com uma falta-a-ser, irredutível ao registro imaginário da identidade – ainda que isso não impeça um analisante de estrategicamente lançar mão de uma dada identificação no plano político.

Nessa medida, podemos considerar que o paciente de Lacan avança em um ponto que Robert não foi capaz de transpor. Enquanto o paciente de Lacan se encontra com o S(Ⱥ) e sustenta sua experiência (não sem dificuldades), o paciente de Ella Sharpe continua dormindo, protegendo-se de se encontrar com a falta no Outro. Não à toa sua modalidade de apego à masturbação, que lhe permite evitar "qualquer risco quanto ao desejo" (Rubião, 2019, par. 16), bem como negar, "a qualquer custo, a castração do Outro". Poderíamos tocar aqui, inclusive, na dificuldade de Robert com as mulheres, uma dificuldade com a diferença sexual, diante da qual ele opta por se encapsular no gozo seguro da masturbação, que o protege do encontro com a diferença no corpo do Outro. Por sua vez, o paciente de Lacan, ao consentir com o convite feito pela amante, avança em direção ao encontro com a alteridade do sexo e com a estranheza do sexual a partir da assunção da ausência de

---

8 Em certo sentido, o próprio sonho já opera como uma aposta que responde ao impasse do sujeito, convocando-o a uma abertura a algo do amor que talvez se manifestasse em sua parceria. No entanto, não é necessário que essa aposta só possa se dar pela via do amor; essa saída é, antes, da ordem do contingente, a partir daquilo que se inscreve no singular do caso.

188 FAZER O LUTO DE SER O FALO

garantias quanto à sexualidade, ali mesmo onde ele buscava colocar na conta de uma "homossexualidade recalcada" ou de uma "menopausa masculina" a sua saída subjetiva pela impotência.

Desse modo, ao revelar a sua falta-a-ser, o gesto da amante acaba por permitir ao paciente se ligar a ela – não tanto por ser reconhecido como possuidor do grande falo, mas sim – pelo recobrimento das duas faltas-a-ser, pois esse gesto toca a falta do próprio sujeito (Laurent, 1995, p. 47). Assim, o caso nos ensina que o falo imaginário sempre acaba por esbarrar no registro da impotência, a despeito da ilusão de poder que ele proporciona ou que lhe é demandada pelo discurso. Dito de outro modo, a impotência é o fantasma do falo imaginário. Com a simbolização do falo posta em cena no sonho, o falo simbólico permite retirar a centralidade que conferimos ao imaginário do órgão, ao apagá-lo por sua significantização, que injeta uma negatividade na relação entre a linguagem e o referente.

A significantização é o que vem produzir uma anulação da coisa em sua materialidade, de modo que o significante fálico permite ao pênis se velar como órgão para dar margem ao funcionamento simbólico do desejo enquanto mobilizado por um ponto de falta – um passo que o impotente[9] não parece capaz de dar: "A

---

9 Valeria ressalvar que nem toda impotência é redutível ao exemplo dado aqui, tampouco esgotável pelo referencial fálico nele empregado. Diversos outros fatores – e conceitos – podem operar nesses casos, a exemplo da relação do sujeito com o objeto *a*. Frequentemente, a impotência se apresenta em situações em que um sujeito não encontra num parceiro as suas "condições de amor", isto é, o "algo a mais" bastante singular que mobiliza a causa do seu desejo. Nesse sentido, é curioso que a impotência de muitos sujeitos cesse ao encontrar um parceiro com quem esse elemento da causa se manifesta, à diferença de parcerias anteriores que poderiam ser guiadas por um ideal estético, por exemplo, mas que, no fundo, não envelopavam o objeto *a* para esse sujeito. Para uma investigação mais detalhada sobre o tema da impotência, ver Grassi (2004).

tarefa para o homenzinho é riscar essa parte corporal de sua imagem especular. E a vemos na impotência masculina. Quanto mais atento ele está à performance de sua 'coisa', pior ela se sai" (Barros, 2020, pp. 24-25, tradução nossa). Diferentemente, o falo simbólico permite que o pênis não seja o centro da cena para o sujeito, permite que o pênis possa se apagar da cena para que algo do desejo como falta possa operar. Dessa maneira, o sonho da amante faz valer a presença do falo como significante (Laurent, 1995, p. 47), de uma forma que "não é o pênis que me qualifica como significante de minha virilidade" (Lacan, 1968-69/2008, p. 314).

Por esse motivo, a impotência encontra no registro do falo imaginário um terreno fértil para avançar, na medida em que as questões concernentes ao órgão, como querer aumentá-lo, sentir-se inseguro com sua forma etc., são consequência da crença imaginária de que o falo é o pênis, levando muitos homens a enredarem-se em dinâmicas de alienação imaginária aos ideais (de uma masculinidade normativa) que impedem o funcionamento simbólico do falo no campo do desejo. Essas preocupações quanto ao tamanho ou à forma do pênis frequentemente se desdobram no apego do sujeito à métrica fálica, como forma de não quererem saber do fato de que a moeda da vida amorosa – e, no fundo, da própria causa do desejo – é outra. Nesse terreno, não se trata da proporção fálica, como quer que a tentemos medir, mas sim de como um sujeito pode se haver com aquilo que é a causa do seu desejo, mais além do próprio falo.

Uma pergunta pelo falo: o outro homem na neurose obsessiva

Mas vale aqui nos determos à particularidade da demanda que o sujeito endereça à sua amante. Ao tentar fazer valer "a função do terceiro potencial no casal" (Lacan, 1958/1998a, p. 637), por meio

190 FAZER O LUTO DE SER O FALO

de sua proposta para que a mulher durma com "outro homem", o paciente aí introduz silenciosamente uma questão que a referência à homossexualidade latente talvez nos faça desconhecer. Afinal, não parece fortuito o emprego lacaniano do termo "terceiro potencial" para descrever esse homem que o paciente convida a entrar na relação: potencial, aqui, evoca a potência, a virilidade idealizada desse terceiro. A introdução desse outro homem seria, então, equivalente a introduzir uma virilidade idealizada, de outro que detenha a potência que o sujeito não tem e supõe ser da posse desse outro.

Nesse ponto, no entanto, antes de avançarmos, caberia fazer uma pequena interpolação: quando discutimos, na Seção anterior, o *acting out* de Robert ao fazer xixi na cama após uma intervenção de Ella Sharpe, utilizamos, na esteira de Lacan, o raciocínio de que, no *acting out*, o sujeito coloca em cena alguma coisa em resposta a um ponto que a analista não escutou, isto é, a atuação de um analisante sob transferência responde a um ponto de falha na escuta do analista. Pois o *acting out* é "sempre uma mensagem, e é nisso que nos interessa quando se produz numa análise. Ele é sempre dirigido ao analista, na medida em que este, em suma, não está muito mal situado, mas também não está inteiramente em seu lugar. Em geral, ele é um *hint* que o sujeito nos dá" (Lacan, 1957-58/1999, p. 433). Curiosamente, o paciente de Lacan também faz um *acting out*, mas o analista não considera, em sua escrita, que teria havido um ponto de falha em sua escuta do caso. Ao mesmo tempo, nem todo *acting out* precisa ser atribuído a uma falha do analista, mas poderíamos nos perguntar se teria havido algum ponto no caso que Lacan não pôde escutar.

Afinal, mais além de uma suposta homossexualidade inconsciente, o que parece estar em jogo aí é uma pergunta sobre o falo, sobre o falo que se tem ou que se sonha ter, ou mesmo que se supõe que não se tem e que se precisaria ter. Nesse sentido, a demanda do paciente para que sua amante durma com outro homem pode ser lida como uma forma encapsulada da interrogação indicada por Lacan no Seminário 6: será que tenho um falo suficientemente grande? Pergunta que, por sua própria estrutura, toma como base o equívoco entre pênis e falo, angustiando o sujeito por seu pequeno pênis, uma vez referido ao que supõe que deveria constituir a imagem do significante do desejo. Assim, se o sujeito se encontra impotente, é como consequência dos obstáculos gerados por seu enganche no eixo imaginário – a dinâmica de potência-impotência –, enganche que dificulta o apagamento do próprio órgão, necessário para viabilizar o funcionamento fálico em sua dimensão simbólica.

Essa ênfase na dimensão imaginária do órgão, que frequentemente deixa o sujeito às voltas com a possibilidade de não ser suficiente, evidencia o caráter paralisante dessa pergunta sobre o tamanho de seu falo – e mesmo de seus atributos correlatos como a beleza, a forma do corpo, o dinheiro, os bens de consumo etc., que sempre deixam uma margem de insegurança, relançando o sujeito na busca por mais um esforço que ateste seu ter, nunca definitivamente conquistado. Mas esse arranjo pode antes envelopar a identificação inconsciente do sujeito com o falo materno, que lhe permite não se haver com a ausência de garantias do Outro no campo do desejo, uma vez que o faz se dedicar, pelo contrário, a adormecer no sonho da completude do Outro – que se reflete na imagem ideal de um outro perfeito, construída pelo sujeito para justificar seus impasses, diante da qual ele se sente impotente.

A esse respeito, Laurent (1995) ainda nos dá uma pista para investigarmos a importância que Lacan confere ao "outro homem" na neurose obsessiva. Trata-se de outro homem, mas não um qualquer: é preciso um que seja portador de um falo maior, de uma virilidade idealizada ou que seja realçado por diversos atributos fálicos, muitas vezes apenas supostos pelo sujeito. Outro que seja

192 FAZER O LUTO DE SER O FALO

mais bonito, mais forte, mais rico, mais interessante, mas que, em suma, tenha a posse de algo que faz falta ao sujeito, deixando-o aflito diante da própria castração. Para o obsessivo, ele mesmo não tem o falo: "é um outro que o tem, enquanto *ele o é* de modo inconsciente" (Lacan, 1958-59/2016, p. 483, grifos do original).

Assim, essa posição subjetiva de se apresentar como quem não tem o falo parece envolver dois componentes na neurose obsessiva: primeiro, o sujeito pode ser o falo de forma mascarada, escondida dele próprio (por sua permanência inconsciente como falo materno, ou seja, como o objeto que completaria o desejo do Outro); e segundo, o sujeito elege outro que ele supõe que tem o falo e de quem depende seu ser (Lacan, 1958-59/2016, p. 490). Nesse sentido, o obsessivo institui um semelhante que seria dotado do falo como uma imagem de potência:

> *Em todo obsessivo, homem ou mulher, vocês sempre verão surgir, num momento de sua história, o papel essencial da identificação com um outro, um semelhante, um colega, um irmão pouco mais velho, um companheiro contemporâneo que, na totalidade dos casos, tem em seu favor o prestígio de ser mais viril, de ter o poder. O falo aparece aqui não sob sua forma simbólica, mas imaginária. Digamos que o sujeito se complementa com uma imagem mais forte do que ele, uma imagem de potência. (Lacan, 1957-58/1999, p. 500)*

Essa dupla configuração nos permite situar o funcionamento da primeira fórmula[10] da fantasia do obsessivo rascunhada por

---

10 Curiosamente, ao longo de sua obra, Lacan escreveu duas fórmulas diferentes para a fantasia do obsessivo, uma no Seminário 6 e outra no Seminário 8, sem jamais retomar nenhuma das duas, seja em seus escritos, seja em outros

Lacan (1958-59/2016, p. 484) no Seminário 6: $\Phi\Diamond i(a)$. Para o neurótico obsessivo, o $ da fórmula da fantasia fundamental [$\$\Diamond a$], que escreve a relação de um sujeito [$\$$] com o gozo [a], declina-se numa "identificação de seu ser inconsciente com o falo", que é o que encontramos do lado esquerdo dessa fórmula lacaniana, por ele proposta apenas "com reservas e sumariamente", mas que se escreveria como "falo barrado" [Φ] (Lacan, 1958-59/2016, p. 484). Trata-se de uma barra colocada sobre a posição simbólica do ter, que faz o sujeito se aprisionar na identificação inconsciente com o falo da mãe, que ele não suporta perder (o que se apresenta como recusa da castração do Outro).

Ao mesmo tempo, essa barra sobre o Φ indicaria um bloqueio no funcionamento significante do falo, bloqueio ao qual se liga, por exemplo, o problema da impotência no caso do paciente de Lacan. Assim, se o neurótico recua, é justamente diante da dificuldade de sustentar o falo simbólico, uma vez que ele foi reconhecido como um falo sem garantias. Ou ainda, diante dos desafios em avançar rumo à dimensão esburacada do desejo, que conduziria o sujeito a assumir sua falta-a-ser mais além da ilusão da posse viril.

Do lado direito da fórmula, por sua vez, no lugar do objeto a, encontramos a "forma desse outro imaginário onde o sujeito se situa e se reencontra": $i(a)$ (Lacan, 1958-59/2016, p. 484). É esse outro imaginário que detém, da perspectiva do sujeito, uma virilidade idealizada e que o paciente de Lacan busca introduzir na relação com a amante a partir desse terceiro potencial. Se, na neurose obsessiva, sempre encontramos "certo receio de desinflar, relacionado com a inflação fálica" (Lacan, 1960-61/2010, p. 319), esse receio

---

seminários. No entanto, ao abordarem a fantasia do obsessivo, seus comentadores frequentemente exploram a fórmula do Seminário 8 e deixam de lado a escrita do Seminário 6, a qual buscaremos resgatar e desdobrar aqui pelo valor que ela nos parece assumir na experiência clínica.

194 FAZER O LUTO DE SER O FALO

pode levar o sujeito a buscar apoio em um outro supostamente capaz de assegurar essa virilidade que lhe aparece como desprovida de garantia; o terceiro potencial no casal – ou mesmo na fantasia – reintroduz a virilidade que se supõe insuficiente ou perdida.

Com essa breve incursão, acreditamos situar um giro de leitura que segue na mesma esteira da abordagem lacaniana do caso Dora: ali, onde Freud supunha que o interesse de Dora pela Sra. K. se traduziria direta ou exclusivamente por uma disposição homossexual recalcada, Lacan localiza uma questão subjetiva da paciente – que ele generaliza para a histeria – relacionada ao que é ser uma mulher. A Sra. K., enquanto essa Outra mulher idealizada, encarnaria para Dora o enigma de sua feminilidade corporal (Lacan, 1951/1998). No ponto mesmo em que a paciente se vê desprovida de um saber-fazer com o corpo diante do desejo e do gozo, ela supõe, na figura da Sra. K., alguém que teria uma resposta quanto ao feminino, bem como quanto ao que é ocupar o lugar de uma mulher diante de um homem no ato sexual.

Na neurose obsessiva, por sua vez, a partir do caso atendido por Lacan, bem como a partir de nossa experiência clínica, podemos considerar que a função viril do "outro homem" na neurose – a exemplo da introdução do terceiro potencial no casal – também não precisa ser traduzida direta ou exclusivamente como a expressão de uma pretensa disposição homossexual recalcada de um paciente. Essa função pode veicular também uma pergunta inconsciente de um sujeito concernente ao falo e à sua própria posição sexuada, pergunta que ele sustenta, sem o saber, por meio desse outro a quem atribui uma virilidade idealizada, o qual opera como suporte para os enigmas do masculino: será que o meu falo é suficientemente grande? Como me autorizar da posse (sempre imperfeita) de algo que não me dá nenhuma garantia quanto ao meu desejo? Como me servir do falo sem nenhuma garantia para seu uso?

HOMENS EM ANÁLISE: TRAVESSIAS DA VIRILIDADE   195

Poderíamos aqui nos perguntar também quanto a alguns desdobramentos contemporâneos dessa questão, que pode se materializar em práticas sexuais hoje nomeadas por categorias como os heteroflexíveis, os heterocuriosos, os g0ys, a *brotheragem*, entre tantas outras nomeações que descrevem práticas como masturbação, beijos, carícias envolvendo dois homens (ou mais), sem que seus sujeitos entendam essas práticas como uma objeção ao seu pertencimento identificatório à categoria da heterossexualidade – tampouco como algo cuja consequência seria necessariamente a vinculação a uma identidade gay. É certo que a recusa de um homem em se reconhecer como homossexual ou bissexual poderá ainda estar articulada a uma dimensão política, seja pelo recuo narcísico diante da ameaça de perda de privilégios ligados à heterossexualidade na cultura, seja pelo sentimento de inadequação diante dos imperativos e das prescrições de grupo que frequentemente recaem sobre sujeitos que assumem uma identidade gay – mas, neste momento, interessa-nos antes o fato de que as experimentações no campo da sexualidade podem dar corpo às mais diversas questões subjetivas.

Ainda que essas nomeações sejam recentes, podemos encontrar inúmeras descrições de experiências sexuais de homens com outros homens, numa passagem da infância ou da adolescência, por exemplo, até mesmo nos relatos de caso fundadores da teoria psicanalítica (recolhidos mais de um século atrás), como no caso do Homem dos Ratos, que, aos 14 anos de idade, teve experiências sexuais com outro rapaz, sem que isso o confinasse em uma dada categoria identitária ou o fizesse questionar sua orientação sexual (cf. Freud, 1907-08/2022, p. 477). Na obra de Freud, essa dimensão tinha lugar por meio da noção de "predisposição à bissexualidade", entendida enquanto a presença de algo de indeterminado na sexualidade humana, permitindo a coexistência de identificações, escolhas de objeto e modos de satisfação pulsional incoerentes entre si e/ou em relação à norma cis-heterossexual da cultura. Esperamos que quem se autorize a se colocar do lugar de analista esteja aberto a escutar essa dimensão de indeterminação inerente à sexualidade.

Nessa esteira, é igualmente importante assegurar que esses giros (que basculam entre a disposição homossexual e a questão subjetiva que pode nela se veicular) não produzam como efeito uma recusa da homossexualidade ou da bissexualidade enquanto orientações sexuais, que podem inclusive coexistir perfeitamente, por exemplo, com uma questão inconsciente de um homem quanto ao falo ou com uma questão inconsciente de uma mulher quanto ao feminino. Afinal, esses giros não excluem a homossexualidade, mas talvez ajudem a expor a complexidade da sexualidade humana. Pois, mesmo nas práticas heterossexuais, podemos encontrar questões subjetivas de um homem que se pergunta o que significaria ocupar o lugar tradicionalmente atribuído a uma mulher no ato sexual (isto é, uma interrogação sobre o gozo feminino) ou questões inconscientes de uma mulher que se pergunta o que seria gozar como um homem, bem como questões subjetivas que interrogam essa partição binária entre posições sexuadas, indicando a insuficiência dessas categorias para dar conta do real em jogo no desejo e no gozo.

No limite, o que nos cabe frisar é que não há prescrição, por parte do analista, quanto ao gênero e à modalidade das parcerias amorosas e sexuais dos seres falantes. Nesse terreno, qualquer que seja o gênero ou a sexualidade de alguém, uma escuta analítica se caracteriza por dar lugar ao modo como cada um se haverá com seus encontros e seus desencontros concernentes ao desejo e ao gozo – que não deixam de atravessar cada sujeito à sua maneira. Frente a essas interrogações, torna-se fundamental "que o analista saiba que não existe substância fálica" (Laurent, 1995, p. 47), na medida em que o falo não passa de um semblante, um véu que oculta um vazio.

Mas sua dimensão significante é também operativa no sentido de dar corpo a uma interrogação simbólica que toca na posição íntima do sujeito, sem encontrar nenhuma resposta pronta quanto aos destinos que uma pergunta pela posição sexuada deve assumir – algo que só se apresenta na singularidade do caso, a exemplo do paciente de Lacan. A solução que ali se desenhou – e que não é passível de ser generalizada – pressupôs um apagamento do falo como órgão imaginário da (im)potência masculina para que ele pudesse operar como significante do desejo, mais além da ameaça de castração, dos ideais de virilidade e da identificação com as categorias identitárias da homossexualidade ou da heterossexualidade normativa.

A essa altura, poderíamos nos perguntar também sobre os efeitos de uma releitura desses casos à luz da lógica da sexuação. Tendo sido seus respectivos relatos redigidos nos anos 1950, tanto o paciente de Ella Sharpe como o paciente impotente de Lacan foram casos pensados a partir do marco teórico do falo como significante indutor de uma negatividade no campo do desejo, com a qual seria preciso consentir para que o próprio desejo pudesse funcionar. No entanto, ambos os casos nos colocam diante das hesitações dos analisantes frente ao encontro com o sexo naquilo que ele tem de *heteros*, de não-todo, em sua própria composição. O ponto nodal, tanto em um caso como em outro, parece residir não apenas no que diz respeito ao falo como tal, mas também em algo que excede seu centramento – algo diante do qual o paciente impotente de Lacan pôde avançar, pela coragem em consentir com sua indeterminação inerente, e diante do qual o paciente de Ella Sharpe permaneceu adormecido, enclausurado nos ditames da lógica fálica. Poderíamos, então, reler esses casos à luz das defesas fálicas que ambos erigiram diante do feminino?

198 FAZER O LUTO DE SER O FALO

A desidentificação ao falo na direção de tratamento dos homens na neurose obsessiva

Ainda que a formulação lacaniana do final de análise pela travessia da fantasia, em 1967, tenha nos fornecido uma bússola clínica fundamental para pensar a direção do tratamento – e cujo efeito de *a posteriori* na teoria acaba por nos fazer deixar de lado formulações prévias da obra de Lacan –, gostaríamos de recolher e desdobrar, nesta Seção, alguns dos elementos que decorrem da perspectiva lacaniana de 1958 quanto à desidentificação ao falo, que discutimos ao longo deste Capítulo e que têm encontrado um lugar decisivo em nossa prática clínica, fazendo, a partir daí, uma ponte para articular essa perspectiva aos desdobramentos lacanianos do final de análise nos anos 1970 durante o Capítulo 4.

Fazer o luto de ser o falo: o passe de Leonardo Gorostiza

A desidentificação fálica pode ser considerada uma primeira[11] volta de Lacan em torno do impasse situado por Freud (1937/2017) quanto ao final de análise. Ali, onde o fundador da psicanálise esbarrou, com seus neuróticos, no trágico rochedo da castração – entendido enquanto a desautorização da feminilidade nos homens (descrita pelo próprio Freud como uma recusa de se colocar em uma posição passiva diante de outros homens) e a permanência do *Penisneid* nas mulheres –, o que Freud situava como intransponível, Lacan buscará conduzir a experiência analítica para além desse impasse. No fundo, podemos considerar que o

---

11 A segunda volta de Lacan a esse impasse, como discutiremos no Capítulo 4, é constituída pela travessia da fantasia, formulada em 1967 juntamente com a construção do passe. O uso que dela faremos aqui será em sua versão desdobrada por Miller (2011) à luz da tábua da sexuação, desenvolvida em 1972-73.

obstáculo dos neuróticos freudianos era uma dificuldade com a feminilidade, uma vez que, tanto em homens como em mulheres, o que estava em jogo seria traduzível como um "não querer ser uma mulher" (Miller, 1993-94/2011, p. 466, tradução nossa). Trata-se aí da recusa da feminilidade como cifrada a partir do marco do fantasma masculino, que dota a falta fálica da significação da castração: $-\varphi$.

Na psicose, por sua vez, temos o avesso desse arranjo, a exemplo do pensamento tido por Schreber de "como seria belo ser uma mulher na cópula". Essa feminização é aí assumida e mesmo desejada, de modo que Lacan pôde falar de um verdadeiro "empuxo à mulher" na psicose (Miller, 1993-94/2011, p. 466). Mas o que Freud aponta é que, quando não há psicose, isola-se antes um "empuxo ao homem", um "querer alcançar a masculinidade" – *das Männlichkeitsstreben* (que Miller retomará em 2011 como "aspirar à virilidade", como veremos no Capítulo 4) (p. 466). Nos homens, esse "empuxo ao homem" se notaria na "exigência de ser um homem, como se estivesse ameaçado de nunca sê-lo suficientemente e devesse de fato demonstrá-lo" (p. 466, tradução nossa). A mascarada viril está, então, a serviço de comprovar que o sujeito não ocupa uma posição passiva: "Esse valor viril no imaginário é a atividade, enquanto a posição passiva assume uma significação (*Bedeutung*) de castração" (p. 467). Desse modo, um homem "nunca é suficientemente homem a seu gosto" (p. 468).

Numa releitura lacaniana, ao sustentar que os homens não querem ser tomados de uma posição passiva, feminina, para com outro homem, Freud põe em cena a desautorização da feminilidade, ali traduzível, nesse momento, como uma recusa da significação (*Bedeutung*) da castração, a saber, $(-\varphi)$ (p. 469). Por isso, talvez, o aspecto trágico do rochedo da castração na análise freudiana, na qual não parecia possível consentir com o menos-phi para poder tomar dele uma distância que o tornasse cômico, que permitisse

200 FAZER O LUTO DE SER O FALO

bem-dizê-lo, como será mais tarde a proposta lacaniana. Partindo desse ponto de impasse, Lacan produziu pelo menos duas respostas: uma primeira, em 1958, com a desidentificação fálica; e uma segunda, entre 1967 e 1973, com a travessia da fantasia e a abertura ao feminino. Nesta Seção, discutiremos a primeira resposta; no fim do Capítulo 4, discutiremos a segunda. Desde já, vale observar que ambas as respostas permitem sublinhar a dimensão cômica da virilidade, franqueando uma abertura para seu mais além, em contraponto ao aspecto trágico do rochedo da castração em Freud.

Em 1958, Lacan traduziu a recusa da feminilidade freudiana como apego, tanto nos homens como nas mulheres, à identificação fálica. Uma vez que o falo é por ele considerado "o mais fundamental dos símbolos relativos à identificação do sujeito" (Lacan, 1958-59/2016, p. 169), Lacan sustentará que a "função desse significante como tal, na busca do desejo, realmente é, como a situou Freud, a chave do que é preciso saber para terminar suas análises" (Lacan, 1958/1998a, p. 636). Mas, ali, onde Freud falava de "não querer ser uma mulher", Lacan falava primeiro "querer ser o falo" (Miller, 1993-94/2011, p. 469, tradução nossa): "no termo derradeiro, a aspiração do paciente se quebra numa nostalgia irredutível sobre isto, que o falo, de modo algum ele poderia sê-lo, e que para não o ser, ele só poderia tê-lo na condição do *Penisneid* na mulher, da castração no homem" (Lacan, 1959-60/2008, p. 351).

Esse desejo de ser o falo, que toca na dimensão do parecer, remete à identificação fálica com o desejo do Outro, que localiza no filho um substituto do falo – frequentemente articulado, em nossa cultura, às incidências do *Penisneid* sobre a sexualidade feminina, redundando no desejo da mãe em sua qualidade de mulher, que desloca um desejo de falo para um desejo de filho (Miller, 1993-94/2011, p. 470). Nessa perspectiva, o fim da análise seria "escapar dessa identificação condicionada pelo desejo da mãe como mulher" (p. 470, tradução nossa). Afinal, quando Lacan define o falo como o significante do desejo do Outro, esse Outro é, no mais das vezes, em nossa cultura, o Outro como materno – ainda que essa não seja uma regra.

Em seu testemunho de passe, Leonardo Gorostiza (2011) apresenta a conclusão de sua primeira análise em termos de uma desidentificação fálica. O mito individual e suas condições subjetivas que o levaram à profissão de médico poderiam ser resumidos com a seguinte fórmula: "desejo de curar o Outro". Gorostiza desdobra essa fórmula dizendo que "ser médico" recobria a posição de "ser o único", traço de exceção que o situaria como "o único capaz de curar o que aparecia como um nome da falta no Outro: a 'loucura' do Outro materno" (p. 4). Localizar esse arranjo lhe permitiu elucidar sua posição de falo do Outro materno, como "obturador da dita falha" (p. 5), de modo que essa primeira experiência de análise se concluiu com a "destituição dessa posição de identificação ao falo" (p. 5).

Trata-se, assim, de fazer o luto de ser o falo que completaria o Outro, permitindo que apareça em sua falta – ou em sua castração – esse Outro que o sujeito se esforça por manter pleno, como forma de assegurar para si um lugar, isto é, como forma de não se haver com a ausência de garantias em assumir uma posição como sujeito desejante no mundo. Mas, para que um sujeito possa fazer o luto do falo, é preciso primeiro atingir o Outro, barrar o Outro a quem esse sujeito responde, fazendo aparecer sua estrutura como Ⱥ, um Outro barrado, inconsistente, e não mais como A (um Outro pleno e ilusoriamente completo). Ao tocar o desejo do Outro, exibindo-o como barrado em sua estrutura, torna-se possível, então, "desfazer-se a identificação fálica" e, "em seu lugar", revelar-se o $(-\varphi)$ da castração e sua articulação com o que mais tarde se apresentará como o objeto a da fantasia (Miller, 1993-94/2011, p. 458, tradução nossa).

202 FAZER O LUTO DE SER O FALO

Consentir com a castração do Outro: o caso Christian

Por que há esse apego do sujeito à identificação fálica? A força da identificação fálica provém do fato de que ela responde à incidência do desejo do Outro (comumente encarnado em nossa cultura pela figura materna ou paterna) na trajetória de um sujeito (Miller, 1993-94/2011). Assim, o que pode parecer uma fixação do sujeito depende estritamente da posição que o desejo do Outro assume para ele. Dessa forma, o apego à identificação fálica frequentemente responde ao peso do desejo do Outro, que convida o sujeito a permanecer nesse lugar de jogar com o engodo de ser o falo, e é nesse ponto que entra em jogo o desejo do analista. Pois, para tocar o desejo do Outro e fazer aparecer a barra em sua estrutura [A → Ⱥ], comovendo a identificação fálica, servimo-nos do desejo do analista, que permite atualizar e reconfigurar o lugar do Outro para um sujeito: "O desejo do analista deve ter uma estrutura diferente da do desejo do Outro articulado com essa identificação" (Miller, 1993-94/2011, p. 457, tradução nossa).

Encontramos essa reconfiguração da posição do sujeito a partir da colocação de uma barra sobre o Outro em um caso relatado por Hervé Castanet (2016). Na casa dos 30 anos de idade, Christian procura análise porque suas relações amorosas fracassam. Não era alguém em busca de aventuras; pelo contrário, ele se apresentava como um sujeito que quer comprometer-se. Mas em suas parcerias, pouco a pouco, sempre aparecem pontos que tornam o parceiro insuportável, pelo modo de dizer, de agir, de ser, que vão se constituindo em objeto de suas críticas até que o laço se impossibilite e ele, angustiado, encerre a relação. O analisante conta que sonha em ter uma parceria sem conflitos, sem xingamentos, na qual "tudo andasse bem" (Castanet, 2016, p. 75). Essa frase, "Que tudo ande bem", foi o que estruturou cada uma de suas relações amorosas durante boa parte de sua vida.

Assim, Christian busca se envolver em parcerias amorosas estáveis, mas essas parcerias precisavam ser perfeitas, não poderiam conter nada que saísse dos trilhos.[12] E, assim que aparecesse qualquer sinal de falha, qualquer problema na relação, ele precisava terminá-la, não suportava estar numa parceria que não fosse perfeita de saída. Em análise, vem à tona um ponto que permite avançar: o rapaz perfeito é aquele que faz o que ele demanda e ajusta-se a isso; ao mesmo tempo, ele também falava da família como esse lugar em que tudo andava bem. Ele era o filho amado, sempre teve um lugar respeitado pela família, mas num mundo em que essa família não conhecia sua homossexualidade. Até esse momento, ele buscava, em suas relações, parceiros que pudessem encarnar uma espécie de duplo dele mesmo, para sustentar essa perfeição familiar que ele atribuía à sua família e ao seu próprio lugar nesta – de ser o falo que coroa essa perfeição familiar. Assim, o parceiro tem de ser como ele, para sustentar o modelo de sua relação com a família e, mais especificamente, com a mãe.

O analista observa que Christian se ajustou por muito tempo ao desejo materno porque, ao fazer isso, tudo andava bem (Castanet, 2016). Ao obedecer à mãe, tudo andava bem. Queria viver então nesse mundo sem real, fixado à posição de falo fetichizado da mãe, reduzindo sua vida privada a uma série de indícios de que cada coisa está em seu lugar, de que tudo anda bem, de que o imutável segue seu curso rígido. Esse mundo sem real, essa perfeição imaginária do paraíso familiar – que, no fundo, era uma ditadura,

---

12 Vale aqui observar a presença frequente, em subjetivações de homens gays, da busca pelo ideal como forma de "compensação" ou defesa diante do que entendem como um "dano" produzido no Outro por sua sexualidade "desviante", fora do esperado: ter de ser "perfeito" em diversos aspectos da vida como forma de "compensar" por não ser o que o Outro teria desejado no campo da sexualidade. Essa pode ser mais uma das formas de identificação à imagem fálica que mencionamos no início do Capítulo.

204 FAZER O LUTO DE SER O FALO

uma tirania da perfeição – só são quebrados quando ele apresenta um namorado à família, momento em que a mãe passa a saber de sua orientação sexual. Nesse ponto, "Christian descobre que o amor de sua mãe tem uma condição: que ele seja seu falo obediente, dedicado e submisso. Sua homossexualidade destroçou o mundo impecável em que ele vivia com ela" (Castanet, 2016, p. 80, tradução nossa).

A partir daí, cai o Outro idealizado que ele tentava sustentar. O paraíso se perdeu, e Christian sustenta sua homossexualidade a contragosto do desejo parental e prioritariamente materno. Não é uma ruptura com os pais, mas sim uma tomada de distância em relação a eles. Esse giro permite destituir a força do anseio superegoico pela perfeição: ele não mais precisa mudar o parceiro, que, por sua vez, já não precisa ser perfeito. Christian e Antoine, esse mesmo parceiro que foi apresentado à família, tornam-se namorados, passam a viver juntos e, doravante, ele renunciou a mudar o Outro. Passa a ser possível se haver com as imperfeições da parceria justamente ali, onde o analisante se desprende do lugar de falo amado pela mãe, no ponto em que percebe que o lugar que ele se via na necessidade de suportar tinha um preço, muito alto, de ter de permanecer como um filho submisso ao ideal materno. Sua mudança subjetiva advém quando ele percebe que não completa esse Outro tão bem assim, quando se dá conta de que há um enorme esforço de sua parte para sustentar esse engodo – e que, uma vez instaurada e assumida a barra sobre o Outro, seria possível, portanto, fazer de outra forma (Castanet, 2016).

O caso Christian nos coloca diante de algumas consequências da identificação do sujeito ao falo materno que ele não quer perder, particularmente na neurose obsessiva. "Ao se identificar com o significante do desejo do Outro (e do amor), o obsessivo se congela na rigidez do cadáver: ele está petrificado, morto de certa forma" (Castanet, 2019, p. 58). Ser o falo produz um sujeito "cadaverizado", "gelificado no imaginário". "É o falo amarrado na gaiola narcísica que o limita. É o falo entificado, bloqueado na sua circulação". No caso Christian, renunciar a mudar o parceiro pressupôs consentir com um Outro menos pleno, menos idealizado, que não precisa responder às exigências de perfeição advindas do desejo materno – o que lhe abriu para a contingência de parcerias possíveis, nas quais a imperfeição pode ter lugar, ao fazer o luto de ser o falo que completaria o Outro. "É assim, para Lacan, em 1958, como uma análise pode se concluir. Ela implica uma mudança quanto à posição frente ao falo. A não-circulação do falo é um dos nomes da neurose" (p. 58).

Essa "não circulação do falo" é justamente o que vimos no caso Robert, que mantém o falo "conservado, preservado". Na neurose obsessiva, o sujeito "quer manter o falo da mãe. O sujeito recusa a castração do Outro" (Lacan, 1958-59/2016, p. 256). Ao deparar--se com a falta no Outro, que Lacan escreve com o S($\cancel{A}$), produzindo uma báscula entre a ausência do falo materno e a ausência de garantias no simbólico, o sujeito se defende dessa falta por meio da identificação ao falo que viria reparar o Outro – o qual é, todavia, barrado, castrado por estrutura –, sustentando a ilusão de sua completude. E o consentimento com a castração do Outro é o que permite reabrir a circulação simbólica do falo como falta, tornando menos rígida a posição do sujeito ao se desapegar do falo materno com o qual se identificava.

Assumir a dimensão esburacada do desejo: a travessia de Guillaume Gallienne

Em seu percurso sobre o final de análise a partir da obra de Lacan, Miller (1993-94/2011) propõe pensar que, em uma análise lacaniana, há uma descoberta quanto ao Outro e uma descoberta

206 FAZER O LUTO DE SER O FALO

quanto ao gozo (como retomaremos no Capítulo 4). A primeira se escreve pela inscrição da barra sobre o Outro [A → Ⱥ]: não há Outro do Outro, não há significante da garantia do significante (p. 457), ausência que franqueia uma pergunta fundamental: o que o Outro quer de mim? Em um processo de análise, parece haver um reencontro com essa pergunta que marca a constituição subjetiva, de forma que, numa análise, o sujeito tem a chance de se haver com o modo como construiu uma ficção, pela vertente da identificação fálica e/ou pela vertente da fantasia, para responder à opacidade encontrada no campo do Outro.

É nesse ponto que se desenrolam os dramas iniciais dos analisantes apresentados até aqui: o caso Robert, o paciente impotente de Lacan, o passe de Leonardo Gorostiza e o caso Christian. Enquanto Robert se deteve em um ponto anterior ao consentimento com a castração do Outro – e, portanto, sem poder operar a desidentificação fálica e a travessia da fantasia –, Christian, Leonardo e o paciente de Lacan puderam se encontrar com o S(Ⱥ) e avançar diante dele, não sem uma série de obstáculos e dificuldades, inclusive posteriores a esse movimento. Mas para cada um a seu modo, a desidentificação ao falo foi realizada. Sublinhamos aqui suas consequências para o paciente de Lacan, que, a partir do consentimento com a falta no Outro, pôde se arriscar a assumir a dimensão esburacada do desejo para além da imagem da virilidade, desprovido de garantias no Outro para sua posição sexuada e prescindindo das demandas normativas da identidade com as quais se embaraçava. A desidentificação fálica permitiu a esse sujeito sustentar um pequeno ter, mas sem garantias para sua posse e desligado das demandas normativas do Outro – ou seja, sem fazer consistir as normas sociais ou os ideais da virilidade.

Nessa mesma direção, gostaríamos de prosseguir por meio de uma breve reconstrução da trajetória de Guillaume Gallienne, na qual fica evidente a maneira como nossa relação com as normas sociais – com as demandas normativas de gênero e sexualidade, por exemplo – é mediada pelo encontro com o desejo do Outro. Guillaume é um ator de teatro da comédia francesa que passou por um percurso de análise e, ao seu final, fez dele uma peça, transformada em filme autobiográfico – *Eu, mamãe e os meninos* – no qual relata sua travessia. O título original, em francês, "*Les garçons et Guillaume, à table!*" ("Meninos e Guillaume, já para a mesa!", em tradução livre), coloca em cena um imperativo materno que indicava que a comida estava pronta, convocando os filhos a irem comer. O ponto recortado por Guillaume, ao escolher esse título, era a separação implícita que a mãe fazia entre os meninos e ele, implicando uma diferença, uma heterogeneidade entre esses termos: havia os meninos e havia Guillaume.[13]

Por essa extração, Guillaume nos apresenta a maneira como ele lê algo do desejo dessa mãe, que o tomava como uma menina, ou ao menos como um substituto para a filha que ela não teve, na medida em que já tinha dois filhos meninos, mais velhos que ele. O sujeito percebia que a mãe lhe reservava um lugar diferente em relação aos outros filhos, e seu modo de dar corpo à feminilidade, em sua maneira de ser, em seu gosto por performar uma identificação feminina, contribuía para o contraste com os irmãos, orientados por uma performance da masculinidade mais próxima aos ideais normativos da cis-heterossexualidade. Ao se fazer um sujeito mais delicado, interessado em experimentar vestimentas e performances de gênero femininas, Guillaume se distinguia da virilidade que caracterizava o uso do corpo por parte de seus irmãos, a partir daquilo que ele entendia que era seu lugar no desejo da mãe, elemento decisivo em sua identificação com a feminilidade.

---

13 Também podemos considerar a relação de Guillaume com o conjunto dos meninos uma exclusão interna: ele se conta, ao mesmo tempo, como parte do conjunto e como elemento à parte deste.

208 FAZER O LUTO DE SER O FALO

Tratava-se aí do esforço de Guillaume por se fazer à altura da imagem fálica [φ] que ele supunha que a mãe esperava dele: "O sujeito que é Guillaume Gallienne se dedica a estar ali onde o desejo de sua mãe palpita, ali onde o sopro dela o anima, ali onde ele consegue se enroscar no âmago da *falta-a-ser* dela" (Leguil, 2016, p. 203). Uma primeira quebra desse encantamento fálico se dá num momento em que, após sofrer uma decepção amorosa por um rapaz, a mãe vem consolá-lo e diz-lhe: "fique tranquilo, existem muitos outros assim como você". Essa frase inquieta Guillaume, por sugerir que a mãe não o enxerga exatamente como menina, mas sim como um homem gay.

Nesse ponto, tem início todo um percurso em que o sujeito progressivamente se dá conta de que não completa o desejo do Outro [Ⱥ]. Mas, para sustentar essa descoberta, foi preciso antes colocar à prova a palavra da mãe, buscando se entender como um homem gay e, entretanto, falhando em suas tentativas de se encontrar com outros homens, que lhe foram em grande medida insatisfatórias. Mas um ponto de virada se dá a partir da sensação de horror que ele teve diante da visão do pênis de um parceiro nu. Nesse momento de encontro com algo no órgão que assumiu para ele um valor de falo, o sujeito faz, em pensamento, a associação de que sempre teve medo de cavalos e percebe que toda a sua trajetória se pautou pelo medo de desapontar sua mãe. Ele, então, dá início a aulas de equitação, e uma mudança subjetiva se passa no ponto em que se autoriza a domar um cavalo, que opera aí como representante do falo: daquele que Guillaume buscava ser para não correr o risco de ter, isto é, para não se haver com a ausência de garantias em sustentar uma posição desejante diante de sua mãe [S(Ⱥ)].

O sujeito leva adiante, assim, um processo de separação em relação ao desejo da mãe, permitindo-se operar uma desidentificação fálica na qual o Outro se torna barrado [A → Ⱥ], não sem obstáculos – pois essa mãe insistia em não reconhecer o filho como um homem, e, sim, por aquilo que ela entende como um homossexual. Ainda que haja uma falta no Outro, ou seja, ainda que o Outro seja castrado por estrutura, é preciso, todavia, um movimento do sujeito para chancelar essa barra sobre o seu Outro – movimento que se apresenta, no trajeto de Guillaume, no momento de se colocar diante de sua mãe como um homem heterossexual, ali, onde ela só o reconhecia como um homem gay, em função de sua maneira de ser mais delicado, mais feminino que seus outros irmãos (mais próximos de uma masculinidade normativa).

Foi preciso, então, operar um gesto de separação em relação ao Outro – que passou, nesse caso, por confrontar algo do desejo da mãe e fazê-la aparecer de maneira esburacada – para que Guillaume pudesse se sustentar como um homem que deseja mulheres, apenas não da mesma maneira que os irmãos. O sujeito destaca, aí, a importância de seu contato com algo da feminilidade para a assunção de sua posição desejante, que ele diz ter estado na raiz de seu amor pelas mulheres e de sua escolha pelo teatro, onde ele frequentemente encarna papéis femininos (cf. Leguil, 2016). Ser um ator é, assim, algo que o resgata de uma posição de passividade diante do Outro materno e permite-lhe representar e sublimar, no palco, "seu desejo de *encenar ser uma menina*" (Leguil, 2016, p. 203, grifos do original) – inclusive transformando seu drama trágico em um relato cômico, do qual o sujeito pode, então, desidentificar-se.

Cabe frisar que esse desejo de encenar o feminino coexiste com suas identificações masculinas e com sua heterossexualidade, e é ao sustentar a singularidade desse arranjo que Guillaume se coloca como um sujeito desejante: "É amando o que faz dele um ser fora da norma que Guillaume poderá assumir ser um homem, heterossexual, enamorado por uma mulher, ali onde os outros o esperavam em outra parte, do lado de uma homossexualidade que ele não

210 FAZER O LUTO DE SER O FALO

escolhera" (Leguil, 2016, p. 205). Trata-se aí dos desdobramentos do percurso singular de um sujeito com uma solução própria, cujo relato não se constitui como um modelo para aplicação em outros casos, mas antes como uma forma de transmissão do modo como o desejo do Outro incidiu em sua trajetória e do modo como, para se fazer uma posição desejante, foi preciso esburacar o seu Outro. Ali, onde o sujeito passou anos de sua vida respondendo ao que entendia tacitamente como o desejo de sua mãe, tornou-se possível se separar disso, fazendo-se um homem à sua maneira, para além da incidência do desejo materno em seu percurso.

Nesse sentido, a assunção da dimensão esburacada do desejo em Guillaume se coloca fora da relação com os ideais normativos da masculinidade, na medida em que, ao se colocar como um homem, ele se autoriza a permanecer atravessado por algo do feminino que o marcou em sua trajetória. Nesse ponto, separando-se do seu Outro, ele assume a singularidade do seu modo de gozo para além da identificação fálica, como discutiremos no Capítulo 4. Mas, antes disso, buscaremos explorar o lugar do $(-\varphi)$ como órgão na constituição subjetiva dos homens cis e sua relação com a formação do engodo viril, que aqui tomaremos a partir de nossa abordagem da virilidade cômica, aquela que busca, falhadamente, ocultar o menos-phi da castração por meio da ostentação imaginária dos semblantes da potência fálica.

3. O casamento com o falo

Em um ensaio publicado no ano de 1993, intitulado "O falo lésbico e o imaginário morfológico", Butler (1993/2019) faz uma provocação decisiva à psicanálise lacaniana ao extrair algumas consequências da discordância entre falo e pênis. Ao considerar as propriedades do falo como um significante, a saber, sua plasticidade, sua transferibilidade e sua expropriabilidade, a filósofa propõe pensar, provocativamente, na possibilidade de um falo lésbico – isto é, de um funcionamento do falo "sem um pênis" (Gallop, 2019, p. 21, tradução nossa). Longe de reduzi-lo à figura do dildo,[1]

---

1 Ainda que fuja ao escopo deste trabalho discutir em profundidade a noção de "dildo" na obra do filósofo Paul B. Preciado (noção que também não se reduz ao dildo como prótese plástica), cabe constatar que sua contribuição se insere na esteira das interrogações da equação falo-pênis, enquanto mais um índice da discordância entre esses dois termos. O dildo seria uma ferramenta prática e conceitual que desvela a insuficiência do pênis nos caminhos do gozo, sua limitação diante daquilo que se esperaria do falo. Aqui, no entanto, para interrogar o funcionamento do falo, interessa-nos menos o dildo como objeto imaginário do que a posição do sujeito que dele se serve para compor seu modo de gozo, como veremos no Capítulo 4.

o convite de Butler é para que não façamos uma justaposição rápida demais entre homens, posição masculina e posse do falo, já que diversas outras posições subjetivas podem existir diante desse significante, sob as mais variadas configurações corporais e identificatórias – posições que não obedecem à clássica comédia dos sexos da cis-heterossexualidade, em que homens têm o falo e mulheres o são.

Nesse ponto, caberia salientar que nem mesmo na cis-heterossexualidade esse arranjo normativo funciona plenamente. Enquanto ser e ter o falo ficam no campo dos ideais da cultura, as configurações subjetivas que se apresentam concretamente são muito mais complexas e mais sutis do que uma mera adesão às normas sociais que pretensamente governam essas identificações. Inclusive, podemos encontrar uma importante demonstração dessa circulação do falo como significante nas parcerias sexuais e amorosas mais além da norma cis-heterossexual (e, igualmente, mais além do pênis) na seguinte passagem de Butler:

> *homens que desejam "ser" o falo para outros homens, as mulheres que desejam "ter" o falo para outras mulheres, as mulheres que desejam "ser" o falo para outras mulheres, homens que desejam tanto "ter" como "ser" o falo para outros homens [...], homens que desejam "ser" o falo para uma mulher que o "tem", mulheres que desejam "ter um falo" para um homem que o "é".*
> *(Butler, 1993/2019, p. 181)*

Mas paralelamente à plasticidade da dimensão significante aí explorada, gostaríamos de destacar também a maneira como o percurso de Butler permite interrogar a dimensão do órgão em sua (não) relação com o significante fálico. Trata-se do fato de que, na constituição da masculinidade, o pênis é tomado como um centro de controle corporal, permitindo uma ilusão de mestria do portador sobre o seu órgão, ilusão que se encontra na base da construção da virilidade. Em seu ensaio, Butler (1993/2019, p. 147) deixa entrever o engodo que está implicado em assentar a masculinidade sobre essa crença em razão do caráter "diminuto" e "limitado" do órgão, em comparação com a idealidade do falo: "o falo (re)produz o espectro do pênis apenas para provocar sua inconsistência, para reiterar e explorar sua perpétua inconsistência como a própria ocasião do falo" (p. 161).

O raciocínio da filósofa (Butler, 1993/2019, p. 114) pretende, assim, localizar como as propriedades de plasticidade, transferibilidade e expropriabilidade do falo simbólico acabam por fazer esse significante exceder sua referência ao pênis, dando margem à circulação do falo lésbico. Nessa esteira, qualquer tentativa de restringir a posse do falo aos portadores do órgão dito masculino testemunharia um desejo de "restaurar a propriedade fálica do pênis", resguardar seu "poder imaginário" a partir de um ideal do órgão como uma eminência penetrante. Butler (2009) retornaria mais tarde a esse ponto, argumentando que a "erótica da penetração", que pode ser feita seja com um pênis, seja com um membro do corpo, seja com algum instrumento, faz o falo circular "fora de seu apego fetichista ao pênis" (p. 218, tradução nossa). Com isso, o falo não é eliminado ou ridicularizado, mas "abraçado sob novas formas". O que está em questão, portanto, é o falo considerado um privilégio masculino, um signo da potência viril do "macho".

Assim, a filósofa nos convida a extrair consequências do fato de que os homens não têm a posse exclusiva do falo e, mais do que isso, que essa mesma posse é instável e ilusória, frequentemente ameaçada de se esvair. Como buscaremos desdobrar neste Capítulo, essa perspectiva vai ao encontro de algumas construções lacanianas à época do Seminário 10, em que o falo aparece não tanto como potência viril, mas antes como um órgão detumescente, que

214 O CASAMENTO COM O FALO

assombra os homens com a angústia de castração. Acreditamos que essa articulação nos permitirá situar o (-φ) como ingrediente oculto da virilidade, um ingrediente que o engodo viril se esforça por dissimular – e ao qual uma experiência de análise permite conferir outros destinos para além da ilusão de potência herdada das normas da tradição.

Diante desse convite, buscaremos desdobrar neste Capítulo duas formas de contingência implicadas na posse do pênis que desmentem a esperança de mestria masculina sobre o falo, a saber, as contingências ligadas à ereção e à detumescência do órgão, trabalhadas por Lacan em diversos pontos de sua obra. Nas Seções a seguir, discutiremos de que maneira a formulação do objeto *a* franqueia uma leitura do falo como um órgão caduco, detumescente, articulado à função da queda, e não apenas à sua eretilidade – oferecendo-nos ainda uma concepção do desejo não mais centrada no falo. Depois, interrogaremos a imprevisibilidade e a impossibilidade de pleno controle de um sujeito sobre as ereções a partir de elementos extraídos de dois casos freudianos: o pequeno Hans e o Homem dos Ratos. Esse giro de perspectiva nos permitirá interrogar a imagem do pênis como um centro de controle, na medida em que o funcionamento precário desse órgão, materializado pelas contingências que envolvem a ereção e a detumescência, frequentemente frustram as expectativas de mestria de seu portador.

O falocentrismo danificado pelo objeto a

A invenção do objeto *a* marca um ponto de inflexão na obra de Lacan. Durante a década de 1950 e, mais especificamente, no ano de 1958, o psicanalista buscou cifrar o funcionamento do desejo a partir do significante fálico, entendido enquanto um elemento simbólico indexador da falta e operador de negatividade que, até certo ponto, não se confundia com o pênis – não sem deixar resíduos de sua ligação. Afinal, nesse período, o falo como significante seria um elemento simbólico que dá acesso ao regime de significações na linguagem e instaura a falta que mobiliza o campo do desejo. O pênis, por sua vez, era marcado pelos efeitos cômicos gerados por sua aparição, os quais indicavam o caráter ridículo das tentativas de coincidir falo e pênis consequente à negatividade introduzida pela incidência do significante (fálico) – ao mesmo tempo que o riso diante do órgão se torna um índice da (não) relação entre os dois termos.

Assim, no nível simbólico, o falo operaria como elemento-chave para a produção dos efeitos de significação, que permite a um sujeito se inserir no domínio das trocas simbólicas, que pressupõem uma maneira de conferir um lugar e um valor aos objetos considerados relevantes dentro de uma dada partilha discursiva, sendo o falo simbólico a moeda que dá acesso a esse campo das significações (fálicas). Dizer que um objeto assume uma significação fálica é dizer, portanto, que ele assume um valor específico dentro de uma rede de trocas simbólicas – a exemplo da valorização particular do pênis e seus avatares fálicos na cultura ocidental. No entanto, desde 1958, essa operação é reconhecida por partir de uma imposição violenta e arbitrária comandada pelo Nome-do-Pai, que agencia a distribuição dos valores fálicos na cultura – operação que, para ser efetiva, precisa ocultar o fato de que o pênis, órgão do qual o falo toma seu nome, é um pedaço de carne que não vale tanto assim.

Temos aí um engodo estruturante da linguagem com o qual o sujeito deve consentir – em maior ou menor grau, não sem diversas nuances e variações – para obter acesso ao funcionamento do significante. Nesse sentido, o processo de significantização – cujo paradigma é o significante fálico – envolve fazer desaparecer a coisa simbolizada como efeito desse processo: operar com o

216 O CASAMENTO COM O FALO

significante pressupõe um apagamento do referente, desnaturalizando a relação entre o mundo das palavras e o mundo das coisas.

E é nessa medida que o falo não é o pênis, no sentido de que, por sua operação simbólica, ele deixa de coincidir inteiramente com o órgão, uma vez que a operação simbólica do falo, articulada à linguagem, não é redutível ao pênis tomado como um suposto elemento da biologia ou da natureza.

No entanto, a obra de Lacan será progressivamente afetada pelo fato de que a operação de significantização deixa, a cada vez, um resto, um excesso que não se deixa significantizar, atestando um fracasso inerente a essa operação de apagamento da coisa pelo significante, o que conduzirá à formulação do objeto *a*, no ano de 1963, como um resíduo irredutível ao significante. Numa leitura retroativa, podemos inclusive considerar que o efeito cômico gerado pela aparição do falo como órgão, em 1958, já constituiria um primeiro rastro do que, mais adiante, seria a presença do *a* como índice de um excedente pulsional, de um resto que escapa à cadeia significante. Esse resto seria, então, presentificado pelo falo como objeto parcial que atesta a permanência de um resíduo do vivo que, por escapar às amarras do significante, o simbólico falha em mortificar inteiramente.

Com o objeto *a*, Lacan (1962-63/2005) formaliza a ideia de resto ou resíduo, acarretando uma redefinição do falo, que passa a ser uma das formas do próprio objeto *a*, pensado como um órgão detumescente, que se torna um "trapinho" após o momento de seu gozo [$(-\varphi)$]. Nesse novo cenário, poderíamos reformular o problema do cômico sob a hipótese de que este (o cômico) se apresenta no momento mesmo em que o falo, significante velado do poder [Φ], revela-se um objeto *a*, sob a forma rebaixada do menos-phi: como uma coisinha de nada, mas um nada que não é puro vazio, pois ainda se presentifica num resíduo espectral. Trata-se de um falo que se negativiza, mas do qual sobra um resto eventualmente perturbador.

Em 1958, o falo nomeava tanto o elemento que mortifica o sujeito sob as amarras do significante (ocasionando uma perda de gozo) como o elemento de vida (isto é, de gozo) que escapa a essa mortificação. Na medida em que a incidência do significante se caracterizaria por um processo de mortificação do sujeito pelo esvaziamento do gozo, o que há de cômico no falo constituiria, nesse momento, um índice de vivificação que, mais tarde, seria atrelado ao objeto *a*. Se o sujeito barrado [$] é castrado, mortificado, o objeto *a* é o pedaço de vida com o qual o sujeito busca recuperar seu gozo perdido. Trata-se aí do fluxo de vida que jorra do cômico, na medida em que ele encarna aquilo que dribla nossas tentativas de apreensão fálica das coisas do mundo.

É esse excedente de vida pulsional que Lacan interrogará em 1963, ao inscrever o objeto *a* como um resto que insiste e escapa à operação de significantização, gesto que fornece outros destinos ao tema do desejo e do gozo, situando-os mais além da norma fálica. Interessa observar, então, que a escrita do objeto *a* é correlata a uma nova abordagem do falo, que passa a ser interrogado como um órgão caduco, ponto que está no coração do Seminário 10. Nesse cenário, enquanto, em 1958, o falo como elemento simbólico seria o operador que significantiza o gozo, transformando-o em desejo (e constituindo-se, portanto, como eixo central, ainda que cômico, da vida amorosa, como vimos no Capítulo 1), em 1963, por sua vez, o objeto *a* assume diversas funções que antes eram conferidas ao falo nesse mesmo terreno. Esse objeto assume aí o lugar de causa do desejo, destituindo a versão da "erogenidade" construída a partir da ereção fálica e permitindo pensá-la em função das bordas corporais (Lacan, 1962-63/2005, p. 254).

218   O CASAMENTO COM O FALO

Enquanto o pênis, no texto de Freud (1914/2010) sobre o narcisismo, seria um modelo da erogenidade corporal em função de sua tumescência, esse órgão passa a ser considerado, por Lacan (1962-63/2005), um "esboço do corte – separação, amolecimento, afânise, desaparecimento da função do órgão" (p. 261). No Seminário 10, se o falo permanece em causa, é para demonstrar o estatuto de semblante da própria ideia de centro instaurada pelo falocentrismo, subvertendo-o desde dentro, uma vez que esse pedaço de carne, suposto coroar a glória viril da masculinidade, é revelado como sendo, no fundo, um órgão caduco, decaído, oferecendo um paradigma para a função de queda do objeto *a* (p. 187). Nesse cenário, a afirmação de que "a anatomia é o destino" passa a indicar que o falo é um órgão precário e os objetos *a* vêm em seu lugar para dar lastro ao desejo (p. 259).

Salienta-se, então, a subversão lacaniana do falocentrismo presente na cultura ocidental,[2] ao enxergar na centralidade do pênis para os processos de subjetivação não tanto um órgão eminente, mas uma presença decaída, que libera no "macho" a angústia de castração ligada à aparição do (-φ). É em torno da ocultação desse ponto de angústia que gira o estabelecimento da virilidade. Dessa forma, se o falo permanece como peça importante na constituição subjetiva, é desde que seu próprio lugar esteja subvertido: ele será doravante um órgão caduco com o qual não se pode contar, o que constitui um falocentrismo danificado a partir da incidência do objeto *a*. Em outros termos, o objeto *a* passa a operar como ponto

---

2   Longe de ser ponto pacífico, a posição que aqui sugerimos quanto à existência de uma subversão lacaniana do falocentrismo busca disputar ou tensionar, pelo menos em alguns pontos, o argumento de autores como Butler (1990/2015) e Derrida (1975/2007) que, ao longo do século XX, criticaram Lacan como um pensador falocêntrico. Na impossibilidade de desdobrar aqui essa temática, que foge ao nosso recorte, remetemos aos trabalhos de Jane Gallop (1982) acerca do falo entre feminismo e psicanálise.

cego do falocentrismo, tornando cômica a sua tentativa de fazer todo o gozo passar pelo falo, na medida em que a significantização (fálica) sempre deixa um resíduo de gozo que insiste de modo refratário ao significante, a ser escrito com o objeto *a*.

Assim, o que está em jogo na subversão lacaniana talvez não seja apenas uma interrogação do falo; sua obra nos permite também interpelar a própria ideia de centro (Iannini, 2018). Ao contrário de ratificar o falocentrismo da cultura ocidental, a releitura do falo e a invenção do objeto *a* em Lacan abrem caminho para pensarmos em um "faloexcentrismo", isto é, em um "falo excêntrico, não apenas descentrado ou deposto, mas radicalmente ex--centrado" (Iannini, 2018). Trata-se aí das consequências que podemos extrair para o debate do falo a partir da passagem lacaniana do modelo da esfera, pautado pela perfeição simétrica do círculo – e que tem um centro único e localizável –, para o modelo da elipse, que não tem um centro, mas dois focos, e é marcada pela diferença e pela dissimilitude, ao contrário da harmonia esférica.

Ao buscar fazer do falo um centro absoluto, organizador único da cultura e da vida amorosa, a operação do falocentrismo só pode esbarrar no cômico, pois essa operação deixa a cada vez um ponto cego – aqui representado pelo outro foco da elipse – que não é concêntrico, mas excêntrico em relação ao pretenso centro fálico. A tentativa de tomar o falo como centro absoluto encontra, assim, um limite, um ponto cego, materializado pela presença do objeto *a* como excedente pulsional que não se deixa capturar pelas malhas do falocentrismo e que torna risível a sua empreitada. Não à toa, a versão de Lacan que interessa a Jane Gallop (1982) é a de um Lacan "faloexcêntrico" [*phallo-eccentric*] (p. 36, tradução nossa), um Lacan que joga com o cômico, zombando da impotência da norma fálica em tentar constituir um universo fechado, falocêntrico (p. 34), e desarmando estruturas rígidas de poder.

220 O CASAMENTO COM O FALO

O objeto *a* como causa do desejo: da pulsão à fantasia

Ao depreciar o falo como um órgão caduco (deslocando-o de seu lugar como elemento central da vida amorosa), o desejo é reformulado na obra lacaniana em função das bordas corporais, isto é, a partir do investimento das zonas erógenas que se tornam roupagens do objeto *a*, encarregadas de condensar o gozo e causar o desejo. Trata-se aí do reencontro de Lacan com a dimensão freudiana da perversão polimorfa das pulsões parciais, sublinhando, nesse reencontro, a dimensão rebelde e subversiva da sexualidade humana em relação aos ideais culturais da cis-heterossexualidade genital, assim como em relação à função biológica da reprodução. Desmontando ainda o engodo do senso comum de tomar o desejo como orientado pelo fascínio imaginário do semelhante (como se o desejo fosse organizado apenas pela beleza ou pela boa forma), Lacan (1962-63/2005) propõe abordá-lo por seus resíduos, dos quais as roupagens privilegiadas seriam o seio, o dejeto, o olhar e a voz.

Longe de delimitar um pretenso "desenvolvimento" do sujeito de forma linear até uma suposta maturidade genital adulta, o objeto *a* apresenta uma "constituição circular" (Lacan, 1962-63/2005, p. 320), em torno dos buracos do corpo em que se condensa o gozo do sujeito com as marcas do Outro. O objeto *a*, causa do desejo, é construído em torno das zonas erógenas, portadoras dos trilhamentos de gozo próprios a cada um, a partir da intervenção de um Outro sobre o corpo da criança. Não havendo mais um *telos* para o desejo, pela inexistência de uma maturidade adulta ou de um instinto genital, o resultado dessa operação de Lacan é o que Tim Dean (2000, p. 216), filósofo *queer* de origem britânica, nomeou como uma des-heterossexualização do desejo. Se o objeto *a* se articula (não a objetos totais que assumem a forma completa de uma pessoa, mas) a pedaços do corpo radicalmente alheios às determinações normativas de gênero, trata-se de uma concepção que ultrapassa o enquadramento das normas que buscam fixar o desejo e o gozo às pessoas do sexo/gênero "oposto" (cf. Lima, 2018b).

Ao pensar o desejo fora de toda referência narcísica à forma completa de uma pessoa ou de um gênero determinado (como um homem ou uma mulher), o gesto de Lacan desnormatiza o campo do desejo, uma vez que, por assim dizer, o objeto *a* não tem rosto, ele não está subsumido à determinação completa de um gênero ou de uma pessoa. O psicanalista chega a nos fornecer uma curiosa lista de objetos que podem se ligar à satisfação pulsional: "lábios, 'cerca dos dentes', borda do ânus, sulco peniano, vagina, fenda palpebral e até o pavilhão da orelha"; juntamente com "mamilo, cíbalo, falo (objeto imaginário), fluxo urinário", e ainda "o fonema, o olhar, a voz – o nada" (Lacan, 1960/1998, p. 832). Mas a despeito de qualquer catalogação possível, o que fará a função de objeto *a* é algo sempre singular, articulado à forma de ligação ao Outro que se encontra na história de cada um.

Podemos tomar como paradigma dessa singularidade um analisante de Freud (1927/2017) que só se atraía por mulheres em quem ele percebesse certo "brilho no nariz" (p. 315). Em análise, Freud percebeu que esse brilho (em alemão, *Glanz* [brilho] *auf der Nase*) não era para ser lido na língua germânica, mas sim em inglês, tendo o sujeito sido criado na Inglaterra: o "brilho no nariz" era, na realidade, por homofonia, um "olhar [*glance*] para o nariz" – um ponto que mobilizava sua pulsão escópica desde as suas investigações sexuais infantis. Assim, esse analisante constituiu o nariz como um fetiche – em substituição à "ardente curiosidade que o prendia ao falo da mãe" (Lacan, 1957/1998, p. 527) – a partir de um "brilho particularmente luminoso que os outros não podiam perceber" (Freud, 1927/2017, p. 316). Esse brilho luminoso, invisível aos olhos dos outros, era o que magnetizava sua busca na

222 O CASAMENTO COM O FALO

vida amorosa, podendo ser tomado como o objeto escópico com o qual o sujeito suturou a castração do Outro pela via da fantasia – ou preencheu o menos-phi [(-φ)] com o objeto *a*.

O fetiche do analisante de Freud nos instala na especificidade ética e política do conceito de pulsão na psicanálise, ao permitir pensar o caráter perverso e polimorfo dos modos de satisfação sexual na espécie humana, marcados a cada vez por uma soldagem contingente entre a pulsão e seu objeto, que é o que há de mais variável nessa montagem. Não havendo uma norma *a priori* capaz de determinar a qual objeto a pulsão deverá se ligar, temos apenas versões singulares de seu acoplamento, que se dá no avesso das normas sociais que buscam conformá-la aos ideais da reprodução ou da cis-heterossexualidade – ponto que interessou à escritora *queer* italiana Teresa de Lauretis (1994), ao desenvolver sua noção de "fetiche" para pensar o desejo lésbico, e mesmo a própria Butler, quando descreveu o que chamou de um "movimento *queer* da pulsão". Já em sua releitura de Freud, ao afirmar que "um objeto e uma pessoa não são a mesma coisa", Lacan (1964/2008, p. 190) aprofunda a ruptura freudiana quanto ao nosso entendimento de como operam a sexualidade e os fenômenos da atração sexual. Enquanto a "pessoa" fica no registro totalizante do imaginário – por exemplo, "homens", "mulheres" –, o desejo é causado pelo caráter parcelar do objeto *a*, fonte da libido extranarcísica que alimentará o investimento nos objetos – como o brilho no nariz.

Trata-se, então, de cernir um funcionamento do desejo que não visa a um objeto, mas que é, antes, causado por ele: o objeto *a* só opera como causa, e não como visada do desejo; o brilho no nariz é causa, condição para o desejo, mas não é o brilho no nariz que é desejado. Para cada sujeito, o desejo encontra um elemento singular que o causa, seja um olhar, uma voz, um traço, em suma: um elemento destacável, muitas vezes imperceptível, que mobiliza o sujeito como desejante e o fisga em suas relações narcísicas com o semelhante. Assim, pela estrutura da fantasia [$◊a], a pulsão não se liga ao envelope narcísico do semelhante [i(a)], mas ao objeto a, de modo que as coordenadas normativas do gênero (segundo as quais, por exemplo, o desejo dos homens deveria se orientar em direção a todas as mulheres) tornam-se incapazes de cernir a causa do desejo. São esses objetos a que orientam, no inconsciente, a causa do desejo, mais do que qualquer atração por um gênero determinado que caracterizaria uma orientação sexual (cf. Lima & Vorcaro, 2020).

Nesse ponto, podemos inclusive considerar que, à sua maneira, Butler reencontra Lacan: ao retomar a questão da erogenidade, 16 anos após o ensaio sobre o falo lésbico, a filósofa apresenta uma questão sobre onde começa e acaba um órgão (Butler, 2009). Ela sugere que não é evidente afirmar que "isto é um falo, isto não é mais", ou que "aqui começa um ânus, aqui ele termina", pois o corpo não é espontaneamente feito de partes descontínuas. Antes, é a própria linguagem que demarca e materializa os limites corporais. Mas essa materialização, por nunca ser completa, é o que impede que a erogenidade seja restrita aos órgãos tomados enquanto partes do corpo estritamente delimitadas. Pelo contrário, "pode ser que o gesto que se desloca sobre ou sob um órgão [...] seja erótico justamente por sua trajetória" (Butler, 2009, p. 217, tradução nossa). Nessa perspectiva, a erogenidade talvez consista em "ultrapassar a partição do corpo em órgãos", ultrapassar sua delimitação significante rígida e instrumental, dando margem ao erotismo.

Essa abordagem da erogenidade faz ecoar, até certo ponto, a leitura lacaniana da pulsão no Seminário 11, na qual a satisfação pulsional se dá pela trajetória mesma com que ela contorna o seu objeto sem atingi-lo finalmente (Lacan, 1964/2008), com o resultado de que a pulsão se torna uma cadeia significante que circunda um objeto não significante, condensador de gozo – um arranjo do qual o "brilho no nariz" pode ser bastante paradigmático. Afinal, "brilho no nariz" foi a maneira de bordejar, com uma construção significante, um trilhamento de gozo que causa o desejo do sujeito; no entanto, que brilho é esse, ao certo, não se sabe, ou melhor, não se pode saber, pois ele escapa à determinação simbólica pelo significante. O fato é que esse objeto, a pulsão apenas o contorna, tanto no sentido de lhe dar a volta como no sentido de escamoteá-lo (p. 166), e isso por dois motivos: primeiro, porque seu alvo "não é outra coisa senão esse retorno em circuito" (p. 176); e segundo, porque esse objeto é, no fundo, "apenas a presença de um cavo, de um vazio" – ocupável por substâncias episódicas, uma vez que, propriamente falando, o objeto *a* é um oco, um furo, que inclui em si o vazio da castração [(-φ)], isto é, a inexistência de um objeto adequado ao desejo, de um objeto que entregue a completude desejada pelo neurótico.

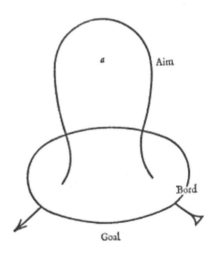

Figura 3.1. *O circuito da pulsão.*
Fonte: Adaptada de Lacan (1964/2008, p. 175).

Nesse cenário, a fantasia se torna o modo próprio como cada um preenche essa lacuna com um objeto contingente, no horizonte da perversão polimorfa das pulsões parciais, permitindo que se consolide um roteiro passível de operar como causa do desejo e do gozo na vida amorosa. O objeto a ser eleito é um objeto qualquer, mas, uma vez constituído seu roteiro, ele tende a se fixar, passando da contingência à necessidade: daqui em diante, é preciso que seja assim – questão que Freud trabalhava com a noção das condições de amor. E é nesse ponto que o caráter rebelde do objeto *a* (rebelde ao significante e ao campo dos ideais) não impede que ele seja incluído no funcionamento da norma-macho, a partir do momento em que uma de suas versões é eleita como ordenadora da fantasia viril – "como aqueles homens que desejam a série de mulheres com lábios carnudos, ou lhe apetecem as loiras, ou as que têm seios fartos" (Dafunchio, 2013, p. 33), de forma que "passam as mulheres e ficam os seios", isto é, o objeto é fixo, apenas mudam seus suportes – o que ressoa, aliás, no que afirma Lélia Gonzalez (1980/2020): que "o objeto parcial por excelência da cultura brasileira é a bunda" (p. 90).

Trata-se aí da condição "fetichista" da sexualidade masculina (1958/1998c, p. 742), que exige que o objeto tenha certos traços muito específicos para que suas condições de amor sejam atendidas, traços que são "divinos detalhes" (Miller, 1989/2010), capazes de colocar a fantasia em movimento, de modo a permitirem a entrada de um objeto no seu circuito pulsional. Não à toa, Lacan (1972-73/2008) falaria em uma "perversão polimorfa do macho" (p. 78), no sentido de que os homens acreditam gozar do corpo do Outro, mas gozam apenas de sua fantasia. O vazio da castração (a inexistência de um objeto ou um roteiro predeterminado na vida amorosa) é preenchido, então, com um objeto contingente que se solda à pulsão, obturando seu vazio.[3] A questão é que esse objeto é

---

3 Vale enfatizar que a posição do objeto *a* na lógica fálica e na vida amorosa dos homens – como enquadrado sob a lógica masculina da sexuação, acoplado

226   O CASAMENTO COM O FALO

avesso ao registro do narcisismo, tornando-se, por vezes, algo perturbador para o Eu, por se produzir uma vizinhança íntima entre o objeto e o campo do abjeto, vizinhança sublinhada pelo próprio Lacan (Lacan, 1974/2003, p. 524; cf. Lima, 2021).

A esse respeito, podemos pensar na cena de sexo a que assistimos no filme *Parasita* (Joon-ho, 2019): a mesma calcinha que, durante o dia, o empresário Park Dong-ik e sua esposa Yeon-kyo consideram nojenta e asquerosa – por suporem-na pertencente a uma mulher que encarnava para eles uma figura do rebaixamento, ligada à prostituição e ao consumo de drogas –, é utilizada pelo casal burguês, numa noite, como objeto erótico, que se imiscui como fonte de estimulação erógena no diálogo entre os dois em meio ao encontro sexual. A contradição não poderia ser mais explícita: os ideais narcísicos que orientam a valoração dos objetos no cotidiano do casal burguês são disjuntos da causa de seu desejo. Essa contradição nos ensina o paradoxo inerente ao objeto *a*, que faz bascular, em si mesmo, o desejo, a angústia e o gozo. Trata-se de um objeto abjeto, que precisa ficar escondido, operando fora da cena da consciência, sob o risco de produzir angústia no

---

à fantasia viril – é diferente do modo como o objeto se estabelece na vida amorosa das mulheres e também a partir da lógica feminina. Luce Irigaray (1977/2017, p. 159) fez, nesse sentido, uma importante contribuição crítica ao ensino de Lacan quando opôs a mecânica dos sólidos – que caracteriza as figurações masculinas do objeto, cujo paradigma é o dejeto – aos fluidos, que têm mais afinidade com a lógica feminina e seu funcionamento litorâneo, que, não por coincidência, presta-se mais a metáforas aquáticas. Irigaray constrói uma série de objetos que poderiam suplementar a série lacaniana: "Leite, fluxo luminoso, ondas acústicas... sem falar dos gases inalados, emitidos, diferentemente perfumados, da urina, da saliva, do sangue, do próprio plasma, etc." (p. 130), sem contar o próprio "esperma" (p. 131), testemunha do "'esfacelamento' desse sólido que o pênis representa", podendo esse "fluido-esperma" ser um "obstáculo à generalização de uma economia restrita aos sólidos". Ver também o livro de Marie-Hélène Brousse (2019), que trabalha os objetos *a* na sexuação das mulheres, particularmente as lágrimas e o sangue.

caso de sua aparição. O que indica que o desejo e o gozo nem sempre estão em consonância com o narcisismo do sujeito, e é por isso que o mesmo objeto que causa o desejo pode se apresentar como angustiante.

Nesse ponto, cabe lembrar a paródia lacaniana de uma célebre frase de Santo Agostinho, indicando essa vizinhança irremediável entre o sexual e o abjeto: "é entre a urina e as fezes que fazemos amor" (Lacan, 1962-63/2005, p. 345). Se, no Seminário 10, o objeto dejeto funciona como paradigma do objeto *a*, ao longo do Seminário 11, esse objeto seria reconduzido a um ponto de opacidade, uma mancha que deforma a imagem e por esse mesmo gesto a erotiza. Trata-se de considerar que o desejo e o gozo, no fundo, não são mobilizados pela boa forma do outro, mas por um elemento opaco e enigmático que afeta o sujeito, tocando-o em sua divisão – no ponto em que o sujeito já não sabe bem quem é ou o que exatamente deseja em quem ele deseja.

Um paradigma disso é *Grande sertão: veredas*, romance de Guimarães Rosa, no qual seu protagonista, Riobaldo, que nos conta seus anos de juventude na jagunçagem em meio ao sertão mineiro, não encontra nenhuma afeição particular pelos homens de seu bando de jagunços, mas se vê singularmente afetado pela presença enigmática de Diadorim. Ao longo do romance, Diadorim se apresenta como um dos jagunços, mas é marcado por elementos que o singularizam em relação aos demais: a "doçura do olhar" (Rosa, 1956/2001, p. 164), a "delicadeza" (p. 57), os "meigos olhos dele" (p. 62), "aqueles esmerados esmartes olhos, botados verdes" (p. 119). Ainda que insista, durante toda a sua narrativa, em afirmar sua masculinidade pela via da adesão aos ideais da cis-heterossexualidade (evidenciada pela constante recusa, por parte do narrador, de quaisquer práticas associadas à homossexualidade), Riobaldo vê suas identificações se descompletarem mediante seu desejo por Diadorim. Talvez seja esse elemento enigmático que escapa à

228   O CASAMENTO COM O FALO

norma fálica do universo da jagunçagem o responsável por perturbar seus anos de velhice e impeli-lo a falar sobre algo dessa experiência que permaneceu para ele como um ponto de opacidade (Lima, 2018a).

Ao acompanharmos o percurso de Lacan, somos conduzidos, assim, a operar um giro que leva da lógica fálica da vida amorosa para a opacidade da causa do desejo, materializada, ainda, pela seguinte passagem de Paul Preciado, que nos parece dar corpo à divisão do sujeito [$] mediante o encontro com algo do objeto *a*:

> *Ao vê-la, entre outras pessoas que conheço e desconheço, sinto imediatamente que quero comê-la. Querer comer V. D. [Virginie Despentes] deve ser um sentimento comum. Estou atraída por ela, para além de toda referência concreta ao fato de que, ao que parece, ela é heterossexual. Ou talvez seja por isso, pelo prazer de saber que um dia ela deixará de ser para se transformar na minha puta. Na puta das lésbicas e dos trans, na chefa dos homens-menina. [...] Contudo, não entendo exatamente por que gosto justo dela. (Preciado, 2008/2018, p. 93, grifo do original, comentário nosso)*

Reconhecendo esse ponto de opacidade no coração do desejo, a dimensão mais radical da ética da psicanálise permite dar lugar àquilo que constitui, para cada um, seu brilho no nariz, na medida mesma de sua singularidade, rebelde à universalização e à categorização.

A *detumescência do falo*

No Seminário 10, Lacan "levanta o véu do significante" fálico para interrogar diretamente o falo-órgão (Miller, 2005, p. 27), tomado não como uma eminência, mas como um elemento corporal que porta uma fratura íntima, como veremos nesta Seção. Durante os anos de 1962-1963, o psicanalista será levado a propor uma reformulação radical da função do falo em relação ao narcisismo, de modo que, ao contrário de ser o valioso fundamento narcísico conservado pelo sujeito a todo custo, como extraído da obra de Freud[4] (1917/2022; 1927/2018), o falo como (-φ) será, agora, aquilo que precisa ser riscado do mapa do narcisismo para que este possa se estruturar (Lacan, 1962-63/2005, p. 223). É por isso que o órgão dito masculino será articulado à angústia de castração diante da detumescência no momento da cópula. Assim, a centralidade do falo nos processos de subjetivação ocidentais é subvertida pela obra lacaniana ao indicar que o pênis não é uma

---

4 Em "Fetichismo", de 1927, o psicanalista sustenta que, frente à descoberta da ausência do falo nas mulheres, o menino passa a ver seu próprio órgão como ameaçado de perda, razão, portanto, para um investimento narcísico nesse órgão que o conserve dessa ameaça: "se a mulher é castrada, seu próprio pênis está ameaçado, e contra isso se rebela a parte do narcisismo, com o qual a natureza precavidamente dotou esse órgão" (Freud, 1927/2017, p. 316). Essa mesma discussão já comparecia também no caso do Homem dos Lobos, em que Freud (1917/2022, p. 677) pensa o narcisismo ligado ao genital como aquilo que protege o sujeito da feminização. A despeito do desejo que conduziria o paciente a uma posição passiva de satisfação, essa posição comportaria o medo de uma castração iminente, consequente à articulação feita entre passividade, feminilidade e ausência de pênis. Nessa formulação freudiana, o pênis é presumido como viril, algo que motivaria a recusa da feminilidade, de forma que a "virilidade com a qual se defendeu da posição passiva em relação ao pai", no caso do Homem dos Lobos, seria derivada de seu "narcisismo ameaçado" por uma suposta necessidade de "renúncia" ao órgão viril mediante a aproximação à posição feminina.

230 O CASAMENTO COM O FALO

eminência, mas um órgão caduco, que opera como paradigma da queda, da caducidade, e não apenas como imagem da potência, da ereção fálica. Ao passo que o temor da perda do pênis é o modelo freudiano para a angústia de castração, Lacan (1962-63/2005, p. 283) propõe reler esta noção fora da chave edípica: ao situar a angústia de castração no "esvaecimento da função fálica", e não na ameaça de perda do órgão, a proposta lacaniana possibilita uma leitura da angústia de castração fora do Édipo a partir desse falo evanescente (Miller, 2005).

Enquanto Freud se detém na ameaça de que o órgão seja cortado, Lacan (1962-63/2005) abre caminho para considerarmos que o falo se articula à angústia de castração não tanto por estar ameaçado pelo Outro, como na historinha edípica, mas por seu próprio funcionamento evanescente, cujo paradigma lacaniano seria a operação de detumescência do órgão no momento do seu gozo, com o duplo movimento que ela implica: por um lado, a desaparição do falo enquanto emblema de potência; por outro lado, sua aparição como um resto, órgão decaído, um pedaço de carne desimaginarizado e dessignificantizado (Miller, 2005). É esse segredo íntimo do falo como órgão, seu funcionamento evanescente, que parece ter de ser ocultado pelos homens para constituir o engodo da virilidade, ao preço da sensação de angústia (de castração) diante do desvelamento do falo como um (-φ). A angústia de castração se reconfigura, assim, a partir da fratura íntima que se presentifica pela possibilidade sempre iminente de aparecimento do falo na cena enquanto um falo negativizado [(-φ)].

Ao se debruçar sobre a detumescência do órgão, Lacan subverte todo um padrão de leitura da obra de Freud, indo inclusive contra o que ele próprio havia elaborado anteriormente (Miller, 2005). Até então, era bastante comum, na teoria psicanalítica, abordar a falta fálica a partir do corpo das mulheres e sua ausência de pênis; o eixo do raciocínio, na época do Seminário 4, partia da privação feminina para interrogar a angústia de castração nos homens, supostos detentores do falo. O medo da perda era posto em função pelo Édipo no simbólico, a partir da "significantização do falo" (Miller, 2005, p. 25). O complexo de Édipo era considerado como a função ordenadora da sexualidade, na medida em que "faz recair a lei e a interdição, pela via da castração, sobre o falo imaginário. Ameaça de castração, virtual ou realizada, mas que implica fundamentalmente a incidência do Outro" (p. 26), dirigida ao órgão do sujeito.

No Seminário 10, quase nada resta dessa mecânica. O próprio mecanismo de simbolização fálica é aí posto em questão: diante da tentativa de significantizar todo o gozo, buscando fazer desaparecer o órgão em sua elevação ao significante, fica "um resto-órgão que, por si mesmo, faz objeção à dialética" (Miller, 2005, p. 27). Atestando o fracasso do significante em anular completamente a coisa que ele vem simbolizar, Lacan se debruça sobre o "órgão que, no macho, se negativiza a si mesmo em sua operação copulatória", apresentando o "avesso" da significação do falo (p. 29). Quando levanta o véu do significante, o que o psicanalista encontra ali é o embaraço próprio do "macho", em função de sua angústia quanto à possibilidade de não poder.

Esse gesto lacaniano desloca a falta do lado das mulheres para o lado dos homens, subvertendo os fundamentos do falocentrismo ocidental: agora, à mulher já não falta nada, ao passo que o $(-\varphi)$ "é coisa de macho" (Lacan, 1962-63/2005, p. 219). Nessa perspectiva, é o "macho" "que tem que se haver com a falta", particularmente no momento da copulação, em função do próprio funcionamento evanescente do falo (Miller, 2005, p. 30). Por esse motivo, Miller (2005) afirma que o Seminário 10 inaugura outra abordagem da sexualidade feminina. Mas gostaríamos de sugerir aqui que os giros desse Seminário também permitem uma abordagem inédita da própria masculinidade, fora do tradicional enredo do Édipo. Nesse

232   O CASAMENTO COM O FALO

Seminário, não encontramos, pelo menos não com a mesma força, "a ameaça do pai para colocar a angústia em função" (p. 17), tampouco o "romance edipiano". Daí em diante, "a angústia [de castração] do lado do homem é ligada não a uma ameaça paterna, mas sim a um 'não poder', ou seja, à sua relação com um instrumento que falha ou que, pelo menos, não está sempre disponível" (p. 31).

Nessa esteira, o (-φ) marca uma propriedade anatômica do órgão masculino que é "completamente oposta à sua imaginarização de potência, pois se trata da detumescência que atinge esse órgão no momento de seu gozo" (Miller, 2005, p. 29). Para além do órgão ameaçado pelo Outro a partir do esquema simbólico ou edípico, Lacan salienta a detumescência inerente ao próprio órgão, pelo seu funcionamento mesmo, que o assombra com a possibilidade de não ser mais que um pedacinho de carne, "*dessignificantizado e desimaginarizado*" (p. 26, grifos do original). Como consequência, no Seminário 10, está em jogo uma "*desedipianização* da castração" (p. 34, grifo do original), na medida em que o falo agora se liga à angústia de castração, não tanto pela ameaça edípica do pai castrador, mas sim pelo seu próprio funcionamento evanescente, que apareceria de maneira privilegiada na experiência do orgasmo.

O falo como trapinho: o menos-phi para além da detumescência

Enquanto, na nossa cultura, o orgasmo é, muitas vezes, tomado como a conquista fálica por excelência no campo da sexualidade, ou mesmo como meta maior de toda atividade sexual, Lacan (1962-63/2005, p. 187) considerará que é no orgasmo dos homens (cis) que se apresenta a angústia de castração consequente à queda do órgão que aí se experimenta, destituindo sua potência no momento de seu gozo. A detumescência permite, assim, valorizar uma dimensão particular da castração: o falo é mais significativo na vivência humana pela possibilidade de ser um "objeto decaído" do que por ser uma presença imponente. Ao contrário de se aguentar como instrumento que sustenta bravamente sua potência, o falo nunca dura muito tempo no caminho do gozo; ele "cede prematuramente" (p. 288).

É isso que faz o "ideal da realização genital" ser denunciado pelo próprio esgotamento do falo na cópula como algo "estruturalmente enganador" (Lacan, 1962-63/2005, p. 288). Assim, a função mediadora do falo simbólico como distribuidor dos lugares de homens e mulheres (e mesmo a função imaginária do falo como instrumento da potência) funciona em toda parte, exceto onde é esperada, ou seja, no momento da copulação (p. 283). Afinal, no encontro sexual, o "macho" entra com o que (supõe que) tem e sai com o que não tem. No momento da detumescência, o $(-\varphi)$ se apresenta para além do jogo fálico com os semblantes (de quem tem e/ou de quem é): o esgotamento do órgão revela que, no fundo, o "macho" é desprovido do falo: ele é "castrado" do órgão na relação sexual e pela relação sexual (p. 349), indicando que todo o semblante da virilidade desaba – ou deságua – no encontro com o menos-phi.

Assim, sob o riso da comédia dos sexos, oculta-se a angústia de castração, encarnada pela aparição do falo como $(-\varphi)$, aquém do ideal de potência que o orienta. Na "hora da verdade", em que o falo é convocado a apresentar sua suposta potência tal como atribuída pelo discurso, ele mostra, no mais das vezes, não passar de um "trapinho", uma "lembrança de ternura" (Lacan, 1962-63/2005, p. 288): o falo falta ali onde se precisaria que ele cumprisse sua promessa de união. Diante disso, a virilidade poderia ser tomada como o próprio esforço de não permitir que o $(-\varphi)$ apareça como tal, ou ainda como a esperança de ocultar efetivamente o $(-\varphi)$ por

234   O CASAMENTO COM O FALO

meio dos semblantes da potência fálica. Nesse tipo de arranjo, seria preciso, por exemplo, sustentar longas horas de ereção, sustentar a ereção mesmo após o orgasmo, bem como se mostrar um herói infalível em seu ato – a exemplo dos modelos ficcionais de virilidade frequentemente encontrados na pornografia, discordantes, na maioria das vezes, em relação aos encontros sexuais fora da tela.

É em parte disso que se trata na célebre cena de *Lost Highway*, filme de David Lynch (1997), em que o personagem Fred Madison, ao falhar miseravelmente em levar a cabo um ato sexual com sua esposa, recebe dela um tapinha nas costas, somado a um sádico "*it's okay*", com o qual ela sustenta o enigma de sua satisfação diante do marido angustiado. Tudo se passa como se ela denunciasse, por esse gesto, que o pênis é sempre pouca coisa diante do falo – para a aflição de Fred. Dessa forma, é no encontro sexual – e mesmo no encontro privilegiado pela norma, o encontro heterossexual –, que nos deparamos com a "falta do que seria seu meio", inclusive na cópula dita bem-sucedida, no orgasmo consumado conforme a norma (Lacan, 1962-63/2005, p. 292). Pois, no limite, o falo, "ali onde é esperado como sexual, nunca aparece senão como falta, e é essa a sua ligação com a angústia" de castração (p. 293).

Desse modo, no ponto em que o órgão (*dito* fálico) deveria comparecer para dar provas de sua potência, de sua equivalência com o falo, ele aparece como falta, como um órgão caduco, produzindo angústia de castração. Ao contrário de ser uma glória do sujeito, o gozo do orgasmo acaba por produzir a detumescência, que se torna o "valor assumido pelo falo em estado de esgotamento", de modo que o (-φ) assinala um esgotamento da potência fálica (Lacan, 1962-63/2005, p. 194). Como consequência, a ausência do falo ali onde ele é esperado e mesmo exigido, ou seja, no plano da mediação genital, é o que explica que "a angústia seja a verdade da sexualidade, isto é, aquilo que aparece toda vez que seu fluxo recua e mostra a areia" (Lacan, 1962-63/2005, p. 293). É por isso que Lacan escreve seu diagrama da falta da mediação genital, que assinala que o ponto ao qual o encontro sexual conduz culmina na falta daquilo que seria seu meio – a falta de seu meio, isto é, de seu instrumento e seu caminho. Como se o desvelamento da verdade do falo nos mostrasse não tanto a eminência de um órgão onipotente, mas, pelo contrário, a derrisão de um menos-phi que libera no "macho" a angústia de castração:

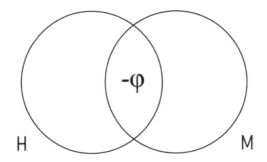

Figura 3.2. *A falta da mediação.*
Fonte: Adaptada de Lacan (1962-63/2005, p. 292).

Quando levantamos o véu do significante fálico, que faz parecer que há algo de eminente ali onde há apenas um pênis ou sua ausência, o que aparece no real é a angústia de castração diante do (-φ) como verdade da sexualidade masculina. No avesso dos semblantes da virilidade, cujo ideal de "ter o falo" viria coroar a vistosa posse do "macho", o que encontramos não é senão um membro derrisório, não mais que uma lembrança de ternura. Para além do jogo fálico com os semblantes que marca a comédia dos sexos, o menos-phi atesta seu ponto de fracasso. A detumescência que se segue ao orgasmo nos mostra que, quando encarnado no órgão, o falo, suposto maestro de toda a orquestra da dominação social, não passa de um "trapinho" (Lacan, 1962-63/2005, p. 288). Uma

236 O CASAMENTO COM O FALO

vez dessignificantizado e desimaginarizado, ele não é mais que um pedaço de carne.

Assim, com Lacan (1962-63/2005), a angústia de castração apareceria de forma privilegiada no momento da detumescência do pênis no orgasmo, em que o falo desaparece como emblema de potência, mas insiste como um resto-órgão que não se apaga inteiramente. Gostaríamos de propor aqui a possibilidade de lermos a detumescência como um paradigma lacaniano do ($-\varphi$), isto é, uma figuração que nos dá acesso ao menos-phi como fratura íntima do falo, mas que é apenas uma entre várias formas de apresentação dessa fratura. Essa perspectiva pode nos servir para pensarmos a própria construção da virilidade – enquanto tentativa de negação ou ocultação do ($-\varphi$) – como uma posição permanentemente assombrada pelo risco iminente de reaparição da falta fálica. Afinal, o funcionamento da potência fálica no "macho" se dá em uma constante referência à possibilidade de murchar, de não mais se sustentar: mesmo quando o órgão opera em sua ereção, supostamente potente, ele pode não mais estar lá em breve, de modo que o ($-\varphi$) aí se coloca como uma virtualidade que acompanha a própria potência, não apenas no momento pós-orgasmo, como veremos mais adiante.

Assim, o falo, que deveria encarnar a verdadeira potência do "macho", é sempre passível de se tornar novamente apenas um pedacinho de carne, um trapinho. Desse modo, a angústia de castração talvez se encontre na possibilidade iminente de desaparecimento da potência viril, que pode assombrar o sujeito mesmo quando acontece uma ereção dita "bem-sucedida": "tudo ou nada, poder absoluto ao longo de alguns minutos e representante flácido, detumescente, da potência perdida no restante do tempo" (Vieira, 2008, p. 92). Em sua versão orientada pelos ideais da virilidade, a masculinidade se torna, então, assombrada pela possibilidade de murchar, fato que libera no "macho" a angústia de castração. A ereção fálica se torna, portanto, sempre ameaçada pelo risco de seu desaparecimento, não tanto em função das ameaças do Outro, mas principalmente pela operação mesma do órgão suposto viril.

Dessa forma, a angústia de castração que Lacan (1962-63/2005) localiza no momento da detumescência pós-orgasmo talvez possa retroagir para a própria experiência corporal do órgão: sua aparição como um trapinho revela algo do modo de funcionamento do falo, na medida em que a detumescência se inscreve como "a verdade da ereção" (Regnault, 2017, p. 161, tradução nossa). Indo além da detumescência, a angústia de castração diante do ($-\varphi$) se torna a verdade da sexualidade masculina na medida em que o falo é, no fundo, um tosco pedaço de carne que não garante a virilidade de um sujeito e angustia aqueles que buscam se colocar na posição do "macho". Dito de outro modo, o trapinho é a verdade do falo, na medida em que a potência fálica é sempre ameaçada pela possibilidade da detumescência – ou pela reaparição do ($-\varphi$) que se tenta ocultar com os semblantes da virilidade. Assim, o reconhecimento do falo como trapinho nos abre o caminho para operar uma desinflação das ilusões de potência do "macho", pelo desvelamento do falo como um pedaço de carne detumescente que angustia seu portador.

A potência fálica como sonho neurótico e as contingências do órgão

Ao considerarmos o trapinho como verdade do falo, a obra de Lacan nos permite pensar o falo-órgão no avesso dos semblantes da virilidade, destituindo toda idealização de potência do pênis. Nesse cenário, a psicanálise se torna uma operação de desmascaramento das ilusões relativas à potência fálica, uma vez que a angústia ligada ao próprio órgão denuncia a instabilidade de suas expectativas de

238 O CASAMENTO COM O FALO

poder. Uma experiência de análise abre, portanto, uma via que passa pela "renúncia às ilusões da potência", na medida em que os emblemas do poder apenas revestem uma impotência central, que é o (-φ) no campo do gozo (Miller, 2005, p. 68; Lacan, 1962-63/2005, p. 293). Assim, haveria, em Lacan, uma "crítica do falo imaginário" enquanto "uma imagem de potência", uma ilusão "que se trata de atravessar" (Miller, 2005, p. 26). Encontramos aí uma "crítica do poder como uma ilusão", pois ele é sempre assombrado pela possibilidade de não poder. No caso da virilidade, a ilusão veiculada por seus ideais de posse do falo parece ser mobilizada por um desejo de onipotência que permita desconhecer o (-φ), como o atesta o sonho – que discutiremos adiante – do estadista prussiano Otto von Bismarck,[5] comunicado a Freud pelo psicanalista Hanns Sachs (cf. Freud, 1900/2019).

No relato do sonho, Bismarck, também conhecido como o "Chanceler de Ferro", cavalgava por uma trilha nos Alpes europeus que se tornava cada vez mais estreita. À sua direita, havia um abismo; à esquerda, rochas que obstruíam o caminho. Em dado momento, seu cavalo se recusou a prosseguir; mas ele considerava *"impossível retornar ou desmontar"* (Freud, 1900/2019, p. 422). Sachs considera essa impossibilidade uma manifestação do "orgulho" do estadista, que o impedia de "pensar em ceder ou renunciar" (p. 423). Diante disso, a realização simbólica de desejo estaria no recuo das rochas mediante o uso de seu poderoso chicote, o qual "se alongou infindavelmente" após se chocar contra a rocha lisa (p. 422). O que chama a atenção de Sachs é o fato de o chicote, nesse

---

5 Otto von Bismarck (1815-1898) foi um estadista conhecido por adotar uma "política da força", cuja ação possibilitou pela primeira vez a unificação dos países germânicos em um Estado nacional único, tornando-se o primeiro chanceler do Império Alemão e cultivando valores ligados ao nacionalismo, ao militarismo e ao autoritarismo, em oposição aos valores do liberalismo político e dos movimentos sociais democráticos de seu tempo.

ponto, e em suas palavras, "possuir a qualidade mais notável do falo, a capacidade de se estender" (p. 424).

Assim, para o discípulo de Freud, o que caracteriza o falo seria sua extensibilidade (e não sua detumescência); o exagero dessa aparição onírica seria consequência de um "sobreinvestimento infantil" no órgão, que faria uma alusão à "masturbação" e ligaria o sonho "ao desejo de uma infância remota" (Freud, 1900/2019, pp. 424-425). Na perspectiva de Sachs, o sonho materializaria uma "fantasia de vitória", articulada a uma conquista erótica ou masturbatória bem-sucedida, que contorna a proibição edípica proferida pelos pais (p. 426). Com Lacan (1962-63/2005), podemos abordar esse sonho fora do roteiro do Édipo, ao considerar o alongamento infindável do falo como a figuração neurótica de um desejo de onipotência que dissimula o estatuto derrisório do órgão e oculta a castração masculina. Desse modo, a potência fálica se revela um sonho neurótico: no fundo, o $(+\varphi)$ não passa de uma ilusão alimentada pelo "macho" visando liberar-se da angústia de castração diante da possibilidade de aparição do menos-phi $[(-\varphi)]$.[6]

Nesse sentido, ao sustentar as formas fixas da potência, "o imaginário do falo ofusca seu avesso de detumescência e permite àquele que dele se apropria esquecer o quanto seu poder tem de ilusionismo" (Vieira, 2008, p. 93). Quando acredita nos semblantes da virilidade, o "macho" pode desconhecer que o $(+\varphi)$ não passa de "uma potência enganosa" (Lacan, 1962-63/2005, p. 293). Assim, aquilo que, por um lado, é o resultado de uma posição simbolicamente privilegiada pela identificação ao ter fálico; por outro lado,

---

6 Essa passagem também nos parece paradigmática das tentativas de ultrapassamento de um limite (pela demonstração de bravura ou realização de uma façanha) que é muito característica da lógica da sexuação masculina, em seu tensionamento entre a norma (da castração) e a postulação de uma exceção a ela, uma posição de exceção que, mesmo perdida e/ou impossível, ainda se visaria alcançar e/ou resgatar.

240   O CASAMENTO COM O FALO

tornará o sujeito ameaçado pela angústia de castração. Sendo convocado pelas normas do discurso a funcionar como "instrumento da potência", como (+φ), o falo encarnado nesse órgão caduco será sempre assombrado pelo risco de sua própria impotência, pela possibilidade de "esvaecimento da função fálica no nível em que se espera que o falo funcione" (p. 283).

Pois, no fundo, toda referência à onipotência é "um deslizamento, uma evasão em relação ao ponto em que toda potência falha. A potência, não lhe pedimos que esteja em toda parte, pedimos que esteja ali onde ela está presente, pois, quando ela falta onde é esperada, começamos a fomentar a onipotência" (Lacan, 1962-63/2005, p. 293). Dessa maneira, o fomento à onipotência, como parece se presentificar no sonho de Bismarck, já é informada por uma impotência basal na empreitada da virilidade. É esse "apelo do furo fálico no centro do genital" (p. 349) que nos permite investigar uma dimensão do masculino que se situa mais além das identificações ideais adquiridas pela via do Édipo ou da norma paterna. No fundo da comédia dos sexos – e especialmente da comédia viril –, opera silenciosamente o (-φ), marcando o embaraço do sujeito com um órgão que lhe escapa a todo instante. Nesse sentido, enquanto a masculinidade é marcada pelo (-φ), a virilidade buscaria operar uma negação dessa condição [-(-φ)] – um "menos-menos-*phi*" –, que fosse capaz de repositivar o falo, de produzir uma "repositivação do *phi*", cujo resultado é uma potência enganosa [(+φ)] (Lacan, 1962-63/2005, p. 293).

Sublinhamos aqui a importância da dimensão da raça nesse debate quanto ao falo. Não é novidade constatar as preocupações dos homens quanto ao tamanho do pênis – tanto o de seu próprio como o de seus semelhantes. Nesse sentido, quando Lacan discute o aspecto de "trapinho" assumido pelo pênis no momento de seu gozo, parece-nos que essa manobra permite desmantelar o falo do colonizador branco europeu, que postula e ostenta a grandiosidade de sua posse, mas produz como seu correlato ambivalente as fantasias sobre "os outros" – a exemplo das fantasias de hipervirilização do falo negro (e consequente hipersexualização, fetichização e animalização das masculinidades negras) (Fanon, 1952/2008) e das fantasias de pequenez do falo amarelo (e consequente zombaria, emasculação e feminização das masculinidades amarelas) (Eng, 2001). O ponto que nos cabe explicitar é que essas fantasias sexualizadas quanto ao corpo negro ocultam a angústia de castração dos homens brancos com relação ao seu próprio falo, de modo que, numa releitura dessa questão à luz dos saberes contemporâneos sobre raça, a contribuição lacaniana a esse respeito pode ser a de retirar o manto que paira sobre o falo branco, evidenciando o caráter de "trapinho" que também lhe concerne.

Assim, se o "macho" tenta se ancorar no (+φ), é para desconhecer o (-φ) que o assombra. Mas que não se acredite que essa operação se reduza a uma invenção puramente individual; afinal, as próprias normas do discurso convocam o falo a funcionar como um mais-phi, como instrumento da potência, visando a encobrir o segredo do menos-phi. Vemos aí um forçamento que busca igualar falo e pênis ou, ainda, equivaler (+φ) e Φ. No entanto, a própria existência dessa operação normativa já denuncia sua impostura, pois o órgão nunca estará plenamente à altura das exigências do discurso. Esse parece ser o segredo que organiza o falocentrismo da cultura: que os homens, mesmo frequentemente instalados em posições de poder e autoridade – especialmente os homens cisgênero, brancos e heterossexuais –, são afligidos por um órgão que escapa a seu controle e que não oferece nenhuma garantia para seus portadores, uma vez que seu funcionamento oscilatório o desvela como um trapinho.

Ainda que o discurso possa supor – e convocar – no falo um grande Φ, impossível de negativar, no fundo, ele é sempre "mais ou menos", sempre passível de oscilar entre (+φ) e (-φ): ora uma

242 O CASAMENTO COM O FALO

potência enganosa, ora um órgão detumescente. Mesmo os homens sendo encarregados pela tradição discursiva ocidental com a função de sustentarem a posse do falo, sabemos que o pênis nunca está inteiramente à altura dessas exigências. Essa esperança normativa do falo contrasta amplamente com a aparição do órgão como um trapinho, que acaba por angustiar o sujeito pela precariedade de seu funcionamento: "Não é tão bom quanto parece" (Vieira, 2019, p. 180). É por isso que Lacan (1962-63/2005, p. 221) afirma que a fantasia de Don Juan – isto é, da imagem de um homem que o tenha sempre e que não possa perdê-lo, um homem capaz de possuir todas as mulheres, uma a uma – é "um desconhecimento flagrante da realidade", mas que muitas vezes o "macho" tenta sustentar – com os efeitos cômicos que frequentemente acompanham a impostura dessa posição, como vimos no Capítulo 1.

Chama a atenção aqui o fato de que, se Don Juan é um "falso homem", um "impostor", é porque ele nega a incidência do menos-phi: "Don Juan é o negativo do -φ, quer dizer, uma imagem na qual o -φ está apagado" (Miller, 2005, p. 31). Poderia ele encarnar o sonho viril de um falo que não se negativize? Um (+φ) que, por sua eterna permanência, daria corpo a um efetivo grande Φ? Afinal, nesse mito, o homem que tem o falo e não o perde nunca parece capaz de uma mestria completa de seu corpo; o falo se tornaria plenamente instrumentalizável, sempre de acordo com as intenções de gozo do sujeito. No entanto, diferentemente, sabemos como a experiência corporal do pênis é atravessada por uma série de contingências que desafiam essa expectativa de uma mestria completa sobre o órgão e que podemos tomar aqui em duas vias.

Por um lado, temos a dimensão da angústia de castração encarnada pelo falo negativizado, que desaparece como emblema de potência e reaparece como um trapinho [(-φ)], apontando para uma fratura íntima do "macho". Por outro lado, temos a dimensão perturbadora do gozo fálico [Φ], na medida em que as ereções do órgão nem sempre obedecem à vontade do sujeito, seja por sua irrupção angustiante na infância, seja por sua aparição inesperada em ocasiões inóspitas para seus sujeitos.[7] Nesse sentido, a despeito dos privilégios simbólicos que investem os portadores das insígnias fálicas, há uma dimensão de real no falo-órgão que se torna uma *"aphlição"* para o "macho" (Lacan, 1974-75) e que buscaremos investigar adiante a partir de um recorte sobre dois casos freudianos: o pequeno Hans e o Homem dos Ratos.

O inferno da ereção e a angústia do pequeno Hans

A releitura lacaniana do caso Hans é marcada por uma ênfase – não encontrada em Freud – sobre o estatuto angustiante da ereção fálica para o sujeito. Ao contrário de ser sempre uma glória do "macho", a ereção é, muitas vezes, e especialmente em suas primeiras irrupções na infância, um desencadeador da angústia, que Lacan (1975/1988, p. 128, tradução nossa) nos apresenta como um espanto, a partir da expressão "Mas o que é isso?". Essa expressão "revela a surpresa da própria ereção, de algo que se destaca do corpo como um outro que ele mesmo, avesso ao controle do sujeito, dividido ante sua própria questão" (Figueiró, 1997, p. 47).

---

7 "Uma ereção pode experimentar-se de modo incompatível com o eu e seu ideal. Por exemplo, diante da mãe, da irmã, da filha, de um menino, um homem – sendo o sujeito heterossexual. Esse acontecimento de corpo produz perplexidade, angústia, inclusive horror. Há uma ruptura do contexto de sentido. Como assumir esse significante feito carne sem dividir-se? Como dizer 'aí estou eu'?" (Barros, 2020, p. 20, tradução nossa).

244 O CASAMENTO COM O FALO

Entre o desejo da mãe e a irrupção do pênis real

Enquanto Freud centrava sua análise do caso Hans na ameaça de castração que seria imaginada pela criança, Lacan (1956-57/1995) enfatiza as dimensões real, simbólica e imaginária do falo. Se, num primeiro momento, a criança busca ocupar o lugar de falo imaginário (a imagem fálica) para satisfazer o desejo da mãe, esse engodo é interrompido pela emergência de um "pênis real": "O que é que muda, quando nada de crítico acontece na vida do pequeno Hans? O que muda é que o seu próprio pênis começa a tornar-se alguma coisa completamente real" (p. 231). Diante das agitações de seu órgão, a criança começa a se masturbar, mas logo se angustia, na medida em que esse elemento rompe a imagem narcísica que havia se constituído até aí no jogo com a mãe. A pergunta que se coloca a Hans nesse momento é, então, a do que fazer com esse falo que irrompe no real, desprovido de um aparelho simbólico *a priori* que dê lugar e contenção para o seu gozo (Miller, 1994/2011).

Esse "pênis real" é, assim, um índice de destotalização da imagem corporal, uma espécie de "armadilha" que evidencia seu "descolamento" da relação narcísica que a criança tentara estabelecer (Lacan, 1956-57/1995, p. 232). Nesse momento, a mãe de Hans lhe diz que seu falo, aquilo que ele teria para lhe oferecer de real, é "algo de miserável". O pequeno pênis não está à altura do desejo do Outro e tampouco se curva à plena posse do sujeito ao se apresentar no real a partir de suas ereções contingentes. Diante da insaciabilidade do desejo da mãe, que não se satisfaz com o pênis miserável da criança, e da irrupção parasitária de um gozo fálico rebelde à simbolização, a função dita do pai – que, no caso Hans, não se operou tão bem, donde a invenção da fobia como suplência do Nome-do-Pai[8] – seria, então, dupla: por um lado, barrar a mãe,

---

8 Vale observar que, nos anos 1970, um giro se operaria na leitura lacaniana

deslocando a voracidade de seu desejo do corpo do filho em direção ao falo simbólico enquanto representante da falta; e, por outro, castrar o próprio sujeito, limitar o seu gozo, permitindo uma simbolização do falo que lhe fornecesse, no horizonte, a promessa de um bom uso da virilidade (pp. 374-375).

A castração simbólica viria, assim, aliviar a criança da tarefa angustiante de se virar sozinha com as irrupções do falo no real. Nesse esquema, o falo só se apresenta incluído no narcisismo enquanto imagem do desejo do Outro que a criança tem a ilusão de completar, mas que exclui o funcionamento do órgão no real. Pelo contrário, quando as ereções infantis começam a acontecer, o pênis se torna real e rompe o engodo narcísico em que o sujeito pôde viver até então: o pênis ereto de Hans "o desfaliciza" (Miller, 1995, p. 77). Assim, o narcisismo fálico em Lacan é, nesse momento, antinômico ao pênis. Contrariamente à narrativa freudiana de 1914, que articula o órgão intumescido à constituição do narcisismo, a ereção do pênis na obra lacaniana seria índice de angústia para o sujeito, descompletando seu mundo narcísico.

Nessa releitura, o falo opera em cada um dos três registros: no imaginário, pelo jogo da criança com a imagem fálica que completaria o desejo do Outro; no simbólico, como elemento diferencial que permite a leitura binária dos corpos entre presença e ausência de falo – e ainda como elemento significante pacificador que permite deslocar o interesse da mãe pela criança (como falo imaginário) em direção à falta (simbólica) que mobiliza o desejo; e no

---

por meio da pluralização dos nomes do pai, a partir da qual não há mais *o* Nome-do-Pai, isto é, não há uma solução standard ou uma saída efetiva para o problema do gozo, mas apenas invenções singulares para contornar, para fazer borda ao real do gozo que insiste – e em relação ao qual o complexo de Édipo é apenas uma ficção neurótica que faz incidir uma interdição sobre o gozo, a fim de limitar seus excessos, enquadrá-lo em alguma norma, tornando-o suportável para o sujeito (Miller, 1993-94/2011).

246 O CASAMENTO COM O FALO

real, na medida em que o menino precisa se haver com a irrupção angustiante de suas ereções, que se instalam à revelia do Eu. Assim, ao retomar o caso Hans, Lacan (1956-57/1995) enfatizou a importância das primeiras ereções vividas pelo paciente enquanto fator de destotalização de sua imagem narcísica. A emergência inédita e inusitada do falo como elemento estranho ao corpo, em virtude da autonomia de seu funcionamento em relação à vontade de seu portador, é algo a que o psicanalista retornaria uma série de vezes no final de seu ensino.

O que fazer com o falo?

No Seminário 22, a própria angústia seria abordada como "isso que, do interior do corpo, ex-siste quando há alguma coisa que o desperta, que o atormenta", e o paradigma dessa aparição não é outro que o das ereções de Hans: a angústia desse jovem paciente comparece quando ele "se dá conta de ser sensível à associação com um corpo, ali, explicitamente macho, definido como macho, associação a um corpo de um gozo fálico" (Lacan, 1974-75, lição de 17 de dezembro de 1974). Nessa perspectiva, a fobia de Hans, enquanto "tentativa de simbolização do órgão real" (Figueiró, 1997, p. 49), serve para "dar corpo [...] ao embaraço que há neste falo, e para o qual ele inventa toda uma série de equivalentes diversamente escoiceantes, sob a forma da fobia aos cavalos" (Lacan, 1974-75, lição de 17 de dezembro de 1974). O sintoma fóbico de Hans responderia, então, à irrupção escoiceante do gozo fálico, enquanto uma satisfação alheia ao narcisismo do eu e que "faz explodir a tela do imaginário corporal" (Miller, 1995/2008, p. 18). É nesse sentido que Lacan proporá o gozo fálico [J(Φ)] como "fora do corpo" (hors-corps), implicando, com isso, uma dimensão de gozo na conjunção entre simbólico e real, que se dá fora do tecido imaginário do corpo narcísico, investido como boa forma.

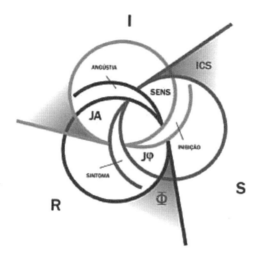

Figura 3.3. *Nó borromeano planificado.*
Fonte: Lacan (1974/1988a).

O gozo fálico emerge, assim, de forma anômala ao gozo do corpo: ele "arrebenta" a tela corporal, de forma que o sintoma – a exemplo da fobia de Hans – testemunha da "irrupção dessa anomalia em que consiste o gozo fálico" (Lacan, 1974/1988a, p. 104, tradução nossa). Nessa mesma direção, Lacan (1975/1988b, p. 128, tradução nossa) chega a interrogar a noção freudiana de autoerotismo a partir da experiência da ereção, que, ao contrário de ser harmônica ao corpo do ser falante, é o que há de mais "hetero": "O gozo que resulta desse *Wiwimacher* [o "faz-pipi", o pênis de Hans] lhe é alheio até o ponto de estar no princípio de sua fobia". Diante da irrupção do pênis real, o menino tenta dar um sentido a esse órgão que se mexe, por ele vivenciado como "traumático" (Lacan, 1975/1995, p. 17). Ele sente que o pênis pertence ao exterior, não lhe parece ligado naturalmente ao corpo; é por isso que a criança o olha "como uma coisa separada, como um cavalo que começa a se levantar e a dar coices".

248 O CASAMENTO COM O FALO

Dessa forma, a fobia parece a primeira tentativa, no caso do pequeno Hans, de dar sentido ao fato de que "tem um pênis", o qual ele ainda não conseguiu "domar com palavras" (Lacan, 1975/1995, p. 17). Talvez seja nessa direção que Lacan (1974/1988a, p. 102) afirmaria que aquilo de que temos medo (enfatizando aqui que a palavra alemã *Angst*, com a qual Lacan joga, pode ser vertida tanto para "medo" como para "angústia") é do nosso corpo, no sentido de que este parece sempre passível de escapulir da captura narcísica que fazemos de sua adorada superfície. Assim, se o que nos angustia é nosso próprio corpo, é na medida em que ele está sempre a ponto de aparecer diante de nós de maneira imprópria: esse corpo que habitamos, que nos é o mais íntimo, o mais familiar, pode aparecer subitamente fora de nossa grade narcísica, operação cujo paradigma pode ser a irrupção do gozo fálico no pequeno "macho", que torna o pênis em algo infamiliar para o sujeito.

Diante da irrupção traumática do gozo fálico, o sujeito elidirá o falo de sua imagem corporal, gesto a partir do qual esse falo se torna real, em virtude de funcionar por fora de toda expectativa de mestria por parte de seu portador. Nessa direção, ao ser elidido da imagem, o falo passa a ex-sistir, a insistir por fora do corpo narcísico como um elemento desarmônico à sua totalidade imaginária. Por isso, o falo pode ser considerado um real "à segunda potência", enquanto um órgão que, mesmo elidido da imagem, continua a assombrá-la desde o lado de fora, transformando-se em um real como real (Lacan, 1974-75, lição de 11 de março de 1975).

Nesse ponto, é curioso observar que a abordagem do caso Hans e da angústia de castração na década de 1970 é feita fora de toda referência à mãe e ao complexo de Édipo, centrais na leitura do caso que Lacan realiza no Seminário 4. Nos anos 1970, a angústia é inerente ao encontro com o próprio falo e à irrupção do gozo fálico, para além da insaciabilidade do desejo materno. Nesse período, a angústia do pequeno Hans é articulada ao fato de que, do falo, não se sabe o que fazer, e é isso que seu caso nos ensina: que a angústia tem a ver com a aflição do "macho" diante da autonomia do funcionamento de seu falo no real, na medida em que seu portador não detém o controle nem da ereção nem da detumescência do órgão.

O impasse de Hans se configura, então, pela ausência de uma programação simbólica *a priori* que pudesse garantir um modo de se virar com o falo no real. Diante da impossibilidade de uma simbolização completa, de uma significação confortável quanto ao que é ter um corpo – e, em particular, quanto a assumir a posse de um pênis, isso chega a ponto de Lacan (1975/1995, p. 17) atribuir o sucesso do tratamento do pequeno Hans a terem conseguido apenas "impedir que a descoberta do pênis tivesse consequências desastrosas demais".

Nesse caso, a ereção não é (ou, pelo menos, não é sempre) uma glória do sujeito; pelo contrário, ela se presta muitas vezes a encarnar a angústia diante dessa aparição inesperada. Lacan (1962-63/2005) ainda afirma que a tumescência não é privilégio do "macho", no sentido de que uma mulher também experimenta a intumescência – mas não é atingida, ao menos não com a mesma intensidade, pela detumescência. Por isso, o "macho" se torna "afligido [*aphligé*] realmente por um falo [*phallus*]": isto é, o mental, o imaginário dos homens é afligido pelo real fálico, na medida em que, do poder, só há semblante (Lacan, 1974-75, lição de 11 de março de 1975). Ou seja, se há uma aflição fálica para os homens, é porque o falo não passa de um semblante de poder, que não é capaz de proteger inteiramente o sujeito da angústia em razão da precariedade de seu funcionamento no real.

Mas diante desse "estropício" que é o falo, Lacan (1974-75, lição de 17 de dezembro de 1974) apresenta a saída mais comum para os impasses dessa "aphlição": um homem pode se casar com esse

250 O CASAMENTO COM O FALO

falo, acomodar-se com ele – isto é, tornar-se escravo do gozo fálico ao qual se aprisiona como "macho". Se, por um lado, o funcionamento real do falo aflige os homens; por outro, a saída que eles comumente encontram diante dessa aflição – uma saída que é socialmente estimulada – é a construção de um funcionamento narcísico que se oriente pelo gozo fálico, isto é, pela possibilidade de vangloriar-se de seu gozo, contabilizá-lo, acumulá-lo e mesmo exibi-lo como proprietário, mesmo que ao preço da angústia de castração (Santiago, 2007). Esta seria a solução normativa da sexuação masculina uma vez orientada pelo ideal viril, a saber, a de buscar se submeter inteiramente ao gozo (todo) fálico [J(Φ)], de modo a não se haver com o (-φ) da castração (e tampouco com a dimensão não-toda do gozo). Ao se casar com o falo, o sujeito visa a desconhecer a angústia de castração ligada a esse órgão detumescente, procurando inserir todo o gozo no horizonte da potência viril.

A esse respeito, podemos nos lembrar da figura do solteirão, paradigma do "macho" casado com o próprio falo (e, portanto, com o próprio gozo autístico), no qual não há espaço para a alteridade como tal. Trata-se do refúgio do sujeito no Um fálico, que só aborda o Outro reduzindo-o a um objeto a a serviço de seu gozo solitário, mantendo-se no conforto ilusório do proprietário com sua posse fálica (Santiago, 2007). É nesse cenário que a consciência do ser falante, na debilidade que caracteriza sua consistência mental, designa o gozo fálico como "poder" (Lacan, 1975-76/2007, p. 55), isto é, o sujeito faz uma "confusão do gozo com os instrumentos do poder" (Lacan, 1962-63/2005, p. 293). Nessa operação, a ilusão do poder busca ocultar sua possibilidade mais íntima, qual seja, a possibilidade de não poder.

Tudo se passa ao modo do raciocínio freudiano sobre a conquista do fogo, em que o psicanalista recorre ao exemplo da Fênix para pensar a satisfação e o revivescimento diário dos desejos eróticos: para Freud (1932/2020, p. 415), o falo, mesmo detumescendo, sempre aparece renovado: o próprio simbolismo do pássaro fênix – que, "de cada uma de suas mortes por fogo, ressurge rejuvenescido" – seria uma referência "ao falo reanimado após o seu adormecimento". Encontramos aí uma roupagem freudiana para a crença do "macho" no gozo fálico, no casamento com o inferno do desejo que nunca se sacia, relançando o sujeito em sua infindável busca pela satisfação pulsional, permitindo desconhecer o (-φ) trazido pela detumescência do órgão.

Trata-se, aí, de uma escravização do "macho" ao seu falo tomado como Φ, significante do gozo, impossível de negativizar – arranjo que talvez se trate, na verdade, de um casamento com a crença num falo que nunca se negativize, ao menos não inteiramente ou de maneira definitiva, pela exigência constante de gozo que caracteriza o grande Φ, ao modo da pulsão freudiana. A despeito da inevitabilidade da detumescência e do encontro com o (-φ), ao se casar com o falo, o sujeito visa a alienar-se na ilusão de segurança fornecida por um gozo promissor, isto é, que promete sua previsibilidade, estabilidade e repetição; um modo de gozo no qual possa confiar. A virilidade poderia se definir, assim, por um casamento com o falo ou, ainda, com a segurança extraída do gozo fálico acoplado à fantasia. Com o resultado de que, como se expressou uma analisante de Ernesto Sinatra (2010), os homens "querem[9] seus pênis mais que a nós" (p. 167, tradução nossa). No entanto, nada garante que aí, onde o "macho" crê que se assegura, "não venha a se revelar algo que manca" (Figueiró, 1997, p. 50).

---

9 Enfatizamos, aqui, a polissemia do verbo "querer" em espanhol, presente na frase original, que pode indicar, ao mesmo tempo, carinho, amor, desejo e estima.

O fantasma da detumescência no Homem dos Ratos

Ainda que a presença real do Φ inscreva um falo impossível de negativizar, no sentido de um estropício corporal do qual um homem parece não poder se livrar definitivamente (por sua exigência pulsional constante e por sua incômoda consistência), ele é, todavia, passível de ser integrado ao funcionamento narcísico do sujeito – na condição de que este se case com o seu falo. O resultado desse arranjo, a partir dos avanços da psicanálise lacaniana nos anos 1970, é a construção da sexuação masculina como orientada pelo ideal viril, em que o sujeito, mesmo castrado [$], fica encarregado pelo discurso de bancar o lugar de portador do falo [Φ], tomando o Outro como um objeto [a] de sua fantasia, mas pagando por isso o preço da angústia de castração [(-φ)]. Ainda que o (-φ) não esteja explicitamente escrito na tábua, o gesto de leitura de Miller (2011) nos permite conceber que essa ausência se deve a uma operação de ocultamento do próprio menos-phi no processo de construção da virilidade, do lado esquerdo da tábua da sexuação. Afinal, o (-φ) seria tamponado pelo objeto a no apego do "macho" à dimensão da fantasia, com a qual ele busca sustentar o falo como um grande Phi [Φ], que dissimula sua castração.[10]

---

10 "A passagem do (-φ) (phi minúsculo) da imagem fálica de um lado ao outro da equação do imaginário e do simbólico positiva-o, de qualquer modo, ainda que ele venha preencher uma falta. Por mais que seja suporte do (-1), ali ele se transforma em Φ (phi maiúsculo), o falo simbólico impossível de negativizar, significante do gozo" (Lacan, 1960/1998, p. 838).

$$
\begin{array}{cc|cc}
\exists x & \overline{\Phi x} & \overline{\exists x} & \overline{\Phi x} \\
\forall x & \Phi x & \overline{\forall x} & \Phi x
\end{array}
$$

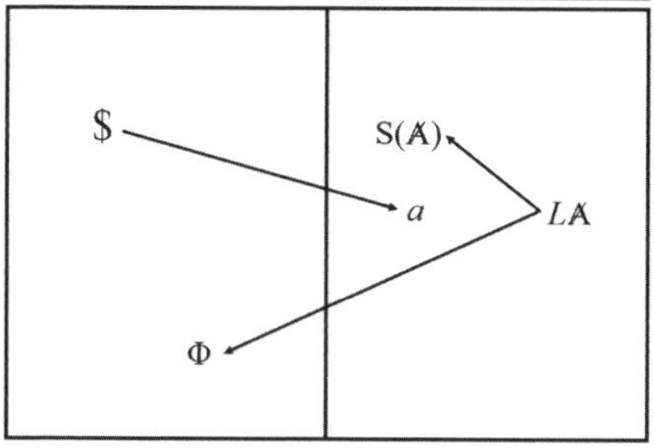

Figura 3.4. *Tábua da sexuação.*
Fonte: Adaptada de Lacan (1972-73/2008, p. 84).

Nessa perspectiva, o "macho" é aquele que se torna escravo do gozo fálico, o qual se coloca como obstáculo para gozar do corpo do Outro, uma vez que aquilo de que ele goza é apenas o gozo do órgão, num tipo de satisfação que, por acreditar que o gozo está ao alcance da mão, acaba se resolvendo sozinho em sua fantasia (Lacan, 1972-73/2008). No entanto, essa posição viril esbarra em fracassos cômicos, já que o (-φ) que o "macho" tenta ocultar – e que é vivenciado por ele como angústia de castração – sempre acaba por reaparecer, de modo que seu casamento com o falo se torna sintomático de uma tentativa de ocultação da sua própria fratura íntima. É justamente algo dessa fratura que nos parece estar em jogo no avesso da cena de exibição fálica do Homem dos Ratos, nome dado por Freud para seu paciente Ernst Lanzer.

A exibição do falo como desafio ao pai

No relato publicado do caso, Freud (1909/2022, pp. 385-386) conta que o paciente, anos após a morte de seu pai, divertia-se

254 O CASAMENTO COM O FALO

imaginando que este ainda estava vivo e vinha visitá-lo tarde da noite, quando o paciente estudava para uma prova. Entre meia-noite e uma hora da manhã, Ernst interrompia seu estudo, abria a porta que dava para o saguão da casa, como se o pai estivesse na frente dela, e, em seguida, retornando ao interior, o paciente "contemplava no espelho do vestíbulo seu pênis desnudo". É apenas nos registros do diário de Freud (1907-08/2022) sobre o caso que temos acesso ao detalhe de que essa exibição fálica do Homem dos Ratos dizia respeito a seu pênis em ereção. A análise freudiana desse ritual assinala dois lados da relação de Ernst com o pai: por um lado, o sujeito o agradava estudando até tarde; por outro lado, ele o desafiava, entregando-se a "um ato de subversão fálica" diante do olhar paterno (Suárez, 2011, p. 7).

Partindo dessas indicações, Freud (1909/2022, p. 386) elabora a construção de que o Homem dos Ratos, quando criança, teria sido castigado pelo pai em função de uma presumida masturbação infantil; a marca dessa reprimenda teria sido um "inextinguível ressentimento contra o pai" e uma fixação do lugar deste, "para todo o sempre", em "seu papel de perturbador do gozo sexual". Freud realiza, assim, uma leitura edípica do ritual de Ernst, vinculando sua angústia às ameaças de castração pelo Outro, advindas do pai, o qual ele desafiava pela exibição do órgão ereto. Seria possível operarmos, a partir de Lacan, uma leitura suplementar desse ritual fora do enquadre edípico freudiano?

"Com 6 anos de idade, eu já sofria de ereções", é o que diz Ernst a seu analista já na sua primeira sessão (Freud, 1909/2022, p. 342). Essas ereções infantis "fazem furo no nível do sentido e ele vai queixar-se à sua mãe de que alguma coisa, vivida como estranha, lhe escapa" (Suárez, 2011, p. 2). Testemunhando a ereção como aquilo que há de mais *heteros*, o paciente desde cedo supunha que esse estranho fenômeno que ele experimentava em seu órgão tinha ligação com seus pensamentos e com sua curiosidade sexual, sua fantasia de ver mulheres nuas – algo que, no entanto, ao ser alvo de seus pensamentos, supostamente provocaria a morte do pai. Ernst nos ensina aqui de que forma a vinculação neurótica do sexual a uma proibição ligada ao pai, isto é, o próprio Édipo, é um recurso para dar um sentido e uma limitação ao real do gozo que irrompe em seu corpo de maneira traumática. Sua perspectiva edípica se organiza de maneira similar à estratégia do pequeno Hans, ao buscar nas ameaças de castração do pai um contorno simbólico e imaginário para a emergência do pênis real. Dessa forma, o pai castrador operaria como invenção do neurótico para racionalizar o impossível do gozo.

Essa articulação entre as ereções e os pensamentos obsessivos indica o parasitismo da linguagem em relação ao gozo fálico, na medida em que, ao menos na neurose obsessiva, a partir da incidência do significante, a fala passa a parasitar o corpo sob a forma de pensamento (Suárez, 2011, p. 15). É nesse sentido que o gozo fálico se situa na conjunção do simbólico com o real, uma vez que, no ser falante, "há a capacidade de conjugar a fala e o que concerne a um certo gozo, aquele dito do falo, experimentado como parasitário" (Lacan, 1975-76/2007, p. 55), em virtude da incidência da linguagem sobre o corpo. O falo se torna, assim, a própria "conjunção do que chamei de *esse parasita*, ou seja, o pedacinho de pau em questão, com a função da fala" (p. 16, grifos do original). Trata-se, aí, da abordagem lacaniana do gozo fálico situado na conjunção entre simbólico e real, entre o significante e o órgão.

No entanto, o gozo fálico também se apresenta pela via de uma transgressão do limite: ainda que a lógica masculina da sexuação seja orientada por uma limitação ao gozo – encarnada pela proibição do incesto, pela proibição da homossexualidade ou pela ameaça de castração –, isso não significa que esse limite seja respeitado (Barros, 2011, p. 96). É disso que se trata na cena de exibição da ereção de Ernst enquanto subversão (fálica) do pai: ao

256   O CASAMENTO COM O FALO

querer que o pai saiba de sua posse e de sua transgressão, que ele veja seu falo ereto e sua travessura, o sujeito demonstra sua confusão do gozo com os instrumentos do poder. "Mostrar ao pai morto o que ele, o Homem dos Ratos, pensa que o pai morto teria desejado arrancar-lhe fantasmaticamente, eis aí algo que se chama de agressividade e, dessa agressividade, o obsessivo tira o seu gozo" (Lacan, 1961-62/2003, p. 288). Essa cena, que consiste numa "apresentação ao pai morto do significante do gozo" (Miller, 1988/2018, p. 143, tradução nossa), poderia ser tomada como o "estádio do espelho do falo", na medida em que o sujeito faz uma "ostentação da insígnia da virilidade perante o Outro como morto", a partir daquilo que ele supõe que o Outro "não tem e deseja" (Lacan, 1961-62/2003, p. 288).

A ereção fálica, assombrada pelo menos-phi

A exibição do órgão diante do olhar do pai constituiria, portanto, uma ostentação do significante do gozo [Φ] revelando "a significação do falo" (Miller, 1988/2018, p. 143, tradução nossa), na medida em que a *Bedeutung* é o que "designa a relação com o real" (Lacan, 1975/1988b, p. 130, tradução nossa). Ernst exibe o fato de que "o sujeito está casado com o seu órgão" (Miller, 1988/2018, p. 143, tradução nossa). Mas na medida em que na cena há também um espelho, no qual o sujeito se olha, ele introduz aí a dimensão do "gozo peniano": "O gozo dito fálico não é certamente, em si mesmo, o gozo peniano. O gozo peniano advém a propósito do imaginário, isto é, do gozo do duplo, da imagem especular, do gozo do corpo" (Lacan, 1975-76/2007, pp. 54-55), como se o pênis pudesse ser finalmente incorporado à imagem narcísica.

No entanto, é nessa dimensão do duplo que emerge uma espécie de infamiliaridade do falo. Pois, ainda que a exibição fálica do

Homem dos Ratos tenha um forte apelo narcísico, ela é, todavia, assombrada por efeitos de angústia (Lacan, 1961-62/2003, p. 248). A partir dos registros de Freud sobre o caso, o que encontramos no avesso da cena endereçada ao pai é um modo de interrogação do falo que não passa pelas ameaças do Outro. De maneira disjunta da referência paterna, após seus estudos, Ernst costumava

> *ainda deixar muita luz acesa no vestíbulo e no closet, despir-se e contemplar-se no espelho. Sempre preocupado com membro pequeno demais; nessas encenações certa medida de ereção que o acalmava. Às vezes também enfiava o espelho entre as pernas. (Freud, 1907-08/2022, p. 511)*

Por mais que Ernst apresente ao pai morto seu falo ereto como significante do gozo [Φ], ele, ao mesmo tempo, tem de se haver com a precariedade fálica de algo que não se harmoniza com a imagem narcísica do corpo [(-φ)], algo no próprio falo que escapa ao narcisismo, que não se permite integrar à totalidade narcísica da imagem. Assim, parece haver algo de menos-phi no próprio órgão suposto viril, algo no falo que escapa, ali mesmo onde a imagem do pênis deveria garantir uma imagem de completude e segurança. Se essa cena nos apresenta o "estádio do espelho do falo", vale lembrar que o segredo da imagem é a castração, de modo que a ereção fálica [Φ] é contrabalançada pela precariedade de algo no falo que não se vê, mas que libera no sujeito a angústia de castração [(-φ)]: "Inibições, sintomas, reações de fuga, depressão ou agressão mascaram a angústia do encontro com a experiência da redução do órgão a um resto – o 'trapo'" (Barros, 2020, p. 78, tradução nossa).

Parece haver algo no próprio falo que porta essa precariedade, por ele ser, no fundo, um trapinho – o que se apresenta pelo fato de poder ser pequeno ou pelo fato de seu testículo ser atrofiado (cf.

258 O CASAMENTO COM O FALO

Freud, 1907-08/2022, p. 502). Ernst coloca um espelho para tentar se certificar da grandiosidade de seu falo, mas isso não garante para ele sua imponência fálica; ele precisa continuar se certificando da ereção. É por isso que o sujeito passa o tempo se olhando no espelho, buscando verificar se o seu pênis está "bem na foto" (Vieira, 2019, p. 179). De certa forma, podemos mesmo considerar que a ereção vem para tentar compensar a angústia de castração diante da possibilidade de aparição do (-φ). Mas o fato é que há uma discordância entre o falo como trapinho e "a ilusão ou ideal de completude que há no varão em relação à ereção", "que aparece como ideal de ter o falo" (Torres, 2012, p. 137, tradução nossa).

O que está em jogo é, mais uma vez, a relação entre falo e narcisismo, que coloca em debate a tensão entre a ereção fálica [Φ] e o falo como trapinho [(-φ)]: se, por um lado, o Φ é significante do gozo, por outro, isso não anula o (-φ). Essas são duas dimensões reais do falo: uma como perturbação de gozo que o sujeito não controla, outra como fratura na imagem que libera angústia de castração. Essa divergência comparece "entre o Φ e o -φ, que representaria a detumescência do órgão e que sempre aparece como um fantasma masculino" (Torres, 2012, p. 138, tradução nossa). O menos-phi indica aqui um ponto de fratura na imagem narcísica, ponto de real na imagem que angustia o "macho", na medida em que seu falo pode se revelar um trapinho. Por isso, a ereção fálica [Φ] é sempre assombrada pelo (-φ):

> *o falo é o significante do gozo, em sua versão com maiúscula, Φ, que viria ser o significante mesmo da potência, da ereção. Por sua vez, há também o -φ, que [...] desloca a questão da falta da mulher para a angústia da detumescência no varão. É daí que podemos dizer que o pênis nunca representa de todo ao falo. Esta é uma angústia que está muito presente nos homens,*

porque sempre em algum momento há uma perda da
ereção e sempre pode surgir o temor de que a ereção
não apareça no momento em que tem que aparecer.
(Torres, 2012, pp. 133-134, tradução nossa)

Há um furo, então, na imagem narcísica que o sujeito erige para si. Para além de qualquer ameaça paterna, o falo sempre corre o risco de voltar a se reduzir a um trapinho, a um pedaço de carne desimaginarizado e dessignificantizado; ele pode ser muito pequeno, indicando que a ereção fálica, no fundo, não garante nada, não protege o sujeito da angústia de castração e não assegura a aproximação do pênis ao falo, revelando que há um ponto de real no órgão que não se acomoda à imagem narcísica (como se presentifica, no Homem dos Ratos, pelo tamanho do pênis e pela deformação dos testículos). A angústia de castração se liga, portanto, à aparição do menos-phi, que pode se traduzir pelo fato de que "o pênis sempre é pouca coisa para representar o falo" (Torres, 2012, p. 134, tradução nossa).

Assim, enquanto a exibição fálica de Ernst se coloca na cena do Outro como um desafio endereçado ao pai, às suas ameaças e ao enquadre edípico, podemos também localizar outra dimensão dessa cena situada em seu avesso, fora do Édipo, fora do endereçamento ao Outro: a angústia de castração no "macho" diante do falo experimentado como $(-\varphi)$. Essa angústia não é vinculada à ameaça de castração pelo pai; antes, ela se liga às limitações do próprio órgão, ao fato de que o falo falta ali onde é esperado como garantia do viril e retorna como um pedaço de carne que não é lá grande coisa. O "macho" torna-se, desse modo, assombrado pelo $(-\varphi)$: seu falo, que sempre pode ser "muito pequeno", é o que corre o risco de ser a todo tempo desvelado como trapinho, segredo íntimo dos semblantes da virilidade.

260 O CASAMENTO COM O FALO

Mas que não nos enganemos pela aparente dimensão trágica envolvida nesse reconhecimento do falo como trapinho. Pois a introdução lacaniana do cômico – assim apostamos – permite assinalar que não é preciso permanecer capturado pela tragédia fálica, que esta pode ser reposicionada em seu estatuto (tragi)cômico, o que indica que não apenas é possível como também se propõe, numa análise, ir além desse arranjo. Nesse sentido, o $(-\varphi)$ só é vivido como angústia de castração enquanto ele compõe um segredo íntimo recusado pelo "macho", até que haja travessia da fantasia e subjetivação da castração. A partir do momento em que se pode tomar alguma distância da estrutura de semblante da virilidade e consentir com a sua falta fálica, nossa hipótese é que o menos-phi é restituído em sua dimensão cômica para o próprio sujeito, dando margem a outra relação com o amor, o desejo e o gozo que não a captura pelo engodo viril – como veremos no Capítulo 4.

4. Atravessar o fantasma, autorizar-se do feminino

Ao longo do Capítulo 3, partindo da formulação de Butler quanto ao falo lésbico, realizamos uma interrogação relativa às contingências da ereção e da detumescência que afetam a experiência corporal de posse – se é que podemos dizer propriamente de posse, nesse caso – do pênis. Na construção da virilidade, essas contingências precisam ser apagadas por meio da ostentação dos semblantes da potência ou substituídas pela ilusão de uma mestria do portador sobre o seu órgão, convertendo o genitivo subjetivo do gozo fálico – um órgão que goza à revelia do seu sujeito, como vimos no caso Hans – em um genitivo objetivo – um sujeito que goza plenamente do seu órgão, ao modo da fantasia de Don Juan. Nesse arranjo, situamos o casamento com o falo (sob a roupagem do gozo fálico) como um elemento central na estrutura da virilidade.

Ao contrário de permitir ao sujeito se relacionar ao Outro como tal, o casamento com o falo limita aquele que se quer "macho" a só poder gozar do gozo do órgão (ou ainda, dos semblantes fálicos que dão consistência à ilusão da potência viril), mantendo-o escravo do roteiro solitário de seu fantasma. Não à toa, esse

262 ATRAVESSAR O FANTASMA, AUTORIZAR-SE DO FEMININO

modo de gozo recebe a alcunha de "gozo do idiota" por parte de Lacan (1972-73/2008) – o que nos permite jogar com a equivocação entre o seu sentido grego, daquele que não se interessa pelos assuntos da pólis (e resolve-se sozinho em seu gozo, como na masturbação), e o seu sentido contemporâneo em nossa cultura, ligado à ostentação da imbecilidade. Trata-se aí de uma derrisão cômica da virilidade, evidenciada em seu apego autístico ao gozo fálico, ponto central para a posição do "macho" na sexuação.

Nessa perspectiva, aquele que se quer todo fálico, sustentando para tanto os semblantes da potência, acaba por se revelar um sujeito castrado que, no fundo, não detém a posse do falo que busca exibir: no limite, esse falo sempre escorrega entre os dedos. Por isso somos capazes de formular a dimensão cômica da própria virilidade: o cômico desfere um golpe sobre a estrutura de semblante do falo, revelando-o como (-φ), isto é, revelando a castração de seu portador, ali mesmo onde ele buscava se colocar como dotado de um grande Φ. Nesse sentido, o engodo viril se caracteriza pela operação de ocultamento do menos-phi da castração por meio de seu acoplamento à fantasia fálica (Miller, 2011): a posição masculina na sexuação, na medida em que se encontra orientada pelo todo fálico e sua exceção mítica fundadora,[1] é uma composição

---

1 Trata-se aqui da formalização lacaniana do mito de *Totem e tabu*, forjado por Freud a partir da escuta de seus pacientes neuróticos. Nesse mito científico, a humanidade se organizaria inicialmente em pequenas hordas, cada uma chefiada por um pai tirânico que subjugaria os seus filhos e teria acesso irrestrito a todas as mulheres do bando. Diante desse arranjo, os filhos se uniriam para matar e devorar o pai, como vingança por sua violência e arbitrariedade. Mas logo após, percebendo que outros conflitos de poder surgiriam e que ninguém acessa de fato o gozo pleno suposto nessa figura, juntamente com o remorso e a culpa pelo assassinato do pai que, afinal, também amavam, os filhos fazem um pacto simbólico de manter vazio o lugar da exceção paterna, assim instaurando simbolicamente a castração enquanto renúncia a uma satisfação pulsional completa, operação que seria fundadora da cultura. Já que não se

que articula falo [Φ] e fantasia [$ → a] – sendo o resultado dessa combinação nomeado como gozo fálico, como veremos adiante.

Assim, se o cômico se apresenta pelo desvelamento da estrutura de semblante do falo, revelando o menos-phi no avesso da ostentação fálica, a virilidade se torna cômica porque, mesmo buscando negar a castração, ela sempre acaba por deixar aparecer, em algum ponto, a falta fálica que a fundamenta. Mas o enredo da virilidade, no qual transparece o (-φ), só é cômico para quem assiste a ele com alguma distância; para um homem identificado com esse drama, como vimos no caso do Homem dos Ratos diante de seu falo no espelho, a ameaça de castração é vivida em sua dimensão trágica por causa do temor pela possibilidade de uma eventual reaparição do (-φ) cuja negação orienta a construção de sua masculinidade.

Diante desse cenário, o valor do cômico para a abordagem lacaniana da masculinidade reside no fato de nos orientar rumo a uma desmontagem do engodo viril, e é por isso que Lacan (1974/2003, p. 513) pôde dizer que o lugar do analista "vem se revezar com" o cômico, "ou até substituí-lo", na medida em que uma análise levada até seu fim, se produz uma travessia da fantasia, tem também como resultado uma espécie de travessia da virilidade, ou ao menos sua decomposição estrutural. Nesse ponto, uma experiência analítica permite modificar a relação de um sujeito com o menos-phi, dissolvendo a angústia de castração por meio da assunção de sua falta fálica, o que pode lhe franquear, de maneira contingente, o acesso a um Outro gozo mais além do falo e de seu engodo viril, como veremos neste Capítulo.

---

pode gozar de tudo, goza-se apenas um pouco, com a consequência de poder ansiar por um pouco mais de gozo – que é o ponto formalizado pela lógica da sexuação masculina: o pai morto de *Totem e tabu* como índice de um gozo pleno inalcançável [∃x ~Φx], fazendo função de exceção ao conjunto dos homens castrados, que só acessam um gozo parcial, limitado, que deixa a desejar [∀x Φx].

264 ATRAVESSAR O FANTASMA, AUTORIZAR-SE DO FEMININO

Nessa perspectiva, a desmontagem do engodo viril formalizada por Miller (2011) – e que desdobraremos mais adiante – não se propõe a uma desconstrução teórica ou textual da virilidade, mas antes se constitui como a formalização de uma operação que se produz concretamente na experiência analítica. Diante disso, buscaremos investigar os efeitos de uma análise sobre a aspiração à virilidade na neurose, servindo-nos, para tanto, do cômico como direção ética que abre a possibilidade de uma transformação na relação de um sujeito ao falo. Se a virilidade cômica é o efeito da captura do sujeito numa relação trágica com a angústia de castração, em função de seu casamento com o falo, quais outros destinos uma análise pode oferecer aos homens para sua relação com o gozo?

A travessia da fantasia à luz da lógica da sexuação

No Capítulo 2, discutimos a desidentificação fálica como uma das primeiras concepções do final de análise na obra de Lacan. Mas o que resta depois dessa desidentificação? Desdobrando a obra lacaniana, Miller sustenta que, após a descoberta da falta no Outro [S($\bar{A}$)], há uma segunda descoberta na análise, que se articula a uma pergunta quanto ao gozo: "Que sou Eu [Je] mais além da identificação fálica? Resposta: Eu [Je] sou no lugar do gozo" (Miller, 1993-94/2011, p. 458, tradução nossa). Ao fazer sua primeira transcrição do impasse da análise freudiana, Lacan traduz a recusa da feminilidade pela identificação fálica, propondo o consentimento com o S($\bar{A}$) e a assunção do (-φ) como chaves do fim da análise. No entanto, seu uso desses termos estava inserido, em 1958, "no marco de uma problemática relativa à identificação e ao desejo" (Miller, 1993-94/2011, p. 470, tradução nossa).

Posteriormente, em sua obra, introduz-se uma segunda tradução que pode também basear-se no (-φ), mas não mais – ou não apenas – em termos de identificação e desejo, pois convoca também a dimensão do gozo (Miller, 1993-94/2011, p. 470). Trata-se aí de deixar cair o "ser de identificação", que é relativo à incidência do desejo do Outro, para que seja possível a um sujeito acessar o seu "ser de gozo", separado do Outro. A essa segunda perspectiva, Lacan deu o nome de "travessia da fantasia", cujas raízes podem ser encontradas já em 1959, ao longo do Seminário 6, mas sua elaboração mais direta, na obra lacaniana, encontra-se no escrito "Proposição de 9 de outubro de 1967 sobre o psicanalista da Escola". No momento de formulação dessa travessia, o ensino de Lacan se encontrava num ponto de báscula entre a temática do desejo, que foi um elemento pivô para seu pensamento nos anos 1950, e a temática do gozo, que assumiria grande importância nos anos subsequentes.

Em 1967, Lacan ainda não pensava os destinos da análise em termos de gozo; esse nos parece ser um importante gesto de leitura operado por Jacques-Alain Miller, que nos permite enxergar o escrito de 1967 à luz dos desdobramentos posteriores do ensino lacaniano. No gesto em questão, que será retomado e aprofundado por Miller em seu curso de 2011 (o qual desdobraremos mais adiante), acreditamos estar em jogo uma releitura da travessia da fantasia à luz da lógica da sexuação, que deflaciona a importância da categoria do desejo e coloca em primeiro plano a dimensão do gozo de cada ser falante. Implícitas aqui estão também as elaborações millerianas em torno do final de análise pensado a partir da categoria do *sinthoma*, entendido enquanto assunção do que há de mais singular em seu modo de gozo (Miller, 2006-07/2009).

Antes disso, em 1967, Lacan propõe pensar o termo de uma análise a partir do encontro de um analisante com "o resto que", como determinante de sua divisão, o faz decair de sua fantasia e o

266 ATRAVESSAR O FANTASMA, AUTORIZAR-SE DO FEMININO

destitui como sujeito" (Lacan, 1967/2003, p. 257). Isto é, o sujeito depara com o modo como interpretou seu lugar diante do Outro, constituindo-se como o objeto *a* que tampona a falta do Outro na sua fantasia, em sua própria "janela para o real" (p. 259) – posição em relação à qual se defende ao se erigir falicamente como sujeito, mas da qual permanece cativo no inconsciente. A própria instituição do sujeito seria correlativa, portanto, do fantasma que o sustenta.

O desejo do psicanalista, até então sustentado por um *x*, um enigma, só encontra sua solução ao entregar ao analisante o valor de seu ser com a notação (-φ), isto é, sua castração, hiância que era obturada pela relação agalmatizada do sujeito com o objeto *a* de sua fantasia, com o ponto em que o sujeito supõe tamponar a falha no Outro [S(Ⱥ)]. Essa operação desvela tanto o (-φ) que era encoberto pela identificação fálica, com a aspiração a ser o falo que completa o Outro, como a ficção fantasmática pela qual o sujeito se localizava como objeto *a* diante do gozo do Outro. Assim, se a fantasia é o que dá consistência a um ser de sujeito, a reviravolta de uma análise faz com que o sujeito veja "soçobrar a segurança que extraía da fantasia" (Lacan, 1967/2003, p. 259).

Com Miller (2011), poderíamos resumir de três formas os efeitos dessa travessia. Primeiro, o de uma inquietação subjetiva, produzida pela insegurança ontológica que advém como saldo do abalo da fantasia, que constituía até então o eixo organizador da posição do sujeito no mundo. Segundo, um efeito de deflação do desejo, nomeado por Lacan como um "des-ser" (*desêtre*), na medida em que o desejo se revela um não-ser que acreditávamos ser e que é destituído de sua qualidade. Enquanto o objeto do desejo é investido, ele tem o valor de ágalma, de objeto valioso, mas o desinvestimento libidinal dissipa seu véu fálico e evidencia que o que dava brilho ao desejo até aí era apenas o que envelopava o gozo fantasmático, isto é, a resposta dada por cada um na fantasia à falha que encontrou no seu Outro. O terceiro efeito da análise, por sua vez, envolveria a transformação do ser de desejo em um ser de saber: ao passo que o desejo se sustenta no não saber o que o causa, a análise leva a saber qual é a fantasia que suportava seu desejo, permitindo destituir sua posição de sujeito como organizada pelo fantasma e desatar o laço com o analista como representante do sujeito suposto saber.

O que Miller (2011) acrescenta ao debate é pensar que, mais tarde em sua obra, Lacan teria constatado haver um "mais além da conversão do desejo em saber", um mais além que não é conversível em saber, por se constituir como um "ser de gozo", ligado ao que há de mais singular em cada ser falante. Enquanto o "ser de desejo" é passível de ser convertido em "ser de saber", com o "ser de gozo", por sua vez, essa transposição não é possível, de modo que caberá a cada um inventar o que fazer com os restos, os resíduos sintomáticos de uma análise. Dessa forma, trata-se de abrir caminho para que um ser falante possa – o que não significa que necessariamente irá – acessar um gozo suplementar, dito por Lacan "feminino", uma vez que não é inteiramente redutível ao ciframento fálico e que torna possível a experiência do incomensurável, a experiência de um gozo impossível de negativar, apontando para um modo de satisfação singular, refratário à generalização fálica.

É essa dimensão que Leonardo Gorostiza (2011) coloca em cena em seu passe a partir da conclusão de sua segunda análise, ao considerar que a desidentificação fálica é uma condição necessária, mas não suficiente para chegar ao termo de uma análise, isto é, para efetuar a passagem de psicanalisante a psicanalista. Pois a desidentificação fálica desaloja o sujeito de sua relação ao Outro de sua história, mas ainda não diz o que fazer com o gozo, tampouco dá acesso necessariamente ao que se encontra no mais além da medida fálica. Nesse ponto, ao explorar a questão do saber-fazer com os restos sintomáticos, a discussão de Miller (2011) aponta para a

268 ATRAVESSAR O FANTASMA, AUTORIZAR-SE DO FEMININO

identificação ao *sinthoma* como outra perspectiva do final de análise, de certa forma contraposta à travessia da fantasia. Em nosso trabalho, optamos por enfatizar a conexão da travessia da fantasia com a abertura para essa dimensão singular do gozo, de forma que essas perspectivas não se opõem, mas se suplementam: a perspectiva do *sinthoma* permite situar com o que se arranja um ser falante no mais-além da travessia da fantasia.

Com os testemunhos de passe de Jésus Santiago e de Bernardino Horne, veremos, ao longo deste Capítulo, de que maneira esses dois analistas puderam consentir, em sua trajetória como analisantes, com aquilo que do seu gozo não cabe no engodo viril. Nesse sentido, se a estrutura da virilidade a partir da posição masculina na sexuação é caracterizada pelo apego à fantasia enquanto obturadora do menos-phi da castração, então a travessia da fantasia deve produzir efeitos sobre a aspiração à virilidade que orienta o ser falante na neurose. Quais consequências essa transmutação operaria sobre o engodo viril? No fim do Capítulo 4, percorrendo o testemunho de final de análise de dois analistas, discutiremos algumas dessas consequências a partir da hipótese de que a travessia da fantasia e o consentimento com a falta fálica abririam caminho para que um homem possa dizer "sim" a ser atravessado por um Outro gozo além do fálico, de forma separada do engodo viril que pode tê-lo orientado até então.

O falo como função lógica: Lacan com Frege

Durante os primeiros Capítulos, vimos como a obra de Lacan permite ir além do falo tomado apenas como um atributo imaginário – pautado pela oposição binária entre o ter ou o não ter o pênis – para situá-lo em seu valor simbólico como significante. Nos anos 1950, o falo como significante é o que vem indicar a posição assumida pelo sujeito diante do desejo do Outro, por meio do jogo com as identificações entre o ser e o ter, que não estão inteiramente submetidas à anatomia: pode-se não ter o pênis e assumir uma posição subjetiva de ter o falo, bem como se pode ter um pênis e não sustentar a posição de ter o falo, entre tantos arranjos possíveis que se desenrolam na comédia dos sexos. Alguns anos depois, em 1963, encontramos também uma interrogação lacaniana do falo como órgão no corpo dos homens cis, rebaixando a suposta eminência do pênis a um pedaço de carne afetado pela detumescência, por um ponto de fratura íntima que libera no "macho" a angústia de castração. Na década de 1970, por sua vez, a obra de Lacan ficou conhecida por sua abordagem do falo como uma função matemática, $\Phi(x)$, que ele chamaria de função fálica. Trata-se aí de uma reescrita da temática da castração, que havia sido trabalhada nos anos 1950 sob uma perspectiva estrutural, agora à luz da *Conceitografia* do lógico Gottlob Frege.[2]

Nessa passagem da década de 1950 à década de 1970, presenciamos, além disso, certa transição da categoria de sujeito para a de *parlêtre*, um neologismo lacaniano que condensa "falar" [*parler*] e "ser" [*être*], indicando a imbricação fundamental da linguagem no sujeito e traduzindo-se precariamente como "falasser". Enquanto, na década de 1950, o sujeito tinha seu corpo mortificado pelo significante, esvaziado de gozo pela função simbólica do Nome-do--Pai, isto é, do pai morto (que levava o gozo consigo para a tumba e deixava o sujeito com o vazio do desejo e sua falta-a-ser), na década de 1970, por sua vez, o falasser é "o sujeito mais o corpo" (Miller, 1998/2015, p. 87), um corpo vivo que se goza, um corpo que só se define a partir da substância gozante.

---

2 Em função do recorte de nosso trabalho, não nos dedicaremos aqui a desenvolver de maneira aprofundada o uso lacaniano de Frege para a formulação da função fálica. A esse respeito, ver os trabalhos de Morel (1999) e Iannini (2013; 2017), que apresentam as coordenadas dessa discussão.

Trata-se, aí, de uma inversão de perspectiva fundamental: na década de 1950, Lacan pensava o significante como responsável por uma drenagem do gozo, na medida em que a simbolização era encarregada de realizar uma mortificação do corpo do sujeito, resultando na falta como condição para o desejo. Na década de 1970, inversamente, o próprio significante se torna causa de gozo; operando fora do sentido, o significante é aquilo que marca e excita o corpo, de forma que o gozo se apresenta a partir da incidência corporal da linguagem como um componente traumático na subjetivação. O que está em jogo é o choque material do significante contra o corpo, ou seja, a ressonância singular que a língua faz no corpo da criança, fora do registro do sentido ou da cadeia significante, com seus efeitos de gozo.

Nesse cenário, o falo se torna o nome de uma função lógica que agencia a castração, responsável por produzir uma perda de gozo – inerente ao funcionamento do discurso – e, ao mesmo tempo, por relançar o ser falante em diferentes modos de buscar recuperar seu gozo a partir dessa perda (Morel, 1999). Observemos que, mesmo sob a logicização mais radical do falo nos anos 1970, ele não deixa de ser atrelado ao pênis em diversas passagens dos seminários tardios de Lacan. Longe de constituir uma objeção quanto a essa noção, enxergamos aí o mesmo tipo de discordância indexada entre falo e pênis que já vigorava nos anos 1950. Vejamos, agora, quais são as novidades trazidas pelo psicanalista ao introduzir a noção de falo como função.

A função fálica, por sua inspiração matemática, indica a relação lógica de uma constante – o falo como função da castração [Φ] – e diversas variáveis – x – que entrarão como argumentos para suprir essa função. Esse x, uma variável enigmática, indica um "lugar vazio" em que um sujeito pode se inscrever (Lacan, 1971-72/2012, p. 12) e dá margem ao modo contingente como cada ser falante se inserirá na função fálica, descompletando o universal à sua maneira. Nesse ponto, Lacan resgata de Frege a "irredutibilidade do caso ao conceito" (Iannini, 2013, p. 242), com a consequência de que a função fálica [$\Phi(x)$] só opera na condição de permanecer aberta à incógnita (o "x") do argumento de cada um – aberta à maneira singular pela qual cada ser falante dará corpo a um modo de gozo. Nesse caso, ainda que a função fálica implique uma ordenação mínima do gozo por sua justaposição ao falo como semblante (operação que decorre da incidência da castração simbólica), "um existente singular sempre é irredutível à função designada pelo conceito" (p. 249), de modo que "um existente real – eu, você –, ao saturar a função, não cai sob seu conceito, pelo menos não integralmente" (p. 248).

Ao contrário de produzir um assujeitamento completo à norma fálica, o furo na função a configura como algo maleável, que permite diferentes usos e deformações singulares, a partir do modo com que um sujeito responderá à forma como a virilidade e a feminilidade lhe foram apresentadas pelo seu Outro – seja para incorporá-las, seja para recusá-las, seja para dar-lhes um estilo próprio. Assim, o x na função fálica designa um sujeito – cujas identificações de gênero e de sexualidade podem ser as mais diversas – que pode transitar entre os modos de gozo fálico e não-todo fálico, os quais, no entanto, encontram-se frequentemente articulados, em nossa tradição discursiva, aos semblantes da masculinidade e da feminilidade, respectivamente.

Não à toa, os dois lados da tábua da sexuação são nomeados por Lacan (1972-73/2008, p. 70) como "homem" e "mulher" – termos que ele anuncia como uma "abreviatura". Quando Lacan afirma que retira esses termos do discurso corrente (p. 40), do uso corriqueiro que esses significantes assumem no discurso, entendemos que ele está atento, à sua maneira, à dimensão performativa desses significantes, bem como ao fato de que o discurso convoca os seres falantes a assumirem uma posição sexuada, de um lado ou de outro,

272 ATRAVESSAR O FANTASMA, AUTORIZAR-SE DO FEMININO

como homem ou mulher. A questão reside em como pensar as conjunções e as disjunções desses modos de gozo em relação à diversidade das experiências de gênero, raça e sexualidade, tarefa que aqui apenas nos proporemos a esboçar (a fim de ser desdobrada em pesquisas posteriores), para retornarmos ao nosso recorte: da estrutura da virilidade à sua travessia em um processo de análise.

Gênero, diferença sexual e sexuação: masculinidade e feminilidade como modos de gozo

Em *Problemas de gênero*, Butler (1990/2015) se dedicou a estudar a produção da diferença sexual na ordem simbólica lacaniana a partir da formulação do falo como significante, responsável por determinar a constituição subjetiva dos "homens" pela assunção da posição de "ter o falo" e a constituição subjetiva das "mulheres" pela posição de "ser o falo". Já em *Corpos que importam*, Butler (1993/2019) ainda proporia pensar aquilo que precisa ser excluído desse binário normativo para que ele possa assim se constituir, por meio das figuras abjetas da bicha feminizada e da sapatão falicizada (que permanecem ausentes do simbólico lacaniano). O que a autora denuncia nesse arranjo é a reificação de uma forma específica de subjetivação que seria dita incontornável: aquela que obriga os sujeitos a se conformarem a uma matriz binária, cisgênero e heterossexual, sob a ameaça de recaírem no campo das psicoses ou do inumano caso essa versão da lei simbólica não seja aceita.

Fazendo uma leitura *a posteriori* de seu próprio percurso, Butler observa que, na época de *Problemas de gênero*, no começo dos anos 1990, ela identificava a diferença sexual com uma "teoria da heterossexualidade", isto é, enquanto um regime epistemológico exclusivamente a serviço das normas da cis-heterossexualidade (Butler, 2004). Em seus trabalhos posteriores, por sua vez, encontramos tentativas de nuançar essa posição, no intuito de pensar a própria diferença sexual fora do enquadramento normativo da cis--heterossexualidade (Butler, 2004; Butler, 2012; Butler & McManus, 2020). Ao contrário de decretar o fim da diferença sexual, como alegado por muitos de seus opositores, a filósofa afirma, em uma entrevista concedida em 2020, a importância do binário para muitas das (embora não todas as) pessoas trans, que eventualmente encontram, no binário da diferença sexual, um modo de se localizar no mundo como homem ou mulher, gesto que lhes franqueia um reconhecimento de sua própria humanidade (Butler & McManus, 2020). Desse modo, não se trata de "eliminar" a diferença sexual, mas de pensá-la fora da cis-heterossexualidade normativa (Butler, 2004) e sem restringi-la à cisgeneridade naturalizada e à organização heterossexual do parentesco (Butler, 2012).

Em *Desfazendo gênero*, a filósofa sustenta que a diferença sexual não é um mero fato ou um fundamento último para a subjetividade, mas tampouco uma pura construção linguística que poderia ser simplesmente abandonada. Antes, ela é uma questão para o nosso tempo, que deve permanecer inquieta, em aberto, sem uma resposta definitiva, na medida em que sua presença persiste para nós como um enigma não inteiramente explicável (Butler, 2004, p. 177). O desafio que Butler (2004) propõe é o de sustentar esse ponto de abertura, em que essa diferença não seja finalmente reconduzida às formas tradicionais da heterossexualidade normativa, uma vez que masculino e feminino podem inclusive circular mais além de corpos marcados respectivamente como de homens ou de mulheres (p. 197).

A diferença sexual nos coloca, assim, diante de uma dificuldade permanente em determinar onde começam e terminam o biológico, o psíquico, o discursivo e o social (Butler, 2004, pp. 185-186). Por isso, seu estatuto ontológico é difícil de determinar: ela não é nem inteiramente dada, nem inteiramente construída, mas parcialmente ambas. Nesse sentido, essa diferença é o lugar em que se coloca uma questão sobre a ligação entre o biológico e o cultural, sem que esta possa ser respondida: ela se torna, então, um "conceito-borda" [border concept] ou uma "fronteira vacilante" [vacillating border] (p. 186), de modo que seus termos permanecem abertos para renegociação.

Propor que a diferença sexual seja pensada fora da heteronormatividade significa, então, desvinculá-la de toda idealização do dimorfismo anatômico ou generificado, de modo que ela não tenha nenhuma consequência natural ou necessária para a organização social da sexualidade (Butler, 2004). Dessa forma, talvez seja possível considerar essa diferença aquilo que "corrompe a coerência de qualquer postulação de identidade" (Butler, 2004, p. 203, tradução nossa), na medida em que o sujeito, nomádico por estrutura, seria sempre passível de atravessar as fronteiras dessa diferença, de um lado para o outro e vice-versa – sem estar confinado a uma identidade particular como "homem" ou "mulher", tampouco a uma performance de gênero (ou uma modalidade de gozo) exclusivamente "masculina" ou "feminina" (cf. Lima, Bedê & Rocha, 2023).

Diante disso, gostaríamos de sugerir aqui que a diferença sexual na psicanálise, se for concebida em termos das posições sexuadas que podem ser assumidas diante do gozo, pode ser relida hoje em função dessa direção aberta por Butler, ainda que tenhamos de reconhecer a existência de leituras da sexuação que reabsorvem a diferença sexual nos semblantes normativos da cis-heterossexualidade. Trata-se de constatar que, se a sexuação não se reduz ao gênero, ela, no entanto, não deixa de ser atravessada por ele, não apenas do ponto de vista de nossas construções teóricas, mas também, e mais especialmente, do ponto de vista da experiência singular de um ser falante, para quem os modos de gozo fálico e não-todo fálico eventualmente se imiscuirão nos modos de apresentação do "ser homem", do "ser mulher" ou mesmo nos modos dissidentes de encarnar o gênero e a sexualidade, sem que haja uma norma prévia que capture suas formas de distribuição.

Com a sexuação, trata-se *também* dos problemas de gênero, mas não somente, na medida em que as questões ligadas à identificação são reposicionadas em torno dos modos de gozo, o que produz pontos de conjunção e pontos de disjunção entre gênero e sexuação – algo que poderíamos escrever da seguinte forma: gênero ◊ sexuação. A lógica da sexuação nos ajuda, então, a situar o fato de que os semblantes de gênero são atravessados – e eventualmente descompletados – por modos de gozo. Assim, para começar, sustentamos que, ao contrário de estar condenada a naturalizar os semblantes da cis-heterossexualidade, a repartição da tábua da sexuação entre os lados "homem" e "mulher" talvez nos permita cernir o modo como as normas binárias de gênero buscaram, ao longo da história, distribuir os seres falantes entre os modos de gozo "todo fálico" e "não-todo fálico", equacionando "homens" ao "gozo fálico" e "mulheres" ao "gozo não-todo" (cf. Lima & Vorcaro, 2020) – o que, todavia, não esgota seus usos, de forma que proporemos, mais adiante, pensar masculinidade e feminilidade como modos de gozo mais além da cis-heterossexualidade normativa.

Mas, numa primeira aproximação à tábua sob a ótica das fronteiras normativas do gênero, sabemos que é convocado a se posicionar do lado dito "masculino" da sexuação todo aquele – e tão somente aquele – que nasce dotado de um órgão no corpo que podemos situar discursivamente como um pênis; sua posição de sujeito [$], presumidamente viril e portadora do falo simbólico [Φ], deve envolver a objetificação da alteridade, reduzindo-a a um objeto de seu fantasma [a]. Desse lado, dito "homem", Lacan (1972-73/2008) inscreve – "não certamente para privilegiá-lo de modo algum" – o $ e "o Φ que o suporta como significante" (p. 86), isto é, o Φ como significante "que se suporta, no homem, pelo gozo fálico" (p. 87), "o gozo do idiota", presentificado pela "importância da masturbação" na sexuação masculina. Podemos pensar aqui na alienação aos semblantes da posse fálica por parte de quem se situa desse lado, sendo o "macho" seu paradigma, mas sem nenhuma exclusividade ligada aos homens cis para esse uso do falo como escudo contra a aparição de sua própria divisão/castração. Por sua vez, o $ "só tem a ver, enquanto parceiro, com o objeto a inscrito do outro lado da barra. Só lhe é dado atingir seu parceiro sexual, que é o Outro, por intermédio disto, de ele ser a causa de seu desejo" (p. 86). Assim, a "conjunção" de $ e a é a fantasia – aquilo em que "o sujeito é preso" [$ → a].

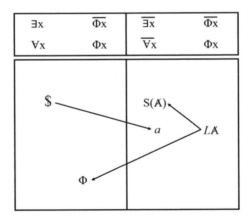

Figura 4.1. *Tábua da sexuação.*
Fonte: Adaptada de Lacan (1972-73/2008, p. 84).

Por sua vez, do lado dito "feminino", deveria estar cada um que nasce desprovido de atributo fálico, fato que expõe um ser falante à condição de inexistência[3] [La] em um universo patriarcal, ao mesmo tempo que se busca reduzir esses seres ao lugar de objeto da fantasia masculina [*a*], devendo reencontrar o falo no corpo de um homem [La → Φ] e permanecer sem acesso a Outro gozo além do falo – um gozo que, no entanto, acessam de maneira contingente [La → S(Ⱥ)]. Nesse sentido, quando Lacan afirma que "*A* mulher não existe", o pano de fundo para essa afirmação é o entendimento de que existir é ter lugar num sistema ordenado de linguagem, é ser reconhecido num universo discursivo organizado por regras socialmente partilhadas (Teixeira, 2021, p. 303). No caso do aforismo lacaniano, trata-se da inexistência de um lugar simbólico para o feminino num universo sustentado pela norma fálica como padrão de medida para os corpos e seus modos de gozo. Numa cultura em que a universalidade é tradicionalmente uma prerrogativa masculina, tendo o falo como operador da partilha dos corpos no laço social, o significante d'*A* mulher passa a ocupar aí um lugar de inexistência.

Podemos inclusive sustentar a hipótese de que a inexistência d'*A* mulher se torna a releitura lacaniana do problema da "inveja do pênis" em Freud (1925/2018), se tomarmos as "consequências psíquicas" da "distinção anatômica entre os sexos" como uma diferença na inscrição de valor sobre a subjetividade – sendo a presença

---

3 Foge ao nosso recorte desdobrar essa formulação, que produziu inúmeras repercussões no debate entre psicanálise e feminismo, mas gostaríamos de sugerir a importância de irmos além da categoria "mulher" para pensarmos também masculinidades afetadas pela inexistência no laço social, a exemplo das masculinidades negras ou das transmasculinidades. A esse respeito, Bispo, Peixoto e Scaramussa (2021, p. 167) chegam a sugerir que o próprio binário "homem" e "mulher" na sexuação pode ser entendido como "homem" e "outros". Assim, poderíamos pensar, por exemplo, na inexistência d'*A* negritude no universo branco ocidental, na medida em que a branquitude se constitui como parâmetro hegemônico de medida fálica para a subjetivação (cf. Andrade, 2022).

do falo o elemento diferencial que confere aos homens a entrada na condição de universalidade, deixando à sua margem os sujeitos que estejam privados desse apêndice corporal. Invejar o pênis é, então, a resposta subjetiva recolhida clinicamente por Freud que poderia ser relida hoje como um sintoma de época, que denuncia o lugar de exclusão do feminino em relação à universalidade e à inscrição de valor que as subjetividades masculinas assumem na cultura ocidental. Como também propõe Preciado, de forma provocativa: "Os homens cis parecem apenas mulheres mais ou menos testosteronadas às quais foi acrescentada uma mais-valia biopolítica, e que ouviram desde a infância: 'Você vale mais do que elas; o mundo te pertence, elas pertencem a você, seu pau é dono de tudo'" (Preciado, 2008/2018, p. 250). Dessa forma, a "diferença sexual" não é uma consequência imediata da distinção entre genitais, mas sim do modo como essa distinção é produzida e aparelhada pelo discurso de modo a distribuir diferencialmente os lugares – e os valores – de "homens" e "mulheres" na cultura.

Um dos modos de acessar essa diferença enquanto ligada não apenas aos genitais, mas também aos processos de reconhecimento e modos de circulação dos corpos no laço social está em testemunhos como o do próprio Preciado, quando afirma que, após sua transição de gênero, tendo passado a ser lido como um homem branco, pôde conhecer o que é "o privilégio da universalidade": "Um lugar anônimo e tranquilo em que te deixam sagradamente em paz" (Preciado, 2020, p. 38, tradução nossa).[4] Dessa maneira,

---

4 "A primeira coisa que aprendi como homem trans foi a caminhar pela rua sendo olhado pelos outros como se fosse mais um homem entre os homens. Aprendi a olhar de frente e para cima, em lugar de mover os olhos para os lados e para baixo. Aprendi a sustentar o olhar de outros homens sem baixar os olhos e sem sorrir. Mas nessa aprendizagem nada foi tão importante quanto entender que, como supostamente 'homem' e supostamente 'branco', em um mundo patriarcal-colonial, podia aceder pela primeira vez ao privilégio da

HOMENS EM ANÁLISE: TRAVESSIAS DA VIRILIDADE   279

temos mais um ângulo para situar o caráter violento da fundação do universal (Teixeira, 2015), na medida em que, para que o universal seja como é, ou seja, aparentemente pacífico, é preciso excluir ou segregar aquilo que se contrapõe a essa postulação de universalidade, de modo que a lógica da sexuação não é apenas uma formalização de como sujeitos gozam com seus corpos, mas também de como esses modos de gozo atravessam e são atravessados por processos violentos de configuração do próprio laço social.

No entanto, é preciso sublinhar uma bivalência na posição do não-todo. Longe de se reduzir a um lugar de exclusão, ou melhor, longe de o lugar de exclusão da universalidade fálica significar apenas o pior, o não-todo é também um lugar de liberdade e de indeterminação, a partir de onde certa subversão da norma pode se dar.[5] Em termos da cultura, podemos pensar nos gestos contingentes de "objeção ao universal" (Lacan 1972-73/2008, p. 110), de quando um ser falante elege, em sua posição subjetiva (mesmo quando essa é uma escolha forçada), não mais querer integrar o todo atualmente existente como "um entre outros", não querer mais aspirar à hegemonia (à posição de exceção) fálica como "acima dos outros". Nesses casos singulares, trata-se de se inscrever

---

universalidade. Um lugar anônimo e tranquilo em que te deixam sagradamente em paz. Nunca tinha sido universal. Tinha sido mulher, tinha sido lésbica, tinha sido imigrante. Conhecia a alteridade, mas não a universalidade" (Preciado, 2020, p. 38, tradução nossa).

5 É daí que vêm, por exemplo, os trabalhos que investigam as conexões entre o feminismo *queer* e a inexistência d'*A* mulher (cf. Moreira, 2019; 2022). A esse respeito, Maíra Moreira (2019) traz os exemplos da Marcha das Vadias e de Norrie May Welby, que se fez registrar, no direito australiano, como alguém de gênero *non specified* – duas formas de apresentação política que carregariam a marca do não-todo. Ver também a próxima nota de rodapé, neste livro, sobre Pol Galofre, um homem trans espanhol que se designa como "inclassificável". Enfatizamos, no entanto, a importância, assinalada por Grada Kilomba (2019), na esteira de bell hooks, de não se romantizar o lugar da opressão, ainda que possamos localizar potenciais subversivos nas vivências de margem.

280 ATRAVESSAR O FANTASMA, AUTORIZAR-SE DO FEMININO

no laço social portando seu próprio elemento de indeterminação, de "existência indeterminada" (p. 111), destotalizando a universalidade fálica.

Em termos dos modos de gozo, por sua vez, podemos pensar aqui no gozo feminino como um gozo "que é da ordem do infinito" (Lacan, 1972-73/2008, p. 110), no sentido de que atravessa o corpo, desfazendo sua ilusão de propriedade e totalidade, ao contrário do gozo fálico, que, por se localizar num órgão ou parte corporal destacada, é um gozo que se presta a fixar um sujeito a seu corpo. Assim, o não-todo se constitui como um "gozo do corpo" que é "para além do falo" (p. 80), que não se localiza – ou não se deixa localizar – inteiramente no falo. Pode até ser que passe por ele, mas há algo além: trata-se aqui de poder se ocupar de outra coisa que não apenas sustentar o semblante fálico da virilidade ou da mascarada feminina. Está em jogo aqui um gozo que se experimenta, mas do qual não se pode dizer muita coisa, em razão de sua conexão com a falta no Outro [S(Ⱥ)], com os limites daquilo que se pode enunciar como um saber articulado. Ele acontece no corpo em um registro de certa opacidade, o que pode ser angustiante para quem não consente em ser descompletado de sua mestria fálica ou para quem não suporta ter seu corpo "outrificado" (Miller, 1998/2015, p. 93) pelo próprio gozo, transformado em Outro para ele mesmo (cf. Lacan, 1958/1998c, p. 741).

Não é à toa que o não-todo na psicanálise é habitualmente conectado às "mulheres", se partirmos de sua posição, historicamente constituída, de exclusão em relação à universalidade fálica – uma posição de quem não precisa (e, pela norma, tampouco deveria) se encarregar de bancar o falo, o que tem consequências as mais diversas no nível da política e no nível do gozo. Da mesma forma, não é de estranhar que os "homens", capturados pelos semblantes do poder e da posse fálica que por tanto tempo os têm sustentado, apeguem-se com ainda mais força à posição dita masculina na sexuação. Na tradição cis-heteronormativa ocidental, ademais, esses limites não deveriam ser transpostos: quaisquer trânsitos nesse campo entre o masculino e o feminino – a exemplo dos dissidentes de gênero e de sexualidade, como a bicha feminizada ou a sapatão falicizada (Butler, 1993/2019), assim como as pessoas trans, que recusam as designações advindas dessa tradição discursiva – são punidos com violência e mesmo com a morte, numa tentativa sempre falha de resguardar a fronteira binária entre os sexos (cf. Lima, 2021).

Diante disso, os significantes "homem" e "mulher", na tábua da sexuação, talvez correspondam às formas historicamente constituídas de tentar distribuir os gêneros entre os modos de gozo, ao passo que o contemporâneo nos confronta com a desestabilização dos semblantes de gênero tradicionais ("homens" e "mulheres") em relação aos modos de gozo (fálico e não-todo fálico) que eles vinham recobrir.[6] Por esse motivo, a descrição que fizemos até aqui é apenas a forma normativa como os seres falantes são convocados a ocupar lugares na sexuação, pois existem maneiras muito diversas de dar corpo aos elementos presentes na tábua, de modo que esta não é redutível à versão narrativa que construímos pela via das normas de gênero. Nosso desafio, hoje, é pensar seu mais além.

---

6 A esse respeito, acompanhar a trajetória do homem trans e escritor espanhol Pol Galofre, que à sua maneira nos ensina quanto à (não-)relação entre gênero e sexuação durante seu percurso (PlayGround BR, 2019). Ao transicionar em direção à masculinidade, depois de anos vivendo como uma mulher lésbica que recusava as marcas do feminino, ele parece ter podido consentir com certo atravessamento pelo não-todo em sua posição sexuada (cf. Bedê, 2019). Em sua conta do Twitter (@Polgos), consultada em novembro de 2022, Pol se apresenta da seguinte forma, com a brevidade exigida pela rede social: "Trans. Orgulhosamente trans. Papai trans inclassificável. Faz uns anos que experimento a masculinidade, não sei se me serve de todo. Não sei o que é ser ou sentir-se homem".

282 ATRAVESSAR O FANTASMA, AUTORIZAR-SE DO FEMININO

Nesse ponto, Lacan (1972-1973/2008), ele mesmo, parece abrir o caminho para situarmos essa dimensão *queer* na sexuação. Ao partir do arranjo normativo da cis-heterossexualidade para pensar a partilha dos corpos entre os lados "homem" e "mulher" da tábua, o psicanalista esbarra em um tipo de trânsito de seres falantes entre esses lados que desconsidera as pretensas determinações dadas pela anatomia. A histérica, a mulher fálica e a mãe seriam figuras paradigmáticas do lado "homem", ao passo que o místico São João da Cruz seria um paradigma do lado "mulher", de modo que, ao cabo desse percurso, já não sabemos mais o que são ao certo homens e mulheres, uma vez que o trânsito entre modos de gozo não obedece necessariamente à partição binária inculcada pelo discurso sexual.

Testemunhando um *gender trouble* à sua maneira (isto é, com as limitações que também fazem parte de seu percurso), a obra lacaniana nos permite evidenciar o modo como a diferença sexual cis-heteronormativa é subvertida internamente pelo trajeto singular de cada ser falante na sexuação, que, a despeito das normas sociais, pode assumir posições de gozo incoerentes em relação aos ideais que nos governam. Ao sugerir que a histérica se coloca do lado "homem", e São João da Cruz, do lado "mulher" da sexuação, a empreitada de Lacan (1972-73/2008), levada a cabo cerca de 50 anos atrás, propunha desestabilizar os significados correntes desses termos, gerando um efeito *queer* na sexuação, por se servir do aspecto performativo desses significantes e enfatizar o trânsito dos seres falantes entre os modos de gozo. Nesse contexto, o psicanalista emprega os performativos de gênero (homem e mulher) num sentido que os desloca de sua designação tradicional a partir da anatomia. Ao fazê-lo, ele desapropria as posições sexuadas das anatomias que lhes seriam tradicionalmente respectivas: ter um pênis não implica ocupar uma posição masculina – e vice-versa.

Referindo-se ao "lado de todo x é função de Φx", isto é, ao "lado em que se alinha o homem", Lacan considera que "A gente se alinha aí, em suma, por escolha – as mulheres estão livres de se colocarem ali se isto lhes agrada. Todo mundo sabe que há mulheres fálicas e que a função fálica não impede os homens de serem homossexuais" (Lacan, 1972-73/2008, p. 78). Por sua vez, "quando um ser falante qualquer se alinha sob a bandeira das mulheres, isto se dá a partir de que ele se funda por ser não-todo a se situar na função fálica" (pp. 78-79). Afinal, "não se é forçado, quando se é macho, de se colocar do lado do ∀xΦx. Pode-se também colocar-se do lado do não-todo" (p. 81), lado que Lacan nomeia como "a inscrição da parte mulher dos seres falantes" (p. 86). Ele ainda acrescenta: "A todo ser falante, como se formula expressamente na teoria freudiana, é permitido, qualquer que ele seja, quer ele seja ou não provido dos atributos da masculinidade – atributos que restam a determinar – inscrever-se nesta parte".

Nesse sentido, ressaltamos pelo menos dois pontos: primeiro, que não é necessário, então, que sujeitos identificados ao significante "homem" estejam situados do lado esquerdo da tábua e que sujeitos identificados ao significante "mulher" passeiem pelo lado direito, embora esse seja, ainda hoje, um modo bastante comum de organizar a partilha das posições sexuadas, inclusive para além da cisgeneridade. Alguns homens trans, por exemplo, para se inscreverem no pelotão do universal masculino, podem buscar se alinhar a formas de gozo fálico usualmente articuladas ao conjunto dos homens cis, reproduzindo algumas de suas práticas ou mesmo modos de usar e estilizar o corpo (como andar sem camisa ou sentar-se de pernas abertas) – podendo o gênero operar como um modo de dar sentido à sexuação e às experiências de gozo, vinculando-as ao laço social. De forma similar, mulheres trans também poderão transitar, em diversos casos, pelo lado do não-todo, pois essas posições de gozo (todo e não-todo fálico) frequentemente se conectam, em nossa cultura, a modos de dar corpo à masculinidade e à feminilidade – ainda que isso não seja uma regra (podendo haver modalidades de gozo fálico que se atrelam a performances de feminilidade e vice-versa).

O que nos leva ao nosso segundo ponto: desde a psicanálise freudiana, sabemos que masculinidade e feminilidade não são propriedades respectivas de "homens" e "mulheres", de modo que cada ser falante pode ser atravessado, em proporções diversas, tanto por masculinidade como por feminilidade, quaisquer que sejam suas identificações de gênero (Freud, 1925/2018) – e mesmo em sujeitos que não se enquadrem no binário normativo homem--mulher. É o caso das pessoas não bináries transmasculines, cuja experiência de masculinidade – suas formas próprias de dar corpo ao gozo fálico – não as faz se identificarem ao significante "homem", a exemplo do relato de Vicente Lara:

> *Eu comecei me enxergando como homem trans e...*
> *Com todas essas situações também né, de violência, de desvalidação, deslegitimação – e isso sempre veio de homens, dificilmente isso veio de uma mulher. Então, isso foi cada vez mais me deixando anojado e com raiva. Até um ponto que eu comecei a pensar se eu realmente me identificava como "homem". Essa palavra tem um peso e uma agressividade enorme. Eu não sinto que me contempla. Eu me interesso pelas masculinidades, não sei se eu me interesso por hombridade, por esse "ser homem". (Lara, 2021, pp. 39-40)*

A designação das pessoas não bináries transmasculines envolve duas categorias: a primeira delas como "não bináries" – isto é, como pessoas que não se reconhecem inteiramente nem como

homens nem como mulheres, fora do binário normativo homem-
-mulher – e a segunda como "transmasculines" – ou seja, como
pessoas designadas como mulheres em seu nascimento consequente à presença de uma vagina no corpo, mas cuja performance,
expressão e reconhecimento de gênero passa por elementos tradicionalmente designados como "masculinidade". O ponto que
nos interessa aqui é o fato de que sua expressão de gênero socialmente legível como "masculina" é reivindicada de forma refratá-
ria a uma identificação ao significante "homem", produzindo uma
apropriação subversiva da masculinidade tanto em termos da anatomia – masculinidade em corpos sem pênis – como em termos
da identificação de gênero – masculinidade em corpos que não se
reconhecem como homens (Pfeil, Victoriano & Pustilnick, 2021;
Santana, Peçanha & Conceição, 2021).

Não é disso que se trata também no trabalho de Jack Halberstam? Sua obra *Female masculinity* poderia ser tomada como uma
apresentação de diversas formas de encarnar modos de gozo fálico – articulados aqui à incorporação subversiva de semblantes da
masculinidade, somados a um embrutecimento fálico do corpo,
à sustentação de uma posição de sujeito, recusando um lugar de
objeto de gozo do Outro, bem como um lugar de inexistência no
laço social – por parte de sujeitos que não são portadores de pênis,
mas que podem assumir uma posição sexuada tradicionalmente
marcada como propriedade dos homens cisgênero e heterossexuais. Diante disso, o argumento de Halberstam (1998/2018) é
que, "longe de ser uma imitação da condição do macho biológico,
a masculinidade em corpos com vagina na verdade nos oferece
um vislumbre de como a masculinidade é construída como masculinidade" (p. 1, tradução nossa). O autor nos convoca a pensarmos uma "masculinidade sem homens", no sentido da circulação
de masculinidade entre corpos que não coincidem com o "macho
biológico" da espécie.

Relendo Halberstam com Lacan, podemos considerar que a masculinidade normativa tradicional seria construída por meio da assunção (socialmente autorizada) de um modo de gozo fálico, acompanhada pelo reconhecimento de um lugar de universalidade na cultura ocidental. No entanto, sabemos também que o modo de gozo fálico e os semblantes da masculinidade que frequentemente (embora não necessariamente) a ele se articulam podem circular entre os mais diversos corpos falantes, sejam eles portadores de pênis ou não, sem encontrar um suporte corporal que lhe seja próprio ou adequado.

Assim, nossa aposta é que a tábua da sexuação pode ser utilizada para pensar essas experiências de masculinidade e feminilidade como modos de gozo (Lima, 2022a), sem restringi-las a "homens" e "mulheres". Afinal, gozar de sua fantasia [$\$ \Diamond a$], gozar do falo no corpo do Outro [$\cancel{L}a \rightarrow \Phi$], gozar da própria indeterminação [$\cancel{L}a \rightarrow S(\cancel{A})$], gozar de sua ostentação fálica [Φ], gozar de ser a causa do desejo do Outro [a], gozar de conquistar o Outro e de poder tomá-lo como objeto de sua fantasia [$\$ \rightarrow a$] – nenhuma dessas experiências de satisfação está restrita a uma posição de gênero específica, o que permitiria pensar, quem sabe, em maneiras não binárias de habitar (e ler) a própria (tábua da) sexuação.

Usos do corpo: a sexuação além da tábua

Ainda que tenhamos ressaltado diversos usos possíveis da tábua da sexuação que podem ser feitos de maneira a desnaturalizar – e não reforçar – a cis-heterossexualidade normativa, e mesmo que a tábua seja formulada pela vertente do desencontro, como se dá sob o paradigma lacaniano da inexistência da relação sexual,[7] gostaría-

---

7 Ao afirmar que "não há relação sexual", Lacan propõe pensar a inexistência de

mos de delinear aqui outra abordagem da sexuação que não precise se centrar exclusivamente na tábua como imagem (do fracasso) da norma ou como consolidação (do impossível) da diferença sexual branca e cis-heteronormativa. Nesse ponto, somos solidários às críticas de Ambra (2022) dirigidas às heranças normativas da tábua, presentes em alguns momentos da formulação lacaniana, seja por seu apego à (não) relação entre homens e mulheres (que acaba por manter o protagonismo da cis-heterossexualidade), seja por sua partição aparente em dois lados (que corre o risco de reiterar o binarismo normativo do gênero), entre tantas outras questões que poderiam ser colocadas a essa formalização.

Diante desses impasses normativos, Ambra (2022) propõe lançar mão de ferramentas da obra mais tardia de Lacan, a exemplo do nó borromeano, das nominações e do *sinthoma*, valorizando aí a importância (pouco reconhecida na psicanálise até então) das identificações horizontais na sexuação, suportadas pelo grupo, pelos semelhantes e mesmo pelos "alguns outros" no processo de autorizar-se de sua posição sexuada. Mesmo que reconheçamos, junto com o autor, as limitações da tábua (ou, no mínimo, de muitas leituras que dela foram feitas até aqui), buscaremos, neste livro, seguir ainda outro caminho, que não é excludente em relação ao de Ambra (2022), mas que vai em um sentido diferente, a saber, o de habilitar uma abordagem da sexuação que não perca de vista os modos lógicos de (des)aparelhar o corpo nas experiências de gozo.

---

uma complementaridade natural entre os corpos, ou seja, não existe nenhuma proporção, nenhuma programação prévia, que permita dizer, por exemplo, que o menino está para a menina assim como a linha para a agulha. A sexualidade dos seres falantes se torna, assim, estruturalmente desprogramada, desvinculada de qualquer regulação *a priori* quanto a seus modos de gozo, suas identificações e suas eleições de objeto em razão da presença de um vazio que indica a ausência de um roteiro pulsional prévio às marcas da linguagem sobre o corpo.

O interesse dessa perspectiva está em se situar "nos antípodas de certa leitura puramente lógica, quase filosófica, que se costuma fazer do *Seminário 20*, a qual nos afasta da clínica, [...] muito longe dos seres sexuados que escutamos diariamente em nossos consultórios" (Dafunchio, 2011, p. 148, tradução nossa). Gostaríamos, assim, de reposicionar nosso entendimento da sexuação por meio de sua ancoragem no corpo, pelos modos de tratar o gozo do corpo. Já não se trata aqui de pensar a sexuação a partir de uma estrutura *a priori*, transcendental ou fora da história, ponto para onde tenderam muitos comentadores na psicanálise lacaniana. Tampouco se trata de uma recusa da perspectiva da estrutura, pois esta nos parece poder ser lida de uma forma muito mais maleável do que sugerem vários de seus críticos contemporâneos. A esse respeito, o que nos orienta são as contribuições de Iannini (2013, §43) quanto às sutilezas da concepção lacaniana de estrutura, que escapa à dualidade kantiana entre o "transcendental" e o "empírico" – ou entre o "puramente formal" e o "puramente histórico/cultural/performativo". Haveria ainda um "terceiro modo da estrutura", aquele formalizado por Lacan, que nos interessa sublinhar para podermos situar o estatuto da lógica da sexuação: sem aprisioná-la nas nuvens da eternidade nem dissolvê-la no caldeirão do historicismo.

Trata-se, então, de abordar a sexuação a partir de uma estrutura lógica que se deforma, que pode ser subvertida e apropriada de maneiras diversamente singulares, em conexão com as formas históricas de subjetivação dos seres falantes mediante sua interação com os semblantes de gênero, raça e sexualidade na cultura, na medida em que essa lógica permite situar pelo menos duas maneiras de se operar com o corpo, as quais podem ser assumidas e modalizadas em formas de subjetivação não apenas hegemônicas, mas também dissidentes da norma. Nossa proposta será pensar a sexuação além da tábua (um além que não é sem) enquanto dois modos de se fazer e de se desfazer um corpo para o gozo – uma perspectiva que talvez permita também avançar na direção de descolar o gozo fálico e o gozo não-todo de seus avatares naturalizados de masculinidade e feminilidade associados respectivamente a homens e mulheres. Construímos essa perspectiva como forma de desdobrar uma reescrita da sexuação que encontramos em Miller (1998/2015) e em Dafunchio (2011), a qual apresenta os modos de gozo a partir dos usos do corpo entre os quais cada ser falante poderá circular:

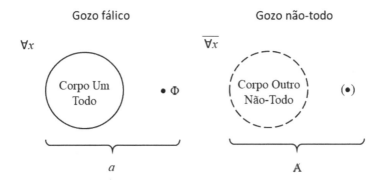

Figura 4.2. *Usos do corpo na sexuação.*
Fonte: Adaptada de Dafunchio (2011, p. 153; p. 155).

O que está em jogo é a forma como cada ser falante usará seu corpo para o gozo, seja buscando fazer desse corpo um todo que se fecha – sustentando uma relação rígida ao semblante, que precisa fiscalizar suas bordas e sustentá-las contra toda irrupção da alteridade (o que caracteriza o gozo fálico) –, seja permanecendo atravessado pelo elemento de alteridade que faz desconsistir as tentativas de encerrar o corpo numa totalidade fechada, abrindo-se a um funcionamento mais permeável ao furo, que permite um uso mais maleável dos semblantes (o que se desenha como não-todo fálico).

Nos seres falantes que se apegam ao gozo fálico, temos uma maneira de se armar um corpo a partir da extração de um elemento de exceção – um falo, um dildo, um objeto *a* – que limita e orienta o gozo e permite ao corpo a ilusão de se fechar em uma totalidade, produzindo um embrutecimento fálico que faz barreira aos elementos da alteridade. Ao passo que, nos seres falantes que se deixam atravessar pelo não-todo, encontramos um uso do corpo mais permeável a essa alteridade que habita cada ser falante à sua revelia e que, se com ela consentimos, permite acessar uma dimensão do gozo que escapa à circunscrição fálica e abre o corpo para uma experiência do infinito.

Ainda que o embrutecimento corporal e o fechamento fálico sejam tradicionalmente articulados aos semblantes da virilidade em nossa cultura – assim como a abertura à alteridade também se conecta frequentemente com os semblantes do feminino –, interessa-nos sublinhar aqui a singularidade da sexuação mais além do binário normativo do gênero. Trata-se, assim, de dar lugar ao uso que cada ser falante faz do seu corpo, a partir da forma como cada um se nomeia e busca, por esse ato de nomeação, cernir algo da opacidade da sua experiência subjetiva com o gozo. Nesse sentido, apostamos aqui em uma leitura capaz de dar margem ao modo como cada ser falante coordenará um semblante à sua modalidade de satisfação pulsional, transitando entre o todo e o não-todo a partir de sua maneira própria de se nomear e de operar com o próprio corpo em seus arranjos diante do gozo (cf. Lima, 2022a).

Sexuação, raça e racismo

Caberia, ainda, introduzir alguns elementos que nos permitam inserir a dimensão de raça no debate da sexuação, na medida em que, quando Frantz Fanon (1952/2008) afirma que "o negro não é um homem", ele constata, a seu modo, a segregação fundadora de homens negros como condição para a formação do conjunto "universal" dos homens no laço social do Ocidente, marcado não apenas pela cisgeneridade e pela heterossexualidade, mas também pela branquitude. É nesse sentido que podemos situar a fetichização dos homens negros pelo mundo branco, que os delega ao campo do Outro e torna-os, por isso, passíveis de serem tomados como alvos preferenciais da violência social, já que não são reconhecidos em sua humanidade como sujeitos, sendo ainda hoje lidos pelo universo branco, muitas vezes, como objetos inferiorizados, animalizados ou perigosos, a despeito dos inúmeros avanços já alcançados pelas lutas antirracistas na cultura ocidental no sentido do desmonte desses estereótipos. Do ponto de vista da sexuação como modo de dar corpo ao gozo, vale observar que esse tratamento fetichizado dos homens negros no laço social não os impede de se situarem na vertente do gozo todo fálico, ainda que sejam marcados pelos efeitos subjetivos do racismo, ora pela via da emasculação, ora pela via da hipervirilização (Faustino, 2014).

Por sua vez, quando Grada Kilomba (2019, p. 191) afirma que a mulher negra representa "a 'Outra' da Outridade" – ou "o *Outro do Outro*", na leitura de Djamila Ribeiro (2019, p. 37, grifos do original) –, ela assinala, também a seu modo, o que entendemos aqui como um suplemento de alteridade das mulheres negras em relação às mulheres brancas. Se estas são marcadas pela condição de inexistência em relação ao universo masculino, as mulheres negras estariam numa posição de dupla alteridade: são o Outro para os homens, mas também são o Outro para as mulheres brancas,

292 ATRAVESSAR O FANTASMA, AUTORIZAR-SE DO FEMININO

sendo destituídas de reconhecimento tanto pela masculinidade como pela branquitude, posição que imprime importantes consequências subjetivas para as mulheres negras (cf. Kilomba, 2019).

A questão em jogo aqui diz respeito ao modo como os corpos negros são cotidianamente atravessados por episódios de exposição ao gozo do Outro, como evidenciado por Kilomba (2019) no tocante à vida de mulheres negras na Europa. Nos relatos colhidos pela autora, encontramos a incidência do mundo branco sobre os corpos dessas mulheres por meio do olhar de exotização-erotização (hipersexualização), do toque no cabelo, perguntas invasivas, piadas racistas e ainda por meio dos processos de menos-valia, depreciação e rebaixamento que se conectam às heranças da lógica colonial. Como consequência, as experiências traumáticas de pessoas negras envolvem, muitas vezes, o "traumatizante contato com a violenta barbaridade do mundo *branco*" (Kilomba, 2019, p. 40, grifos do original), responsável por colocar seus corpos como "a/o '*Outra/o*'", "diferente", "incompatível", "estranha/o e incomum" – ponto que nos permite pensar a dimensão real do racismo nas culturas ocidentais.

Dessa forma, os termos "homem" e "mulher" presentes na tábua da sexuação, uma vez reconhecidos em sua dimensão racializada, podem nos ajudar a localizar a incidência discursiva da raça sobre os seres falantes no laço social – o que deve ser articulado, a cada vez, com o modo singular como cada sujeito se apropriará de seu corpo para o gozo em resposta à forma como foi lido e convocado pelo discurso que o (con)forma. Afinal, o acesso aos modos de gozo e a construção de uma posição sexuada são operações que decorrem também dos lugares de circulação de um corpo no laço social, de forma que ainda está por se desenvolver uma perspectiva propriamente racializada da sexuação, para a qual só poderemos aqui oferecer alguns elementos aproximativos, dado o recorte temático deste livro (a virilidade) e nossa posição de leitura a partir das marcas da branquitude. Levando isso em conta, passemos à discussão de alguns dos atravessamentos que envolvem a relação das masculinidades negras ao falo.

O falo negro: o pênis sem o falo, o falo sem o pênis

No Capítulo 6 de *Pele negra, máscaras brancas*, Fanon (1952/2008) discutiu as fantasias sexualizadas do mundo branco em torno do corpo negro, sendo algumas de suas construções retomadas por Faustino (2014) no texto intitulado "O pênis sem o falo", referindo-se à particularidade das subjetivações negras diante da precariedade de seu acesso a referências fálicas na cultura que não sejam apenas aquelas dos estereótipos da violência e da ostentação hiperviril em desafio ao mundo branco. Desdobrando sua formulação, em companhia do movimento de leitura desse mesmo texto já iniciado por Bispo, Peixoto e Scaramussa (2021, pp. 163-165), poderíamos considerar que, na medida em que o mundo branco fetichiza os corpos negros, atribuindo-lhes uma animalidade e uma hipersexualização, os homens negros são convocados a sustentar um falo sem o pênis, ou seja, uma relação com o órgão e com a performance sexual marcada pela perfeição, pela superdotação e pela infalibilidade. E, no entanto, frequentemente se veem às voltas com um pênis sem o falo, seja no sentido das limitações humanas de seu órgão, aquém dos ideais de potência como qualquer outro pênis, seja no sentido da inexistência – ou, ao menos, da escassez – de referências fálicas para os homens negros se inserirem na cultura mais além dos estereótipos de raça.

Mas, em meio a essa construção ambivalente do falo negro por parte do branco, o ponto nodal parece ser o que Faustino (2014) nos apresenta em termos do racismo como emasculação. Para chegarmos lá, reconstruamos, primeiro, o percurso fanoniano

294 ATRAVESSAR O FANTASMA, AUTORIZAR-SE DO FEMININO

quanto às fantasias sexualizadas da branquitude sobre o corpo negro. "Diante do negro, com efeito, tudo se passa no plano genital" (Fanon, 1952/2008, p. 138). Sob uma forma provocativa, Fanon observa o "rosto cheio de um pavor não dissimulado" das mulheres brancas – à maneira do horror do Homem dos Ratos ao seu próprio gozo – que se retraíam em fuga frente a um convite para dançarem com um homem negro. Para o psiquiatra, o comportamento dessas mulheres pode ser compreendido "no plano do imaginário": "na realidade, a negrófoba é uma suposta parceira sexual – como o negrófobo é um homossexual recalcado". Fanon joga aqui com a suposição (branca) de que "o negro tem uma potência sexual alucinante". O autor menciona as mulheres viúvas e divorciadas que pôde escutar, as quais, hesitando diante de um novo investimento objetal, "atribuíam ao preto poderes que os outros (maridos, amantes episódicos) não possuíam" (p. 139). E ainda apresentavam nisso um elemento da própria fantasia: "Sabe lá Deus como eles fazem o amor! Deve ser horrível!".

Do lado dos homens brancos, desdobrando a provocação quanto à homossexualidade recalcada, Fanon levanta a seguinte hipótese: "será que o branco que detesta o negro não é dominado por um sentimento de impotência ou de inferioridade sexual? Sendo o ideal de virilidade absoluto, não haveria aí um fenômeno de diminuição em relação ao negro, percebido como um símbolo fálico? O linchamento do negro não seria uma vingança sexual?" (Fanon, 1952/2008, p. 139). O que poderia parecer um mero exercício hipotético vai ganhando densidade quando nos aproximamos da materialidade e da peculiaridade dos linchamentos de homens negros na história do Ocidente colonizado: "nenhum antissemita pensaria em castrar um judeu. Matam-no ou o esterilizam. O preto é castrado. O pênis, símbolo da virilidade, é aniquilado, isto é, é negado" (p. 142). Trata-se do fato de que o "preto é percebido com um membro assustador" (p. 152), isto é, há um "medo da potência sexual do preto" (p. 142) por parte dos brancos. Vale observar que os linchamentos de homens negros ali aludidos se davam, especialmente, quando estes dormiam com uma mulher branca. Encontramos aí o desdobramento de uma crença fantasmática dos homens brancos quanto à superpotência sexual dos pretos: "Quem sabe o que 'eles' dão a elas?" (p. 148). "Passividade [vivida fantasmaticamente pelos brancos diante dos homens negros] que se explica pelo reconhecimento da superioridade do negro em termos de virilidade sexual?" (p. 152, comentário nosso).

Achille Mbembe (2018), filósofo camaronês, retoma esse ponto em sua leitura de Fanon nos lembrando de que esse fenômeno dos linchamentos de homens negros não é especificamente colonial. Ele também teve lugar, por exemplo, no Sul dos Estados Unidos, na época da escravidão e após a Proclamação de Emancipação (1862-1863). Para Mbembe, esses linchamentos tiveram sua origem, em parte, no desejo dos homens brancos de castrar os negros: "Tomados de angústia em relação à própria potência sexual, o branco pobre racista e o fazendeiro eram tomados pelo terror ao pensar no 'gládio negro', que instilava medo não só pelo suposto volume, mas também pela essência penetrante e invasiva" (p. 201). Com o linchamento, buscava-se proteger a suposta castidade da mulher branca; mas "o que o racismo visa simbolicamente é realmente a castração ou então o aniquilamento do pênis, símbolo da virilidade" (p. 202) – a verdade do racismo passando a ser dada pela operação de emasculação dos homens negros. A fantasmagoria quanto ao falo negro é construída, então, em torno de uma ambivalência fundamental: ao fantasiar com uma hipervirilidade negra, torna-se preciso aniquilá-la.

Como consequência, ao "dotar o negro de uma potência sexual que ele não tem" (Mbembe, 2018, p. 201) e que precisa, ainda, ser constantemente retirada, temos o não reconhecimento dos homens negros como sujeitos no universo fálico da branquitude, oscilando entre, de um lado, a manutenção de seu lugar como objeto desfalicizado, inumano, sem valor e, de outro, uma falsa saída pela incorporação dos ideais estereotipados construídos pelo mundo branco em torno da negritude, que fornecem uma ilusão de assimilação ao ideal da brancura (cf. Souza, 1983/2021; Fanon, 1952/2008). Diante das contingências do pênis – ereção e detumescência, forma e tamanho –, as masculinidades negras cisgênero enfrentam uma dupla negação dessa condição. Como afirmou Mbembe (2018) lendo Fanon, "nesta configuração, o negro não existe. Ou melhor, o negro é, acima de tudo, um membro" (p. 201). Os homens negros oscilariam, assim, entre a inexistência e a existência fetichizada – o que constitui dois lados de uma mesma moeda.

Da perspectiva da hipervirilização, trata-se da expectativa de uma superpotência sexual suposta nos homens negros (isto é, de um falo sem o pênis – um falo que não seja marcado pelo (-φ) da castração ou da detumescência), bem como da sua pretensa superioridade física ou corporal, contrabalançada pela pressuposição de sua inferioridade intelectual. Isso se expressa nas exigências de ter de ser "macho ao quadrado", adequando-se a estereótipos de uma hipervirilidade fantasiosa (Faustino, 2014, p. 91). Algo que Souza (1983/2021) recolhe, de uma das pessoas negras que entrevistou, como "ter de ser o mais", isto é, ter de ser o mais forte, o mais viril, o mais sexual, o mais brilhante – no limite, um homem excepcional, figura de exceção que se destaca dos demais e, no entanto, só pode existir como ficção mítica, ideal inencontrável que assombra as subjetivações masculinas, incidindo de maneiras específicas sobre os corpos de homens negros a partir das fantasias da branquitude colonial.[8]

---

8 "Ser o melhor! Na realidade, na fantasia, para se afirmar, para minimizar, compensar o 'defeito', para ser aceito. Ser o melhor é a consigna a ser introjetada, assimilada e reproduzida. Ser o melhor, dado unânime em todas as histórias de vida [recolhidas por Neusa em sua pesquisa]. Para o negro, entretanto, ser

Por sua vez, a perspectiva da emasculação não é desdobrada explicitamente por Faustino (2014) em seu texto, mas esse sentimento (de emasculação) talvez seja uma roupagem privilegiada do "pênis sem o falo" nas masculinidades negras. Afinal, mesmo que os homens negros possam eventualmente se beneficiar de alguns dos privilégios da dominação masculina na cultura, eles são, todavia, desprovidos do reconhecimento simbólico de sua posição como sujeitos pelo universo branco, fato que os expõe a uma série de violências por não serem reconhecidos como "verdadeiros homens" nesse universo (cf. Faustino, 2019). É nesse sentido que a juventude negra e periférica fica exposta a uma vulnerabilidade diante do gozo racista do Outro: a violência policial, por exemplo, com seu capricho e arbitrariedade, pode – no sentido de algo legalmente proibido, mas socialmente autorizado – fazer o que bem entender com o corpo dos homens negros, que podem ser tomados como objeto de gozo do Outro (de seu extermínio, de sua violência, de sua subordinação) contra (e independentemente de) sua própria vontade. Algo que Fanon (1952/2008) pôde sintetizar dizendo: "O preto é um brinquedo nas mãos do branco" (p. 126).

Assim, os homens negros, especialmente jovens, pobres e periféricos, são tomados como alvos preferenciais do gozo (e do ódio) do Outro, como acontece na violência policial materializada nas chacinas em favelas ou na truculência de suas abordagens com esses sujeitos, sem que haja responsabilização de seus autores pela sociedade branca. A emasculação se torna aqui um sinônimo de feminização, isto é, de um processo de tomada do sujeito como objeto pelo Outro, desconsiderando qualquer possibilidade de

---

o melhor, a despeito de tudo, não lhe garante o êxito, a consecução do ideal. É que o ideal do ego do negro, que é em grande parte constituído pelos ideais dominantes, é branco. E ser branco lhe é impossível" (Souza, 1983/2021, p. 73, comentário nosso).

298 ATRAVESSAR O FANTASMA, AUTORIZAR-SE DO FEMININO

reconhecimento dos homens negros como semelhantes pelos homens brancos, produzindo um "efeito feminizante", ligado ao objeto *a* (Lacan, 1969-70/1992, p. 170).[9] Nessa perspectiva, ser tomado como objeto do Outro contra a própria vontade é ser feminizado; é precisamente o que ocorre com os homens negros uma vez lidos como objetos de gozo do mundo branco, desprovidos de valor fálico.[10]

Temos, assim, um processo de negação da humanidade e, ao mesmo tempo, da masculinidade dos homens negros (cf. Faustino, 2019), a ponto de Fanon (1952/2008) afirmar: "Queria simplesmente ser um homem entre outros homens. [...] Queria ser

---

9 Encontramos um forte exemplo do racismo como emasculação/feminização no relato de Gonzalez (1980/2020) quanto a uma prática de tortura perpetrada pela polícia da Baixada sobre o corpo dos detentos: trata-se do que chamam de "mulata assanhada", a saber, de "um cabo de vassoura que introduzem no ânus dos presos" (p. 90), sendo esse nome ligado ao gozo fantasiado e atribuído ao detento em uma posição feminizada pelo sadismo policial.

10 Mbembe (2022) também observa que a dominação colonial é indissociável da dominação masculina, de modo que falo e patriarcado convergem numa forma de poder que chama de "poder orgástico": "a dominação escravagista e a servidão colonial foram ambas expressões históricas disso. Elas foram, do começo ao fim, uma dominação genital. Eram animadas pelo desejo de uma fruição absoluta na qual o sujeito dominado, qualquer que fosse seu gênero, devia ser transformado em objeto sexual" (p. 114). Não poderíamos pensar a violência policial nas periferias e a articulação entre racismo e emasculação como heranças residuais dessa mesma lógica da colonização? Mas, para além da lógica colonial, o filósofo ainda sustenta que o virilismo – o "superinvestimento na virilidade como recurso simbólico e político" – "faz parte da vida inerente a qualquer forma de poder, inclusive nas democracias liberais. Essa é, na verdade, a mais pura atividade do poder em geral, o que lhe confere presteza e, consequentemente, violência. A virilidade representa o meridiano do poder em geral, sua zona frenética" (p. 126). É por isso que Mbembe (2019) poderá investigar, por exemplo, o fato de que, "tanto antes quanto durante e após a colonização, o poder na África sempre buscou se revestir com a aparência da virilidade" (p. 221).

homem, nada mais do que um homem" (p. 106). Não sendo reconhecidos como sujeitos, testemunhamos, então, a sua redução pelo mundo branco à dimensão de objeto – ponto que poderíamos conectar também com a proposição de Lélia Gonzalez (1980/2020) de que, por meio da invenção da "mulata", o português instituiu "a raça negra como objeto *a*" (p. 92). Longe de essa posição selar um destino trágico inescapável, Lélia sustentará que, estando o negro no lugar de resto – na "lata de lixo" (p. 77) – da cultura brasileira, agora, "o lixo vai falar, e numa boa" (p. 78) – referindo-se ao processo de assunção de uma posição de enunciação por parte de sujeitos marcados pela subalternização racial no Brasil.

Por sua vez, nas transmasculinidades negras, temos ainda outras variáveis. Enquanto Preciado pôde experimentar, até certo ponto, a tranquilidade do universal (branco) após a transição, os homens trans negros se encontram numa zona de tensões um pouco mais complexa. Sua passabilidade, por exemplo, é "rotineiramente ameaçada, sobretudo pelo arrocho policial, traduzido em revistas corporais frequentes" (Almeida, 2021, p. 19), na medida em que "o racismo inscreve as transmasculinidades negras entre os corpos perigosos aos quais são destinados o destrato, as violações físicas, a permanente suspeição e o risco de encarceramento ou assassinato". Em um testemunho do seu percurso de transição, Théo Hala (2021) nos traz o seguinte relato:

> *Comparando-me aos demais homens, sentia uma insuficiência aterrorizante. Sem perspectivas de emprego ou profissionalização e humilhado por não tê-las, sem nem mesmo ter um pau de carne, eu não tinha nada do que me orgulhar. Um homem preto – O pênis sem o falo, sem pênis e sem falo. O que eu sou? (p. 53, grifos do original)*

300 ATRAVESSAR O FANTASMA, AUTORIZAR-SE DO FEMININO

Na trajetória de Théo, um dos desafios envolvia esse atravessamento entre marcadores de raça, de classe e de gênero que concorriam para produzir, em um momento mais inicial de sua transição, uma posição por ele nomeada como "sem pênis e sem falo" – o que insere mais uma dose de complexidade na discussão das (trans) masculinidades negras.

Nesse sentido, um dos problemas da fantasmagoria branca sobre os corpos negros é que ela, muitas vezes, transmuta-se em ideais que passam a compor igualmente a subjetividade de pessoas negras – a exemplo do Ideal do Eu branco recolhido por Souza (1983/2021) –, produzindo tentativas de adequação a esses ideais marcadas pela impossibilidade de sua plena realização, o que pode ter consequências mortíferas ou, no mínimo, mortificantes. É o que vemos, por exemplo, no embrutecimento viril de Chiron, protagonista do filme *Moonlight* (Jenkins, 2016), como forma de se proteger da vulnerabilidade implicada na assunção da homossexualidade, uma vez sendo ele um homem negro. A esse respeito, Lucas Veiga (2021) discute o que chama de uma "dupla diáspora da bixa preta", no sentido de que, além de ter havido a primeira diáspora ligada ao território (pela saída forçada da África e a transmissão das cicatrizes da escravização), a bixa preta enfrentaria uma segunda diáspora, referente à possibilidade de não aceitação de sua sexualidade em seus próprios quilombos, isto é, em sua família, em sua comunidade e até mesmo nos movimentos negros:

> *Assim, um impasse é colocado às bixas pretas: negar a própria sexualidade e aderir à masculinidade heteronormativa para se proteger e preservar o amor de seus pares ou afirmar a própria sexualidade e ficar desprotegido, correndo o risco de não ser aceito em seu próprio espaço familiar de pertencimento. (p. 105)*

Seja pela conformação ao estereótipo da violência ou do embrutecimento, seja pela vertente da hipervirilidade ou da hipersexualização, trata-se aí de fantasias ligadas à raça que, mesmo podendo fazer parte da subjetivação de um homem negro, também podem ser dialetizadas, hoje, pelo encontro com formas alternativas de constituir masculinidades negras na cultura, assim como podem ser atravessadas durante um percurso analítico. Ao pensarmos uma travessia das fantasias de virilidade ligadas à raça, em análise ou fora dela, está em jogo a possibilidade de não se deixar enganar por esses ideais (ou pelo efeito mortífero que engendram), por meio de um processo de separar-se do Outro que sustenta essa versão hiperviril das masculinidades negras.

É o que podemos extrair do testemunho de passe de Luiz Fernando Carrijo da Cunha (2015) – um analista que é também um homem negro –, que, embora não tematize explicitamente a raça no seu testemunho, apresenta sua "vergonha de não honrar as insígnias de um 'Homem' com 'H' maiúsculo" (p. 122), suprindo, pela via do sacrifício e da perda corporal, as insígnias viris que o pai não havia conquistado; e que, ao longo da análise, consentiu com poder ser "um homem como qualquer outro, um homem comum" – um homem com "h minúsculo". Por sua vez, na cultura, temos presenciado um crescimento de discussões em torno da desconstrução do ideal de virilidade nas masculinidades negras, por meio de rodas de conversa, documentários, livros acadêmicos, escrita literária, intervenções artísticas, entre tantos outros formatos heterogêneos entre si, mas que apontam, muitos deles, para outros modos de relação com o amor, o feminino, a vulnerabilidade e com a ausência de garantias no Outro para lidar com a própria castração – mesmo numa sociedade racista ainda marcada pelas heranças do colonialismo (hooks, 2022).

302 ATRAVESSAR O FANTASMA, AUTORIZAR-SE DO FEMININO

A comédia do gozo fálico

A despeito da diversidade de arranjos e atravessamentos que encontramos na sexuação, avançaremos aqui orientados por nosso recorte em torno da virilidade cômica, como articulada na relação do "macho" com a posse de um falo que lhe escapa. Trata-se de investigar de que forma o gozo fálico, na lógica da sexuação, pode ser incorporado tanto pelo uso dos semblantes fálicos ofertados pela cultura – que podem operar como elementos da ostentação viril, a exemplo da posse de carros, dinheiro, armas, mulheres etc. – como pelo gozo do órgão em sua satisfação masturbatória, na qual o uso do falo [Φ] fica inteiramente restrito à satisfação solitária que o sujeito extrai da fantasia [$ → a]. Ou seja, nesse ponto, não há acesso ao Outro como tal,[11] mas apenas a repetição do seu próprio circuito pulsional, buscando reduzir todo encontro com a alteridade a um objeto da pulsão mediado pela tela do seu próprio fantasma.

Nesse ponto, valeria frisar que o gozo fálico tomado enquanto gozo do órgão não se restringe ao pênis, pois ele se estende às mais diversas formas de usar um corpo – tendo como suporte um clitóris, um dildo, um mamilo ou qualquer outra parte corporal – cuja satisfação possa ser localizada e eventualmente contabilizada: no

---

11 O "Outro como tal" refere-se, aqui, ao estatuto de uma alteridade radical, àquilo que é radicalmente *heteros*, conferido por Lacan à dimensão do sexo em seu último ensino. Já não se trata mais do Outro dos anos 1950, definido como estrutura simbólica que regula as trocas sociais, mas sim do Outro como uma alteridade opaca e irredutível ao horizonte estável e previsível do Mesmo, conectada ao S(A): "como Outro, ele só pode continuar sendo sempre Outro" (Lacan, 1972-73/2008, p. 87). Nesse cenário, a fantasia comparece como defesa diante dessa opacidade do Outro sexo, mantendo o sujeito protegido do encontro com essa alteridade por meio do apego a um roteiro fantasmático que projeta um gozo do Um sem o Outro. Nesse momento do ensino de Lacan, o feminino é aproximado a essa alteridade radical que se encontra mais além do circuito autístico da fantasia masculina.

gozo fálico, sabemos por onde passa, quando começa e quando termina a satisfação a partir do nosso roteiro fantasmático. É o que aprendemos com a posição de Paul B. Preciado, quando nos relata, em *Testo junkie*, sua "carreira sexual como um conquistador sem pau", que teria se iniciado em sua "mais tenra infância" (Preciado, 2008/2018, p. 99). Desde o tempo de escola, Preciado se interessa pelas "meninas mais *sexies* da classe", com um "desejo de trepar apenas com o topo da pirâmide da feminilidade, as fêmeas alfa, as superputinhas". Com seu circuito fantasmático, ele recorta as "bundas" no corpo do Outro como objeto *a* que mobiliza seu erotismo fálico:

> *Desde menina, possuo um pau fantasmagórico de operário. Reajo a quase qualquer bunda que se mova. Para mim, dá na mesma que sejam bundas de meninas ou de mães, de burguesas ou camponesas, de bichas, de freiras, de lésbicas ou de piranhas. A reação do meu órgão sexual mental é imediata. Todas as garotas, as mais bonitas, as mais heterossexuais, [...] estão na realidade destinadas, ainda sem saber, a se tornarem vadias penetradas pelos meus dildos. (Preciado, 2008/2018, p. 99)*

Preciado nos apresenta, dessa forma, o recorte fantasmático com o qual aborda o Outro, reduzindo-o a um objeto *a* e ocupando uma posição viril, mesmo sem ser dotado de um pênis no corpo – uma apresentação privilegiada de uma "masculinidade sem homens", formulada por Halberstam (1998/2018) e retomada aqui no sentido da sexuação lacaniana: um gozo fálico sem pênis. Ao argumentar que a masculinidade não é propriedade dos homens cisgênero, deslocando-a de uma relação direta com a anatomia, Halberstam nos convida a pensar experiências de masculinidade em

304 ATRAVESSAR O FANTASMA, AUTORIZAR-SE DO FEMININO

corpos historicamente designados como de mulheres, a exemplo das *drag kings*, dos homens trans ou da figura da *butch* – que revelam o modo como a própria masculinidade é produzida e naturalizada nos corpos de homens cisgênero, os quais igualmente falham em alcançar uma masculinidade ideal. Essas formas de subjetivação nos ajudam a evidenciar que o gozo fálico e a posição masculina na sexuação não são exclusividade dos homens cis, podendo circular entre seres falantes os mais diversos (cf. Lima, 2022a).

Assim, se, por um lado, as fórmulas da sexuação podem ser consideradas uma tentativa de logicizar os modos de gozo fálico e não-todo fálico para além da anatomia, permitindo que seres falantes das mais diversas identificações de gênero transitem entre essas posições, por outro lado, essas fórmulas também podem ser abordadas a partir das "estruturas significantes do corpo" (Miller, 1998/2015, p. 93). Trata-se, então, de pensar de que modo cada ser falante faz um uso próprio do corpo para o gozo, pensando as posições sexuadas tanto em função da maneira pela qual os corpos são apreendidos pelo discurso – sendo convidados a se distribuírem entre os lados "homem" e "mulher" da tábua pelas designações de gênero que advêm do laço social – como em função do modo singular pelo qual cada ser falante se posicionará como todo ou não-todo fálico em seu modo de aparelhar o corpo para o gozo.

Nessa perspectiva, no horizonte da virilidade cômica do "macho", o lado masculino da sexuação se caracteriza pelo alçamento do pênis a um lugar de exceção em relação ao conjunto do corpo, pela crença de que esse elemento de exceção possa se tornar organizador de seu erotismo – sendo essa uma das principais fontes do "falocentrismo" que frequentemente organiza a vida amorosa dos homens. Dessa maneira, o falo é extraído da imagem narcísica para que esta possa se fechar como tal. O fechamento do conjunto masculino se dá, assim, pela posição do falo como um órgão fora do corpo que localiza e condensa o gozo (como vemos na Figura

4.3). Essa estratégia de localização resulta em que o gozo fálico se caracterize por ser uma satisfação limitada e contabilizável. Uma vez que esse modo de gozo pode ser isolado numa parte do corpo, seu paradigma na virilidade cômica se torna o orgasmo do "macho", que encarna o limite imposto pelo próprio falo ao gozo (Lacan, 1962-63/2005; Lacan, 1966-67/2008): o gozo fálico é um "gozo limitado pela detumescência do órgão" (Dafunchio, 2013, p. 15).

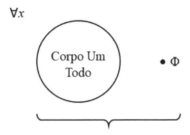

Figura 4.3. *A extração corporal do falo no gozo masculino.*
Fonte: Adaptada de Dafunchio (2011, p. 153).

Tomado enquanto a crença numa parte do corpo que isola, controla e contabiliza a satisfação, o gozo fálico se torna o refúgio do neurótico diante das dificuldades de experienciar um gozo mais além do falo, que descompletaria sua totalidade corporal: "o gozo fálico, como autoerótico, se produz fora-do-corpo, ou seja, no ponto de exceção" (Miller, 1998/2015, p. 92) – o que permite que o corpo permaneça fechado como um todo. Nesse cenário, a posição do "macho", com sua crença no falo, transforma-se no "obstáculo" pelo qual um sujeito não chega a gozar do corpo do Outro porque aquilo de que ele goza é do "gozo do órgão", bem como do objeto de sua fantasia (Lacan, 1972-73/2008, p. 14).

É por esse motivo que podemos pensar em uma comédia do gozo fálico, na medida em que, como descreve Gallop (1982), "a ordem fálica e o gozo fálico se mostram como um tipo de fracasso: um fracasso em alcançar o Outro, um curto-circuito do desejo pelo qual ele se volta sobre si mesmo" (p. 34, tradução nossa). Mais do que isso, o gozo fálico fracassa porque pretende "operar como um fechamento [*closure*], tentando criar um universo fechado que é completamente falocêntrico", o que expõe a "impotência necessária do fálico" e sua incapacidade de "dar conta do feminino".

No entanto, para além do gozo fálico como obstáculo para gozar do corpo do Outro em decorrência da solidão da fantasia, há que se considerar também o fracasso inerente ao próprio funcionamento do pênis, situado como menos-phi a partir do Seminário 10. Observemos que, durante os anos 1970, a temática da detumescência (e do próprio menos-phi) quase já não é retomada por Lacan, que passa a enfatizar os excessos do gozo (fálico), impossível de negativar [Φ], mais do que o negativo da castração [(-φ)]. Diante disso, buscaremos aqui reconduzir o menos-phi à sexuação masculina, tomando-o como uma limitação ligada ao funcionamento do órgão que, ao se revelar um trapinho, encarnando a castração da potência masculina, frustra as expectativas ideais do todo fálico, daquele que se quer Um, inteiramente "macho".

As tentativas de contornar a aparição do (-φ) – por meio do apego à crença no grande Φ, bem como à tomada do Outro como objeto *a* – parecem vir, então, como forma de distanciar o sujeito de qualquer satisfação que estaria para além do centramento fálico, que abririam um homem para se haver com algo do gozo que não está inteiramente cifrado pelo engodo viril. Não à toa, presenciamos a dificuldade particular de muitos homens em lidar com as experiências subjetivas da impotência sexual (Grassi, 2004), da penectomia – a retirada do pênis – nos casos de câncer nesse órgão (Oliveira, 2020) ou, ainda, com o exame de toque retal (Gomes, Nascimento, Rebello & Araújo, 2008), que afetam o narcisismo fálico e atestam o centramento do erotismo masculino no próprio falo: um órgão que não pode falhar, não pode faltar e precisa ser a única fonte de excitação erógena no corpo.

Por sua vez, do lado da sexuação dito feminino, um feminino de ninguém,[12] cujo gozo pode se manifestar contingencialmente em sujeitos de qualquer gênero, deslizamos para um modo de satisfação deslocalizado, ou cuja localização só pode se dar de maneira contingente, marcado pela ausência de um ponto de exceção no corpo que possa situar onde o gozo ocorre de forma necessária (como vemos na Figura 4.4). Não se trata de um gozo vaginal oposto ao gozo fálico, tampouco de uma exclusão radical do falo. Seu caráter contingente indica um gozo que às vezes pode passar pelo falo, às vezes não – e, mesmo quando passa, há algo dessa experiência que não se circunscreve inteiramente pela medida fálica, pelo engodo viril.

Trata-se de uma experiência de gozo que toma o corpo de maneira atravessada por um furo, permitindo acessar uma experiência de abertura e de infinitude que vai além das expectativas de fechamento fálico do "macho". É pela via do não-todo que se viabiliza um encontro com a alteridade como tal [S(Ⱥ)], isto é, como alteridade irredutível ao horizonte do Mesmo, para além do autismo masturbatório da fantasia. Do lado feminino, o gozo se produz no corpo, mas esse corpo não faz todo, por ser um gozo sem identidade – de modo que, não havendo um ponto de exceção, o próprio corpo se torna "outrificado" (Miller, 1998/2015, p. 93). E é contra as irrupções desse Outro gozo, o qual escapa à

---

12 A expressão "feminino de ninguém" foi cunhada pela escritora portuguesa Maria Gabriela Llansol (1994) e foi alvo de interesse das psicanalistas Lúcia Castello Branco (2019) e Ana Lúcia Lutterbach (2018). Essa expressão permite sustentar que, uma vez que *A* mulher não existe, o feminino não é propriedade das mulheres, mas sim de ninguém, no sentido de que pode transitar entre os mais diversos seres falantes à revelia de suas identificações de gênero e de sexualidade.

regulação fálica, que o "macho" – assim como todo ser falante – à sua maneira se defende.

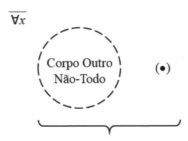

Figura 4.4. *O gozo dito feminino e sua abertura ao infinito.*
Fonte: Adaptada de Dafunchio (2011, p. 155).

Nesse ponto, esbarramos também em um giro de perspectiva quanto à nossa definição de virilidade, na medida em que essa reconsideração do feminino – tomado não tanto a partir da falta fálica [(-φ)], como o era nos anos 1950, mas sim a partir da positividade de um gozo suplementar ao falo – tem efeitos sobre a própria configuração da masculinidade. Se a virilidade nos anos 1970 continua a se constituir como recusa ao feminino, já não se trata apenas de uma defesa contra a castração. Antes, está em jogo um recuo diante dessa experiência de gozo que se coloca mais além da medida fálica, recuo que encontra como contrapartida o apego do "macho" à castração enquanto operação lógica que proíbe ou interdita aquele que seria um gozo pleno e libera a nostalgia mítica em resgatar essa satisfação completa.

Dessa forma, enquanto a posição viril joga com o gozo fálico e sua esperança em acessar um gozo em exceção aos limites da castração, aos moldes do pai primevo de *Totem e tabu* (como veremos adiante), a lógica do gozo feminino se inscreve fora dessa relação entre o limite e sua transgressão (Barros, 2011; Miller,

2011). Afinal, na estrutura lógica do não-todo, não há uma exceção que seja extraída para dar consistência a um universal, e esse giro quanto ao feminino tem também efeitos sobre as perspectivas de um final de análise. Com os anos 1950, vimos, no Capítulo 2, que o movimento de um percurso analítico implica consentir com a castração, mobilizada pela desidentificação fálica, entendida enquanto assunção de uma falta-a-ser, bem como assunção da negatividade do falo, descolando-o do pênis. Com os anos 1970, por sua vez, esse movimento talvez envolva, antes, um poder ir além da castração, autorizando-se a dizer "sim" a esse Outro gozo que não se restringe aos estreitos limites do falo, que não está confinado ao eixo da proibição-transgressão inerente ao gozo fálico.

Nessa perspectiva, protegendo-se das irrupções de um gozo não-todo – que torna o corpo permeável à entrada da alteridade e atesta o caráter de semblante do falo –, a posição masculina na sexuação tal como orientada pelo ideal viril é marcada pelo apego solitário ao gozo fálico e ao roteiro da fantasia, buscando fazer do seu corpo um todo íntegro e coerente, mas cuja consequência é permanecer a todo instante ameaçado de invasão pelo Outro. Uma vez que o neurótico é aquele que não consente com a barra que marca o Outro [S($\cancel{A}$)] – barra que se apresenta tanto pela incompletude do Outro como por sua inconsistência –, ele (o neurótico) faz o Outro existir ou consistir pela suposição do gozo de um Outro não barrado [J(A)], que quer sua castração, como veremos adiante por meio de uma passagem do caso do Homem dos Ratos. Trata-se aí da fantasia de feminização – a ameaça de ser feminizado pelo Outro – que emerge como correlata da dimensão fálica da fantasia e como consequência de sua recusa do não-todo. É desse desenho da virilidade cômica na sexuação masculina que buscaremos desdobrar sua travessia contingente em um percurso de análise.

310 ATRAVESSAR O FANTASMA, AUTORIZAR-SE DO FEMININO

O engodo viril na sexuação masculina

Dessa maneira, podemos ler a adesão viril ao lado masculino da sexuação como uma aposta fálica de gozo, uma promessa de gozar do Outro reduzido a um objeto da fantasia com um falo que nunca se negativize. Por escrever a posição do "todo homem" referida à exceção paterna, daquele "ao menos Um" que não estaria submetido à castração, a lógica masculina da sexuação permite formalizar o engodo viril que buscaria fazer todo o gozo ser redutível ao registro fálico. Ao contrário de ser uma mera descrição de como a masculinidade "é", ou seja, longe de descrever uma masculinidade previamente dada, a virilidade na sexuação indicaria antes um imperativo de fazer passar todo o gozo pelo falo, imperativo que recai sobre os seres falantes que são convocados a (e/ou elegem) alinhar-se desse lado. O universal fálico, fundado pela exclusão violenta do que se apresenta como exceção à sua regra, pode ser lido também como uma injunção: "Nada de gozo que não passe pelo falo!". Na lógica do todo fálico, tratar-se-ia, então, de um "empuxo ao homem" (Miller, 1993-94/2011), de uma "aspiração à virilidade" (Miller, 2011), termos que indicam um movimento continuamente refeito, mas que nunca se completa finalmente.

Nessa perspectiva, a virilidade se torna o sonho masculino de portar ou encontrar o grande Φ, um falo que seja sempre uma presença positiva de gozo, impossível de negativizar – impossível de se apresentar como $(-\varphi)$ –, e que pudesse lhe trazer uma garantia no terreno do gozo – a arma absoluta. O alçamento do falo como elemento de exceção ao conjunto do corpo seria, portanto, uma operação normativa que precisa ser constantemente relançada, pois está sempre em vias de ser desmantelada por aquilo do gozo que é refratário à universalização fálica. Ao se orientar pela exceção paterna e pela posse do Φ, a lógica masculina apresenta não mais que aquilo com que o suposto "macho" sonha: o Um íntegro e coerente de uma virilidade irretocável, sem falhas. A masculinidade orientada pelo ideal viril é, então, aquela que se apega ao grande Φ como sonho do "macho", ideal inencontrável a orientar sua posição sexuada aos moldes do pai mítico gozador de *Totem e tabu*.

Nesse ponto, é o trabalho de Ambra (2013, p. 92) que nos abre caminho: para o autor, a lógica da sexuação inscreve não apenas as modalidades de gozo, mas igualmente "uma representação específica de masculinidade". Segundo seu trabalho, o quantificador existencial da sexuação masculina [$\exists x \sim \Phi x$], ao formalizar a exceção mítica do pai da horda primeva, formaliza também a nostalgia de *"uma virilidade ideal, localizada no passado e perdida"* (p. 95, grifos do original), de modo que o estilo de masculinidade em jogo na tábua seja aquele referido a um "mito viril" (p. 96), cuja gestação teria se iniciado no século XVI (com os ideais nostálgicos da cavalaria) e atingido seu ápice no começo do século XX – sem contar o seu retorno farsesco no campo da política no século XXI (Ambra, 2021).

Cabe observar que Ambra (2013) se destaca por explorar o aspecto imaginário da exceção viril, isto é, do pai vivo e gozador que poderia ser tomado como modelo de virilidade para os filhos castrados – o que desloca a abordagem mais tradicional da exceção paterna no registro simbólico, que inscreve um lugar vazio, relativo ao pai morto, responsável pela instalação do laço social a partir da renúncia pulsional a um gozo pleno, ponto que interessou mais diretamente a Lacan em sua formalização lógica de *Totem e tabu*. A retomada dessa articulação entre os registros convida a fazer avançar a perspectiva aberta por Ambra (2013), pensando esse lugar vazio como sendo "suplementado por uma elaboração fantasmática" que buscaria ocupar novamente essa posição da exceção soberana (Safatle, 2016, p. 65). Reencontramos, aqui, a perspectiva da aspiração à virilidade inscrita pelo lugar fantasmático da exceção viril, o que lhe restitui, ainda, sua dimensão real.

Nesse sentido, a fantasia do pai primevo não teria sido abolida com seu assassinato, uma vez que ele permanece na vida psíquica dos filhos sob a forma de um sentimento de culpa que aponta, na verdade, para o desejo de que esse lugar fosse novamente ocupado (Safatle, 2016). Como consequência, "o lugar vazio do poder é, ao mesmo tempo, um lugar pleno de investimento libidinal em uma figura de exceção que se coloca em posição soberana" (Safatle, 2016, p. 65). Ou seja, mesmo após seu pacto simbólico, os filhos castrados ainda aspirariam ao lugar vazio da exceção – posição que, vale lembrar, franquearia não apenas a possibilidade de gozar de "todas as mulheres", mas também de subjugar e submeter ao seu comando todos os outros homens em posição de subordinação (cf. Lima, 2022c). Não poderíamos situar a partir daí o componente fantasmático que mobilizaria ou, no mínimo, que se articularia à produção e à regulação social de masculinidades hegemônicas e masculinidades subordinadas ou subalternas?

Nessa direção, a tensão entre regra e exceção na tábua encarnaria outra tensão, aquela entre masculinidade e virilidade. Enquanto a virilidade se articula às "representações que circundam o pretenso passado sem leis em que um homem todo-poderoso teria possibilidade de existência" (Ambra, 2013, p. 96), a masculinidade, por sua vez, o para-todos da função fálica [$\forall x\ \Phi x$], vincular-se-ia ao "conjunto de representações, vivências e discursos que o *todo homem* ocidental teria no que diz respeito a seu sexo, o que é indissociável do ideal de civilização no qual ele se encontra". Como consequência, a masculinidade será embasada pelo ideal de virilidade que a sustenta e que a assombra, na medida em que "o homem, o macho, o viril, tal como o conhecemos, é uma criação de discurso" (Lacan, 1969-70/1992, p. 57). Mas se essa virilidade perdida é apenas um efeito do discurso, então, o ideal de virilidade não passa de uma imaginação do homem civilizado para não se haver com sua própria castração.

Ambra (2013) propõe, então, que a exceção lógica da sexuação masculina formalizaria a *função que a representação desta virilidade perdida ocupa para todo homem*, localizada no passado, onde supostamente tanto o sexual como o social não estariam submetidos a regras, sendo esta liberdade, portanto, gozada pelos homens de então" (p. 98, grifos do original). A força dessa representação seria extraída "de sua ausência concreta e de sua carência de substancialidade", que permite sonhar com a ilusão de "resgatar um ideal". O impasse da masculinidade se escreveria, então, do seguinte modo: ser viril é não ser civilizado, enquanto ser civilizado é não ser viril (p. 102).

Com esse argumento, Ambra (2021) desafia a ideia de "crise da masculinidade", segundo a qual, "por conta dos avanços obtidos graças às lutas feministas, os homens não saberiam mais como ser homens, já que seu *modus operandi* natural de macheza teria sido proibido (isto é, castrado) pelo politicamente correto" (p. 20). Em resposta a isso, os homens teriam erigido um imaginário masculino específico, que acredita que "existiu, ou existe, em algum lugar inalcançável, uma virilidade verdadeira, não castrada e sem lei". O que Ambra (2021) constata é que é próprio da modernidade haver construído esse passado viril que passa a assombrar os homens castrados, dando a ilusão de que a castração é um acidente momentâneo de nosso tempo presente, sendo que ela se apresenta, no fundo, como estrutural. Dessa forma, fazer-se "todo-homem" seria também se orientar por uma promessa de recuperação do gozo encarnada pela exceção mítica do Pai gozador.

Assim, Ambra (2013) interroga a experiência da masculinidade por meio de uma historicização de seus ideais, buscando reduzir a lógica da sexuação masculina na tábua a um modelo historicamente datado de masculinidade (aquele pautado pela nostalgia da virilidade perdida no campo ideais). Vale frisar que

314 ATRAVESSAR O FANTASMA, AUTORIZAR-SE DO FEMININO

esse modelo encontra importantes ressonâncias no cenário político contemporâneo, a exemplo da nostalgia viril que marca grupos masculinistas como os *incels* e os MGTOW, que evidenciam a atualidade dessa leitura. Ao mesmo tempo, entretanto, os pontos de avanço possibilitados por essa perspectiva são contrabalançados pelo fato de que a estrutura lógica do todo e da exceção não se reduz a esse modelo nostálgico da masculinidade – embora possa ser frequentemente atravessada por ele.[13] Dito de outro modo, o modelo nostálgico da masculinidade orientada por uma virilidade perdida no passado não é a única forma de encarnar a lógica do todo e da exceção.

Afinal, se consideramos que essa escrita dá conta da estrutura lógica que orienta o gozo fálico, constatamos que existem diversas outras maneiras de dar corpo a essa estrutura que não se pautam necessariamente pela nostalgia de uma virilidade perdida – o que se atesta pela proliferação contemporânea de outras virilidades que podem se servir desse modo de gozo sem subscrever a um modelo nostálgico de masculinidade. São essas outras virilidades que encontramos em mulheres lésbicas com expressões de gênero ditas masculinas – a exemplo da figura da *butch* em Halberstam (1998/2018) –, em pessoas transmasculines e em homens trans – como localizamos em Preciado (2008/2018) –, mas também em homens cis gays e mesmo em homens cis heterossexuais que buscam construir outras formas de masculinidade fora do roteiro da tradição, sem por isso abrir mão de seu acesso ao gozo fálico.

Nesse sentido, o que estaria em jogo na estrutura lógica da virilidade tem a ver com um modo de se fazer um corpo assentado

---

13 Dessa forma, talvez não seja a nostalgia que estruture a lógica da sexuação masculina, mas sim o contrário, isto é, talvez a lógica do todo e da exceção ajude a situar o que se passa na tão frequente nostalgia masculina por uma virilidade perdida – ainda que essa posição corra o risco da des-historicização das fórmulas lacanianas que a empreitada de Ambra (2013) buscava desalojar.

sobre uma negação da falta fálica $[(-\varphi)]$, sobre um recuo diante do gozo não-todo e sobre o alçamento de um elemento organizador (um falo, um dildo, um objeto *a*) à posição de exceção ao conjunto corporal, permitindo a esse corpo se fechar num todo com uma aparência de integridade. Nessa perspectiva, seres falantes atravessados pelas mais diversas identificações de gênero e de sexualidade podem se servir dessa estrutura para se fazerem um corpo para o gozo, sem que ela se reduza aos homens cisgênero e tampouco coincida com o "macho" nostálgico da virilidade perdida.

Diante disso, acreditamos que uma leitura das fórmulas da sexuação pautada pelos usos do corpo, pelos modos de aparelhar o corpo para o gozo, permitiria dar lugar à diversidade de arranjos de gênero e de sexualidade presentes no modo singular como um sujeito se nomeia e se distribui entre os modos de gozo fálico e não-todo fálico. Trata-se, assim, de cernir o modo como cada ser falante se coloca em sua posição sexuada, seja pela crença em um elemento de exceção que será organizador central e necessário do seu erotismo, seja pelo consentimento com sua inexistência e com o atravessamento pela alteridade, seja ainda pelo trânsito entre esses dois modos de gozo, em arranjos que estarão em interação com as formas culturais assumidas pelas masculinidades, feminilidades e não binaridades de gênero historicamente desenhadas.

Guiados pelo recorte que orienta nosso percurso, seguiremos aqui nossa investigação da lógica masculina da sexuação tomada enquanto um modo de escrita da posição precária que um homem pode encontrar para si no campo do gozo por meio do engodo viril, que faz do alçamento do falo a um lugar de exceção uma bússola para sua vida erótica. O "macho" se torna, então, aquele que escolhe se casar com o gozo fálico para não se haver com a própria castração e tampouco com aquilo do gozo que é refratário à medida fálica. É a partir daí que o sujeito estabelecerá sua posição sexuada

316 ATRAVESSAR O FANTASMA, AUTORIZAR-SE DO FEMININO

pela "perversão polimorfa do macho", em sua redução do Outro a um objeto degradado de sua fantasia (Lacan, 1972-73/2008, p. 78).

Mas uma precisão a mais é exigida: no cenário da sexuação, dizer que a posição viril envolve "não se haver com a própria castração" apresenta certa complexidade. Afinal, se a virilidade como recusa ao feminino passa a ser definida pelo recuo diante da possibilidade de experimentar um Outro gozo além do fálico, isso significa caracterizar a virilidade como um apego ao gozo fálico da forma pela qual é regrado pela norma da castração (ou seja, a virilidade como apego – e não como recusa – à castração, no sentido de um gozo limitado pelo falo). No entanto, acrescentamos aqui uma nuance: enquanto modo particular de dar corpo à masculinidade, a virilidade implica uma esperança em acessar um gozo acima da (ou em exceção à) castração, projetado pela pobreza e limitação do próprio gozo fálico.

Nessa perspectiva, consentir com a castração significa fazer o luto dessa aspiração à exceção: tanto em termos de ocupar a posição narcísica da exceção viril, de ser o "maioral" diante dos demais homens (que seriam, eles sim, castrados), como em termos da aspiração a um gozo em exceção à castração, a esse gozo "acima da lei" que marca frequentemente a busca de certa masculinidade hegemônica – ou, ainda, a esse gozo proibido, a "contrabando", que é a assinatura da divisão do obsessivo. Afinal, se o sujeito na posição masculina é dividido entre o reconhecimento de sua castração [$\forall x\,\Phi x$] e um resíduo de crença na possibilidade de a ela escapar [$\exists x \sim\Phi x$] (cf. David-Ménard, 1998), a lógica fálica produz ao mesmo tempo a proibição ou a interdição de um gozo suposto pleno, mas mantém esse gozo erotizado, sustentando a miragem dessa possibilidade de transgressão, de poder acessar essa satisfação proibida.[14]

---

14 "o que funda para um homem sua capacidade de ser um homem é o aceitar ser concernido pela castração, e isto vai junto, no inconsciente, com a certeza

HOMENS EM ANÁLISE: TRAVESSIAS DA VIRILIDADE   317

Consentir com o fato de que esse gozo pleno é um engodo – ou que a castração envolve a perda desse gozo excepcional – abriria caminho para a possibilidade de acessar, de forma contingente, um Outro gozo que não passa inteiramente pelo registro fálico. Poderíamos pensar essa passagem em termos de uma operação sobre os quantificadores da sexuação: enquanto a virilidade se sustenta sobre a esperança de acessar um gozo em exceção à castração [∃x ~Φx] que se coloca no horizonte do gozo fálico [∀x Φx], fazer o luto dessa aspiração envolve desacreditar dessa exceção, deixando incidir sobre ela uma barra [~∃x ~Φx] que indica que não existe esse gozo fantasiado como fora ou acima da castração. Mas essa operação acaba por desobstruir o caminho para que um ser falante possa consentir com ser atravessado por experiências de gozo da ordem do não-todo fálico [~∀x Φx] – ainda que não seja necessário, e sim contingente, que elas aconteçam.

Nesse sentido, como exploraremos adiante por meio da travessia da fantasia, esboçamos aqui um mais-além da virilidade nos homens que não se confunde com uma trajetória linear que levaria de um ponto fixo A a um ponto fixo B (numa passagem do gozo fálico ao gozo feminino, por exemplo). Não se trata nem de abandonar o gozo fálico e a fantasia, tampouco de tomar o feminino como uma nova determinação identitária. Afinal, o feminino pensado a partir do não-todo não é uma identidade: ele não confere um ser ou uma substância a um sujeito; suas aparições só se dão por "testemunhos esporádicos" (Lacan, 1972-73/2008, p. 87), de forma que um sujeito não é passível de se instalar de maneira definitiva do lado do não-todo, nem mesmo como um ponto de chegada no final da análise. O que encontramos são apenas deslizamentos, irrupções, manifestações desse Outro gozo, que portam

---

de que pelo menos um, o pai da horda primitiva, não o era, castrado, porque gozava de todas as mulheres" (David-Ménard, 1998, p. 97).

a marca de uma experiência de indeterminação e fraturam o roteiro do gozo fálico (cf. Bedê, 2022). Também não se trata de um gozo que surgiria apenas após a travessia da fantasia; esse gozo, de certa forma, "já estava lá" desde o princípio, e o que uma análise permite é que um ser falante possa eventualmente consentir com sua experiência, em vez de se defender disso a qualquer custo – como o "macho" parece fazer ao centralizar sua satisfação no falo e recusar qualquer possibilidade de gozo que lhe pareça escapar à norma fálica.

Travessia da fantasia, travessias da virilidade

Nesse contexto, podemos nos servir de uma segunda volta de Miller (2011) sobre a releitura lacaniana do impasse da análise freudiana. Em *O ser e o Um*, o psicanalista retoma o obstáculo comum aos homens e às mulheres isolado por Freud, com formas de expressão diferentes em cada um – a saber, nas mulheres, o *Penisneid*, a nostalgia do pênis, e, nos homens, a rebelião [*das Sträuben*] contra a passividade induzida por outro homem. O termo alemão[15] *das Sträuben* seria uma substantivação do verbo *sträuben*, utilizado quando falamos de um ouriço a eriçar [*sträubt*] seus espinhos, de modo que, no impasse freudiano, um homem se eriçaria quando suspeita que outro homem quer feminizá-lo. O fator comum extraído por Freud desses dois arranjos seria uma "aspiração à virilidade" [*das Streben nach Männlichkeit*], ou seja, um esforço em direção à virilidade como valor. Nesse ponto – e Freud aqui confessa suas limitações como analista –, tratar-se-ia de evitar que

---

15 Agradecemos aqui a ajuda precisa e pontual de Pedro Heliodoro Tavares quanto ao uso dos termos *das Streben* e *das Sträuben* na obra de Freud em alemão.

o fato de "seguir um outro homem" tenha a significação [*Bedeutung*] da castração para um homem (Miller, 2011, p. 55). Diante disso, a contribuição de Lacan é sustentar que esse impasse está localizado na cena da fantasia, sendo a invenção do passe sua aposta na direção de ultrapassá-lo.

A virilidade tem uma estrutura de fantasia

A obra de Lacan nos faz ver que o que Freud chama de "aspiração à virilidade" é de ordem fantasmática (Miller, 2011, p. 55). Esse giro nos permite considerar que a própria virilidade tem uma estrutura de fantasia, está assentada sobre a estrutura do fantasma, na medida em que repousa sobre o preenchimento da castração fundamental de todo ser falante, marcado como (-φ), por um pequeno *a*.

Assim, podemos afirmar que, de certa maneira, a virilidade é uma fantasia, uma vez que sua operação é a de preencher (ou ocultar) o (-φ) com o objeto *a*, transformando esse (-φ) em um Φ, como vemos no esquema proposto por Miller (2011) na Figura 4.5.

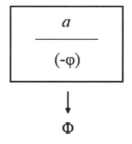

Figura 4.5. *Esquema da virilidade-fantasia.*
Fonte: Adaptada de Miller (2011, p. 56).

320 ATRAVESSAR O FANTASMA, AUTORIZAR-SE DO FEMININO

Esse gesto de leitura de Miller (2011) nos parece promover uma desmontagem do engodo viril na sexuação masculina, ao decompor em suas partes aquilo que vemos somente como produto final na fórmula lacaniana: trata-se de evidenciar o acoplamento entre falo e fantasia que se produz na estrutura mesma do gozo fálico. A esse respeito, Lacan (1975-76/2007, p. 123) viria sublinhar que Φ, o grande Phi, poderia ser a primeira letra da palavra "fantasia", doravante escrita "phantasia", para marcar sua vinculação ao caráter solitário e masturbatório do gozo fálico. Essa seria a recomposição lacaniana da "instituição fálica do sujeito" em Freud, na medida em que a fantasia, por qualquer ângulo que a abordemos, "será sempre uma fantasia fálica" (Miller, 2011, p. 56). O que está em jogo é a "elevação fantasmática do falo" que estaria na base da construção da fantasia, tendo o eixo falo-castração como parâmetro que permite a extração do objeto a com o qual o sujeito se localiza diante do seu Outro.

Assim, é a estrutura da fantasia – enquanto modalidade particular de conexão entre o sujeito e sua versão fantasmática do objeto [$ ◊ a$] – que sustenta a virilidade como um modo de gozo, permitindo a um sujeito extrair do objeto a segurança de sua identificação (de seu "ser") como "homem", por meio de sua relação ao desejo. Esse arranjo é o que produz um roteiro para a vida amorosa no sentido de quais serão os objetos que interessarão ao sujeito – quais objetos serão investidos de brilho fálico e operarão como causa de desejo –, assim como esses mesmos objetos poderão ser igualmente alvos de sua operação de degradação [$ → a$]. Frente a esse cenário, a travessia da fantasia viril significa que o sujeito possa se desenganar dos encantos do objeto fantasmático enquanto figurador da relação sexual (desenganar-se, por exemplo, do ideal de alcançar o objeto da conquista fálica que restituiria a potência viril).

Na medida em que a fantasia é o que sustenta a ilusão de ser (no caso, de ser "macho") tendo o Outro como horizonte significativo e produzindo ainda a escravidão do sujeito diante dos encantos do objeto, a travessia da fantasia envolve permitir que a castração [(-φ)] apareça e seja subjetivada – aqui no sentido do reconhecimento da inexistência do objeto que completa o sujeito no fantasma [a]. Essa travessia engendra um efeito particular de "des-ser" – já não sei bem quem sou, nem onde o falo está... –, pelo enfraquecimento do laço que ligava a instituição fálica do sujeito ao seu objeto, o que tem consequências para a afirmação alienante da virilidade, dissolvendo a consistência do objeto de onde o sujeito extraía sua segurança identitária. Daí em diante, já não é mais possível ser, como queria Riobaldo, "homem por mulheres" – ou, pelo menos, não da mesma forma.

Nesse sentido, a estruturação do gozo fálico – e da posição viril – a partir de Lacan pressupõe toda a parafernália que produz um acoplamento entre a problemática do falo e aquela da fantasia – na medida em que a extração do objeto *a* no fantasma tem a ver com a incidência da função fálica enquanto função da castração. Mas cumpre ainda observar que, na estrutura da fantasia [$ ◊ a], o ser falante oscila entre o polo do sujeito [$] e o polo do objeto [a], de forma que, para se colocar como sujeito, um ser falante precisa se defender – e se diferenciar – do modo como ele próprio se interpretou como objeto diante do Outro. No entanto, a interpretação fantasmática de sua posição inconsciente como objeto para o Outro continua a insistir em sua trajetória, fornecendo a chave para as repetições da vida de um sujeito neurótico. Pois o que se repete não é apenas o modo de tomar o Outro como objeto, mas também – e mais especialmente – o modo de atualizar a sua própria posição de objeto diante do Outro.

322 ATRAVESSAR O FANTASMA, AUTORIZAR-SE DO FEMININO

A virilidade como defesa ao gozo do Outro

Quando buscamos, na obra de Freud, os elementos que fundamentam a construção da fantasia, somos remetidos à posição passiva que o sujeito assume diante do pai, como formulado em "Bate-se numa criança" (Freud, 1919/2017). Ainda que a formulação final da fantasia de surra estudada pelo psicanalista seja anônima e impessoal – "Bate-se numa criança" –, sua investigação em um processo de análise desvelaria uma série de modulações que, passando pela formulação "Meu pai bate numa criança que eu odeio", permitiria a reconstrução (mítica em Freud,[16] lógica em Lacan) de um tempo jamais rememorado pelo analisante, mas passível de ser deduzido a cada vez, em que essa frase seria "Sou surrado pelo meu pai", enquanto um equivalente simbólico de "Sou amado por meu pai":

> *O fato de ser surrado relativo à fantasia masculina [...] é também um ser amado no sentido genital, que foi rebaixado através da regressão. Portanto, a fantasia masculina inconsciente não era originalmente: "Sou surrado por meu pai", [...] mas, muito mais:* Sou amado por meu pai. *[...] A fantasia de surra dos meninos é, portanto, passiva desde o início, nascida realmente da posição feminina diante do pai. (Freud, 1919/2017, pp. 146-147, grifos do original)*

---

16 Valeria lembrar aqui a formulação lacaniana de que o mito é "a tentativa de dar forma épica ao que se opera pela estrutura" (Lacan, 1974/2003, p. 531). O ponto é pensar a encruzilhada que se estabelece diante da posição de objeto de gozo do Outro ocupada pelo neurótico de forma inconsciente na estrutura da fantasia. Frente a essa posição, pode-se fazer sintoma pela via da inibição, pela via do enfrentamento viril – ou por ambos, já que esses arranjos podem coexistir mediante a divisão (*Spaltung*) do sujeito.

Ainda que nem todo sujeito necessariamente formule sua fantasia fundamental dessa exata maneira, o exemplo freudiano funciona aqui como paradigma para pensarmos, numa releitura lacaniana, as diversas roupagens de uma estrutura: no fantasma, o sujeito se localiza inconscientemente como objeto diante da versão do (gozo do) Outro por ele construída. Está em jogo o que Lacan (1960/1998, p. 841) nomeou como "a vontade de castração inscrita no Outro". Trata-se aí da maneira neurótica de se situar na fantasia pela suposição de que o Outro quer sua castração: o Outro quer me feminizar; o Outro me quer como objeto [*a*], quer gozar de mim como objeto; e quer, por meio disso, expor minha castração [(-φ)], quer me desprover do falo que (suponho que) tenho ou aspiro a ter. Esse arranjo constitui o fundamento neurótico da angústia de castração, uma vez que o gozo do Outro – um Outro que não existe, mas que a fantasia faz existir – passa a ser vivido pelo sujeito pela via do horror. Esse horror encontrará diversas roupagens na neurose, das quais mencionaremos apenas duas: o gozo de uma mulher (quando vivido por um sujeito como um gozo excessivo, perturbador de seu próprio gozo – fálico) e o gozo de outros homens sobre seu corpo, experimentado como terrível.

Quanto à primeira roupagem, recorreremos a um exemplo trazido por Freud acerca do "horror fundamental" dos homens às mulheres e ao feminino, que o psicanalista atribui a um medo masculino de ser "enfraquecido pela mulher, ser contaminado por sua feminilidade e então mostrar-se incapaz" (Freud, 1918/2018, p. 163). O modelo para esse temor se encontraria no "efeito relaxante, diluidor das tensões relacionadas ao coito" – maneira freudiana de se acercar da temática da detumescência do falo, vivida pelos homens como um fator de feminização ou, mesmo, de uma desvirilização, pelo esvaecimento da posse do órgão ereto. Freud ainda sustenta que esse medo da feminização seria amplificado

324 ATRAVESSAR O FANTASMA, AUTORIZAR-SE DO FEMININO

pela "percepção de influência que a mulher ganha sobre o homem através da relação sexual".

Podemos reconhecer aqui a fantasia masculina da mulher castradora (Lacan, 1975-76/2007, p. 122), que visa a enganar um homem para dele extrair seu falo, de maneira literal ou simbólica. É o que nos indica Irigaray (1977/2017), ao se referir ao fato de um homem "fantasiar" que uma mulher "quer tirar do corpo dele justamente a parte que ele valoriza mais" (pp. 108-109) – isto é, que uma mulher procuraria gozar do corpo de um homem, querendo dele sua castração.[17] É o que nos apresenta também a psicanalista e feminista argelina (radicada na França) Hélène Cixous (1975/2022), ao afirmar que a maneira de um homem abordar o corpo de uma mulher a partir da lógica da conquista viril "o priva, e ele sabe, de seu próprio território corporal. Ao confundir-se com seu pênis, e correndo para o ataque, compreendemos que ele tenha o ressentimento e o temor de ser 'comido' pela mulher, de estar nela perdido, absorvido ou sozinho" (p. 45). Estar privado do falo é estar castrado, feminizado: encontramos aqui os efeitos subjetivos da angústia de castração dos homens pela detumescência do falo – por sua redução a (-φ) –, transfigurada em uma fantasia do gozo do Outro endereçada a seu corpo. Como coloca Lacan no Seminário 10:

No caminho que condescende ao meu desejo, o que o Outro quer – aquilo que ele quer, mesmo que não saiba em absoluto o que quer – é, no entanto, necessariamente

---

17 Encontramos uma curiosa versão dessa fantasia nos relatos de Muszkat (2011) quanto ao desamparo identitário dos homens em sua pesquisa diante da decisão das respectivas ex-esposas por judicializar o processo de separação a fim de solicitarem legalmente uma pensão para seus filhos. Esses homens vivenciavam esse pedido como uma desonra à sua hombridade, um sinal de desconfiança e, até mesmo, de um interesse excessivo das mulheres sobre suas posses.

minha angústia. [...] Seja como for, é na medida em que ela quer meu gozo, isto é, quer usufruir de mim, que a mulher suscita minha angústia. [...] só há desejo realizável implicando a castração. Na medida em que se trata de gozo, ou seja, em que é o meu ser que ela quer, a mulher só pode atingi-lo ao me castrar. (Lacan, 1962-63/2005, p. 199)

Se o que o Outro quer de mim é minha angústia ou, ainda, minha castração, a saída mais direta é um fechamento defensivo, para o qual a virilidade cai como uma luva, no sentido do uso (e descarte) do objeto sexual degradado, uma vez inscrito sob o selo de repetição do fantasma. Nesse ponto, presenciamos uma das figurações da virilidade como defesa ao gozo do Outro, no sentido de proteger-se da possibilidade de uma mulher gozar da castração do sujeito, que é justamente o que angustia o "macho": "Essa presença do desejo em uma mulher se revela angustiante para o homem. Daí a frequência com que [...] assistimos a verdadeiras fugas dos homens diante da explicitação do desejo por parte de alguma mulher" (Dafunchio, 2011, p. 149, tradução nossa). Trata-se aí do fato de que o desejo feminino de gozar com o órgão do "macho" põe em jogo sua castração, no sentido da confrontação com a castração à qual a experiência da detumescência necessariamente conduz.

Mas esse medo da feminização pode ser também considerado uma resposta neurótica ao fato de que, após a queda do falo na cópula, depois de caírem as máscaras da sedução e da conquista, seria preciso estabelecer um laço que passasse por outros pontos que não apenas a mascarada fálica, um laço que incluísse a castração, de modo a sustentar um encontro para além do véu da fantasia. É diante desse ponto que os homens frequentemente recuam, sustentando sua solidão pelo apego a um roteiro de gozo autístico, sem abertura para a alteridade. Isso se deve, em parte, a seu

326 ATRAVESSAR O FANTASMA, AUTORIZAR-SE DO FEMININO

casamento com o falo sob a égide da fantasia viril, que sustenta a projeção neurótica do Outro castrador/gozador, diante do qual é preciso se defender: "a vontade de castração do Outro, no neurótico, deve ser entendida nos dois sentidos: não quer sacrificar nada para o gozo do Outro, mas tampouco quer que o Outro goze" (Miller, 1989/2010, p. 202, tradução nossa).

Outra importante roupagem, talvez a mais paradigmática, dessa resposta neurótica diante do gozo do Outro se encontra no famoso horror sentido pelo Homem dos Ratos diante da fantasia de tortura anal que o captura. Afinal, não era do gozo de outro homem sobre seu corpo que se tratava no caso do Homem dos Ratos, quando ele relatava, horrorizado, o suplício do Capitão Cruel? Essa cena, em cujo relato Freud percebe um *"horror diante do seu prazer, ignorado por ele mesmo"* (Freud, 1909/2022, p. 347, grifos do original), poderia ser relida como uma "cena de coito anal" (Silvia et al., 2014, p. 38, tradução nossa), na medida em que o rato ali simboliza o pênis, e a perspectiva de sua introdução no ânus, sugerindo a copulação anal, assume para Ernst o valor de uma tortura. A peça faltante nessa cena, que nos é entregue pelo texto freudiano "Bate-se numa criança", seria precisamente o pai – e, mais especificamente, a construção fantasmática que situa o sujeito numa posição passiva diante do pai.

No ano em que publica esse caso, em 1909, Freud interpreta a fantasia da tortura anal como uma retaliação que Ernst sofreria do pai em função de seus sentimentos hostis (de ódio e crueldade) em relação à figura paterna. Ele chega a articular a significação dos ratos como pênis (Freud, 1909/2022, p. 394), mas a conecta com uma "relação sexual *per anum*" (p. 395) dirigida ao pai e à dama, sem considerar a possibilidade de que o próprio sujeito pudesse se colocar na posição de objeto diante do pai. Foi somente após a análise do Homem dos Lobos, em 1917, e a escrita de "Bate-se numa criança", em 1919, que o psicanalista passou a considerar a

HOMENS EM ANÁLISE: TRAVESSIAS DA VIRILIDADE 327

posição passiva do menino diante do pai (a fantasia de feminização) como fator decisivo na neurose. Nos trabalhos de Freud dos anos 1920, desde "O Eu e o Isso", passando pela discussão do caso do pintor Haizmann e chegando ao estudo sobre Dostoiévski, encontramos uma generalização freudiana da posição feminina do menino diante do pai como estando presente em todo Édipo (fazendo parte do "Édipo completo", aquele que leva em conta a bissexualidade constitutiva dos seres humanos).

O que Freud passa a considerar como fator típico na própria constituição do sujeito é o conflito entre o que chama de posição masculina (traduzida como "angústia de castração") e posição feminina (traduzida como "prazer de castração"): ambas essas posições seriam experimentadas pelo menino em seu processo de constituição subjetiva, sendo a posição feminina – o desejo pela castração – recalcada devido ao fato de que "a competição com a mulher pelo amor do pai tem como condição a renúncia ao próprio genital masculino, portanto, a castração. A recusa da posição feminina é, desse modo, a consequência da revolta contra a castração" (Freud, 1923/2017, p. 238). Assim, no caso do Homem dos Ratos, o horror diante desse gozo todo seu, por ele mesmo ignorado, não decorre apenas da recordação do tormento dos ratos, pois ele é também "gozo da fantasia masoquista (essa que se construirá na análise, na qual o sujeito é castigado – satisfeito passivamente – por seu pai)" (Schejtman, 2005, p. 106).

Outra importante ocorrência dessa construção da fantasia masoquista na obra de Freud se encontra na cena traumática experimentada pelo Homem dos Lobos, que, diante da observação do coito dos pais, depreende, da posição passiva ocupada pela mãe, que ser objeto de gozo do Outro é ser feminizado, ser privado do seu pênis (que toma assim valor de falo). A partir de uma chave de leitura fálica, a posição passiva – de objeto – na cópula assumiria, para o menino, a significação da castração: "se você quer ser satisfeito pelo pai, você tem de aceitar a castração como a mãe; mas isso eu não quero. Portanto, um claro protesto da virilidade!" (Freud, 1917/2022, p. 679).

Trata-se aqui da interpretação neurótica da diferença sexual pautada pelo eixo falo-castração, na qual está em jogo a oposição ser fálico – ter o pênis – ser ativo – masculinidade *versus* ser castrado – perder o pênis – ser passivo – feminilidade. Assim, a despeito da moção pulsional – decorrente da disposição à bissexualidade – que conduziria o jovem Homem dos Lobos a uma posição de satisfação passiva diante do pai (o "prazer de castração" aludido por Freud), essa posição comportaria também o medo de uma castração iminente, em virtude da articulação feita entre passividade, feminilidade e ausência de pênis.

Nessa formulação freudiana, a "virilidade" assumiria um estatuto de defesa contra a "posição passiva em relação ao pai", derivada de seu "narcisismo ameaçado" pela crença de que, para se aproximar a uma posição de satisfação passiva ou feminina, seria preciso renunciar à posse do pênis (Freud, 1917/2022, p. 677). A interpretação da posição feminina – e seu recalcamento no neurótico – a partir da chave fálica produziria, assim, uma fantasia inconsciente que é, por excelência, uma fantasia de feminização – de modo que o sujeito doravante viverá ameaçado de não ser um homem e precisará, portanto, aspirar à virilidade para se defender de sua fantasia de feminização.

Observemos aqui a confluência entre duas perspectivas distintas quanto à posição feminina: se, por um lado, o feminino pode ser recusado por um homem a título de encarnar uma posição equivalente à castração, em razão de seu rebaixamento ou da sua menos-valia a partir de uma ótica fálica [(-φ)], por outro lado, ocupar essa posição – por exemplo, diante de outro homem – também envolve um "prazer de castração" que parece imajar a experiência de um Outro gozo que não está inteiramente regido pelo falo – um gozo diante do qual os homens frequentemente recuam, embora permaneçam por ele atravessados.

Por mais abstrata que essa construção possa parecer a alguns leitores, sua atualidade nos é entregue pela própria cultura. Na série estadunidense *Euphoria* (Levinson, 2019), encontramos o personagem Nate Jacobs, que encarna, à primeira vista, o típico representante de uma masculinidade hegemônica ocidental: um homem cis branco, que performa uma virilidade irretocável e apresenta as credenciais de uma heterossexualidade bem-sucedida. É um conquistador das mulheres-padrão que deseja, estrela do time de futebol americano do colégio, respeitado pelos demais homens e filho de um importante corretor de imóveis da cidade. Sua relação com o pai é, no entanto, marcada pela ambivalência. Ainda que sua posição viril seja herdada do pai e por ele legitimada socialmente, Nate é também guardião de um segredo paterno: aos 11 anos de idade, o filho encontrou uma coleção de vídeos pornô escondidos por Cal, que eram, na verdade, filmagens de encontros sexuais protagonizados por ele, fazendo sexo com homens gays e mulheres trans em motéis. Nesses encontros, Cal ocupava a posição ativa e penetrava seus/suas parceiros/as em posição depreciada, enquanto os/as chamava de "piranhas" ou "vadias".

Ao longo da primeira temporada de *Euphoria*, encontramos Nate dividido entre seu desejo pelas mulheres e seu interesse – uma verdadeira fixação escópica – pelo pênis de outros homens, ponto que lhe produz uma intensa angústia de que pudesse ser "descoberto" pelas pessoas de seu circuito social. Já no fim da segunda temporada, depois de uma série de desdobramentos de sua história, temos acesso a um pesadelo de Nate: na primeira cena, ele está em um quarto com sua namorada, Maddy, que se transforma em Jules, a garota trans com quem ele havia experimentado uma

330 ATRAVESSAR O FANTASMA, AUTORIZAR-SE DO FEMININO

divisão em sua vida amorosa; na sequência, a parceira se transforma em Cassie, a melhor amiga de Maddy, que é jogada na cama de costas para cima, na mesma posição em que o pai colocava suas/seus parceiras/os nas filmagens; nesse momento, Cal aparece na cena e, subitamente, é Nate quem está deitado de costas, prestes a ser penetrado pelo pai – momento no qual o sonhador desperta angustiado.[18]

Não parece assombroso que a cultura nos dê mostras do mesmo espinho cravado por Freud no coração da masculinidade ao dizer da posição passiva diante do pai como um núcleo recalcado da fantasia nos homens? Na manobra com que Nate buscava se fazer viril por meio da degradação fetichista do Outro, havia também uma forma de transpor/recalcar o investimento libidinal na posição de objeto diante do (gozo do) Outro, em que ele mesmo se percebia como objeto do pai, posição que era recusada por ele no registro do Eu. Esse é, no entanto, o paradoxo do fantasma, uma vez que este serve para assegurar o gozo do Outro na estrita medida em que ele é recusado: "que o gozo do Outro seja recusado vai de par com que ele seja garantido no fantasma" (Miller, 1985-86/2010, p. 208, tradução nossa).

A recusa da posição feminizada na fantasia, sobre a qual o sujeito erige sua virilidade em defesa, motivará, então, a recusa da feminilidade e bloqueará, por consequência, o acesso ao não-todo, ao contaminá-lo com a fantasia de feminização que parasita o neurótico. A fantasia fálica que reduz o feminino a um objeto castrado e masoquista resulta em que a posição de objeto de gozo do Outro seja vivenciada no sujeito masculino pela via do horror: "O homem só se defende da passividade em relação ao homem, não da

---

18 Aqui, cabe lembrar uma indicação de Lacan: "a angústia do pesadelo é experimentada, propriamente, como a do gozo do Outro" (Lacan, 1962-63/2005, p. 73). O pesadelo coloca em cena a angústia diante do gozo do Outro.

HOMENS EM ANÁLISE: TRAVESSIAS DA VIRILIDADE   331

passividade como tal. Dito de outra forma, o 'protesto masculino'[19] de fato nada mais é que a angústia de castração" (Freud, 1937/2017, p. 361). Assim, é para recusar a perspectiva de se ver reduzido a um objeto do gozo do Outro, ponto-limite da análise freudiana, que os homens buscam construir para si um corpo íntegro, sem furos, mas que por isso mesmo permanece ameaçado de perfuração a todo instante.

Nesse ponto, podemos inclusive localizar mais uma volta na definição de virilidade, que pode ser pensada em torno de uma negação também dessa ameaça: "eu (não) estou ameaçado pelo gozo do Outro". É o que aprendemos com o personagem Travis Bickle, no filme *Taxi driver* (Scorsese, 1976), que é um ex-combatente de guerra que passa a trabalhar como motorista de táxi para lidar com sua insônia: "É de seu táxi, gozando de seus pensamentos, que imagina o dia em que cairá uma verdadeira chuva que limpará a perversão e a corrupção da metrópole" (Stapazolli, 2020, par. 7). Em uma clássica cena diante do espelho – uma espécie de estádio do espelho da virilidade –, vestindo seu corpo com uma jaqueta com credenciais do exército, Travis se olha de frente, depois de lado, experimentando sua imagem viril; saca sua pistola, empunhando-a

---

19 Freud dialoga aqui com a noção de "protesto masculino" formulada por Alfred Adler, que sustentava que a neurose seria mobilizada por um desejo de poder e superioridade – entendidos como "masculinidade" – como forma de supercompensação a um sentimento de inferioridade – entendida como "feminilidade" – contra o qual o neurótico "protesta". O giro freudiano foi o de constatar que o protesto viril – a rivalidade fálica entre dois homens – seria apenas um avatar da recusa da feminilidade, permitindo um entendimento do feminino que não o reduz ao "sentimento de inferioridade", pois ele é também uma posição de gozo, uma posição que pode ser desejada pelo sujeito: "quando um homem protesta ante outro homem para fazer valer sua virilidade, o que estaria recusando é sua posição feminina ante esse homem. [...] quanto mais um homem tem de se afirmar como homem ante outro homem, mais está recusando o que há de feminino nele" (Bassols, 2019, p. 115, tradução nossa).

diante de um interlocutor fictício, a quem desafia e deprecia, mostrando-se atento a qualquer movimento de seu oponente, pronto para atirar diante de qualquer possibilidade de um ataque vindo do Outro. Nesse momento, ainda solitário, ele enuncia repetidas vezes sua conhecida indagação: "*You talkin' to me?*" – em tradução livre ao português, "Tá falando comigo?" –, enquanto encara o espelho com um olhar de desafio.

Implícita nessa cena está a suposição de que o Outro quer gozar da castração do sujeito: se, por um lado, a virilidade é um modo de gozo que opera pela redução do Outro a um objeto na fantasia, por outro lado, ela é também uma defesa a um gozo imaginado do Outro, que desloca e projeta um excesso que é do próprio sujeito, a exemplo das fantasias de Travis quanto a limpar a sujeira do mundo, que não deixam de ser o retorno – projetado de forma paranoica no Outro – dos pontos recusados em si mesmo: "Escutem, seus filhos da puta, seus idiotas. Aqui está um homem que não vai aguentar mais nada disso. [...] Aqui está um homem que se ergue contra a escória, as putas, os poderosos, a sujeira, a merda. Aqui está alguém que se opôs!".[20] É o que também encontramos em Nate, de *Euphoria*, ao fantasiar-se como o protetor de Maddy, sua namorada, como quem a defenderá de outros homens que pudessem sequestrá-la, violentá-la, estuprá-la e/ou torturá-la, cena na qual ele se vislumbra matando violentamente seus algozes a tiros, assim se defendendo (e salvando a mulher) do gozo do Outro (que ele mesmo imagina).

---

20 No original: *Listen, you fuckers, you screwheads. Here is a man who would not take it anymore. [...] Here is a man who stood up against the scum, the cunts, the dogs, the filth, the shit. Here is someone who stood up!* (Scorsese, 1976). Não faltam exemplos desse tipo de recusa da extimidade do gozo retornando sob a forma do ódio, particularmente na política. A esse respeito, ver Miller (1985-86/2010), Kilomba (2019, p. 34), Hook (2021) ou Lebovits-Quenehen (2021).

Nesse cenário, a virilidade poderia se redefinir, portanto, como o fazer-se um corpo armado contra o gozo do Outro. Se, na estrutura da neurose (histeria ou obsessão), trata-se de "que o Outro não goze de mim" (Miller, 1985-86/2010, p. 208, tradução nossa), na virilidade, em particular, poderíamos modalizar essa estratégia com a seguinte construção: ninguém pode gozar de mim; não quero oferecer minha castração ao gozo do Outro, isto é, não posso deixar o Outro gozar da minha castração (por isso, é preciso ser "macho" e ocultá-la); não posso deixar o Outro zombar de mim, nem apontar em mim o que quer que seja da ordem da vulnerabilidade, da fraqueza, do desamparo, da feminilidade; no limite, não posso ser objeto – objeto do olhar, da zombaria, sequer do desejo (ativo) vindo do Outro.

Nesse ponto, cabe fazer uma importante observação: esse arranjo da virilidade (como uma tentativa de defesa diante do gozo do Outro) não deve ser tomado, em si mesmo, como um "problema" a ser eliminado, algo sobre o qual deveríamos sustentar um juízo de valor puramente negativo. Antes, trata-se de uma estrutura defensiva diante daquilo que se inscreve para um ser falante como gozo do Outro de forma terrível, o que pode se apoiar, por exemplo, em vivências concretas de abusos sexuais, em que o sujeito se encontra com um Outro que goza de seu corpo de forma literal, mobilizando *a posteriori*, na posição do sujeito, uma resposta viril e/ou uma recusa da feminilidade. Em diversos casos, esse gozo não é somente (embora possa se tornar também) produto da fantasia: é o que encontramos, com relativa frequência, na subjetivação de homens cis-heterossexuais que se recordam de cenas traumáticas dessa ordem vividas na infância com homens adultos ou ligeiramente mais velhos, assim como nas experiências de alguns homens trans ou de algumas pessoas transmasculines para quem a transição em direção à masculinidade envolve, entre tantas coisas, recusar, efetivamente, que o Outro goze do seu corpo de

334 ATRAVESSAR O FANTASMA, AUTORIZAR-SE DO FEMININO

formas vividas como violadoras ou excessivas – seja no sentido de tentar evitar a exposição dos corpos lidos como femininos às violações sexuais advindas dos homens cis, seja no sentido de operar certa separação em relação às marcas do Outro familiar ou social.

É nesse sentido que alguns corpos falantes dotados de vulva podem, por exemplo, servir-se do campo do masculino em uma transição de gênero – mesmo que não se nomeiem como "homens" e apenas transitem pelo campo da masculinidade – como forma de demarcar uma mudança de posição subjetiva, que poderia se expressar do seguinte modo: "não estou no lugar da feminilidade em que o Outro me espera". Na medida em que o eixo lógico da masculinidade-virilidade implica certa posição de fechamento à alteridade, sua estrutura erige um corpo mais defendido em relação ao gozo do Outro: a posição masculina na sexuação afasta, até certo ponto, a posição de objeto desse corpo diante do Outro e, por isso, também tende a proteger da devastação. Ao passo que a masculinidade é uma posição que tem uma face defensiva (já que sua modalização em virilidade simboliza a negação, em desafio, da ameaça de castração), a feminilidade, por sua vez, costuma se articular a uma posição (lida como) de certa vulnerabilidade, não somente pelos roteiros sociais que a determinam, mas também pela abertura estrutural ao Outro que a acompanha: à palavra do Outro, ao desejo do Outro, com as dores e as delícias que lhe são inerentes.

Mas, no limite, se a virilidade é mobilizada por um fantasma de castração ("o Outro quer gozar da minha castração"), sua resposta diante disso é a de não querer sacrificar sua castração ao gozo do Outro: "O Outro não vai gozar do meu corpo!". No entanto, o paradoxo da fantasia é que ela está aí para "assegurar o gozo do Outro" (Miller, 1985-86/2010, p. 208, tradução nossa): ali, onde o sujeito acredita recusar esse gozo, é também o ponto que continua a capturá-lo em sua cena fantasmática, com a qual é o próprio sujeito que faz existir esse (gozo do) Outro. Dessa forma, na lógica da sexuação masculina, tomar o Outro como objeto [$ → a] – e recusar terminantemente qualquer possibilidade de sua circulação nessa posição – seria já uma estratégia do sujeito para se diferenciar ele próprio do lugar de objeto com o qual veio ao mundo e com o qual, no entanto, ainda se localiza no fantasma. Por essa estratégia, ele paga o preço de permanecer a todo instante ameaçado por um eventual retorno da vontade de castração por parte do Outro, na medida em que não quer oferecer sua castração ao gozo do Outro:

> *O que o neurótico não quer, o que ele recusa encarniçadamente até o fim da análise, é sacrificar sua castração ao gozo do Outro, deixando-o servir-se dela. E não está errado, é claro, pois [...] por que sacrificaria ele sua diferença (tudo, menos isso) ao gozo de um Outro que, não nos esqueçamos, não existe? É, mas se porventura existisse, gozaria com ela. E é isso que o neurótico não quer. Pois imagina que o Outro demanda sua castração. (Lacan, 1960/1998, p. 841)*

A virilidade (entendida aqui pela via do "empuxo ao homem") seria, então, uma defesa diante da ameaça neurótica de se ver reduzido a um objeto de gozo do Outro, uma defesa contra a vontade de gozo que supõe no Outro. Essa suposição – que é diferente da certeza psicótica, produtora do empuxo-à-mulher e dos efeitos forçados de feminização ao modo de Schreber – é vivida pelo neurótico como angústia de castração e encontra nele, como resposta, a aspiração à virilidade. Enquanto a paranoia identifica o gozo com o lugar do Outro, decorrendo daí uma certeza delirante e não dialetizável, a estrutura da neurose constrói, na fantasia, um "gozo suposto do Outro", "imaginado na fantasia neurótica" (Schejtman, 2005, p. 103), pois, "ali, onde tem lugar o gozo da fantasia, o gozo

336 ATRAVESSAR O FANTASMA, AUTORIZAR-SE DO FEMININO

do Outro é suposto" (p. 105). Do ponto de vista da diferença estrutural entre esses arranjos, Maurano e Albuquerque (2019) propõem discernir a presença invasiva do gozo do Outro na psicose de Schreber, vivido como uma certeza delirante, e o acesso a um Outro gozo em São João da Cruz, figura lacaniana do gozo feminino: "Enquanto Schreber, em seu surto psicótico, atribui a Deus a intrusão abusiva do Outro, que sem consultá-lo o emascula, torna-o sua mulher, São João da Cruz se refere a um casamento com Deus, celebrado com júbilo e posteriormente tornado poesia" (p. 448).

Acreditamos que nossa contribuição a esse debate é considerar que, enquanto a psicose é marcada por uma certeza a respeito do gozo do Outro, uma certeza invasiva, despedaçadora e não dialetizável, a neurose seria caracterizada por uma suspeita, uma suposição, uma interrogação inconsciente quanto a esse gozo. O neurótico supõe estar concernido por uma vontade de gozo inscrita no Outro – o Outro quer minha castração, quer me feminizar –, arranjo fantasmático que poderia ser atravessado em uma experiência analítica. Essa suposição neurótica quanto ao caráter horrível do gozo do Outro [J(A)] seria, inclusive, o que faz obstáculo a que um sujeito possa consentir com ser atravessado por um Outro gozo, que pressupõe reconhecer um Outro barrado [Ⱥ] e, ainda, sustentar que essa vontade de castração "não me diz respeito" (Miller, 2011, p. 64). Nesse sentido, não há gozo do Outro porque o Outro é barrado; o que há é gozo do corpo, um gozo que é Outro em meu próprio corpo – um gozo que, quando recusado, retorna sob a forma neurótica do gozo do Outro.

Se a virilidade é definida como uma posição de defesa a esse gozo, visando a recusá-lo, a análise drena a consistência dessa cena fantasmática, conduzindo ao reconhecimento – ou mesmo à instauração – de que o (gozo do) Outro não existe, de que o Outro é barrado ou inconsistente, de que não é preciso continuar a fazer o seu Outro existir. Numa análise, a travessia da fantasia opera "de modo a fazer desvanecer toda uma parte da experiência na qual o neurótico joga sua partida fantasística com um Outro que lhe demandaria sua castração para dela gozar" (Miller, 2008-09/2011, p. 182). O giro em questão é o reconhecimento de que "esse Outro não existe. Ou seja: não há Outro a demandar sua castração, não há Outro para gozar da castração de vocês. Esse Outro não existe e o seu gozo tampouco" (p. 183). Veremos adiante os efeitos do consentimento com essa inexistência, do ponto de vista das consequências da travessia da fantasia sobre a estrutura defensiva da virilidade diante do feminino.

Fraturar a aspiração à virilidade, dizer "sim" à feminilidade

Enquanto Freud se deteve no ponto em que a recusa da feminilidade produziria, nos homens, a recusa de ocupar uma posição passiva diante de outro homem, a obra de Lacan (1972-73/2008, p. 81) nos permite entrever um mais além do rochedo da castração, ao sustentar que qualquer ser falante, qualquer que seja sua identificação de gênero, é passível de experimentar o gozo feminino no corpo. O psicanalista constata, aqui, que não se é forçado, quando se é "macho" (no sentido da posse do pênis), a se colocar do lado do todo fálico; pelo contrário, haveria homens (no sentido do gênero) que "se sentem lá muito bem", do lado dito feminino da sexuação. E acrescenta, de maneira enigmática: "Apesar, não digo de seu Falo, apesar daquilo que os atrapalha quanto a isso" (p. 82). Como situar esse elemento que intervém a título de falo para obstaculizar a um homem o acesso ao feminino?

Encontramos em Fuentes (2012, p. 287) uma pista para considerar que o que atrapalha os homens em seu acesso ao não-todo seria o fato de que "padecem da angústia de castração, de quem não quer perder o que acredita ter". Sob nossa perspectiva, essa angústia se articula ainda a uma interpretação fálica quanto ao que seria a posição feminina, a saber, uma posição de objeto passiva e masoquista, feminizada pelo Outro, marcada por uma menos--valia fálica. Se o engodo viril faz obstáculo ao feminino, é porque a angústia de castração está ligada, no neurótico, a uma fantasia de feminização, conjunto que obstaculiza a um homem o acesso ao feminino para além do falo. Assim, a montagem do falo como grande Phi [Φ] que organiza a instituição fálica do sujeito envolve a construção do fantasma como um fantasma de feminização, que tornará esse sujeito assolado pela angústia de castração.

Segundo essa perspectiva neurótica, a posição de objeto estaria inteiramente referida à vontade de castração suposta no Outro. Desse modo, o feminino fica contaminado pela fantasia fálica de feminização, sem que se possa consentir com o fato de que o Outro é inconsistente [Ⱥ] e que, por isso, há diversas maneiras de percorrer a posição de objeto. Maneiras que não necessariamente estarão submetidas ao horizonte de uma feminização vivida como terrível e que podem antes abrir contingentemente à experiência de um gozo suplementar, além do falo.

Nesse cenário, a virilidade é apenas uma posição precária encontrada pelo sujeito para (não) se haver com a castração e com aquilo do gozo que não se deixa cifrar inteiramente pela norma fálica. Frente a isso, o que a análise desvela é que a "aparente necessidade da função fálica" – traduzida aqui pelo apego ao engodo viril nos homens – não passa de uma "contingência" (Lacan, 1972-73/2008, p. 101) pela qual o (-φ) da castração é preenchido com a fantasmatização do gozo [a], que escraviza o órgão masculino à sua referência aos ideais fálicos [Φ]. Assim, é particularmente por meio da experiência analítica que podemos levantar o véu que paira sobre o falo, o qual era, desde os tempos antigos, reservado aos mistérios.

Nessa direção, Miller (2011) nos fornece a escrita de uma desmontagem ou, mesmo, de uma travessia da virilidade em sua estruturação fantasmática. O grande Phi, que encontramos do lado esquerdo da tábua da sexuação, seria o resultado do ocultamento do menos-phi pelo objeto *a*, que funcionaria como um tampão para a castração fundamental de todo ser falante [(-φ)]. Nessa perspectiva, uma análise consistiria em um movimento de destituição da aspiração neurótica à virilidade, isto é, uma destituição da fantasia fálica, de modo que, após a travessia da fantasia, seria possível a um ser falante dizer sim à feminilidade. Ou seja, seria possível deixar cair ou, pelo menos, fraturar a aspiração à virilidade e, portanto, renunciar à recusa da feminilidade que afeta o ser falante.

Relendo, então, a travessia da fantasia à luz da lógica da sexuação, a proposta de Miller (2011) é que o atravessamento do fantasma na operação analítica produziria uma desmontagem da instituição fálica do sujeito, permitindo que apareçam o objeto *a* e o menos-phi ali onde um ser falante buscava se sustentar pelo recurso aos semblantes fálicos em sua aspiração à virilidade. Assim, em nossa leitura, a travessia da virilidade, por meio da desmontagem do engodo viril, torna-se outro nome para a travessia da fantasia em uma experiência de análise, que teria como efeito contingente uma abertura a algo do feminino de maneira separada da fantasia de feminização que assola o neurótico.

Nesse sentido, em função de sua fantasia fálica (que é uma fantasia de feminização), o atravessamento do neurótico por um Outro gozo é vivenciado de antemão (de maneira preventiva) como algo terrível e invasivo, pela suposição de um Outro que goza do sujeito às suas custas (o gozo de um Outro não barrado [J(A)]); o sujeito, então, se eriça ao supor que alguém pode querer feminizá-lo. Por sua vez, uma experiência de análise acaba por destituir algo desse apego fantasmático ao engodo viril, permitindo evidenciar que o Outro consistente da fantasia não existe e abrindo caminho para acessar algo do não-todo para além do medo da feminização, advindo da figuração neurótica do gozo do Outro na sua fantasia. Afinal, se a virilidade se define pela estrutura da fantasia, então, a travessia da fantasia em um processo de análise terá efeitos sobre a experiência da virilidade.

Assim, desmontar o arranjo fantasmático do falo – o que não significa descartar o falo, mas abri-lo para outros usos, como veremos adiante – torna contingente a abertura ao feminino, isto é, desobtura o caminho, mas não torna necessário o acesso ao não--todo. Esse acesso será contingente, ou seja, o sujeito pode ou não acessá-lo após atravessar sua fantasia. Mas acessando ou não esse ponto do feminino, uma experiência de análise levada a seu termo imprime modificações estruturais na maneira como um sujeito vivencia o apego ao engodo viril, a ponto de não precisar tomar sua "hombridade" "a sério demais" (Barros, 2020, p. 56, tradução nossa). Nas Seções que se seguem, fazendo um percurso pelos relatos de passe de Bernardino Horne e Jésus Santiago, buscaremos verificar de que maneira cada um deles se arranjou com a travessia da fantasia e a desmontagem do engodo viril em seu próprio percurso de análise.

Bernardino Horne: o pintinho esmagado que abre para o feminino

Bernardino Horne é o primeiro analista latino-americano a realizar o procedimento do passe e se tornar AE (Analista da Escola) da Escola Brasileira de Psicanálise, no ano de 1995. Natural da Argentina e radicado no Brasil, sua vinda ao mundo é caracterizada pela expectativa de que nascesse um homem, pois na família paterna "só havia mulheres":

HOMENS EM ANÁLISE: TRAVESSIAS DA VIRILIDADE 341

Único filho varão de um político destacado, com ambições lógicas à presidência da república, líder da ala jovem de um grande partido nacional, ala esta inclinada ao socialismo, tive numerosos tios, todos eles pais de filhas mulheres... Eis a construção: ao dar à luz a mãe levantou o sujeito e disse: "Nasceu o Varão, o Presidente!". (Horne, 1999, p. 11)

Diante da pressão social sofrida pelo pai em função de seu posto e de suas ambições, o nascimento do filho varão parecia vir como uma "resposta de triunfo" (Horne, 2018, p. 70) que acalmaria o supereu paterno. No entanto, essa não passou de uma ilusão vã: "Recaiu sobre mim o peso de suas exigências unido ao descrédito em minhas capacidades". Frente a esse cenário familiar, o sujeito faz sintoma pela via da inibição: "Em minha inibição se mantinha o equilíbrio entre o desejo exigente de minha mãe e a necessidade paterna de existir como Um-mestre, para além da castração". Ele chegou a iniciar suas duas análises, inclusive, por uma "dificuldade de falar em público" (p. 71).

Em seus relatos, Bernardino constrói duas cenas infantis que se passaram aos 5 anos de idade e marcaram a construção de sua posição masculina: a cena A envolve a visão da castração feminina, momento em que o sujeito é surpreendido pelo "Não" de um homem proibidor que interdita seu olhar (proibição da curiosidade e do desejo de saber). A cena B apresenta o esmagamento sádico por parte do sujeito, com boa pontaria,[21] da cabeça de um pintinho diante do olhar de uma menina. Na cena B, o sujeito assume a "posição ativa, masculina, sádica, fálica" ("o esmagador de pintinhos")

---

21 A "boa pontaria", esse "bom olho", eram vistos como um signo de virilidade na família de Bernardino, assim configurando a objetificação do Outro que marca a posição viril.

342 ATRAVESSAR O FANTASMA, AUTORIZAR-SE DO FEMININO

como defesa diante de seu horror à castração, que se completa com o "endossamento da posição de objeto na menina" – o que permite à posição masculina instalar-se, não sem impasses, e sustentar-se pelo recalcamento da posição feminina, da mesma forma lida pelo menino como uma posição masoquista de objeto (Horne, 1999, p. 19). A cena B é o resultado da identificação com o ideal masculino, transformando a cena A no seu contrário (p. 31), por meio do esforço de "recuperar a unidade perdida e tapar o horror da castração" (p. 19).

No instante em que o sujeito articula as duas cenas em análise, o objeto *a* "perde sua consistência horrorosa e revela-se como a verdade oculta do sujeito": um pintinho esmagado. É a queda do objeto *a* (Horne, 1999, p. 20), que vem acompanhada, nesse passe, de um clarão – que ilumina, torna visível o objeto (p. 39). Ao reabrir a montagem entre as cenas A e B, o sujeito tem uma segunda chance de ver aquilo que se mantinha recalcado a partir da incidência da ameaça do homem proibidor. Bernardino destaca aí a satisfação que marca a queda do objeto com um ganho de saber, que libera as amarras da libido de certas fixações (p. 25) – no caso, ligadas à posição masculina e ao fantasma que a fundamenta – e que permite ao sujeito mudar algo de sua posição quanto ao gozo: "Poder olhar, no instante de ver, significa mudar algo na posição fixa do sujeito" (p. 22).

Nos relatos de 1995, ano em que se deu o passe de Bernardino, o final de análise era concebido como a travessia da fantasia: tratou-se, para ele, de poder reconhecer o gozo em posição de objeto, que o "macho" tanto repele. O ganho de saber que ele extrai dessa análise é que, no fundo, o sujeito é equivalente ao objeto: $ \$ \equiv a $. Podemos considerar que Bernardino opera aí uma transposição dos limites da análise freudiana, pelo reconhecimento de uma dimensão de gozo na posição de objeto que ele mesmo poderia assumir: "$ \$ \equiv a $ significa que, no ato do passe, se sabe do desejo de ser objeto

HOMENS EM ANÁLISE: TRAVESSIAS DA VIRILIDADE   343

de pulsão masoquista. Saber do gozo de ser objeto implica saber da fixação de um traço perverso no sintoma e de uma solução fantasmática como defesa fundamental" (Horne, 1999, p. 56).

Isso lhe permite formular a ideia de que, no fim da análise, a castração é "a alegria dos homens" (Horne, 1999, p. 40) – o que sugere que, antes do fim, a castração não é vivida pelos homens senão como um "horror". Nesse caso, o "momento de saber do gozo como objeto está mais além do Édipo e implica atravessar a castração porque o gozo, na perspectiva fálica, como objeto, é rebaixado e produz horror no sujeito" (p. 96). Para essa travessia, no entanto, é preciso deixar cair os ideais de virilidade que orientam sua posição masculina na sexuação, evidenciando que o Φ seria o resultado da ocultação do (-φ) pelo objeto a (Miller, 2011). Em seus relatos, Bernardino nos traz um sonho de um analisante. Sua inclusão no passe se torna uma importante bússola para situar a constituição da posição masculina:

> *o sujeito tem um sonho, que o faz falar do medo do pai. Sua própria imagem aparece com o pequeno pênis encolhido. Mas esse caminho só se torna possível para ele por meio da associação com seu contrário, num mito familiar: o pai viril. Ele, como o pai e todos os homens da família, tem um grande pênis. Escolhe, então, como defesa, nas associações, a via da fantasia, pondo à parte a via da castração. (Horne, 1999, p. 36)*

Nesse breve exemplo, encontramos, pelas associações do sujeito em análise, a operação de ocultação do menos-phi da castração – sua própria imagem "com o pequeno pênis encolhido" –, visando a construir uma defesa viril pela identificação ao mito familiar do "grande pênis", arranjo que a análise permite retomar, reabrir, oferecendo outro destino ao (-φ), resgatando-o de seu tamponamento pela virilidade. Também na trajetória de Bernardino, o menos-phi é escamoteado por meio do apego ao engodo viril, diante do qual, no entanto, o sujeito permanece dividido: por um lado, a potência escópica que o sujeito ostentava era um "signo de virilidade" na família (Horne, 2008, p. 64); por outro lado, a figura infantil do homem proibidor ainda incidia sobre seu olhar, levando a uma cena de impotência no encontro sexual com uma mulher – na qual a visão da nudez feminina, por sua "luminosidade", reedita algo da cena A de sua infância –, encontro que produz angústia e o conduz a procurar uma análise (p. 64).

O paradoxo desse arranjo é, assim, o que podemos localizar como o efeito feminizante da fantasia: ali, onde o sujeito busca se fazer viril, é também onde ele se encontra ameaçado pela castração em sua fantasia neurótica. Ao atravessar a miragem da fantasia pela revelação de sua posição como objeto para o Outro, pode surgir uma nova nomeação de seu gozo, que aparece como um significante novo. "Pintinho esmagado" é a nomeação que vem designar algo do (-φ) que o condenava "à fobia, à inibição, ao temor, à angústia" (Horne, 2010, p. 35) – isto é, à relação trágica com a angústia de castração que atravessa seu percurso. Enquanto o "pintinho esmagado" é o "Nome do Supereu", constrangendo-o à divisão neurótica entre a ameaça de feminização e a aspiração à virilidade,[22] essa nomeação lhe permite se separar dessa dimensão trágica do supereu e aceder a algo do Nome-do-Pai de outra maneira, pela assunção de um apelido que marca sua vinda ao mundo e com o qual o vemos circular ainda hoje nos eventos de psicanálise:

---

22 "Meu pai e [Angel] Garma [seu primeiro analista, ligado à IPA] eram poderosos e sabiam. Eu poderia chegar a me identificar com eles, deixando de ser um pintinho esmagado para me transformar em um esmagador de pintinhos" (Horne, 2008, p. 62, tradução nossa).

HOMENS EM ANÁLISE: TRAVESSIAS DA VIRILIDADE 345

"*Varón*, um Varão que contém o pintinho esmagado, mas que não está esmagado por esse 'Não!' do Supereu" (p. 35).

Nessa passagem, encontramos uma mutação entre aquele "primeiro *Varón*, pleno de dever ser, ao *Varón* verdadeiramente *Varón*" (Horne, 2018, p. 71, grifos do original), como o nomeia seu analista na dedicatória de um livro com o qual lhe presenteia. Nesse processo, trata-se da passagem "de um sintoma hipercarregado (++), (Macho, macho) para um (+-): (Homem, castração)", produzindo "um homem que pode se abrir para o amor, a poesia e as fraldas" (p. 72). Dessa forma, a travessia da fantasia não revoga a virilidade, mas fratura seus componentes e possibilita outro modo de assumi-la.

Por sua vez, a desmontagem do ideal viril na análise de Varón, efetuada pela assunção da nomeação de "pintinho esmagado", parece ter conduzido o sujeito a situar, por um lado, sua localização como objeto *a* para o Outro e, por outro, o próprio falo como $(-\varphi)$,[23] para além do engodo de tomá-lo como o grande Φ que orienta a posição masculina na sexuação. Nesse sentido, essa desmontagem do falo [Φ] parece marcada por três dimensões: i) o saber sobre o gozo do sujeito na posição de objeto [$\$ \equiv a$]; ii) o desvelamento do falo como menos-phi, o qual, como "pintinho esmagado", nomeia sua castração [$(-\varphi)$]; e iii) a abertura para algo do feminino, na medida em que acede também a um encontro com o S($\cancel{A}$) (Horne, 1999, p. 56): "Nessa nova perspectiva, o pintinho esmagado toma a forma do feminino dentro do Varão e o conecta com certas delicadezas da vida, como a poesia e o amor" (Horne, 2010, p. 35-36).

---

23 Vale constatar aqui a duplicidade presente na escrita do menos-phi, que pode indicar tanto a castração no sentido lógico, uma castração do ser que confronta o sujeito com o nada, como a experiência corporal da castração, no sentido da posse do pênis desvelada como um trapinho que não garante a virilidade de um sujeito.

346 ATRAVESSAR O FANTASMA, AUTORIZAR-SE DO FEMININO

Assim, após consentir com sua circulação na posição de *a*, Varón relata que essa entrada desencadeia o desejo: "O sujeito desejante perpassa o muro para o lado feminino, histericiza-se e se disponibiliza para o amor [...] o amor é o responsável por essa metamorfose, permitindo, também, estabelecer uma relação com a barra do Outro (Ⱥ)" (Horne, 2010, p. 40). Nesse sentido, a "travessia do muro entre o Masculino e o Feminino é um ato". A retomada de seu passe em 2010 é motivo para um interessante comentário de Mauricio Tarrab, que acrescenta se tratar aí do "feminino que não é a mascarada feminina, mas, sim, o que, no varão, escapa à mascarada viril, à lógica fálica" (Horne, 2010, p. 40). Ao autorizar-se do feminino que o atravessa, Varón testemunha sua maneira singular de acessar algo do furo, daquilo que está para além do embrutecimento fálico do "macho" na sexuação:

> *Por um lado, a via do amor e, por outro, a relação com o Ⱥ. Pela via do amor, entra a mulher como alteridade, já que, até então, o homem só se relacionava com o elemento de seu gozo na fantasia. Pelo lado da relação ao Ⱥ, onde encontrava que o impossível de dizer era permeável a certa delicadeza ou certa delicadeza no ser, a poesia, as palavras de amor... (Horne, 2010, p. 46)*

Nessa direção, a destituição da fantasia fálica – que ocultava o menos-phi da castração e erigia o falo como Φ – permite uma abertura contingente ao feminino na medida em que possibilita ao sujeito ir além da angústia de castração que marca sua virilidade:[24] "Consentir o 'gozo não-todo', assumir a castração, é em si a própria castração para o homem, ato de aceitar seu ser como (de) sujeito

---

24 "No fim da análise, a satisfação que obtive com meu passe foi não mais sentir a angústia [de castração]" (Horne, 2010, p. 35, comentário nosso).

feminino" (Horne, 1999, p. 31). Assim, o consentimento com a falta fálica é o que poderia abrir um homem para experimentar em seu corpo algo de um gozo suplementar, não inteiramente centrado pelo falo, como teremos a oportunidade de desdobrar, adiante, por meio do passe de Jésus Santiago.

Antes de avançarmos, gostaríamos apenas de destacar o efeito cômico que o sujeito extrai de sua nomeação como "pintinho esmagado" ao final da análise (Horne, 2008, p. 66). Depois de caído o significante-mestre da identificação, há lugar para um novo significante, o do passe, S_p, um nome do resto sintomático de seu ser de gozo descolado do Outro, nome da causa do desejo de saber. Trata-se de uma travessia da tragédia viril: "perdem-se as identificações heroicas, é-se destronado, e lá, onde há comédia, pode-se até encontrar um nome para o derrisório da causa do desejo" (Horne, 1999, p. 49). Nessa perspectiva, o "pintinho esmagado" como revelação do inconsciente produz risos tanto do lado do analisante quanto do lado do analista. O efeito cômico se dá ao nomear o objeto irrisório que se foi para o Outro e com o qual se contorna o supereu: "Ah! O pintinho esmagado faz o passe! Se nosso pai nos visse!" (Horne, 2008, p. 66, tradução nossa).

O paradoxo dessa nomeação é que ela nomeia, ao mesmo tempo, o "nada", a castração do ser, e "algo", isto é, aquilo que insiste mesmo após essa queda e que permite a um sujeito assumir algo do seu ser de gozo para além de sua referência ao Outro de sua história. Trata-se aí de uma demonstração do lugar do cômico na ética da psicanálise e que se apresenta de maneira privilegiada nesse final de uma experiência analítica, na medida em que uma análise permite ao sujeito rir de si mesmo, tomar distância das ficções que orientaram seu ser, atravessando a angústia de castração e desmontando a estrutura de semblante da virilidade. Com isso, Varón acede a uma transformação da tragédia em comédia, com o

348 ATRAVESSAR O FANTASMA, AUTORIZAR-SE DO FEMININO

efeito de riso que marca a liberação de um quantum pulsional que antes permanecia enclausurado pelo supereu:

> O significante do passe só cai como ideal quando se instala a partir de um signo positivo de gozo, resto do encontro com das Ding. Sua aparição produz o efeito cômico de chiste, com liberação da quantidade sob forma de riso. [...] Há uma passagem da tragédia, com predominância da pulsão de morte, para a comédia, o que é possível pela introdução de (-φ) no nome do ser. (Horne, 1999, p. 42)

Não à toa, como discutimos no Capítulo 1, o cômico em Lacan se torna expressão da tentativa de dar um novo destino aos impasses do trágico freudiano, de modo que o testemunho de passe, que busca transmitir a experiência daqueles que concluíram suas análises, propõe-se a evidenciar precisamente essa transformação da tragédia em comédia (Miller, 1991/1997, p. 426). O passe de Bernardino Horne nos fornece, assim, uma interessante maneira de dar corpo à formalização de Miller (2011), ensinando que, para acessar algo do não-todo, um homem precisa primeiro atravessar a fantasia fálica que o aprisiona em uma posição viril. Tratou-se aí de uma operação de desmontagem do falo como Φ, tal como o encontramos na sexuação masculina, agora reconduzido a seus componentes: o objeto *a*, núcleo de gozo inconsciente do sujeito no fantasma, e o (-φ), ponto que assinala a castração fundamental do ser falante.

A reabertura da relação do sujeito com esses elementos parece dar margem para que o não-todo se manifeste num homem mais além do falo. Afinal, essa operação dissolve a miragem que reduz o feminino a uma posição de objeto castrado e masoquista (como se apresenta no fantasma masculino), possibilitando a um homem se haver com o não-todo mais além de sua fantasia fálica. Essa dissolução é ainda acompanhada de um esvaecimento da própria angústia de castração que marcava a relação de Varón com a virilidade. Veremos, agora, de que maneira Jésus Santiago também pôde se virar, à sua maneira, com os impasses do engodo viril.

Jésus Santiago: a plasticidade do feminino para além da rigidez fálica

Em seus relatos, Jésus Santiago (2013b) parte do caráter decisivo que assumiu, em sua vida, seu nome próprio, dado em função de uma promessa de seu pai feita a Deus, de que nomearia o filho em homenagem ao Salvador dos cristãos. Foi o tabelião que, no ato do registro, introduziu o acento diferencial na letra "e", modulando seu nome de Jesus para Jésus, buscando distanciá-lo da coincidência com o Cristo. No entanto, esse gesto não foi suficiente para apagar a referência original de seu nome a Jesus, personagem imbuído de uma missão salvadora numa posição sacrificial de profundos suplícios. O sujeito traz as lembranças das procissões religiosas em que o sofrimento corporal do Cristo era encenado, sofrimento a partir do qual ele intuía algo do que deveria ser sua própria posição: "Para ostentar uma missão salvadora, é necessário passar por toda essa sorte de sacrifícios?" (Santiago, 2014, p. 40).

É apenas no momento da morte do pai que Jésus percebe o quanto havia se dotado de uma missão salvadora – sacrificar-se para salvar o Outro –, pois o falecimento paterno é vivido pelo filho como um fracasso de sua missão, desestabilizando algo da fantasia que o organizava e levando-o a procurar uma análise. Anos mais tarde, em uma segunda experiência analítica, foi possível localizar sua posição de objeto sacrificial na fantasia como complemento ao nome próprio que ele recebe do Outro. Algo da nomeação paterna se imprimiu para Jésus como uma marca do desejo do Outro, segundo a interpretação que o sujeito fez desse desejo. Ou seja, essa marca só assume a relevância que tem na medida em que o sujeito assim interpreta seu lugar nessa família: uma posição salvadora e sacrificial à maneira de Jesus Cristo.

Do lado de sua mãe, que caracteriza como "beata", muito aferrada aos ideais da religião, Jésus também traz um desejo (veiculado por essa mãe) de que ele se ordenasse como padre, abrindo mão dos interesses eróticos para se tornar um religioso – assim como ela sustentou com vários de seus filhos, tendo o mais velho inclusive se ordenado em Roma e exercido o sacerdócio durante grande parte de sua vida. O pequeno Jésus, então, acompanhava a mãe em diversas cerimônias cristãs, mas a ela respondia com certa ironia: fazia paródias derrisórias do apego da mãe a Jesus, zombando de suas músicas religiosas e marcando sua distância do ideal materno – foi o único filho a recusar a formação religiosa em seminários e mesmo a função de coroinha na igreja.

No entanto, chama a atenção a maneira como, por um lado, o sujeito recusa conscientemente as designações maternas, mas, por outro, permanece em íntima submissão a suas exigências morais e superegoicas. Jésus relata uma cena de infância em que viu, pelo buraco da fechadura, um jogo erótico entre dois meninos e, ao contar a cena à mãe, esta responde: "Que indecência! Isso não é coisa para meninos bem-comportados" (Santiago, 2013b, p. 91). O analista marca, então, o significante "inocência" (a "criança inocente") como marca da "submissão do sujeito ao Outro materno". A despeito dos posteriores movimentos de insubmissão do sujeito, a exemplo de sua intensa atuação no movimento estudantil universitário – chegando a atuar diretamente como resistência no Diretório Central dos Estudantes (DCE) da Universidade Federal de Minas Gerais (UFMG) em plena ditadura civil-militar brasileira –,

HOMENS EM ANÁLISE: TRAVESSIAS DA VIRILIDADE 351

permanecia a marca de sua submissão inconsciente aos mandatos superegoicos da mãe, ponto que se repetirá insistentemente em sua vida amorosa, como veremos adiante.

Por sua vez, Jésus também teve uma irmã, 10 anos mais velha, que dele cuidou bastante, de modo que cultivaram um intenso laço de afeto, a ponto de ele constituir, para ela, segundo a nomeação que ela faz do irmão, um "boneco de verdade". Enquanto a mãe busca no filho uma encarnação do ideal de "grande homem", marcado pelo heroísmo mortífero e sacrificial, a irmã lhe permite assumir outro lugar, aquele de um herói venerado, que assim ganha brilho, fulgor fálico [φ], fazendo frente aos efeitos devastadores do supereu materno – ou, talvez, apenas os velando precariamente. Afinal, por trás do investimento libidinal no corpo próprio em sua posição de ser o falo (o "boneco de verdade") para a irmã, o sujeito reencontrará, no percurso de sua análise, a insistência da dimensão mortífera do objeto que ele encarna na fantasia a partir da relação com o Outro materno.

O ponto que fornecerá a matriz para a construção de sua fantasia pode ser localizado na constipação intestinal – prisão de ventre – que Jésus recebe como herança familiar. Em sua infância, essa condição era tratada pela mãe com os métodos então disponíveis, em particular, o clister, procedimento em que se introduz um dispositivo no ânus para que se alivie o desconforto e facilite a evacuação. Nessa prática, reiteradamente aplicada durante sua infância, o sujeito constata um terreno privilegiado de expressão da exigência fálica da mãe (isto é, expressão da demanda do Outro materno, por meio da qual o sujeito entrevê também algo de seu desejo e de seu gozo enigmático), "fixando-a em uma posição viril" (Santiago, 2013b, p. 92). Forma-se, assim, um par entre a mãe-fálica e a criança-objeto – reduzida a um "orifício observado" – que constituirá "o fundo da posição fantasmática do sujeito".

Destacamos, nesse ponto, o caráter feminizante desse "orifício observado" que marca sua fantasia. Afinal, no par mãe-fálica/criança-objeto, é a mãe quem fica na posição viril [$], e a criança, no lugar feminizado de objeto [a]. Trata-se, então, de uma infância marcada pelo atravessamento, no corpo, dos cuidados maternos, que marcaram o orifício anal com o selo fantasmático das exigências viris da mãe, numa atividade que condensava ali algo de seu gozo, diante do qual a posição do sujeito era de submissão mortífera. A partir da adolescência, Jésus desenha uma "solução para o uso da fantasia" por meio de uma "inversão" ao identificar-se com o viril da mãe:

> *Nessa identificação com a mãe, eu me virilizava; contudo, por via de consequência, sacrificava-me e, ao mesmo tempo, feminizava-me. Foi preciso algum tempo para se desintrincar esse nó, em que a busca da virilidade gerava, pelo mais-gozar da fantasia, um efeito feminizante. (Santiago, 2014, p. 40)*

Assim, a saída precária construída pelo sujeito foi a de se fazer viril: ao contrário de permanecer como filho submisso e respeitoso às vontades da mãe, o sujeito tentará se fazer uma solução pelo engodo viril, marcado pelas empreitadas de sedução do Outro. Estas eram as duas faces da fantasia: de um lado, como objeto de sacrifício do pai; de outro lado, como sujeito que buscava seduzir o Outro. "Averiguou-se, mais tarde, que essa configuração bífida da fantasia – de um lado, sacrifício e, de outro, sedução – era o que fomentava o uso autístico do falo [Φ], próprio da condição viril do homem" (Santiago, 2014, p. 39). Esse uso era o de um "cômico triste"[25] (Santiago, 2016a, p. 55), numa condição que trazia

---

25 Nesse ponto, acreditamos que o reconhecimento do falo como um "cômico

a marca da divisão do objeto amoroso que caracteriza a posição do "macho":

> *Por um lado, mediante a satisfação da demanda pelo objeto de amor, por se tratar de quem se supunha o saber-fazer com a falta e por estimular o homem, no nível do real pulsional, para-além da fantasia. Por outro lado, mediante a ênfase no componente fetichista e escópico da fantasia, ao expressar, com mais clareza, a obstinação pelo ideal viril, que, ao mesmo tempo, reforçava uma saída pelo regime fálico do gozo. (Santiago, 2014, p. 41)*

Dessa forma, a divisão do objeto se apresentava aí de maneira bastante freudiana: de um lado, a mulher do amor e, de outro, a mulher do desejo. Mas o traço singular do sujeito se inscreve na medida em que, diante das demandas de amor do Outro, ele se via envolto em uma estratégia de "sedução passiva": "Ceder aos avanços viris de uma mulher torna-se um imperativo ao qual ele responde com oblatividade, não sem consequências destrutivas para o sujeito" (Santiago, 2013b, p. 92). Sua maneira de ceder às demandas de amor – que, no fundo, demandam o impossível [S(Ⱥ)] – era preenchendo esse impossível com a oferta de si mesmo como objeto sacrificial, repetindo nisso o gozo mortífero e sintomático que atualiza algo de sua relação com o modelo de amor materno. Por esse motivo, o sujeito poderia resumir com a seguinte frase sua posição nesse arranjo: "*Mãe, apesar de viril, não amo ninguém como te amo*" (Santiago, 2014, p. 41, grifos do original).

---

triste" possa ser um modo de expressar a distância tomada pelo sujeito diante do (trágico) arranjo sintomático de sua virilidade, possibilitando adjetivá-la como um engodo, justamente por ter se assentado sobre um uso autístico e mortífero do falo.

Dessa forma, ali, onde o sujeito acredita se fazer viril, é também onde ele continua amando sob o modelo materno. É nessa perspectiva que a virilidade se apresenta como engodo, por veicular a ilusão de que, ao colocar-se como "macho", ele seria um homem separado da mãe, insubmisso a seus caprichos, sendo que permanece, no fundo, submetido às coordenadas do amor materno. O que está em jogo aqui é a repetição da matriz de sua fantasia, ou seja, do modo como o sujeito se interpreta – e se fixa – como objeto para o seu Outro. Por isso a noção de um engodo viril, uma vez que, ali, onde o sujeito busca degradar a mulher do desejo para se fazer viril (em termos freudianos, contornar a impotência psíquica) e diferenciar esse objeto da mãe idealizada (respeitando a proibição do incesto, também em termos freudianos), no fundo, o que o sujeito busca recusar é a sua própria condição como objeto de gozo do Outro materno, condição que, no entanto, retorna nos circuitos de repetição em sua vida amorosa: se fazer um orifício observado que se sacrifica como objeto nas parcerias amorosas que estabelece.

É nesse sentido que podemos situar o caráter cômico da virilidade, pois ali, onde o sujeito se quer "macho", ele se revela antes uma "marionete" do próprio fantasma (Mattos, 1997, p. 73), submetido a um modo de gozo sacrificial diante do Outro materno. Dessa maneira, essa satisfação sacrificial "se confunde com o fascínio cego pela fantasia constrangida a ter que responder à vontade de castração inscrita no Outro materno" (Santiago, 2013b, p. 93). É a partir de uma nomeação feita pelo analista, num momento em que Jésus tratava de sua forma fantasmática de degradar seus objetos sexuais, que o tratamento habitual concedido a ele pela mãe ganha valor de trauma: "É você uma mulher do amor degradado" (Santiago, 2013b, p. 94). Ou seja, é o próprio sujeito, mais do que as mulheres a quem ele degrada em sua vida amorosa, que ocupa o lugar de objeto na fantasia:

HOMENS EM ANÁLISE: TRAVESSIAS DA VIRILIDADE 355

> *Tal intervenção vislumbra o quanto a posição sacrificial que cunhava a junção entre o falo e a fantasia feminizava o sujeito. Ou seja, ao colocar-se a serviço do ideal viril, o uso do falo se revelava, pois, refém do circuito autístico do gozo sacrificial, inscrevendo-se nele um fator de feminização que, mais tarde, se averiguou ser também fonte de mortificação. Confrontava-me, assim, com um falso paradoxo em que a feminização, embasada pela fantasia, não favorecia quebrar a recusa da feminilidade, característica do macho. (Santiago, 2014, p. 41)*

A partir dessa nomeação, foi possível desfazer a conexão entre o orifício e o olhar, bem como quebrar a falicização do objeto anal, permitindo cair o assujeitamento ao Outro materno que sustentava o efeito feminizante da fantasia:

> *Com essa nomeação, a marca do rebaixamento se desloca do objeto da fantasia para o próprio sujeito e, nesse instante, se desata o nó da vida amorosa concernente à identificação viril com a mãe. Vale lembrar, a propósito, quanto de valor fálico a mãe conferia ao objeto anal. (Santiago, 2015, p. 169)*

Interrompeu-se, também, a "conexão fetichista entre o olhar e o orifício", deixando cair a consistência do Outro materno: "O falo perde, portanto, o valor de imperativo, que se nutre das incidências do desejo da mãe sobre o sujeito".

Outra nomeação do analista se juntou a essa, para fazer ressoar algo do furo, algo que não apenas o sentido: "A divisão é comum nos homens, mas, no seu caso, é um esquartejamento" (Santiago, 2014, p. 42). O significante "esquartejado" confrontou o sujeito com sua posição de sacrifício: ao fracassar em salvar o pai, ele se esquartejava, o herói se fazia em pedaços, num retalhamento que evoca o seu gozo mortífero: "Não posso salvar o pai; então, me despedaço!". Como efeito dessas duas nomeações, o sacrifício "deixou de ser uma missão, uma oferta dirigida ao Outro", desvelando-se antes como uma "vontade de sedução" dirigida ao amor paterno, esvaindo "do sacrifício o horror que lhe era próprio", ao indicar que é no próprio gozo que há um ponto do impossível, traumático e irremediável, para além de sua ficção familiar.

O sujeito faz um sonho que marca o final de análise, no qual conduzia um veículo em que estavam sua esposa e suas filhas numa região do Rio de Janeiro por ele considerada perigosa, quando seu carro estraga e está prestes a incendiar. Em associação, Jésus se recorda do modo como recentemente sua esposa havia chamado a sua atenção para a alta velocidade com a qual ele dirigia na estrada ("Se continuar dirigindo assim, vai nos matar!") e que remetia a um trágico acidente de carro que culminou na morte de sua única irmã. O sujeito se dá conta "do gozo mortífero que o boneco de verdade encobre e mascara" (Santiago, 2013b, p. 95). Ao alimentar a fantasia de forma velada, o boneco de verdade como herói venerado pela irmã encontrava-se a serviço de uma satisfação mortífera proveniente da parte obscura do gozo, que faz parceria com o herói do ideal materno, aquele do sacrifício mortal em nome do pai.[26]

---

26 Nesse ponto, encontramos um cruzamento entre a dimensão brilhosa do falo – na identificação fálica ao "boneco de verdade" da irmã – e a dimensão mortífera da fantasia. É por meio dessa localização que Jésus traça sua maneira de percorrer a desidentificação ao falo, amarrada com o desinvestimento da fantasia: "calcada no rebaixamento do objeto amoroso, a virilidade se faz pela identificação com o falo morto, que se extrai, desde a adolescência, como fruto da identificação com a virilidade materna e fixa o sujeito no gozo autístico. Nesses termos, o falo morto se mostra menos pelo viés da significação do que pela fixação do autismo do gozo. Distinguem-se, então, dois usos do falo: um que se traduz mediante esse gozo do Um mortificador, e outro que o contraria,

HOMENS EM ANÁLISE: TRAVESSIAS DA VIRILIDADE   357

O ponto de virada é a ressonância produzida com o nome da cidade de Niterói: "*Nie tes herós*" (negue teus heróis), associação que marca o desapego com a posição do herói sacrificial "e, ao mesmo tempo, capta o inominável do encontro com o oco da pulsão" (Santiago, 2013b, p. 95). Ou seja, enquanto o boneco de verdade faz parceria com o herói sacrificial, sua submissão à fantasia em sua relação com o orifício vem tamponar o oco inerente à satisfação pulsional. Jésus enfatiza que o orifício não é o oco: "Se o orifício, com suas bordas, é o suporte de uma satisfação, o trajeto da pulsão gera, no entanto, um vazio, visto que o objeto não esgota a satisfação e esta permanece, como tal, marcada por um oco" (p. 92).

Ao passo que um orifício está em íntima correlação com aquilo que vem preenchê-lo, tampá-lo ou recheá-lo, o circuito da satisfação pulsional deixa, a cada vez, um vazio, que indica que há um ponto que não é obturável pela fantasia e atesta o caráter de semblante do objeto *a* com o qual cada um buscará tamponar esse furo. Mais fundamentalmente, essa distinção permite constatar que o sujeito não coincide com a posição de objeto que o assola na fantasia; há um oco que deixa uma margem, um espaço vazio, que lhe permite subverter a posição sacrificial que se arranjou até então diante do gozo. A insistência estrutural desse vazio assinala que o sujeito não está reduzido ao orifício observado da fantasia; algo da própria pulsão continua como um oco, enquanto a fantasia, em sua articulação ao falo, é uma maneira de obturar esse vazio da satisfação pulsional.

Outro sonho, feito alguns anos antes do final da análise e rememorado pelo sujeito, evidencia essa articulação. Jésus estava numa comemoração na Escola com colegas analistas e diz a um deles que encontrou "a fórmula para a solução do problema do masculino",

---

pois se subtrai da dissolução do herói a que a mãe incitava o filho" (Santiago, 2015, p. 168).

358 ATRAVESSAR O FANTASMA, AUTORIZAR-SE DO FEMININO

relativo à divisão entre o amor e o desejo sexual nos homens (Santiago, 2013b, p. 93). Convida esse colega para ir até a biblioteca e, no instante de mostrar a ele sua descoberta, "nas folhas em branco, está escrito apenas o título: 'fórmula Q'". Ele afirma: "Fico desapontado: onde teria escrito a solução, deparo-me com o vazio". Ao relatar esse sonho em língua francesa (pois sua segunda experiência de análise se passou na França), a fonação lhe revela o essencial do que se trata: *formule cul*. A pronúncia da letra Q, em francês, coincide com a pronúncia do termo *cul*, que significa "traseiro", "bunda", "cu": "Amparado pela fantasia, o falo é o suporte da homologia fonatória entre a letra Q e o orifício anal".

No sonho, predomina o desapontamento diante do vazio que o sujeito insistia em preencher, em sua maneira de fazer existir (e ao mesmo tempo fazer fracassar) a relação sexual: "para tentar tamponar o buraco, o oco, ele se servia do orifício que, no fundo, consiste em mero véu" (Santiago, 2013b, p. 93). Sua estratégia era a de tentar anular a função do vazio da não relação, mascarando-o por meio da falicização do orifício. "Apenas a fonação revela a diferença entre o orifício e o oco, discernido pela letra Q. O orifício, com sua zona de borda, é o que conecta a fantasia com o vazio próprio à satisfação da pulsão". Assim, transformar o oco em um orifício já é uma operação de leitura empreendida pelo sujeito, pois a letra Q – que constitui seu argumento, o *x* com o qual ele se insere na função fálica [$\Phi(x)$] – apresenta-se por um vazio de sentido; lê-lo como um "*cul*" já é a maneira como o sujeito dá sentido fantasmático, preenche o vazio da não relação por meio de sua relação com o orifício anal.

Jésus considera que esse sonho deflagra "a castração da fantasia viril", ao produzir uma "solvência da falicização do orifício" (Santiago, 2016a, p. 55). Esse encontro com o vazio demonstra que "o brilho do orifício é mera defesa contra o real inscrito no furo da satisfação pulsional" (pp. 55-56), na medida em que o objeto anal se conectava com o objeto olhar e produzia a "tendência da fantasia a se contentar com a depreciação do objeto" (p. 56), isto é, com o "fetichismo escópico, calcado em objetos pouco católicos ou nada sublimes" (Santiago, 2016b, p. 70). O ponto sintomático desse arranjo se devia ao fato de que "a fantasia era uma máscara viril sobre um fundo mortífero" (p. 69), na medida em que, mesmo invertendo a sua posição de objeto na identificação viril com a mãe, ele permanecia a serviço de uma fantasia sacrificial, reeditando o gozo da sua própria objetificação nos circuitos da repetição.

Assim, o que caracteriza sua relação fantasmática ao orifício é o fato de estar referido à sua submissão ao Outro materno, implicando uma posição feminizante para o sujeito como objeto na fantasia – algo do qual ele busca se diferenciar, visando a colocar--se como sujeito pela negação de sua condição de objeto, mas que acaba por constituir um ponto de repetição em sua trajetória: na sua vida amorosa, Jésus se encontrava repetidamente nesse lugar do orifício observado que se sacrifica pelo Outro. Nesse cenário, o oco vem indicar que, mesmo havendo essa construção na fantasia, o sujeito não está reduzido a isso; há um ponto que continua oco, que não é inteiramente preenchido pela fantasia, de forma que, com esse esvaziamento, já não é preciso permanecer em uma posição sacrificial – o que dá margem a modificações na posição do sujeito em relação ao falo e em relação ao gozo.

A travessia ou fratura da fantasia é, portanto, uma operação que envolve reconstituir o modo como o sujeito interpretou seu lugar diante do Outro, buscou tamponar esse vazio (da não relação sexual, da satisfação pulsional) por meio da sua fantasia. No caso de Jésus, o uso autístico do falo, colocado a serviço do ideal viril, revelou-se refém do circuito fantasístico do gozo, que produzia no sujeito um efeito ao mesmo tempo feminizante e mortificador: "E era mortificador porque, embaraçado pelo ter, eu não podia ceder ao amor, já que, além do compromisso rígido com a fantasia,

360 ATRAVESSAR O FANTASMA, AUTORIZAR-SE DO FEMININO

tal doação era sentida como uma perda – uma perda fálica" (Santiago, 2014, p. 43). Assim, a recusa da experiência amorosa se dava na medida em que era vivida como uma perda fálica $[(-\varphi)]$,[27] ao mesmo tempo que essa experiência era contaminada pela repetição da posição de objeto na fantasia $[a]$ com a qual o sujeito se submetia ao Outro materno.

No processo de desmontar a crença nos semblantes da virilidade, desgastava-se o crédito conferido ao engodo da posse fálica, bem como a miragem de que o falo se constituiria em um alvo de posse que permitiria uma defesa contra a feminização. Pelo contrário, o que se evidenciou foi justamente a conjunção, no coração do gozo fálico, entre o uso autístico do falo e o roteiro da fantasia: a despeito de permitir recortar em suas parceiras um traço que faça delas uma série pela via da degradação, dando-lhe a ilusão de ser viril, a fantasia faz o sujeito permanecer à mercê desse modelo de amor materno, no qual é ele quem é objeto no inconsciente, como "uma mulher do amor degradado" em sua relação com a mãe – a quem amava como a ninguém mais. Enquanto se encontrava feminizado na fantasia, Jésus se defendia pela via da virilidade, que envolvia um uso rígido e mortificado do falo – sendo este seu paradoxo: tomar as mulheres como objeto degradado não o impedia de permanecer, ele próprio, como objeto do Outro materno na fantasia, produzindo o efeito sacrificial da mortificação.

O que sua experiência de análise produziu foi a chance de localizar e dissolver algo dessa fantasia de feminização que o assolava

---

27 Trata-se aqui de outra faceta da virilidade cômica: a recusa do solteirão em se comprometer numa parceria amorosa é correlata de sua tentativa de negação da castração $[(-\varphi)]$ que ele supõe implicada numa parceria, entendida como "perder" sua liberdade imaginada e "abrir mão" da ostentação fálica da posse de várias mulheres. O caráter cômico desse arranjo é que, muitas vezes, esse mesmo sujeito permanece inconscientemente submetido ao amor materno no circuito de repetição da fantasia.

no inconsciente, de modo a permitir outro uso do falo como objeto móvel, removível, posto em função do vazio, do furo próprio da pulsão – e não mais a serviço dos imperativos rígidos, autísticos e obturantes da fantasia. Ao consentir com esse vazio, sem precisar preenchê-lo com os circuitos fantasmáticos da repetição, o falo deixa de ser o amparo da virilidade do "macho" para se tornar aí um mero resíduo, um resíduo fálico, contingentemente mobilizado pelo real da pulsão como resposta, em seu caso, a uma mulher no campo do amor: "Assumir essa face móvel do falo, no sentido de possibilitar seu funcionamento fora do circuito da fantasia, é o que viabiliza um saber fazer, que encerra a busca constante de elevar o objeto rebaixado da fantasia à elegância do amor" (Santiago, 2015, p. 168).

A divisão pôde, então, encontrar, no percurso da análise, um "enfraquecimento", que se materializou "na migração do gozo para a esfera do amor e, no sentido inverso, do amor para o gozo" (Santiago, 2016b, p. 70). A resposta amorosa se apresenta, assim, de maneira separada do engodo viril, da mesma maneira que a abertura ao não-todo se mostra diferente do efeito feminizante gerado pelo gozo sacrificial da fantasia. Ao tornar-se um resíduo dessa travessia, o falo explicita sua face de semblante, que permite verificar o saber-fazer com o amor que se nutre do furo da pulsão como distinto do uso autístico do falo, encarcerado pelo circuito fantasístico – na medida em que amar é viver a pulsão sem os imperativos obturantes da fantasia. Com essa abertura, "o viril deixa de ser uma defesa contra as repercussões do feminino e, sobretudo, de se tornar o lado avesso do feminino" (Santiago, 2014, p. 45).

Diante do gozo, "de nada adianta o imperativo do ter. O que vale é, sim, contar com o lado residual da resposta contingentemente viril a uma mulher" (Santiago, 2015, p. 169). Delineia-se, assim, outro uso do falo, afetado pela lógica do não-todo: "O falo como objeto passível de certa mobilidade coexistia com o furo da pulsão e, por essa via, mostrava-se permeável à incidência, no homem, do não-todo feminino" (Santiago, 2014, p. 44). Afinal, "Colocar o falo a serviço do vazio, torná-lo um objeto dotado de certa mobilidade, com poder de deslocamento, é algo que exige do sujeito uma abertura ao não-todo fálico" (Santiago, 2015, p. 168). A travessia em jogo, aqui, é a de poder fazer um uso do falo que não permanece a serviço do roteiro da fantasia, naquilo que ela tinha de mortificante e encarcerador, de modo a "ir além do respeito para instalar a pulsão lá onde reside o amor" (Santiago, 2013a, p. 95).

E o que resta após essa travessia? Nos seus testemunhos finais, Jésus enfatiza a importância da dimensão do imaginário, também ressaltada tardiamente por Lacan no Seminário 24, na medida em que o "saber se virar com o sintoma" envolve ainda um saber se virar com a imagem. Trata-se aí de um imaginário diferente daquele depreciado pelo psicanalista nos anos 1950 enquanto obstáculo à elaboração simbólica, tornando-se agora um modo de fazer com os resíduos do gozo no corpo. Afinal, não só de vazio vive o ser falante, e, no caso de Jésus, "a imagem-resto que se depreende da 'folha em branco', responsável pela desfalicização do orifício, coloca-se [...] como prova do que se sabe fazer com o parceiro-sintoma" (Santiago, 2016a, pp. 56-57):

> *lidar com o parceiro sexual implica fazer uso da própria imagem, que em grande medida se alimenta de restos de gozo inscritos nos orifícios do corpo. [...] dizer que o ser falante se vira com o parceiro sexual envolve considerar que ele se confronta com o que faz furo no real pelo gozo da pulsão, porém apenas pode fazê-lo por meio da imagem que, como venho persistindo, se sustenta de restos do corpo. (Santiago, 2016a, p. 56, grifos do original)*

"saber se virar com" a "folha em branco" implica saber se confrontar com o que goza autoeroticamente no corpo, através do sintoma, e isto permite amar o parceiro sexual. "Saber se virar com" esse pedaço de real homogêneo ao resíduo sem-sentido da imagem unida ao corpo é o que, após meu encontro com o passe, emerge como a minha nova insubmissão. (Santiago, 2016a, p. 57)

Conjuntamente a esse saber se virar com a imagem, encontramos uma virilidade residual, efeito do fato de que houve aí uma operação de desgaste e dissolução do cenário fetichista da fantasia, permitindo-lhe acessar aquilo que não é passível de ser esgotado pelo "regime libidinal normatizado" do gozo fálico: "o fator imprescindível desse tempo de conclusão [da análise] é o gozo feminino expresso no fato de que um homem se deixa atravessar por esse gozo para que não seja enganado pelos semblantes fálicos e viris, semblantes que não valem nada em comparação ao real da pulsão" (Santiago, 2013a, p. 89, comentário nosso). Jésus sustenta que a "vertente opaca do gozo feminino [...] concerne igualmente ao sujeito masculino, [...] pois sua existência libidinal não se apresenta necessariamente submetida à obviedade do gozo fálico" (p. 91), o que abre espaço "para um uso inventivo de sua parte de gozo singular e 'não-todo'".

5. Epílogo: Masculinidades além do falo

Ao fim deste percurso sobre os homens em análise, gostaríamos de enfatizar o caráter não universalizável – mas, mesmo assim, com algo de transmissível – das trajetórias analíticas e das construções teóricas aqui discutidas em razão da impossibilidade de generalização que, longe de ser um problema, vem preservar o efeito de surpresa que se dá no encontro com o singular de cada caso. Está em jogo o desafio freudiano de escutar cada caso que atendemos como se fosse o primeiro, no sentido de não nos deixarmos ensurdecer por um saber já constituído a fim de darmos lugar ao novo que cada análise comporta. Vejamos, então, o que resta como precipitado deste trajeto, pelo menos até o ponto em que pudemos conduzi-lo neste livro.

À luz dos casos do paciente de Ella Sharpe e do paciente impotente de Lacan, conectados aos casos de Leonardo Gorostiza, Christian e Guillaume Gallienne, sob a perspectiva da desidentificação ao falo, o percurso de uma análise permitiria a um sujeito fazer o luto de ser o falo que completa o Outro (um luto de sua identificação imaginária ao falo), consentindo com a barra que

366 EPÍLOGO

marca a incompletude – ou mesmo a inexistência – desse Outro e autorizando-se a assumir a dimensão esburacada do desejo, sem precisar subscrever aos imperativos da virilidade ou aos roteiros da cis-heteronormatividade.

Com os testemunhos de passe de Bernardino Horne e Jésus Santiago, sob a perspectiva da travessia da fantasia, a operação de uma análise conduziria um ser falante a acessar o modo como interpretou seu lugar como objeto diante do Outro e a forma como respondeu a isso em sua empreitada de tornar-se sujeito, franqueando um processo de destituição subjetiva mediante um duplo esvaziamento: por um lado, o esvaziamento da consistência imaginária do objeto, no sentido de que o sujeito possa se desenganar dos encantos do objeto fantasmático enquanto figurador da relação sexual; por outro, o esvaziamento da miragem fantasmática do gozo do Outro.

Pois se a virilidade é definida como uma posição de defesa a esse gozo (uma defesa ao gozo do Outro, erigido enquanto projeção e recusa neurótica de um Outro gozo que atravessa o corpo), visando a afastá-lo em função da fantasia de feminização que assola o sujeito, a análise drena a consistência dessa cena fantasmática, conduzindo ao reconhecimento – ou mesmo à instauração – de que o (gozo do) Outro não existe, de que o Outro é barrado ou inconsistente, de que não é preciso continuar a fazer o seu Outro existir. Ao fazê-lo, uma análise permitiria a um analisante fraturar sua aspiração à virilidade, abrindo caminho para autorizar-se do feminino que o atravessa à sua maneira.

Com o passe de Jésus Santiago e de Bernardino Horne, verificamos a formulação de Miller (2011) segundo a qual a virilidade tem uma estrutura de fantasia, no sentido de que o embrutecimento fálico da posição viril se apoia sobre a rigidez do fantasma, composto pelo roteiro de gozo em que um sujeito castrado toma uma parte do corpo do Outro como objeto de sua satisfação. O que se desvela numa análise é, por sua vez, o fato de que o apego a esse roteiro vem dissimular a posição em que o sujeito permanece ele mesmo encapsulado como objeto diante do seu Outro no inconsciente. Assim é que nos habituamos a considerar que um homem – no sentido dos seres falantes que ocupam a posição viril na sexuação – não deixa de ser "um monstro" (Miller, 1998/2015, p. 98), um bruto, isto é, alguém embrutecido, enrijecido pelo fantasma, com a consequência de buscar desconhecer a própria castração e de se fechar para as coisas do amor, do feminino ou do que quer que se encontre para além das miragens da posse fálica.

É nesse ponto que o cômico faz sua entrada como instrumento ético na direção de uma análise, na medida em que permite desarmar a seriedade trágica da virilidade, evidenciando a precariedade de seu arranjo e convidando a não se deixar por ele enganar tanto assim, isto é, a desidealizá-lo, desinflá-lo, desinvesti-lo, deixá-lo cair. Assim como Bernardino diante do "pintinho esmagado" ou Jésus diante da "mulher do amor degradado", trata-se do reconhecimento do fato de que a virilidade não passa de semblante. Em contraponto à enfatuação da posição viril, que busca se afirmar por uma crença rígida no semblante fálico (nos semblantes da posse, da mestria), uma análise pode permitir que um ser falante consinta com ser afetado, atravessado por algo do feminino ou do não-todo fálico, para além da ilusão masculina de fechamento no todo viril.

Nesse sentido, propomos considerar a travessia da fantasia uma travessia da virilidade, por se constituir como uma operação de desmontagem do engodo viril. Afinal, por meio dessa travessia, um sujeito é levado a reconhecer a estrutura de semblante da própria virilidade, franqueando-lhe a possibilidade de consentir com a sua castração e, eventualmente, dizer "sim" a Outro gozo mais além do falo, que se permite ser atravessado por algo do furo.

368   EPÍLOGO

Inclusive, essa já era também, até certo ponto, a aposta de Jane Gallop em 1981, quando afirmava que o falo "faz parte da lógica monossexual, que não admite diferença, nem outro sexo" (Gallop, 1981/2001, p. 279), sugerindo, ainda, que uma das formas de ultrapassar os estreitos domínios da primazia fálica na sexualidade passaria por tornar-se capaz de distinguir falo e pênis, algo que não é um dado, e, sim, muitas vezes, um produto de uma análise: "Distinguir o pênis do falo seria localizar uma certa masculinidade que não necessariamente oblitera o feminino" (p. 279). Mas ela acrescenta: "Permanece ainda aberta a questão sobre se em verdade existe [...] alguma masculinidade que vai além da fase fálica, que não precisa considerar a feminilidade como castração". A interrogação de Gallop sobre o ponto da existência é bem-vinda, pois abrir-se ao não-todo enquanto um além do falo envolve, ao contrário, consentir com ser afetado pela dimensão da inexistência, com aquilo que não está determinado de antemão e que não tem um lugar *a priori* no discurso, sendo antes marcado por uma experiência de indeterminação e por invenções contingentes com o singular do gozo.

Enquanto a vertente fálica do gozo precisa se preocupar com a norma discursiva da castração, seja para obedecer a ela, seja para transgredi-la, mantendo a satisfação pulsional inteiramente referida ao limite fálico e àquilo que o ultrapassa, o não-todo permite um modo de gozo que não se orienta pela relação entre a norma e a transgressão ou entre a regra e a exceção. Uma vez que não há aí um ponto de exceção que dê um limite ao gozo, essa abertura ao ilimitado dá margem ao encontro com o arrebatamento amoroso, o êxtase místico, a devastação, bem como às experiências produtivas de indeterminação, que permitem acessar modos de satisfação que não se deixam restringir pelas determinações identitárias que regulam o Eu. Em vez de se aferrar exclusivamente ao gozo fetichista do fantasma, isolado do amor, e em vez de manter distante a posição de objeto a qualquer custo, a dimensão não-toda do gozo consente com o risco e a delicadeza da experiência amorosa, bem como é mais permeável a ocupar contingencialmente o lugar de objeto para um Outro.

É nesse sentido que o feminino do gozo não-todo vem nomear uma posição que comumente se apresenta sob os semblantes da feminilidade (qualquer que seja o corpo que lhes dê suporte), mas somente na medida em que esses semblantes tendem a preservar o lugar do furo, da indeterminação, daquilo que abre para um mais além da norma fálica – ao modo do êxtase de Santa Teresa, na escultura de Bernini que estampa a capa do Seminário 20 (Lacan, 1972-73/2008). A Santa ali se permite gozar do iminente atravessamento de seu corpo pelas flechas do amor divino, gozar da entrada de elementos de alteridade em seu corpo assim outrificado – um modo de gozo que desperta horror em quem está muito apegado aos semblantes da posse fálica, aqui desvelada em seu caráter contingente.

Nessa direção, valeria resgatar também o místico São João da Cruz – um ser falante dotado de pênis – como figura lacaniana do gozo feminino (Lacan, 1972-73/2008). Em suas experiências místicas, ele escreve sobre a abertura de seu corpo à penetração pelo ser amado (isto é, pelo amor de Deus), contrastando com o policiamento rígido das fronteiras corporais e com a recusa radical à alteridade que costumam marcar a masculinidade em nossa cultura: "Oh! chama de amor viva, / Que ternamente feres / De minha alma no mais profundo centro!" (Cruz, 2002, p. 827).[1] São João desdobra da seguinte maneira, em prosa, o que entende estar em jogo nesse trecho de sua escrita poética:

---

1 Agradecemos aqui a generosa contribuição de Hugo Bento, que nos apresentou estas passagens de São João da Cruz, permitindo dar corpo à discussão do não-todo nos homens.

Figura 5.1. *O Êxtase de Santa Teresa.*
Fonte: Wikimedia Commons. Recuperado de: https://commons.wikimedia.org/wiki/File:Teresabernini.JPG.

> *Assim a alma, nesta chama, sente tão vivamente a Deus e dele goza com tanto sabor e suavidade, que diz: Oh! chama de amor viva,*
>
> Que ternamente feres.
>
> *Isto é, com teu ardor, ternamente me tocas. Sendo uma chama de vida divina, fere a alma com ternura de vida de Deus; e tão intensa e entranhavelmente a fere e a enternece, que chega a derretê-la em amor.* (Cruz, 2002, p. 831, grifos do original)

Nesse amor, "Acontece-lhe [à alma] como à lenha quando dela se apodera o fogo, transformando-a em si pela penetração de suas chamas" (Cruz, 2002, p. 826). O tema do fogo, esse "símbolo da libido" (Freud, 1932/2020, p. 414), também é muito bem-vindo aqui, pois evoca a leitura freudiana sobre sua conquista (a conquista do fogo) por parte da humanidade a partir da renúncia a apagá-lo com um jato de urina: renunciar a apagar o fogo é a condição para se poder dele fazer uso. Ram Mandil (2017) propõe uma releitura desse ponto, articulando o "gozo de buscar apagar o fogo" (par. 17) com a "tentativa de universalização de uma função fálica sobre as brasas da libido" (par. 19), isto é, com "esse gozo que visa universalizar o Outro sexo através da significação fálica" (par. 33). Nessa perspectiva, apagar o fogo só faz sentido se o interpretarmos como uma "vontade de gozo" (par. 29), como algo "devorador", gesto este que coloca "uma questão sobre os fins da psicanálise" (par. 34), sobre quais destinos uma análise oferece à relação do ser falante com o fogo, quer dizer, com o Outro gozo. Diante desse fogo, trata-se não tanto de apagá-lo, mas de poder conduzi-lo consigo, submetê-lo ao próprio uso, a fim de nele reconhecer "a causa do próprio desejo" (p. 35).

Nesse sentido, enquanto a escravização pela fantasia apresenta uma rigidez em seu modo de funcionamento – pela repetição necessária de um mesmo circuito de gozo autístico –, o não-todo, por sua vez, é marcado pela abertura à contingência, de forma que o falo não precisa mais estar confinado ao seu uso normativo pelo engodo viril. Torna-se possível fazer outros usos do falo, menos rígidos, assim como o sujeito – agora menos aferrado aos semblantes – torna-se passível de circular com maior mobilidade entre os lugares da sexuação, habilitando certo trânsito entre o masculino e o feminino que antes permanecia encarcerado pelo gozo fálico.[2] Nessa perspectiva, o falo passa a assumir um lugar contingente no

---

2   Essa mobilidade do falo poderia inclusive nos remeter a – mesmo sem coincidir inteiramente com – algo das propriedades atribuídas por Butler (1993/2019) ao falo lésbico: plasticidade, transferibilidade e expropriabilidade, isto é, um falo capaz de se deslocar de seu lugar pretensamente fixo no corpo do "macho" e que não precisa se constituir como semblante central do erotismo de um ser falante, do mesmo modo como o é enquanto organizador da virilidade.

372 EPÍLOGO

erotismo, e não mais necessário: ele se torna um entre outros dos elementos da troca erótica, de modo que o gozo pode passar por esse elemento, pode se deslocar a outros pontos do corpo e mesmo eventualmente se deslocalizar, sem que haja o aferramento ao falo como ponto de exceção organizadora.

Trata-se aí de um dos efeitos do consentimento com o não--todo enquanto índice de uma abertura à alteridade, que permite tomar o Outro como Outro, isto é, como uma alteridade radical que não se reduz ao marco da fantasia de um sujeito. Esse movimento pressupõe que um ser falante consinta com ser, ele próprio, atravessado por algo dessa alteridade que o faz Outro para ele mesmo – um consentimento com a experiência corporal dessa alteridade ligada à dimensão não-toda do gozo que habita cada ser falante para além dos semblantes da virilidade. Assim, ao se permitir fraturar o roteiro da fantasia, um sujeito pode ter uma experiência de abertura ao ponto vazio desde o qual cabe uma invenção, desde o qual se pode produzir uma nova maneira de fazer laço com o Outro, em que se possam acessar outros modos de satisfação além do falo e em que caiba algo dessa alteridade para além do circuito de repetição da fantasia.

Para tanto, é preciso dissolver a miragem do gozo proibido, idealizado como perdido ou impossível e projetado no horizonte pelo limite fálico, a fim de poder abrir-se a um gozo contingente e singular, que não se coloca inteiramente sob a égide da norma fálica. Um Outro gozo, que não esteja tão marcado pela interdição, pela relação rígida ao limite ou pela proibição que organizam o gozo fálico e a pobreza que lhe é característica. Diante disso, a travessia da fantasia não deve ser pensada como uma travessia de A a B, pois ela é antes consentir com ser atravessado por um Outro gozo além do fálico. Como soube ler Marcus André Vieira, a travessia é ser atravessado.

Virilidades sinthomáticas: *das travessias da virilidade às virilidades atravessadas pelo feminino*

O que resta da virilidade após uma travessia da fantasia? Para situar esse mais-além, o percurso que aqui se desenha nos leva das travessias da virilidade às virilidades atravessadas pelo feminino. Afinal, atravessar a janela da fantasia viril é poder ir ver, detrás, o que essa janela oculta; na trajetória de Varón, isso significou poder se encontrar com o "pintinho esmagado", enquanto, na trajetória de Jésus, isso implicou reconhecer sua posição como "mulher do amor degradado". Como saldo da análise, talvez tenhamos aí duas virilidades atravessadas pelo feminino: um Varón que contém o "pintinho esmagado" e um falasser "contingentemente viril". Estamos diante de duas virilidades que, quem sabe, não obliteram o feminino, mas que podem encontrar neste a própria causa do desejo.

Na invenção de Jésus, "o viril deixa de ser uma defesa contra as repercussões do feminino e, sobretudo, de se tornar o lado avesso do feminino" (Santiago, 2014, p. 45), passando a se constituir, antes, como "o lado residual da resposta contingentemente viril a uma mulher" (Santiago, 2015, p. 169). Na solução de Bernardino, por sua vez, "o pintinho esmagado toma a forma do feminino dentro do Varão e o conecta com certas delicadezas da vida, como a poesia e o amor" (Horne, 2010, pp. 35-36), na medida em que "Consentir o 'gozo não-todo', assumir a castração, é em si a própria castração para o homem, ato de aceitar seu ser como (de) sujeito feminino" (Horne, 1999, p. 31).

Ainda assim, não poderíamos deixar de observar que a problemática do final de análise, a partir da orientação lacaniana, não se encerra com a travessia da fantasia. Mesmo quando se atravessa a fantasia, é preciso ainda "saber-aí-fazer" com os restos sint(h)

374 EPÍLOGO

omáticos de uma análise, uma vez que "nenhuma travessia da fantasia consegue eliminar o que chamamos de *sinthoma*[3] como modo de gozo singular de um sujeito" (Brodsky, 2010, p. 10). Mais além da fantasia, é preciso também inventar um *savoir-y-faire* com os restos sintomáticos, o que faz do *sinthoma* algo incurável: enquanto a fantasia pode ser atravessada, o *sinthoma* se coloca como um osso, como algo do real que não se pode apenas abandonar. Entra em cena o modo próprio como "um sujeito se arranja com seu *sinthoma*, graças à análise".

Do ponto de vista do passe, esse saber-aí-fazer se mostra por duas vias. Por um lado, pela nomeação de um ponto singular do seu gozo, como o "pintinho esmagado" em Bernardino Horne ou o "esquartejado" em Jésus Santiago; e, por outro lado, pela apresentação de qual tipo de satisfação se pôde extrair de seu percurso – o que se fez com o seu modo de gozo – após reduzido o caráter mortífero dos circuitos da repetição e da fantasia; ou, no limite, pela apresentação de "como o sujeito mudou em relação ao que não muda, seu modo de gozar" (Miller, 2008-09/2011, p. 132). Está em jogo o que Lacan (1976-77) chamou de "identificação ao sintoma", no sentido de um resto que não é passível de ser ultrapassado e com o qual devemos conviver, com o qual devemos aprender a fazer alguma coisa, ao assumir a radicalidade de um "eu sou como eu gozo" (Miller, 1999, p. 179).

---

3 O *sinthoma* é uma noção formulada por Lacan nos anos 1970, podendo indicar tanto o quarto elo que mantém juntos os registros do Real, do Simbólico e do Imaginário, no nó borromeano, como aquilo que há de mais singular em cada indivíduo e que pode ser entendido enquanto um ponto singular do gozo que marca cada um, o qual uma análise permitiria cernir. O final de análise é repensado pelo psicanalista, nesse momento de sua obra, como uma operação de "identificação ao sintoma", ou ao *sinthoma*, no sentido de que o analisante passa a saber se haver ou se virar com aquilo que resta, transformado, de seu modo de gozo sintomático, ao cabo da operação de sua análise (cf. Lacan, 1976-77; Miller, 1999; Miller, 2006-07/2009).

É Miller (2006-07/2009, p. 142) quem dará à noção lacaniana de "identificação ao sintoma" sua inflexão em direção ao *sinthoma*, entendido como o que há de mais singular em um falasser. Nessa perspectiva, uma psicanálise poderia ser redefinida como o "acesso à identidade *sintomal*", isto é, "não se contentar em dizer o que os outros quiseram, não se contentar em ser falado por sua família, mas aceder à consistência absolutamente singular do sinthoma". Trata-se do percurso que leva do campo do ser – com os elementos simbólicos e imaginários que marcam a história de um sujeito, suas identificações, seu lugar no laço social, organizado pelo horizonte do Outro – ao campo do Um, que é o campo das soluções singulares que cada um dará ao problema do gozo, ali mesmo onde deixa cair o Outro que orientou a construção de sua história.

Nesse contexto, identificar-se com seu sintoma seria equivalente a "reconhecer sua identidade *sintomal*" (Miller, 2006-07/ 2009, p. 143, grifos do original): "Identificar-se a isso é reconhecer seu ser de sintoma, quer dizer: depois de tê-lo percorrido, livrar-se das escórias herdadas do discurso do Outro", rumo ao Um do próprio gozo. Mas há ainda um detalhe: nessa identificação, que caracteriza o final de análise, há também "uma espécie de distância" – ponto que a diferencia do momento da entrada em análise. "Não é como se nos apresentássemos, de saída, em nosso ser de sinthoma. Isso acontece, mas, precisamente quando acontece, não há distância, quer dizer que não podemos fazer nada". A "identidade *sintomal*", de certa forma, já estava lá desde o início; mas, quando podemos tomar certa distância do sintoma, torna-se possível "saber fazer alguma coisa com seu ser de sinthoma", "saber se virar com ele, saber manipulá-lo".

Sublinhamos aqui o uso do significante "distância" (em relação ao sintoma), que é também o significante que utilizamos ao longo deste livro para indicar o que talvez seja um efeito da incidência de uma análise na relação de um homem à sua virilidade, no sentido

376 EPÍLOGO

de aí introduzir, justamente, uma distância capaz de tornar cômica, para o próprio sujeito, a sua relação com o (-φ), dissolvendo a cena trágica em que se organizava sua angústia de castração, que era consequência da recusa, por parte do "macho", do menos-phi que o constitui. A partir do momento em que se pode consentir com a falta fálica, abre-se a possibilidade de operar com o amor, o desejo e o gozo de outra forma que não a captura pelo engodo viril, ao tomar-se alguma distância em relação à estrutura de semblante da virilidade. Seria essa a distância que encontramos em Varón e em Jésus? Nesse sentido, talvez possamos formular aqui a noção de "virilidades *sinthomáticas*", a fim de se expressar uma virilidade residual que se decanta ao final da análise. Uma virilidade que não significa nada, indecifrável como o *sinthoma*, que não é mais defesa ao feminino, mas um saber-aí-fazer com o gozo do corpo que nele inclui a marca do não-todo.

Coda: *o não-todo nos homens*

Como pensar, então, as formas de incidência do não-todo nos homens? Essa incidência não é, certamente, restrita ao fim de análise; mas é nesse ponto do percurso, particularmente em se tratando das travessias da virilidade no "macho", que ela ganha um lugar singular. Nos testemunhos de passe, por sua vez, constatamos que nem todo homem relata haver alcançado um Outro gozo em sua trajetória analítica (cf. Salamone, 2016) – o que corrobora a ideia de que o acesso ao gozo feminino não é necessário ao fim de uma análise, e sim contingente. No Seminário 20, como vimos, Lacan propôs situar o místico São João da Cruz como figura paradigmática de um homem em posição feminina na sexuação:

[A mística é algo] sobre o qual nos informam algumas pessoas, e mais frequentemente mulheres, ou bem gente dotada como são João da Cruz – porque não se é forçado, quando se é macho, de se colocar do lado do ∀xΦx. Pode-se também colocar-se do lado do não-todo. Há homens que lá estão tanto quanto as mulheres. Isto acontece. E que, ao mesmo tempo, se sentem lá muito bem. Apesar, não digo de seu Falo, apesar daquilo que os atrapalha quanto a isso, eles entreveem, eles experimentam a ideia de que deve haver um gozo que esteja mais além. É isto que chamamos os místicos. (Lacan, 1972-73/2008, p. 81-82)

Por meio de sua escrita poética, São João da Cruz nos apresenta seu desejo de se unir a Deus e de gozar dessa união, narrando o caminho que a alma precisa seguir para alcançar o amor pleno. "A alma, representada pela 'esposa', chega a Deus, representado pelo 'esposo', abdicando das coisas mundanas" (Maia, 1999, p. 88) – numa vivência de arrebatamento de sua alma pelo amor infinito de Deus. Mas para além da experiência mística, quais seriam outros modos de apresentação do feminino nos homens? Nesse ponto, é preciso enfatizar que, enquanto um conjunto logicamente inconsistente, o não-todo se apresenta "sob a forma de uma série na qual falta uma lei de formação" (Miller, 2000/2016, p. 9), ou seja, não é possível dizer de antemão quais serão suas roupagens, por não haver formas necessárias ou generalizáveis de sua apresentação. À luz dos testemunhos de Bernardino Horne e Jésus Santiago, porém, sabemos que a abertura ao amor marca presença como uma incidência privilegiada do não-todo em um homem. Quem o antecipa, de certa forma, é o próprio Lacan, quando afirma que,

378 EPÍLOGO

> *para o homem, a menos que haja castração, quer dizer,*
> *alguma coisa que diga não à função fálica [no sentido*
> *de consentir com algo que diga não à pura satisfação*
> *repetitiva do gozo fálico na fantasia], não há nenhuma*
> *chance de que ele goze do corpo da mulher, ou, dito de*
> *outro modo, de que ele faça o amor. É o resultado da*
> *experiência analítica. (Lacan, 1972-73/2008, p. 78, co-*
> *mentário nosso)*

Assim, que um homem possa gozar – não apenas de sua fantasia, mas também – de "fazer o amor", gozar do corpo do Outro, esse é "o resultado da experiência analítica", o que, aliás, não é um resultado exclusivo da heterossexualidade, mesmo que seja a partir dela que Lacan construa seu raciocínio. Nessa direção, o psicanalista ressalta "esse truque contingente que faz com que, às vezes, após uma análise, cheguemos a que cada um trepe convenientemente sua *cada uma*" (Lacan, 1972-73/2008, p. 124, grifos do original). Como soube extrair Jésus Santiago, ainda quanto à heterossexualidade, trata-se de poder "trepar com a mulher que se ama" – no sentido de que uma análise permite desbloquear, no "macho", certa convergência pulsional entre amor, desejo e gozo, sem que seja preciso recair em um ideal normativo de monogamia, já que sempre restará uma margem de divisão do objeto. Antes, o que uma análise parece franquear é uma travessia da impotência masculina diante do amor, de modo a que um homem não precise permanecer escravo de sua fantasia no momento de se encontrar com o corpo do Outro.

Mas sublinhamos ainda que nem tudo do não-todo se apresenta somente pela via do amor. Outras de suas roupagens também são encontradas, por exemplo, pelo falo móbil colocado a serviço do vazio, pela passagem do gozo fálico ao regime do contingente, pela entrada da contingência na vida, pelo tanto de vida que não cabe no corpo, pelo poder se perder, pelo encontro vivificante com o vazio, pelo arrebatamento produzido pela escrita poética, entre tantas formas outras, igualmente singulares, que ainda restam por inventar. Entre essas tantas, gostaríamos aqui de encerrar nosso percurso relançando um ponto – ainda pouco discutido no campo da psicanálise, mas que eventualmente comparece nas experiências de análise –, mais como uma pergunta-abertura do que como uma proposição fechada, que se refere ao lugar da analidade no erotismo masculino e, em particular, no corpo do "macho".

Trata-se de perguntar a que responde, no campo do gozo, o fato de a virilidade – uma vez erigida enquanto uma defesa ao gozo do Outro – fazer do ânus um buraco no corpo a ser tão radicalmente protegido por meio dos semblantes viris – e muito frequentemente protegido, aliás, contra o gozo do Outro, vivido aí como algo especialmente terrível. A particularidade dessa defesa não apontaria, no seu contrapé, para a presença de uma alteridade do gozo no corpo que – certamente não para todo homem, mas para alguns, quem sabe – se apresentaria de forma opaca no terreno da própria analidade? Analidade, aqui, não significa necessariamente penetração, também não se reduz ao ânus como borda corporal e tampouco se restringe à homossexualidade, assim como a virilidade não coincide com heterossexualidade. O que está em jogo é o fato de que nem tudo do gozo do corpo se esgota no eixo pênis-falo; que a dimensão da analidade descompleta essa expectativa, pelas aparições contingentes de uma satisfação corporal que de alguma maneira passa por esse terreno, mas com uma localização difusa ou de forma difícil de nomear.

Quem abre caminho nessa direção é Lêda Guimarães (2012), que, a partir de sua experiência clínica, constata que, ao tentar "se aproximar do gozo feminino em seu corpo", um homem acaba interpretando esse gozo pela via da significação fálica e por isso se

380 EPÍLOGO

interroga: será que "sou homossexual?" – "já que sinto algo estranho em meu corpo" (p. 52, tradução nossa). Essa dimensão corporal do gozo que não está inteiramente concentrada no falo como órgão – e que pode se apresentar, em certos momentos, pelas sensações corporais advindas do terreno da analidade – difere das pretensões viris de fazer passar todo o gozo unicamente pelo falo, de forma que não à toa a analidade é transformada em um território tão rigidamente protegido e ocultado pela virilidade. Se o sujeito se supõe ameaçado de se ver penetrado pelo Outro – representação que assume para o "macho" o valor terrível da castração, como aprendemos com a fantasia de tortura anal do Homem dos Ratos –, trata-se aí de uma interpretação neurótica da alteridade do gozo no corpo como uma presença invasiva e indesejada, razão pela qual esse gozo sofre uma recusa radical, mas continua a atravessar o sujeito à sua revelia.

Do ponto de vista das travessias da virilidade, uma análise talvez permita a um homem "estar apaziguado" com essa presença corporal da alteridade do gozo, a partir do consentimento com o erotismo anal tomado como conector para acessar a positividade de um Outro gozo no corpo, além do fálico, que, em alguns casos, encontra na analidade um terreno para se apresentar de forma opaca. Nesse terreno, talvez seja possível "entrever, experimentar a ideia" de que por aí possa haver algo além, sem que se possa, no entanto, dizer ao certo o que é – e sem que se precise ser, para isso, um místico. Ainda que o falo erija o todo do corpo masculino, fazendo dele uma totalidade pretensamente fechada, "sempre resta uma pontinha dessa imagem que permanece aberta, que aponta, portanto, para o S(Å) do lado feminino" (Guimarães, 2012, p. 52, tradução nossa). Poderiam, então, essas "sensações corporais, com algo de uma abertura aí no campo da pulsão anal" (pp. 51-52, tradução nossa), constituírem outra entrada contingente para o não-todo nos homens, a partir daquilo do gozo do corpo que não se localiza de todo no falo? A resposta, aqui, só poderá ser dada no um a um!

Deixemos, assim, este percurso com uma passagem de Hélène Cixous (1975/2022, p. 45), em um ponto que, longe de ser a detenção de uma chegada, traz antes a marca de uma abertura:

Eu escrevo mulher: é preciso que a mulher escreva a mulher. E o homem o homem. Encontra-se, então, aqui, apenas uma oblíqua referência ao homem; a quem cabe dizer o que significa para ele sua masculinidade e sua feminilidade: algo que nos interessará, quando eles terão aberto os olhos para enxergar a si próprios. Os homens ainda têm tudo a dizer sobre sua sexualidade, e tudo a escrever.

Posfácio

Gilson Iannini

O que quer uma mulher? Até bem pouco tempo atrás, essa era uma das questões mais debatidas nos corredores da psicanálise. O "enigma da feminilidade", como se dizia à época, nos intrigava a todos e todas, quaisquer que fossem nossas posições subjetivas e configurações corporais. A reiteração da mulher como "continente negro", ainda que sob as vestes de modernidade, nunca deixou de ser um clichê meio cafona. Moscas presas dentro da garrafa, circulávamos em torno da perplexidade de Freud. É de amplo conhecimento o episódio célebre no qual, depois de confessar a Marie Bonaparte que havia pesquisado a sexualidade feminina por três décadas, sem chegar a resultados satisfatórios, Freud teria perguntado a ela: "Afinal, o que quer a mulher?". Essa pergunta fez correr muita tinta. Era o século XX.

Não faz muito tempo, todo mundo carregava a tiracolo um livro cuja capa exibia *O êxtase de Santa Teresa*, escultura de Bernini que estampava o *Seminário 20* de Jacques Lacan. As intrincadas lições lacanianas sobre a tábua da sexuação, sobre o gozo feminino, sobre o não-todo, sobre o gozo suplementar, o gozo místico e assim

384 POSFÁCIO

por diante nos encantavam a todos. Mobilizávamos um sofisticado
arsenal conceitual para lidar com o lado não-todo da sexuação, o
feminino. Tudo se passava como se o lado masculino fosse límpido
e claro, quase isento de contradições. Não havia muito o que interpretar do lado masculino, pois éramos intérpretes. Mais de uma
geração de psicanalistas, homens e mulheres, reconhecia em Chico
Buarque uma espécie de "intérprete da alma feminina". Parecia haver algo a interpretar, e que esse algo estaria no lado feminino, de
seu enigma, de sua opacidade. O enigma era nossa certeza.

Como tudo que é sólido desmancha no ar, todas essas certezas
se dissiparam de uma hora pra outra. Sem que tivéssemos respon-
dido àquelas perguntas, sem que nossas inquietações tivessem sido
apaziguadas, sem que pudéssemos sequer perceber o ocaso de tudo
isso, de repente, tudo aquilo pareceu obsoleto. De repente, nossas
perguntas ficaram velhas, nossas respostas não fascinavam mais.
O que querem os homens? Esperamos um século para podermos
formular essa pergunta. Foi preciso cair alguma coisa, foi preciso
fazer vacilar os semblantes, como dizemos no jargão psicanalítico,
para que as masculinidades surgissem como questão. Esperamos
esse tempo todo pelo livro de Vinícius Lima.

E essa espera não era ingênua. Para nos darmos conta do que
está em jogo nessa interrogação contemporânea acerca das masculinidades, e, mais especificamente, em um de seus roteiros típicos,
a virilidade, é preciso recuar um pouco no tempo. Antes de tratar
desse brilhante trabalho, quero retomar rapidamente o contexto de
formação teórica e cultural dos psicanalistas que o antecederam.

* * *

"Os artistas estão muito adiante de nós"

Não faz tanto tempo assim, minha geração e a de meus mestres
lia o Seminário *Encore*, o *Mais, ainda*, sob o embalo dos *dancing*

days, ou regados a Tropicália. Àquela altura, quem não sabia de cor, junto com Gilberto Gil, que o mundo masculino não passava de uma ilusão? Não sem melancolia, protestávamos contra a vanidade do mundo masculino: "Que nada!". A melhor porção do homem, até então resguardada, era a porção mulher. Não sem contradição, enquanto a letra reconhecia que é a porção mulher que faz viver, o solo de saxofone não esconde um tom ao mesmo tempo melancólico e erótico.

Quando Caetano Veloso ou Gilberto Gil subiram aos palcos vestindo saias, não nos surpreendíamos. Tínhamos passado por David Bowie, pelas performances de Ney Matogrosso na Secos e Molhados; os mais jovens cantavam Renato Russo. Na arte e na cultura, já havia versões subversivas de masculinidade, que, no entanto, não ganharam, àquela altura, sistematização ou tratamento conceitual. Dizia Freud: "No conhecimento da alma, [os artistas] estão muito adiante de nós, pessoas comuns, porque criam a partir de fontes as quais ainda não abrimos para a ciência".[1]

Perseguíamos com afinco as trilhas da escrita feminina: nossos textos sobre o gozo respiravam Clarice Lispector. Em termos teóricos, a aposta na escritura feminina era uma resposta a um momento anterior, ligado mais diretamente à recepção da teoria lacaniana entre as feministas francesas e americanas. O feminismo lacaniano da década de 1970, que consolidou nomes como Julia Kristeva, Juliet Mitchell, Hélène Cixous, Luce Irigaray e muitos outros, não teve uma recepção imediata e organizada no Brasil de então. Quase não havia quem traduzisse esse movimento e esses livros, que enchiam as bancas dos sebos do Quartier Latin.

---

1   Tradução inédita, realizada por Ernani Chaves, de uma passagem de "O delírio e os sonhos na *Gradiva* de Jensen", no prelo pela Editora Autêntica, na Coleção Obras Incompletas de Sigmund Freud.

386 POSFÁCIO

Não era difícil notar que o feminismo lacaniano, entre nós, era suplantado por uma outra maneira de tratar dos impasses da sexuação. Uma vertente que culminou nas investigações acerca do gozo não-todo fálico, nas escritas ou escrituras femininas (mais do que feministas), com forte inflexão também nos passes. O feminino por aqui dispensava solenemente, ou nem isso, dispensava insolentemente, a categoria de identidade. Era, portanto, político sem ser identitário. Era combativo sem ser reivindicativo.

Arrisco a dizer que minha geração, das pessoas que estão hoje na casa dos 50, mas pelo menos mais duas gerações depois de mim, ainda foram formadas nesse mesmo universo, em que o feminino na tábua da sexuação era lido de uma maneira clínica e literária. Certamente era político de ponta a ponta, mas não encampava as bandeiras dos feminismos gringos. Havia uma sutileza e uma subversão bastante antropofágica em tudo isso. Aos poucos, nas últimas décadas, o jogo se inverteu e uma nova onda de feminismo e subversão das identidades surgiu, especialmente depois de Judith Butler.

Em todo esse período, quando mergulhávamos fascinados no continente opaco do gozo feminino, no indizível, no impossível e até mesmo no místico, quase não havia lugar para questionar o masculino. O masculino parecia consolidado, impávido colosso, inamovível. Parecia que o falo não era um grande problema. Havia a lógica da castração, a querela falo-pênis, mas o lado masculino da lógica da sexuação parecia mais consistente, mais idêntico a si, parecia garantir aos homens – e às mulheres que eventualmente os amassem – alguma garantia. Éramos intérpretes.

* * *

De lá pra cá, no mundo inteiro, os estudos sobre a sexualidade masculina conheceram um *boom*. De repente, a masculinidade explodiu e fragmentou-se em sua pluralização: as masculinidades; e fomos nos dando conta de que a opressão viril é opressiva não só para as mulheres, mas também para os homens. Ter um pênis ou ter um falo não garante tanta coisa assim. Pode não ser tão bom como parece a uns e a outros. Pode ser meio trágico, ou pode ser meio cômico. Isso vale mesmo para aqueles seres sexuados que estão relativamente satisfeitos com suas identidades e orientações. Para a psicanálise, que se baseia no corpo pulsional perversamente polimorfo e nos impasses que se impõem a ele, vale lembrar, ninguém é perfeitamente cis-gênero. Não se levamos a sério os três registros da psicanálise lacaniana, o real, o simbólico e o imaginário, seus enodamentos e suas dobras.

É a partir desse contexto que confesso minha admiração pelo trabalho de Vinícius Lima. O jovem autor faz parte dessa geração que estudou psicanálise, teorias de gênero, estudos *queer*, tudo ao mesmo tempo. E que vive na pele, nas relações, nas parcerias, na carne, os efeitos mais sensíveis de todas as transformações mais ou menos recentes de nossa cultura. Em um certo sentido, o texto que o leitor tem em mãos é sensível a todas as pautas políticas derivadas dessa nova sensibilidade sexual. E, nesse sentido, prolonga a tradição de dedicar-se a recolher os efeitos dessas transformações, especialmente para pensar as masculinidades. Por um lado, estamos diante de um leitor refinado do paradigma dos estudos de gênero e queer, que transita com invejável familiaridade pelos corredores intricados das obras de autores como Judith Butler e Paul Preciado. Mas o principal mérito de Vinícius é justamente que ele preserva a infamiliaridade indispensável ao ofício impossível do psicanalista.

O faro psicanalítico que testemunhamos no presente livro é compatível com o percurso de alguém que se entregou à experiência do inconsciente. O leitor perceberá que o trabalho que tem em mãos é resultado não apenas de um estudo teórico, mas de um percurso clínico. A opção decidida pela orientação lacaniana não

388 POSFÁCIO

se confunde, contudo, com repetição vazia de jargões ou de obscurantismos. Nesse sentido, estamos diante de um leitor refinado e criativo de Freud, Lacan e Miller. Que retorna à psicanálise sem nunca tê-la abandonado. Afinal, não há casamento feliz entre estudos *queer* e psicanálise. O que não quer dizer que não possa haver alegres desencontros e flertes inventivos.

O texto de Vinícius situa-se na linha tênue que se constitui a partir da tensão entre esses campos. Consistência e sofisticação teórica, aliada a um posicionamento político firme, mas que não abre mão da singularidade da clínica, que não se reduz a bandeiras, mas à causa freudiana. Essa aposta manifesta-se claramente na fineza das análises dos passes, nos quais a teoria é posta à prova pela radical singularidade da experiência.

Neste sentido, o presente livro é útil ao psicanalista interessado em um esforço de formalização acerca das masculinidades, que poderá encontrar coordenadas clínicas da prática analítica com homens, mas também ao leitor contemporâneo interessado em como marcadores sociais de gênero, sexualidade e raça se inscrevem singularmente na constituição subjetiva. Por sua vez, o leitor não especializado descobrirá o modo como a psicanálise sublinha a dimensão inconsciente que atravessa as subjetivações masculinas, tornando ainda mais tênue a linha entre o singular e o social. Essa dimensão não será legível se desconsiderarmos a singularidade inconsciente e/ou se nos restringirmos a uma leitura unidirecional a partir da face social do problema.

Essa linha tênue entre o singular e o social, já preconizada por Freud, encontra aqui sua sistematização, oferecendo um frescor inédito às discussões contemporâneas sobre masculinidade. A maneira como o autor articula a perspectiva clínica à perspectiva social – que tem sido majoritariamente utilizada para discutir esse tema no Brasil – é absolutamente inédita. Isto é, trata-se de como pensar uma abordagem das masculinidades que inclua o inconsciente.

No eixo de seu argumento, encontramos aqui uma articulação entre dois postulados: i) que a virilidade tem uma estrutura de fantasia; e ii) que uma experiência de análise levada a seu termo produz uma travessia da fantasia. Se é assim, então, a travessia da fantasia numa experiência de análise tem efeitos sobre a virilidade, produzindo o que o autor nomeia como "travessias da virilidade". Nessa perspectiva, atravessar a fantasia é atravessar também algo da virilidade – sendo que atravessar é ver o que há além do (seu) enquadre.

Por esses tantos motivos, o livro de Vinícius estabelece um marco para a psicanálise contemporânea. Ao mesmo tempo que escuta o que este século tem a dizer e que acolhe pacientemente suas interrogações, não perde por nenhum segundo sequer o gume da lâmina cortante que a radicalidade da clínica psicanalítica exige.

Referências

Alberti, C. (2016). Que reste-t-il de nos fantasmes? *La cause du désir, 94*, 29-32. Disponível em: https://www.cairn.info/revue--la-cause-du-desir-2016-3-page-29.htm.

Almeida, G. de. (2021). Prefácio. In: B. S. de Santana; L. M. B. Peçanha, & V. G. Conceição (Orgs.). *Transmasculinidades negras: narrativas plurais em primeira pessoa* (pp. 9-19). Ciclo Contínuo Editorial.

Ambra, P. E. S. (2013). *A noção de homem em Lacan: uma leitura das fórmulas da sexuação a partir da história da masculinidade no Ocidente*. [Dissertação de mestrado, Universidade de São Paulo]. Biblioteca digital de teses e dissertações da USP. Disponível em: https://www.teses.usp.br/teses/disponiveis/47/47134/tde-28082013-112429/pt-br.php.

Ambra, P. (2015). *O que é um homem? Psicanálise e história da masculinidade no Ocidente*. Annablume.

Ambra, P. (2021). Introdução. In: P. Ambra (Org.). *Cartografias da masculinidade* (pp. 7-24). Cult.

392 REFERÊNCIAS

Ambra, P. (2022). *O ser sexual e seus outros: gênero, autorização e nomeação em Lacan*. Blucher.

Andrade, C. (2022). O negro não existe: e os quantificadores de uma política não-toda. In: A. M. C. Guerra (Org.). *O mundo e o resto do mundo: antíteses psicanalíticas* (pp. 78-91). n-1 edições.

Arán, M. (2011). A psicanálise e o dispositivo diferença sexual. *Epos*, *2*(2), 1-24. Disponível em: http://pepsic.bvsalud.org/pdf/epos/v2n2/02.pdf.

Ayouch, T. (2015). *Psicanálise e homossexualidades: teoria, clínica e biopolítica*. CRV.

Barros, M. (2011). *La condición femenina*. Grama Ediciones.

Barros, M. (2020). *La condición perversa: tres ensayos sobre la sexualidad masculina*. Grama Ediciones.

Bassols, M. (2019). *Lo femenino, entre centro y ausencia*. Grama.

Beauvoir, S. de (1949/2019). *O segundo sexo: fatos e mitos* (5ª ed.). Nova Fronteira.

Bedê, H. M. (2019). Pol Galofre: os desencontros de um sujeito entre gênero e sexuação. In: M. Lasch, & N. V. de A. Leite (Orgs.). *Anatomia destino liberdade* (pp. 61-70). Campinas: Mercado de Letras.

Bedê, H. M. (2022). *Entre fronteira e litoral: um percurso da recusa histérica aos testemunhos esporádicos do não-todo*. [Dissertação de mestrado, Universidade Federal de Minas Gerais].

Bentes, I. (2020, Agosto 12). Nós, os brancos, e a nova partilha discursiva. *Cult*. Disponível em: https://revistacult.uol.com.br/home/nos-os-brancos-e-a-nova-partilha-discursiva/.

Bento, H. L. G. (Org.) (2018). *Parecer-homem: semblantes, juventude e criminalidade*. Gramma.

Bento, H. L. G. (Org.). (2022). *Entre (uns) nós: masculinidades e psicanálise*. Edição dos autores.

Bersani, L. (1995). Foucault, Freud, fantasy, and power. *GLQ: A Journal of Lesbian and Gay Studies, 2*, 11-33. Disponível em: https://www.uib.no/sites/w3.uib.no/files/attachments/bersanifoucaultfreudfantasypower.pdf.

Bispo, F., Peixoto, H., & Scaramussa, M. (2021). Violência masculina – uma leitura clínica da constituição histórica e subjetiva da masculinidade. In: A. M. C. Guerra, & R. G. e Lima (Orgs.). *A psicanálise em elipse decolonial* (pp. 155-169). n-1 edições.

Bonfim, F. G. (2020). Declínio viril e ódio ao feminino: entre história, política e psicanálise. *Periódicus, 13*, 9-24. https://periodicos.ufba.br/index.php/revistaperiodicus/article/view/35256/21725

Bonfim, F. G. (2021). *A sexuação do homem na contemporaneidade: entre o declínio do ideal viril, o feminismo e o feminino*. [Tese de doutorado, Universidade Federal Fluminense]. Observatório da Laicidade na Educação (OLÉ-UFF). Disponível em: http://ole.uff.br/wp-content/uploads/sites/101/2021/12/2021_t_FLAVIABONFIM.pdf

Bonfim, F. G. (2022). *Tornar-se homem: ressonâncias do declínio do ideal viril na sexuação*. Dialética.

Brodsky, G. (2010). Entrevista com Graciela Brodsky. *Correio, 67*, 9-18.

Brousse, M.-H. (2019). *Mulheres e discursos*. Contra Capa.

Butler, J. (1990/2015). *Problemas de gênero: feminismo e subversão da identidade* (9ª ed.). Civilização Brasileira.

Butler, J. (1993/1996). Gender as performance. In: P. Osborne (Org.). *A critical sense: interviews with intellectuals* (pp. 109-125). Routledge.

394 REFERÊNCIAS

Butler, J. (1993/2019). *Corpos que importam: sobre os limites discursivos do 'sexo'.* n-1 edições; Crocodilo Edições.

Butler, J. (2003). O parentesco é sempre tido como heterossexual? *Cadernos Pagu, 21,* 219-260. Disponível em: https://www.scielo.br/j/cpa/a/vSbQjDcCG6LCPbJScQNxw3D/?format=pdf&lang=pt.

Butler, J. (2004). *Undoing gender.* Routledge.

Butler, J. (2009). Le corps en pièces : réponse à Monique David--Ménard. In : M. David-Ménard (Dir.). *Sexualités, genres et mélancolie: s'entretenir avec Judith Butler* (pp. 213-218). Éditions CampagnePremière.

Butler J. (2012). Rethinking Sexual Difference and Kinship in Juliet Mitchell's *Psychoanalysis and Feminism. Differences, 23*(2), 1-19. doi: 10.1215/10407391-1629794

Butler, J., & McManus, M. (2020). Matt McManus interviews Judith Butler. [Arquivo de vídeo]. Recuperado de: https://www.facebook.com/ZeroBooks/videos/matt-mcmanus-interviews-judith-butler/642255633335398/

Caetano, M., & Silva, P. M. da, Jr. (Orgs.) (2018). *De guri a cabra--macho: masculinidades no Brasil.* Lamparina.

Carneiro, E. R. M. (2017). *A transgressão na adolescência: face à dificuldade de tornar-se homem, o apego à mãe.* [Dissertação de mestrado, Universidade Federal de Minas Gerais]. Repositório institucional da UFMG. Disponível em: https://repositorio.ufmg.br/handle/1843/31838.

Castanet, H. (2016). *Homoanalizantes: homosexuales en análisis.* Grama Ediciones.

Castanet, H. (2019). *Para compreender Lacan.* Editora PUC Minas.

Castello Branco, L. (2019). A hora da estrela de ninguém. In: L. Castello Branco, J. de Paula, & V. Baeta. *Feminino de ninguém: breves ensaios de psicanálise literária* (pp. 17-30). cas'a edições.

Cixous, H. (1975/2022). *O riso da medusa.* Bazar do tempo.

Cleaver, E. (1968/1971). *Alma no exílio: autobiografia espiritual e intelectual de um líder negro norte-americano.* Civilização Brasileira.

Connell, R. (1995/2005). *Masculinities* (2ª ed.). University of California Press.

Corbin, A., Courtine, J.-J., & Vigarello, G. (Dir.) (2013). *História da virilidade 1 – A invenção da virilidade. Da antiguidade às luzes.* Vozes.

Corrêa, M. (2007). A babá de Freud e outras babás. *Cadernos Pagu, 29,* 61-90. Disponível em: https://www.scielo.br/j/cpa/a/RbtH9vhrynq3NVynprLfVxn/?format=pdf&lang=pt.

Costa, A., & Bonfim, F. (2014). Um percurso sobre o falo na psicanálise: primazia, querela, significante e objeto *a. Ágora, 17*(2), 229-245. Disponível em: https://www.scielo.br/pdf/agora/v17n2/05.pdf.

Crane, D., & Kauffman, M. (Criadores). (1994-2004). *Friends* [Série]. Bright/Kauffman/Crane Productions; Warner Bros. Television.

Cruz, S. J. da. (2002). *Obras completas.* Vozes.

Cunha, L. F. C. da. (2015). À sombra de uma sombra. *Opção lacaniana, 70,* 117-125.

Dafunchio, N. S. (2011). *Nudos del amor: para una clínica de la pareja-síntoma.* Del Bucle.

Dafunchio, N. S. (2013). *Dois Seminários: Clínica da sexuação; Inibição, sintoma e angústia.* IPB-BA.

396 REFERÊNCIAS

David-Ménard, M. (1998). *As construções do universal: psicanálise, filosofia.* Cia. de Freud.

Dean, T. (2000). *Beyond sexuality.* University of Chicago Press.

Derrida, J. (1975/2007). O carteiro da verdade. In: J. Derrida. *Cartão-postal: de Sócrates a Freud e além* (pp. 457-542). Civilização Brasileira.

Eng, D. L. (2001). *Racial castration: managing masculinity in Asian America.* Duke University Press.

Fanon, F. (1952/2008). *Pele negra, máscaras brancas.* EDUFBA.

Faustino, D. (2014). O pênis sem o falo: algumas reflexões sobre homens negros, masculinidades e racismo. In: E. A. Blay (Org.). *Feminismos e masculinidades: novos caminhos para enfrentar a violência contra a mulher* (pp. 75-104). Cultura Acadêmica.

Faustino, D. M. (2019). Prefácio. In: H. Restier, & R. M. de Souza (Orgs.). *Diálogos contemporâneos sobre homens negros e masculinidades* (pp. 13-20). Ciclo Contínuo Editorial.

Fendrik, S. (2012). *El falo enamorado: mitos y leyendas de la sexualidad masculina.* Xoroi Edicions.

Figueiró, A. M. C. L. (1997). Mas o que é isso? *Curinga, 9,* 47-51.

Freud, S. (1900/2019). *A interpretação dos sonhos (Obras completas volume 4).* Cia. das Letras.

Freud, S. (1905/2022). Fragmento de uma análise de um caso de histeria (caso Dora). In: S. Freud. *Histórias clínicas: cinco casos paradigmáticos da clínica psicanalítica* (pp. 29-172). Autêntica.

Freud, S. (1905/2017). *O chiste e sua relação com o inconsciente (Obras completas volume 7).* São Paulo: Cia. das Letras.

Freud, S. (1907-08/2022). Anotações originais sobre um caso de neurose obsessiva (caso Homem dos Ratos). In: S. Freud.

Histórias clínicas: cinco casos paradigmáticos da clínica psicanalítica (pp. 435-538). Autêntica.

Freud, S. (1909/2022). Observações sobre um caso de neurose obsessiva (caso Homem dos Ratos). In: S. Freud. *Histórias clínicas: cinco casos paradigmáticos da clínica psicanalítica* (pp. 335-434). Autêntica.

Freud, S. (1912/2018). Sobre a mais geral degradação da vida amorosa. In: S. Freud. *Amor, sexualidade, feminilidade (Coleção Obras Incompletas de Sigmund Freud, Vol. 7)* (pp. 137-154). Autêntica.

Freud, S. (1914/2010). Introdução ao narcisismo. In: S. Freud. *Introdução ao narcisismo, ensaios de metapsicologia e outros textos (1914-1916) (Obras completas volume 12)* (pp. 13-50). Cia. das Letras.

Freud, S. (1915[1917]/2017). Luto e melancolia. In: S. Freud. *Neurose, psicose, perversão (Coleção Obras Incompletas de Sigmund Freud, Vol. 5)* (pp. 99-121). Autêntica.

Freud, S. (1917/2022). Da história de uma neurose infantil (caso Homem dos Lobos). In: S. Freud. *Histórias clínicas: cinco casos paradigmáticos da clínica psicanalítica* (pp. 631-773). Autêntica.

Freud, S. (1918/2018). O tabu da virgindade. In: S. Freud. *Amor, sexualidade, feminilidade (Coleção Obras Incompletas de Sigmund Freud, Vol. 7)* (pp. 155-178). Autêntica.

Freud, S. (1919/2017). "Bate-se numa criança": contribuição para o estudo da origem das perversões sexuais. In: S. Freud. *Neurose, psicose, perversão (Coleção Obras Incompletas de Sigmund Freud, Vol. 5)* (pp. 123-156). Autêntica.

Freud, S. (1923/2017). Uma neurose demoníaca no século XVII. In: S. Freud. *Neurose, psicose, perversão (Coleção Obras Incompletas de Sigmund Freud, Vol. 5)* (pp. 217-258). Autêntica.

398 REFERÊNCIAS

Freud, S. (1925/2018). Algumas consequências psíquicas da distinção anatômica entre os sexos. In: S. Freud. *Amor, sexualidade, feminilidade (Coleção Obras Incompletas de Sigmund Freud, Vol. 7)* (pp. 259-276). Autêntica.

Freud, S. (1927/2017). Fetichismo. In: S. Freud. *Neurose, psicose, perversão (Coleção Obras Incompletas de Sigmund Freud, Vol. 5)* (pp. 315-325). Autêntica.

Freud, S. (1932/2020). Sobre a conquista do fogo. In: S. Freud. *Cultura, sociedade, religião: O mal-estar na cultura e outros escritos (Coleção Obras Incompletas de Sigmund Freud, Vol. 9)* (pp. 411-420). Autêntica.

Freud, S. (1937/2017). A análise finita e a infinita. In: S. Freud. *Fundamentos da clínica psicanalítica (Coleção Obras Incompletas de Sigmund Freud, Vol. 6)* (pp. 315-364). Autêntica.

Fuentes, M. J. S. (2012). *As mulheres e seus nomes: Lacan e o feminino*. Scriptum.

Gallienne, G. (Diretor). (2013). *Eu, mamãe e os meninos* [Filme]. LGM Productions; Rectangle Productions.

Gallop, J. (1981). Phallus/penis: same difference. In: J. Todd (Ed.). *Men by Women (Collection Women & Literature, Vol. 2)* (pp. 243-251). Holmes & Meier Publishers, Inc. Disponível em: https://archive.org/details/menbywomen00toddrich.

Gallop, J. (1981/2001). Além do falo. *Cadernos Pagu, 16*, 267-287. https://www.scielo.br/pdf/cpa/n16/n16a12.pdf.

Gallop, J. (1982). *The daughter's seduction: feminism and psychoanalysis*. Cornell University Press.

Gallop, J. (1985). *Reading Lacan*. Cornell University Press.

Gallop, J. (2019). Introduction: Theoretical Underpinnings. In: J. Gallop. *Sexuality, disability and aging: queer temporalities of the phallus* (pp. 1-30). Disponível em: https://www.dukeupress.edu/Assets/PubMaterials/978-1-4780-0161-4_601.pdf.

Giraldo, M. C. (2022). Mulher em fuga. In: I. Gurgel, & B. Horne (Orgs.). *O campo uniano: consequências do último ensino de Lacan* (pp. 374-377). Ares.

Gomes, R., Nascimento, E. F. do, Rebello, L. E. F. de S., & Araújo, F. C. de. (2008). As arranhaduras da masculinidade: uma discussão sobre o toque retal como medida de prevenção do câncer prostático. *Ciência e saúde coletiva, 13*(6), 1975-1984. Disponível em: https://doi.org/10.1590/S1413-81232008000600033.

Gómez, M. M. (2007). Violencia, homofobia y psicoanálisis: entre lo secreto y lo público. *Revista de estudios sociales, 28*, 72-85. Disponível em: https://journals.openedition.org/revestudsoc/19276?lang=es.

Gonzalez, L. (1980/2020). Racismo e sexismo na cultura brasileira. In: L. Gonzalez. *Por um feminismo afro-latino-americano: ensaios, intervenções e diálogos* (pp. 75-93). Zahar.

Gorostiza, L. (2011). O gnômon do psicanalista. *Opção lacaniana online, 4*, 1-12. Disponível em: http://www.opcaolacaniana.com.br/pdf/numero_4/O_gnomon_psicanalista.pdf.

Grassi, M. V. F. C. (2002). *Psicopatologia e disfunção erétil: a clínica psicanalítica do impotente.* [Tese de doutorado, Universidade de Campinas]. Repositório da Produção Científica e Intelectual da UNICAMP. Disponível em: http://repositorio.unicamp.br/Acervo/Detalhe/226024.

Grassi, M. V. F. C. (2004). *Psicopatologia e disfunção erétil: a clínica psicanalítica do impotente.* Escuta.

Guimarães, L. (2012). El estatuto de la feminidad en nuestros días. *Logos 7* (pp. 7-94). Grama.

400 REFERÊNCIAS

Guimarães, L. (2016). Uma mulher depois de um fim de análise. In: L. Guimarães, & L. D. Salamone. *Uma mulher e um homem depois da análise* (pp. 11-40). Grama.

Halberstam, J. (1998/2018). *Female masculinity*. Duke University Press.

Hala, T. (2021). Gênese de mim. In: B. S. de Santana, L. M. B. Peçanha, & V. G. Conceição (Orgs.). *Transmasculinidades negras: narrativas plurais em primeira pessoa* (pp. 39-60). Ciclo Contínuo Editorial.

Haraway, D. (1988/1995). Saberes localizados: a questão da ciência para o feminismo e o privilégio da perspectiva parcial. *Cadernos Pagu*, 5, 7-41. Disponível em: https://periodicos.sbu.unicamp.br/ojs/index.php/cadpagu/article/view/1773/1828.

Hook, D. (2021). Racismo e gozo: uma avaliação da hipótese do "racismo como (roubo de) gozo". In: A. M. C. Guerra, & R. G. e Lima (Orgs.). *A psicanálise em elipse decolonial* (pp. 183-206). n-1 edições.

hooks, b. (2022). *A gente é da hora: homens negros e masculinidade*. Elefante.

Horne, B. (1999). *Fragmentos de uma vida psicanalítica: da IPA a Lacan*. Zahar.

Horne, B. (2008). Tú puedes saber. In: B. Horne. *Fragmentos de una vida psicoanalítica: de IPA a Lacan* (pp. 61-68). Grama.

Horne, B. (2010). Depois do passe. *Correio*, 66, 33-42.

Horne, B. (2018). A família depois do passe. *Opção lacaniana*, 79, 70-72.

Iannini, G. (2013). *Estilo e verdade em Jacques Lacan* (2ª ed.). Autêntica.

Iannini, G. (2017). Da gramática à lógica: *roundtrip* Aristóteles-
-Frege: nota sobre intensão e extensão em psicanálise. *Correio*,
81, 111-123.

Iannini, G. (2018). Notas sobre o faloexcentrismo freudiano.
Boletim do XXII Encontro Brasileiro do Campo Freudiano.
Disponível em: http://encontrobrasileiro2018.com.br/nota-
-digna-de-nota-notas-sobre-o-faloexcentrismo-freudiano/.

Iannini, G., & Tavares, P. H. (2018). Aparato editorial ao volume
Amor, sexualidade, feminilidade. In: S. Freud. *Amor, sexuali-
dade, feminilidade (Coleção Obras Incompletas de Sigmund
Freud, Vol. 7).* Autêntica.

Irigaray, L. (1977/2017). *Este sexo que não é só um sexo: sexualidade
e status social da mulher.* Senac.

Jenkins, B. (Diretor). (2016). *Moonlight: sob a luz do luar* [Filme].
A24; Plan B Entertainment; Pastel Productions.

Jones, E. (1933/1948). The phallic phase. In: E. Jones. *Papers on
psycho-analysis* (5ª ed.) (pp. 452-484). Karnac Books.

Kilomba, G. (2019). *Memórias da plantação: episódios de racismo
cotidiano.* Cobogó.

Kimmel, M. (1998). A produção simultânea de masculinidades
hegemônicas e subalternas. *Horizontes antropológicos, 4*(9),
103-117. Disponível em: https://www.scielo.br/j/ha/a/B5Nq-
QSY8JshhFkpgD88W4vz/?lang=pt&format=pdf.

Knight, S. (Criador). (2013). *Peaky Blinders* [série]. BBC Studios;
Caryn Mandabach Productions; Tiger Aspect Productions;
Screen Yorkshire.

Kuperwajs, I. (2019). *El pase, antes del pase... y después: finales de
análisis.* Grama.

402 REFERÊNCIAS

Lacan, J. (1951/1998). Intervenção sobre a transferência. In: J. Lacan. *Escritos* (pp. 214-225). Zahar.

Lacan, J. (1956-57/1995). *O Seminário, livro 4: a relação de objeto.* Zahar.

Lacan, J. (1957/1998). A instância da letra no inconsciente ou a razão desde Freud. In: J. Lacan. *Escritos* (pp. 496-533). Zahar.

Lacan, J. (1957-58/1999). *O Seminário, livro 5: as formações do inconsciente.* Zahar.

Lacan, J. (1958/1998a). A direção do tratamento e os princípios de seu poder. In: J. Lacan. *Escritos* (pp. 591-652). Zahar.

Lacan, J. (1958/1998b). A significação do falo. In: J. Lacan. *Escritos* (pp. 692-703). Zahar.

Lacan, J. (1958/1998c). Diretrizes para um congresso sobre a sexualidade feminina. In: J. Lacan. *Escritos* (pp. 734-745). Zahar.

Lacan, J. (1958-59/2016). *O Seminário, livro 6: o desejo e sua interpretação.* Rio de Janeiro: Zahar.

Lacan, J. (1959-60/2008). *O Seminário, livro 7: a ética da psicanálise.* Zahar.

Lacan, J. (1960/1998). Subversão do sujeito e dialética do desejo no inconsciente freudiano. In: J. Lacan. *Escritos* (pp. 807-842). Zahar.

Lacan, J. (1960-61/2010). *O Seminário, livro 8: a transferência.* Zahar.

Lacan, J. (1961-62/2003). *O Seminário, livro 9: a identificação.* Centro de Estudos Freudianos do Recife.

Lacan, J. (1962). *De ce que j'enseigne.* Inédito.

Lacan, J. (1962-63/2005). *O Seminário, livro 10: a angústia.* Zahar.

Lacan, J. (1964/1988). *O Seminário, livro 11: os quatro conceitos fundamentais da psicanálise*. Zahar.

Lacan, J. (1965/1998). A ciência e a verdade. In: J. Lacan. *Escritos* (pp. 869-892). Zahar.

Lacan, J. (1966/1998). De um silabário a posteriori. In: J. Lacan. *Escritos* (pp. 725-733). Zahar.

Lacan, J. (1967/2003). Proposição de 9 de outubro de 1967 sobre o psicanalista da Escola. In: J. Lacan. *Outros escritos* (pp. 248-264). Zahar.

Lacan, J. (1967/2006). Lugar, origem e fim do meu ensino. In: J. Lacan. *Meu ensino* (pp. 9-65). Zahar.

Lacan, J. (1968-69/2008). *O Seminário, livro 16: de um Outro ao outro*. Zahar.

Lacan, J. (1969-70/1992). *O Seminário, livro 17: o avesso da psicanálise*. Zahar.

Lacan, J. (1971/2009). *O Seminário, livro 18: de um discurso que não seria do semblante*. Zahar.

Lacan, J. (1971-72/2011). *O Seminário, livro 19: ...ou pior*. Zahar.

Lacan, J. (1972/2003). O aturdito. In: J. Lacan. *Outros escritos* (pp. 448-497). Zahar.

Lacan, J. (1972-73/2008). *O Seminário, livro 20: mais, ainda*. Zahar.

Lacan, J. (1973-74/2016). *O Seminário, livro 21: os não-tolos vagueiam*. Espaço Moebius.

Lacan, J. (1974/1988a). La tercera. In: J. Lacan. *Intervenciones y textos 2* (pp. 73-108). Manantial.

Lacan, J. (1974/2003). Televisão. In: In: J. Lacan. *Outros escritos* (pp. 508-543). Zahar.

404 REFERÊNCIAS

Lacan, J. (1974-75). *O Seminário, livro 22: R.S.I.* Inédito.

Lacan, J. (1975/1988b). Conferencia en Ginebra sobre el síntoma. In: J. Lacan. *Intervenciones y textos 2* (pp. 115-144). Manantial.

Lacan, J. (1975/1995). *Conferências nos EUA.* Centro de Estudos Freudianos do Recife.

Lacan, J. (1975-76/2007). *O Seminário, livro 23: o sinthoma.* Zahar.

Lacan, J. (1976-77). *O Seminário, livro 24: L'insu que sait de l'une--bévue s'aile à mourre.* Inédito.

Lara, V. (2021). Vicente Lara. In: B. Pfeil, N. Victoriano, & N. Pustilnick (Orgs.). *Corpos transitórios: narrativas transmasculinas* (pp. 39-40). Diálogos.

Lattanzio, F. F. (2011). *O lugar do gênero na psicanálise: da metapsicologia às novas formas de subjetivação.* [Dissertação de mestrado, Universidade Federal de Minas Gerais]. Repositório institucional da UFMG. Disponível em: https://repositorio. ufmg.br/bitstream/1843/VCSA-8J9G7E/1/disserta__o_felippe_lattanzio_vers_o_definitiva___o_lugar_do_g_nero_na__ psican_lise.pdf

Lattanzio, F. F. (2021). *O lugar do gênero na psicanálise: metapsicologia, identidade, novas formas de subjetivação.* Blucher.

Laurent, É. (1995). *Versões da clínica psicanalítica.* Zahar.

Lauretis, T. de. (1994). *The practice of love: lesbian sexuality and perverse desire.* Indiana University Press.

Lebovits-Quenehen, A. (2021). De qual corpo se trata no racismo e no ódio? In: C. Derzi, H. Miranda, & M. Rosa (Orgs.). *Nada será como antes: capítulos de psicanálise e psicopatologia lacanianas* (pp. 60-80). Scriptum.

Leguil, C. (2010). Precariedade do final da análise no século XXI e valor ético do testemunho analítico. *aSEPHallus, 10*. Disponível em: http://www.isepol.com/asephallus/numero_10/atualidades2.html.

Leguil, C. (2016). *O ser e o gênero: homem/mulher depois de Lacan.* EBP Editora.

Levinson, S. (Criador). (2019). *Euphoria* [Série]. A24 Television; The Reasonable Bunch; Little Lamb; DreamCrew; TCDY Productions.

Lima, E. D. de. (2021a). *Um* mais-de-dizer *sobre os homens e o masculino: do binarismo fálico ao Outro gozo.* [Tese de doutorado, Universidade Católica de Pernambuco]. Biblioteca digital de teses e dissertações UNICAP. Disponível em: http://tede2.unicap.br:8080/bitstream/tede/1562/5/Ok_edgley_duarte_lima.pdf.

Lima, V. M. (2018a). Entre o Diabo e Diadorim: psicanálise e gênero em *Grande sertão: veredas. Periódicus, 1*(10), 327-342. Disponível em: https://doi.org/10.9771/peri.v1i10.22948.

Lima, V. M. (2018b). O gênero binário como semblante de relação sexual: entre psicanálise lacaniana e teoria *queer. Mosaico: estudos em psicologia, 6*(1), 20-35. Disponível em: https://periodicos.ufmg.br/index.php/mosaico/article/view/12222/9853.

Lima, V. M. (2019). Do mestre ao analista: prescindir do exercício de seu poder. *Reverso, 41*(78), 63-69. Disponível em: http://pepsic.bvsalud.org/pdf/reverso/v41n78/v41n78a07.pdf.

Lima, V. M. (2020). Lacan, as normas de parentesco e a castração masculina. *Tempo psicanalítico, 52*(2), 6-27. Disponível em: http://tempopsicanalitico.com.br/index.php/tempopsicanalitico/article/view/288/pdf_198.

406 REFERÊNCIAS

Lima, V. M., & Vorcaro, A. M. R. (2020). O pioneirismo subversivo da psicanálise nos debates de gênero e sexualidade. *Psicologia: Ciência e Profissão, 40*, 1-13. Disponível em: https://www.scielo.br/pdf/pcp/v40/1982-3703-pcp-40-e192180.pdf.

Lima, V. M. (2021). Psicanálise e homofobia: o infamiliar na sexuação. *Revista latino-americana de psicopatologia fundamental, 24*(2), 397-420. Disponível em: https://doi.org/10.1590/1415-4714.2021v24n2p397.9.

Lima, V. M. (2022a). Masculinidade e feminilidade como modos de gozo: sexuação, diferença sexual e mais além. In: F. G. Bonfim (Org.). *Leituras psicanalíticas sobre os desafios da atualidade* (pp. 244-260). Bagai. Disponível em: https://is.gd/UhrkRX.

Lima, V. M. (2022b). O gênero de(Preciado): a psicanálise e a necrobiopolítica das transidentidades. *Estudos e pesquisas em psicologia, 22*(4), 1643-1662. Disponível em: https://www.e-publicacoes.uerj.br/index.php/revispsi/article/view/71767/44261.

Lima, V. M. (2022c). Psicanálise e masculinidades. In: H. Bento (Org.). *Masculinidades e psicanálise* (pp. 18-49). Edição dos autores.

Lima, V. M., Bedê, H. M., & Rocha, G. M. (2023). Butler e a psicanálise lacaniana: entre o fracasso das normas e a estranheza do gozo. *Psicologia: ciência e profissão, 43*, 1-15. Disponível em: https://doi.org/10.1590/1982-3703003248976

Llansol, M. G. (1994). *Lisboaleipzig 2 – o ensaio de música*. Rolim.

Lutterbach, A. L. (2018). O feminino de ninguém. *Cult, 238*, 26-28.

Lynch, D. (Diretor). (1997). *Lost highway – A estrada perdida* [Filme]. Ciby 2000; Asymmetrical Productions.

Maia, A. M. W. (1999). *As máscaras d'A mulher: a feminilidade em Freud e Lacan*. Rios Ambiciosos.

Mandil, R. (2017). O masculino diante do fogo. *Derivas analíticas, 7.* Disponível em: http://www.revistaderivasanaliticas.com.br/edicoesanteriores/index.php/masculino.

Mascarello, F. (2020). *A feminização do homem hétero segundo David Cronenberg: relendo eXistenZ com a psicanálise e os estudos dos homens.* [Dissertação de mestrado, Universidade Federal do Rio Grande do Sul]. Disponível em: https://lume.ufrgs.br/bitstream/handle/10183/219393/001123890.pdf?sequence=1&isAllowed=y.

Mascarello, F. (2022). *David Cronenberg e a psicanálise: a feminilidade dos homens héteros em eXistenZ.* Polytheama.

Mattos, S. de. (1997). O declínio do viril e o homem pelo avesso. *Curinga, 9,* 72-76.

Maurano, D., & Albuquerque, B. (2019). Lacan e a experiência mística à luz da psicanálise. *Revista Latinoamericana de Psicopatologia Fundamental, 22*(3), 439-456. Disponível em: https://doi.org/10.1590/1415-4714.2019v22n3p439.3.

Mbembe, A. (2018). *Crítica da razão negra.* n-1 edições.

Mbembe, A. (2019). *Sair da grande noite: ensaio sobre a África descolonizada.* Vozes.

Mbembe, A. (2022). *Brutalismo* (2ª ed.). n-1 edições.

Miller, J.-A. (s. d.). O rouxinol de Lacan. Disponível em: http://ea.eol.org.ar/03/pt/textos/txt/pdf/el_ruisenor.pdf.

Miller, J.-A. (1985-86/2010). *Extimidad.* Paidós.

Miller, J.-A. (1987-88/2019). *Causa y consentimiento.* Buenos Aires: Paidós.

Miller, J.-A. (1988/2010). Uma conversa sobre o amor. *Opção lacaniana online, 2,* 1-32. http://www.opcaolacaniana.com.br/pdf/numero_2/uma_conversa_sobre_o_amor.pdf

408 REFERÊNCIAS

Miller, J.-A. (1988/2018). H$_2$O. In: J.-A. Miller. *Matemas II* (pp. 137-145). Manantial.

Miller, J.-A. (1989/2010a). *Los divinos detalles*. Paidós.

Miller, J.-A. (1989/2010b). Convergência e divergência. *Opção lacaniana online*, 2, 1-18. Disponível em: http://www.opcaolacaniana.com.br/pdf/numero_2/Convergencia_e_divergencia.pdf.

Miller, J.-A. (1990/2022). Una observación acerca del atravesamiento de la transferencia. In: J.-A. Miller. *Cómo terminan los análisis: paradojas del pase* (pp. 143-148). Grama.

Miller, J.-A. (1991-92/2002). *La naturaleza de los semblantes*. Paidós.

Miller, J.-A. (1992/2010). Mulheres e semblantes II. *Opção lacaniana online*, 1, 1-25. Disponível em: http://www.opcaolacaniana.com.br/pdf/numero_1/mulheres_e_semblantes_ii.pdf.

Miller, J.-A. (1993-94/2011). *Donc: la* lógica de *la cura*. Paidós.

Miller, J.-A. (1994-95/2005). *Silet: os paradoxos da pulsão, de Freud a Lacan*. Zahar.

Miller, J.-A. (1995). *A lógica na direção da cura*. EBP-MG.

Miller, J.-A. (1995/2008). A imagem do corpo próprio em psicanálise. *Opção lacaniana*, 52, 17-27.

Miller, J.-A. (1998/2015). *O osso de uma análise + O inconsciente e o corpo falante*. Zahar.

Miller, J.-A. (1999). O que fazer com o gozo? In: S. Jimenez, & M. B. da Mota (Orgs.). *O desejo é o diabo: as formações do inconsciente em Freud e Lacan* (pp. 163-185). Contra Capa.

Miller, J.-A. (2000/2016). Teoria de Turim: sobre o sujeito da Escola. *Opção lacaniana online*, 21, 1-16. Disponível em: http://www.opcaolacaniana.com.br/pdf/numero_21/teoria_de_turim.pdf.

Miller, J.-A. (2005). Introdução à leitura do Seminário da Angústia de Jacques Lacan. *Opção lacaniana, 43*, 7-81.

Miller, J.-A. (2008-09/2011). *Perspectivas dos Escritos e Outros escritos de Lacan*. Zahar.

Miller, J.-A. (2006-07/2009). *Perspectivas do Seminário 23 de Lacan: O sinthoma*. Zahar.

Miller, J.-A. (2011). Progressos em psicanálise bastante lentos. *Opção lacaniana, 64*, 9-67.

Milner, J.-C. (2006). *Os nomes indistintos*. Cia. de Freud.

Mitchell, J. (1974/2000). *Psychoanalysis and feminism: a radical reassessment of Freudian psychoanalysis*. Basic Books.

Mollo, J. P. (2021). *Histerias masculinas*. Paidós.

Moreira, M. M. (2019). *O feminismo é feminino?: a inexistência da Mulher e a subversão da identidade*. Annablume.

Moreira, M. (2022). *Fins do sexo: como fazer política sem identidade*. Autonomia Literária.

Morel, G. (1999). A função do sintoma. *Agente – Revista de Psicanálise da Escola Brasileira de Psicanálise – Seção Bahia, 11*, 4-27.

Muszkat, S. (2006). *Violência e masculinidade: uma contribuição psicanalítica ao estudo das relações de gênero*. [Dissertação de mestrado, Universidade de São Paulo]. Biblioteca digital USP. Disponível em: https://teses.usp.br/teses/disponiveis/47/47134/tde-26092006-091251/publico/Muszkat_Susana_tde.pdf.

Muszkat, S. (2011). *Violência e masculinidade*. Casa do Psicólogo.

Nogueira, I. B. (1998/2021). *A cor do inconsciente: significações do corpo negro*. Perspectiva.

Oliveira, A. A. B. de. (2017). *Meninos traídos: abuso sexual e constituição da masculinidade*. [Tese de doutorado, Universidade

410 REFERÊNCIAS

Federal de Minas Gerais]. Repositório institucional da UFMG. Disponível em: https://repositorio.ufmg.br/bitstream/1843/ BUBD-AQKHT6/1/meninos_tra_dos___abuso_sexual_e_ constitui__o_da_masculinidade__andr___breder_.pdf.

Oliveira, L. L. de. (2020). *O que é um homem?* *Estudo psicanalítico sobre a masculinidade a partir do discurso de homens penectomizados por câncer de pênis.* [Tese de doutorado, Universidade Federal do Ceará]. Repositório institucional UFC. Disponível em: https://repositorio.ufc.br/bitstream/riufc/51359/1/2020_ tese_lloliveira.pdf.

Oliveira-Cruz, W. F. de. (2014). *Masculinidade, narcisismo e sofrimento psíquico na contemporaneidade: ensaios.* [Tese de doutorado, Universidade de Brasília]. Repositório Institucional da UnB. Disponível em: https://repositorio.unb.br/bitstream/10482/16827/1/2014_WalterFirmoOliveiraCruz.pdf.

Pacheco, A. C. L. (2008). *"Branca para casar, mulata para f..., negra para trabalhar":* escolhas afetivas e significados de solidão entre mulheres negras em Salvador, Bahia. [Tese de doutorado, Universidade Estadual de Campinas]. Repositório da produção científica e intelectual da UNICAMP. Disponível em: https:// cdn.revistaforum.com.br/wp-content/uploads/2015/09/PachecoAnaClaudiaLemos.pdf.

Papo de Homem, Leite, I., & Castro, L. (Dir.). Valadares, G. N. (Dir. criativa) (2019). *O silêncio dos homens* [Documentário]. Monstro Filmes. Disponível em: https://www.youtube.com/watch?-v=NRom49UVXCE.

Peneda, J. (2010). Psiche sorprende Amore, de Jacobo Zucchi: uma leitura psicanalítica. *Arte teoria, 12/13*, 185-191. Disponível em: https://repositorio.ul.pt/bitstream/10451/5621/2/ULFBA_PSICHE%20SORPRENDE%20AMORE.pdf.

Pfeil, B., Victoriano, N., & Pustilnick, N. (Orgs.) (2021). *Corpos transitórios: narrativas transmasculinas*. Diálogos.

PlayGround BR. (2019, Abril 22). *Este homem trans sofreu o machismo na pele. Conheça sua história* [Vídeo]. Facebook. Disponível em: https://www.facebook.com/watch/?v=8008352-26978124.

Pombo, M. F. (2019). Família, filiação, parentalidade: novos arranjos, novas questões. *Psicologia USP, 30*, 1-10. Disponível em: https://www.scielo.br/j/pusp/a/dntXddns5LLhLPcBBkfM7ds/?format=pdf&lang=pt.

Preciado, P. B. (2008/2018). *Testo junkie: sexo, drogas e biopolítica na era farmacopornográfica*. n-1 edições.

Rabinovich, D. (2005). *"A significação do falo": uma leitura*. Cia. de Freud.

Regnault, F. (2017). Virilité. Propos de table… *La cause du désir: virilités, 95*, 161-165. Disponível em: https://www.cairn.info/revue-la-cause-du-desir-2017-1-page-161.htm.

Restier, H., & Souza, R. M. de. (Orgs.) (2019). *Diálogos contemporâneos sobre homens negros e masculinidades*. Ciclo Contínuo Editorial.

Ribeiro, C. da S. (2020). *Tornar-se negro, devir sujeito: uma investigação psicanalítica acerca das reverberações clínicas e políticas do racismo*. [Dissertação de mestrado, Universidade Federal de Minas Gerais]. Repositório de teses e dissertações da UFMG. Disponível em: https://repositorio.ufmg.br/handle/1843/38731.

Ribeiro, D. (2019). *Lugar de fala*. Sueli Carneiro; Pólen.

Rosa, J. G. (2001). *Grande sertão: veredas* (19ª ed.). Rio de Janeiro: Nova Fronteira.

412 REFERÊNCIAS

Rubião, L. L. (2007). *Lacan leitor de comédias: contribuições a uma ética do bem-dizer*. [Tese de doutorado, Universidade Federal de Minas Gerais]. Repositório de teses e dissertações da UFMG. Disponível em: https://repositorio.ufmg.br/bitstream/1843/ECAP-727FNG/1/lauralustosa.pdf.

Rubião, L. (2019). O sonho do paciente de Ella Sharpe: quando a interpretação faz dormir. *Derivas analíticas, 10*. Disponível em: http://www.revistaderivasanaliticas.com.br/index.php/ellasharp.

Rubin, G. (1975/2017). O tráfico de mulheres: notas sobre a economia política do sexo. In: G. Rubin. *Políticas do sexo* (pp. 9-61). Ubu Editora.

Safatle, V. (2016). *O circuito dos afetos: corpos políticos, desamparo e o fim do indivíduo* (2ª ed.). Autêntica.

Salamone, L. D. (2016). O gozo num homem ao fim de uma análise. In: L. Guimarães, & L. D. Salamone. *Uma mulher e um homem depois da análise* (pp. 41-67). Grama.

Sampaio, R. S. (2010). *Do universal ao particular: uma discussão sobre o masculino na psicanálise*. [Tese de doutorado, Pontifícia Universidade Católica do Rio de Janeiro]. Biblioteca digital da PUC-Rio. Disponível em: http://ppg.psi.puc-rio.br/uploads/uploads/1969-12-31/2010_a47c3fa0b4213c764fe-2b82182c621b9.pdf.

Santana, B. S. de, Peçanha, L. M. B., & Conceição, V. G. (Orgs.). *Transmasculinidades negras: narrativas plurais em primeira pessoa*. Ciclo Contínuo Editorial.

Santiago, J. (2007). A ética do solteirão e o valor autístico do gozo para a sexuação masculina. *aSEphallus, 2*. Disponível em: http://www.isepol.com/asephallus/numero_02/artigo_03port_edicao02.htm.

Santiago, J. (2013a). A plasticidade da sexuação feminina. *Opção lacaniana*, 65, 89-92.

Santiago, J. (2013b). O nome, o oco e a fonação. *Opção lacaniana*, 67, 89-96.

Santiago, J. (2014). O engodo viril. *Opção lacaniana*, 68/69, 39-45.

Santiago, J. (2015). Da rigidez fálica ao objeto móbil. *Curinga*, 39, 165-170.

Santiago, J. (2016a). A escadinha da insubmissão. *Opção lacaniana*, 72, 53-57.

Santiago, J. (2016b). Ser tolo do inumano da mulher. *Curinga*, 41, 67-73.

Scaramussa, M. F. (2022). *Violência masculina: a masculinidade como ficção e a subversão feminina.* [Dissertação de mestrado, Universidade Federal do Espírito Santo]. Programa de Pós-Graduação em Psicologia Institucional. Disponível em: https://sappg.ufes.br/tese_drupal//tese_16485_Melissa%20Festa%20-%20vers%E3o%20final%20-%2015.07.pdf.

Schejtman, F. (2005). Versões neuróticas do gozo do Outro. *Curinga*, 21, 103-107.

Scorsese, D. (Diretor). (1976). *Taxi driver* [Filme]. Bill/Phillips Productions; Italo/Judeo Productions.

Segato, R. (2013/2021). O Édipo negro: colonialidade e forclusão de gênero e raça. In: R. Segato. *Crítica da colonialidade em oito ensaios e uma antropologia por demanda* (pp. 211-246). Bazar do Tempo.

Sharpe, E. F. (1937). Analysis of a single dream. In: E. F. Sharpe. *Dream analysis: a practical handbook for psycho-analysts* (pp. 125-148). The Hogarth Press Ltd.

414 REFERÊNCIAS

Silverman, K. (1992). *Male subjectivity at the margins*. Routledge.

Silvia, B. et al. (2014). Fantasma. In: O. L. Delgado (comp.). *Huellas freudianas en la última enseñanza de Lacan* (pp. 35-48). Grama.

Sinatra, E. (2003). *Nosotros, los hombres: un estudio psicoanalítico*. Tres Haches.

Sinatra, E. (2010). *Por fin hombres al fin!* Grama.

Solano-Suárez, E. (2011). O Homem dos Ratos. *Opção lacaniana online, 5*, 1-17. Disponível em: http://www.opcaolacaniana. com.br/pdf/numero_5/O_homem_dos_ratos.pdf.

Souza, N. S. (1983/2021). *Tornar-se negro: as vicissitudes da identidade do negro brasileiro em ascensão social*. Zahar.

Stapazolli, F. (2020). Submissão, subversão. *Arteira, 11*. Disponível em: http://revistaarteira.com.br/index.php/11-arteira11/67-sub.

Teixeira, A. (2015). A fundação violenta do universal. *Derivas analíticas, 3*. Disponível em: http://www.revistaderivasanaliticas. com.br/index.php/universal.

Teixeira, A. (2018). *Blue Jasmine* ou a tristeza cômica. In: F. O. Brisset, M. R. Botrel, S. de Castro, & S. de Mattos (Orgs.). *A cidade com Lacan – cinema e literatura: o feminino, seus corpos e mundos* (pp. 61-71). EBP.

Teixeira, A. (2019). O modelo e o exemplo na nosologia psicanalítica. *aSEPHallus, 13*(26), 81-89. Disponível em: http://www. isepol.com/asephallus/numero_26/pdf/4_artigo_antonio_teixeira.pdf.

Teixeira, A. (2021). O que significa fazer existir A Mulher que não existe na psicose. In: M. Antelo, & I. Gurgel (Orgs.). *O feminino infamiliar: dizer o indizível* (pp. 302-311). Escola Brasileira de Psicanálise.

Torres, M. (2012). *Cada uno encuentra su solución: amor, deseo y goce*. Grama.

Veiga, L. M. (2021). *Clínica do impossível: linhas de fuga e de cura*. Telha.

Vieira, M. A. (2008). *Restos: uma introdução lacaniana ao objeto da psicanálise*. Contracapa.

Vieira, M. A. (2019). Quereres. In: G. Iannini (Org.). *Caro Dr. Freud: respostas do século XXI a uma carta sobre homossexualidade* (pp. 176-183). Autêntica.

Vorcaro, A. (2010). Psicanálise e método científico: o lugar do caso clínico. In: F. Kyrillos Neto, & J. de O. Moreira (Orgs.). *Pesquisa em psicanálise: transmissão na universidade* (pp. 11-23). Barbacena: EdUEMG.

White, M. (Dir.). (2021). *The White Lotus* [Série]. HBO Entertainment; Pallogram; The District; Rip Cord Productions.

Zupančič, A. (2008). *The odd one in: on comedy*. MIT Press.